Vonny Camin-Bösch **@diy_zaungaeste.de**

Das große HOMEDEKO BUCH

70 kreative Ideen von Deko-Expertin Vonny

CV

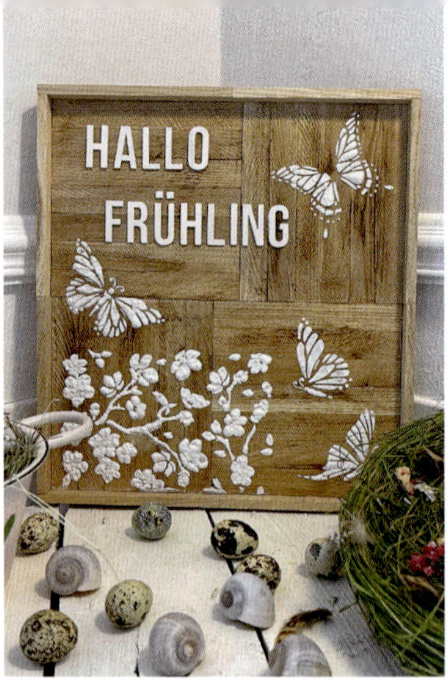
HALLO
FRÜHLING

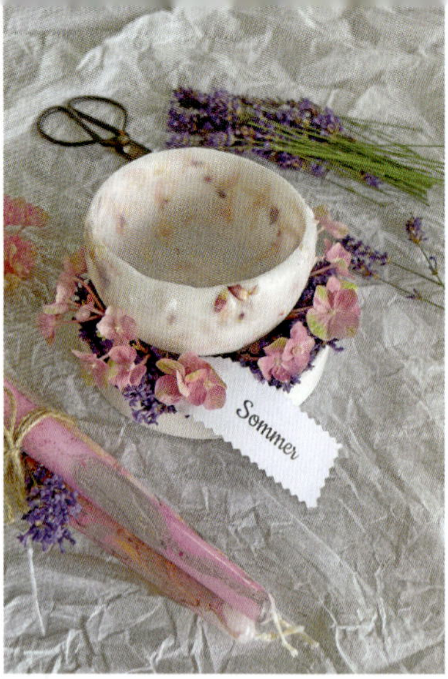
Sommer

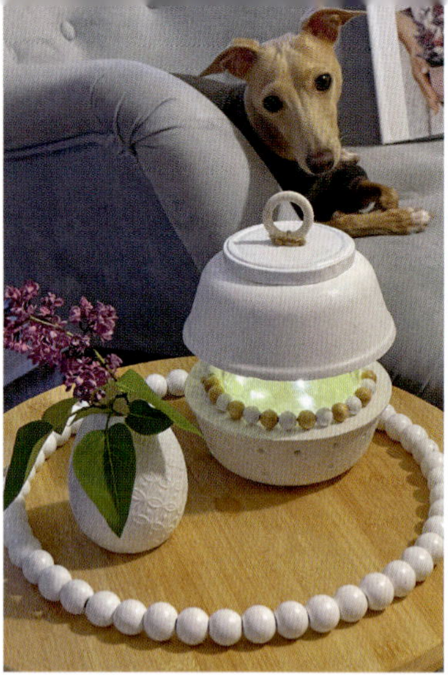

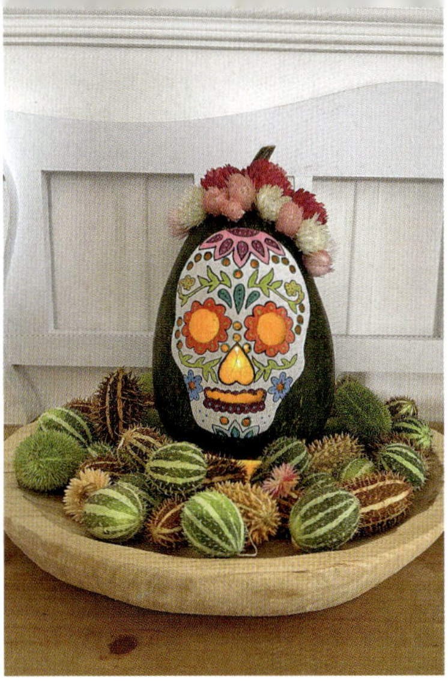
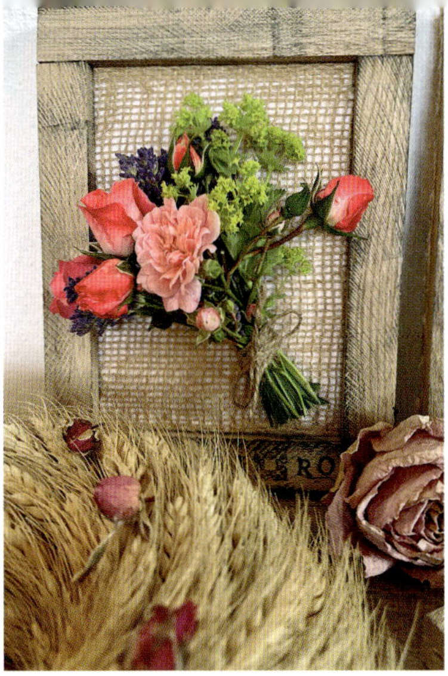
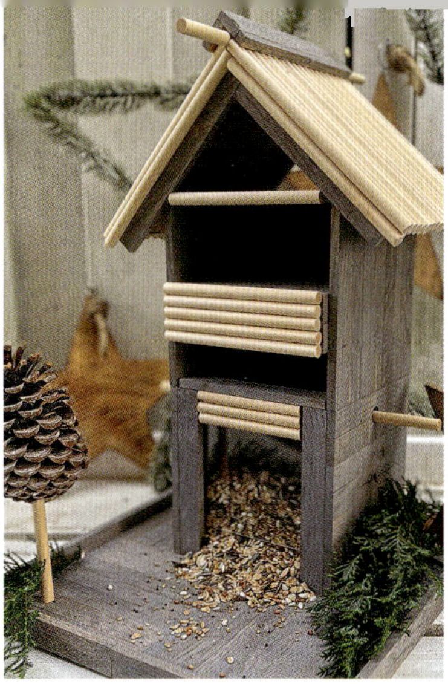

Herbst 97

Winter 129

Vorwort

»Gib deinem Zuhause das Gesicht, in das du jeden Tag gerne blickst.« Das ist einer meiner wichtigsten Sätze, die meine Liebe zur Bastelei ganz gut beschreiben. Denn selbst gemachte Hübschigkeiten machen aus meinem Heim erst ein wirkliches Zuhause. Zu jeder Jahreszeit wird dekoriert, umgestellt und geschmückt. Ich habe eigentlich schon immer gebastelt – als Kind, als Mama und auch als Omi. In meinem Beruf als kaufmännische Angestellte dominieren jedoch eher Zahlen und Regeln meinen Alltag. Umso schöner ist es, dass ich beim Klötzchensägen, Keramikgießen, Modellieren oder Kränzebinden auch mal »alle fünfe gerade sein lassen« kann. Fast immer läuft dabei meine Videokamera, um die Entstehung meiner DIYs festzuhalten. Diese Videos zeige ich dann gern meiner Community auf meinem Instagram-Kanal *@diy_zaungaeste.de* und tausche mich mit Gleichgesinnten aus. Der digitale Gedankenaustausch mit kreativen Menschen, aber auch Zeitschriften, Apps oder Spaziergänge in der Natur inspirieren mich, schaffen Freiräume für Neues und machen Lust aufs Werkeln. Manchmal sehe ich ein Stück Holz und muss einfach etwas Kreatives daraus zaubern.

Seit einiger Zeit schlummert der Wunsch in mir, ein eigenes Buch voller Anleitungen zu schreiben. Den letzten Anstoß dafür gab mir meine Teilnahme beim TV-Format »Guidos Dekoqueen« und nun endlich ist es so weit. Ich hoffe, meine DIYs quer durch die Jahreszeiten begeistern und inspirieren dich. Die Materialien werden sich oft wiederholen, sodass du mehrere hübsche Dinge aus diesem Buch basteln kannst. Für jede Jahreszeit habe ich mir auch ein paar Easy-peasy-Anleitungen überlegt. Denn eine schöne selbst gemachte Dekoration muss nicht immer schwierig oder kompliziert sein. Oft lässt sich aus ein, zwei Dingen etwas Schönes erschaffen. Nun lass uns werkeln und durch die Jahreszeiten stöbern. Ich wünsche dir viel Spaß dabei.

Deine Vonny

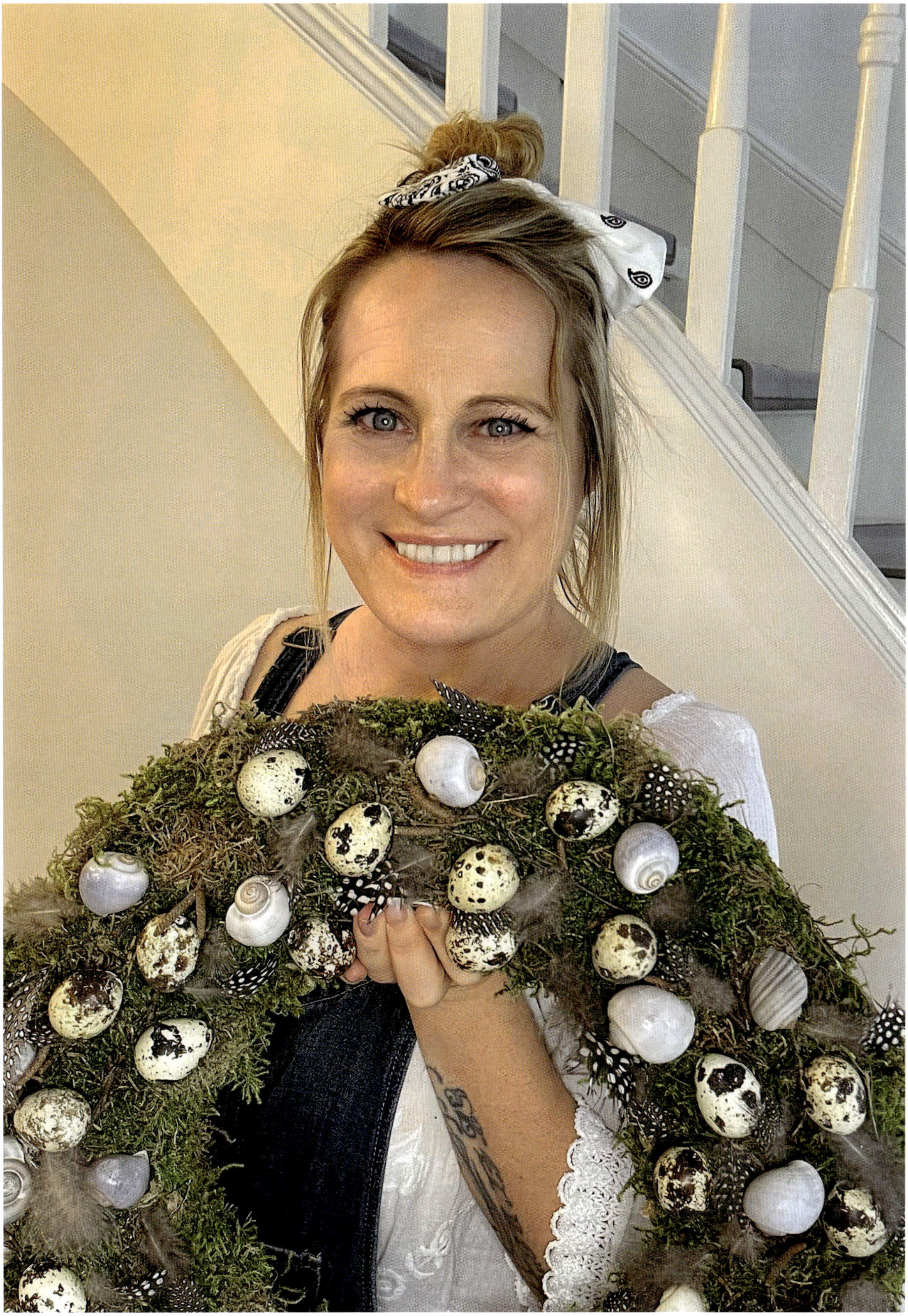

Materialien, Werkzeuge & Techniken

Ich bin jedes Mal überrascht, wenn ich in mein kleines Lager gehe und bemerke, dass der Griff zum benötigten Material fast immer der gleiche ist. Genau das ist aber gerade das Wundervolle am Werkeln. Es ist gar nicht nötig, sich ein riesiges Sammelsurium anzulegen. Eine Grundausstattung reicht völlig aus, um die schönsten Dinge zu kreieren. Die Bezugsquellen für das im Buch verwendete Material findest du am Ende des Werkes.

GRUNDAUSSTATTUNG

Eine Grundausstattung, die du immer in deiner Bastelstube haben solltest, ist unerlässlich. Dazu gehören Bleistift, Lineal, Schere und verschiedene Lackstifte. Eine kleine Auswahl an Pinseln wirst du immer wieder brauchen. Du musst aber nicht für jeden Lack oder jede Farbe einen Spezialpinsel haben. Es reicht völlig aus, wenn du kleine, mittlere und große Universalpinsel benutzt. Für die Holzarbeiten benötigst du Schleifpapier. Es gibt kostengünstige Sets mit unterschiedlichen Körnungen im Baumarkt zu kaufen. Deinen Arbeitsplatz solltest du vor Verschmutzungen schützen. Ich benutze gern Backpapier, weil man Flüssigkeiten sehr gut abwischen kann und sich Kleber am Material nicht mit dem Backpapier verbindet. Küchenpapier und Putztücher solltest du auch immer parat haben. Mit ihnen lassen sich in einem Wisch überstehender Leim oder Farben entfernen. Um deine Atemwege zu schützen, z.B. beim Anmischen von Gießpulver oder Arbeiten mit Beton, solltest du immer eine Maske griffbereit haben. Auch Gummihandschuhe können sinnvoll sein.

Für Sägearbeiten trage bitte eine Schutzbrille. So können dir keine fliegenden Holzsplitter ins Auge geraten und das Basteln macht noch mehr Spaß.

KLÖTZCHEN UND HOLZLEIM

Ich liebe sie einfach und bin schon seit einiger Zeit im Klötzchenfieber. Besonders fasziniert bin ich, wenn ich mit einer Anleitung im Kopf starte und dann verändert sich alles im Entstehungsprozess. Denn oft merkt man beim Kreieren, dass es noch schöner aussieht, wenn die Kreativität frei fließen kann. Die Klötzchen, die ich verwende, sind aus Eichenholz und haben die Maße 16 x 2,2 cm und eine Höhe von 8 mm. Sie sind unbehandelt und lassen sich perfekt verarbeiten. Ich empfehle dir, für Outdoorprojekte einen wasserfesten Holzleim zu verwenden, damit dir deine Werke beim ersten Regen nicht auseinanderbrechen. Die Verbindungsstellen sollten frei von Farben und Lacken sein, damit der Holzleim auch perfekt haftet. Deshalb ist es sinnvoll, erst zu lackieren oder zu beizen, wenn du alles verleimt hast.

GIESSPULVER UND GIESSFORMEN

Einige Projekte in diesem Buch bestehen aus Gießpulver. Ich benutze gern das Raysin aus rein natürlichem Calciumsulfat, weil es gleichmäßig und schnell aushärtet und einen schönen weißen Farb-

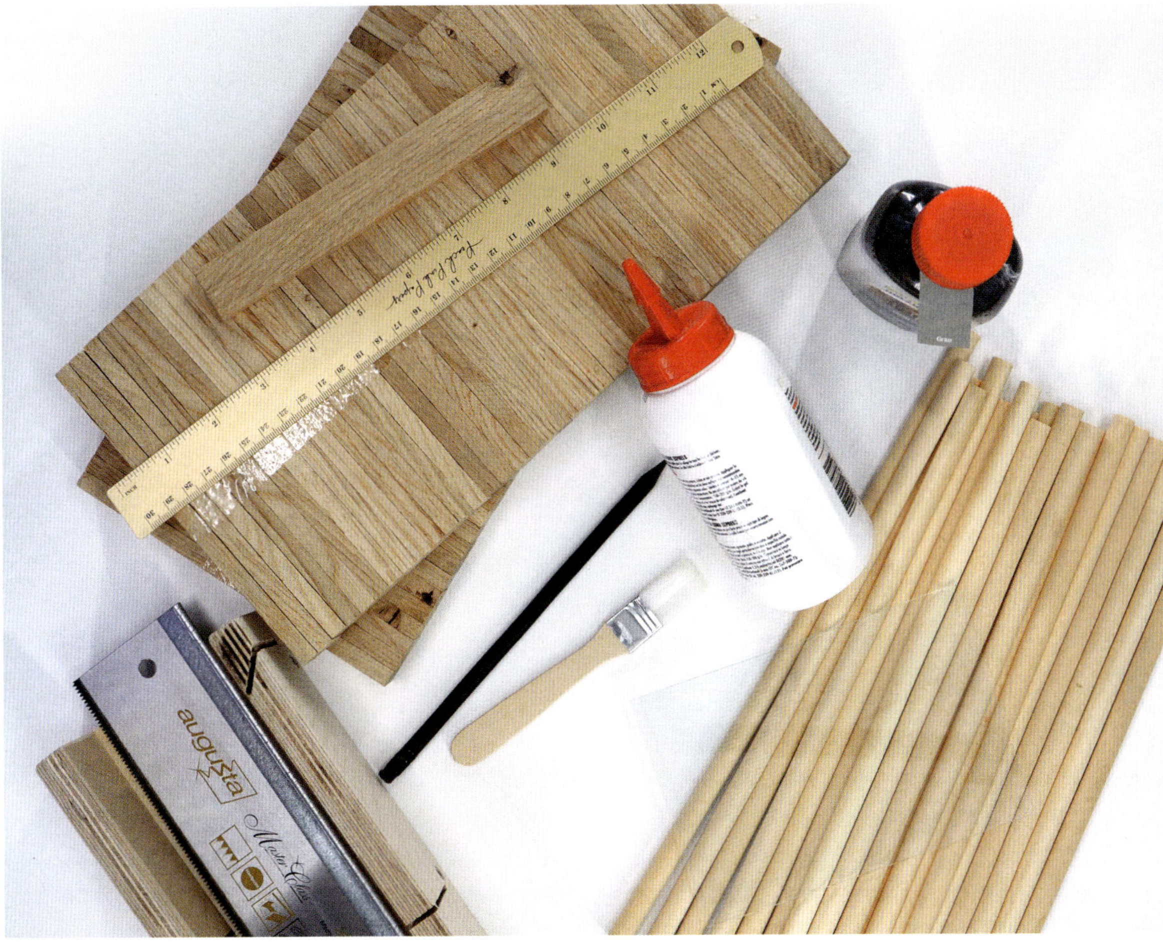

ton hat. Es lässt sich mit Farbpigmenten einfärben, falls dir das reine Weiß nicht so gut gefällt. Es ist lebensmittelneutral, geruchlos und sogar für die Herstellung von Kerzengefäßen geeignet. Du kannst dein Gießprodukt auch bestempeln, bemalen, streichen oder mit Vinylfolie verschönern. Das Gießpulver ist zwar etwas teurer als z.B. Gips, aber die Oberfläche muss nicht zwingend behandelt werden. Wenn du Gips verwenden möchtest, solltest du deine Objekte anschließend versiegeln. Hierfür benutze ich Gipsdicht, aber auch Latexanstriche haben sich bewährt. Gießformen gibt es aus verschiedenen Materialien. Starre Formen kannst du mit Speiseöl sehr dünn ausstreichen. Dann lässt sich das Objekt leichter entfernen. Ich habe gute Erfahrungen mit Backspray gemacht. Es hat den gleichen Effekt.

MODELLIERMASSEN

Es gibt luft- und ofenhärtende Modelliermassen. Nicht nur die gute alte »Knete« gehört dazu, denn auch Gips, Lehm, Knetbeton, Ton, Pappmaschee oder Salzteig sind beliebte Massen zum Modellieren. Bei der lufthärtenden, die ich in diesem Buch verwende, ist einiges zu beachten. Zum Trocknen lege ich sie auf einen Backrost mit Küchenpapier, damit sie auch von unten gleichmäßig aushärten kann. Größere Objekte lasse ich kaum aus dem Auge, denn sie können reißen. Mit etwas Wasser, einer dünnen Schicht Modelliermasse und einem Pinsel lassen sich größere Risse verschließen. Kleinere Risse lassen sich später mit etwas Farbe verdecken. Große flache Objekte können sich wölben oder verbiegen. Sollte das der Fall sein, lege eine Lage Kü-

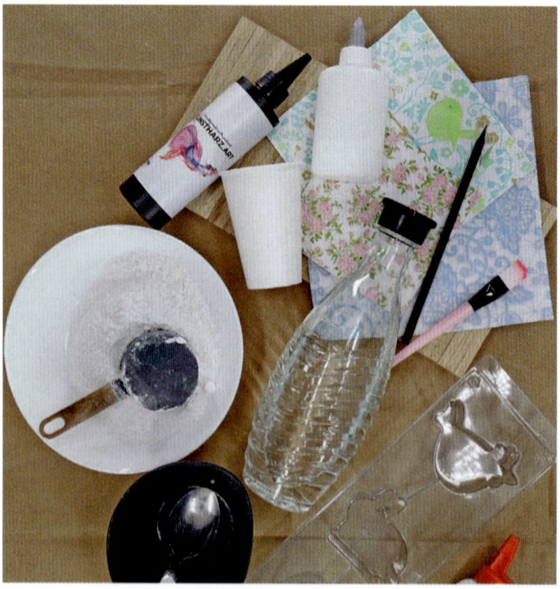

chenpapier und ein Küchenbrett darauf, bis sie trocken sind. Für Objekte, die auch mal draußen liegen dürfen, verwende ich die ofenhärtende Modelliermasse. Ich nenne sie immer »meine leichte Schönheit«, weil sie sich so toll verarbeiten lässt. Sie hat nach dem Aushärten eine glatte Oberfläche und kann – dem Wetter und der Nutzung entsprechend – lackiert werden. Es gibt sie in verschiedenen Farbtönen und Härtegraden. Wie der Name schon sagt, wird die Modelliermasse im Ofen ausgehärtet. Wähle bitte immer Ober- und Unterhitze, keine Umluft, und halte dich genau an die Anweisungen des Herstellers. Kleinere Objekte benötigen oft eine kürzere Brenndauer, größere Objekte eine längere. Erhöhe dabei aber nicht die Temperatur. Passe wirklich nur die Brenndauer an. Reste lagere ich dunkel und luftdicht in Zipptüten und habe damit gute Erfahrungen gemacht.

KUNSTHARZE UND UV-RESIN

Einige Projekte in diesem Buch bestehen aus Kunstharz, darunter Epoxidharz und UV-Resin. Während bei dem Epoxidharz einiges zu beachten ist und du genau nach Herstellerangaben vorgehen musst, ist das UV-Resin viel einfacher in der Anwendung. Epoxidharz eignet sich besonders gut für Projekte, in die du etwas eingießen möchtest. Dafür werden zwei Komponenten (Harz und Härter) vermischt und in eine Form gegeben. Darin kannst du z.B. Blüten eintauchen und eine zweite Schicht nach der Trocknung darübergießen. UV-Resin besteht nur aus einer Komponente und ist ein reines Beschichtungsharz für kleine Projekte, z.B. Objekte aus Modelliermasse, die eine porzellanartige Oberfläche bekommen sollen. Es härtet unter einer UV-Lampe in Sekundenschnelle aus, aber auch Sonnenlicht reicht völlig aus. Die Gestaltungsmöglichkeiten sind bei beiden Kunstharzen vielfältig, allerdings ist Epoxidharz langlebiger.

FARBEN, LACKE UND BEIZE

So bunt, wie die Welt ist, so vielfältig ist auch das Farbangebot für den Malerei- und Hobbybedarf. Ich verwende gern Kreidefarben, Buntlacke und Outdoorfarben in hellen Farbtönen. Acrylfarben in kleinen Tuben eignen sich perfekt zum Einfärben von diesen. Deine Lieblingsfarben kannst du dir kostengünstig im Baumarkt anmischen lassen. Für Außenprojekte solltest du darauf achten, dass du auch wetterfeste Anstriche verwendest. Outdoorfarben gibt es in vielen Tönen, sie sind dafür perfekt geeignet. Holzprojekte sehen gebeizt besonders schön aus. Man erkennt auch nach dem Anstrich noch die Holzmaserung. Auch hier hast du eine Farbwahl. Zum Versiegeln verwende Klarlack oder Wachs. Ein besonderes Finish erhältst du mit 3-D-Lack oder Epoxidharz. Letzteres hat zwar eine aufwendigere Verarbeitung, aber mit einem wunderschönen Ergebnis. Für stark beanspruchte Flächen benutze ich gerne Bootslack. Er hält besonders starken Witterungsbedingungen stand und Reinigungsmittel machen der Oberfläche nichts aus. Wenn du einen Buntlack verwendest, ist ein Versiegeln nicht mehr notwendig. Für den Shabby-Look verwende ich ausgediente Stempelkissen oder Antikpasten. Letztere sind etwas teurer und können durch Schuhcreme ersetzt werden. Für Oberflächen, die du für Lebensmittel nutzen möchtest, achte unbedingt auf lebensmittelgeeignete Lacke.

HEISSKLEBER & CO.

Eines meiner Lieblingswerkzeuge ist die Heißklebepistole. Die Klebesticks halten auf fast allen Oberflächen und gerade wenn etwas schnell repariert werden muss, ist die Pistole unerlässlich. Man bekommt sie mit oder ohne Kabel, mit Akku oder Batterie, mit Standfuß oder liegend, als Stift oder Pistole. Der Handel bietet eine Vielzahl an verschiedenen Arten, Farben und Formen. Ich habe einige in den Jahren ausprobiert und bin bei einer akkubetriebenen Klebepistole geblieben. Die Anschaffung hat sich für mich bezahlt gemacht. Ich lade mir vor dem DIY-Projekt immer mehrere Akkus auf, damit ich schnell wechseln und weiterarbeiten kann. Für kleine Projekte eignen sich aber auch die Heißklebestifte. Sie sind platzsparend und werden mit einer Batterie betrieben, manche lassen sich sogar mit einem USB-Kabel aufladen. Die Klebesticks gibt es in verschiedenen Farben. Ich benutze allerdings immer die farblosen Sticks. Es gibt aber auch Klebearbeiten, die nicht für die Heißklebepistole ideal sind. Zum Beispiel haftet der Kleber nicht besonders gut auf Glas. Herkömmlichen Bastelkleber sollte man also immer zu Hause haben. Für Faltarbeiten mit Papier benutze ich beidseitiges Klebeband oder einen Kleberoller.

WERKZEUGE

Für Klötzchen- bzw. Holzprojekte ist eine Säge ein Must-have. Ob man besser mit einer Stichsäge oder Blattsäge arbeitet, empfindet jeder anders. Ich hantiere mit beiden gern, greife aber auch auf die elektrischen Sägen zurück. Um Winkel sägen zu können, kann eine Gehrungsschneidlade hilfreich sein. Ein kleines Sammelsurium an Schrauben und Nägeln ist ebenso sinnvoll. Dafür braucht man natürlich auch verschiedene Schraubendreher und einen Hammer. Zu welcher Anschaffung ich auf jeden Fall raten kann, ist der Akkuschrauber. Er ist nicht nur beim Schraubendrehen eine echte Bereicherung, sondern auch beim Bohren für Löcher in Holz oder Plastik. Ebenso unverzichtbar ist für mich ein Dremel. Mit ihm lassen sich wunderschöne Kreationen zaubern und es gibt ihn schon ab 20 Euro. Hier empfehle ich allerdings elektrisch betriebene Geräte. Ein akku- oder batteriebetriebener hat oft nicht die Power, die notwendig ist. Ist er zu langsam, kann es zu Schäden am zu bearbeitenden Material kommen.

TECHNIKEN

Ich könnte jetzt fachsimpeln und zehn Seiten über Techniken schreiben. Das ist aber gar nicht notwendig, denn ich zeige in den Step-by-Step-Anleitungen alles sehr genau. Jeder findet hierbei aber auch seine eigene Technik, sei es beim Streichen und Lackieren oder beim Übertragen von Vorlagen. Für Letzteres benutzt der eine lieber Blaupapier, der andere probiert sich mit der Bleistifttechnik. Bei den DIYs kommen Techniken vor, die ich am schönsten und einfachsten empfinde. Hier darfst du gern etwas experimentieren und deine eigenen Vorgehensweisen entwickeln.

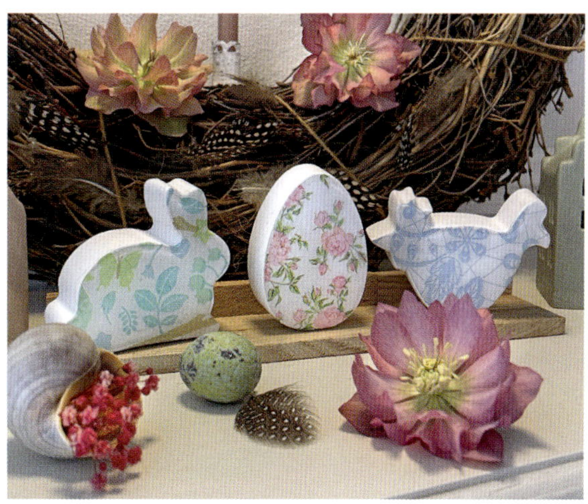

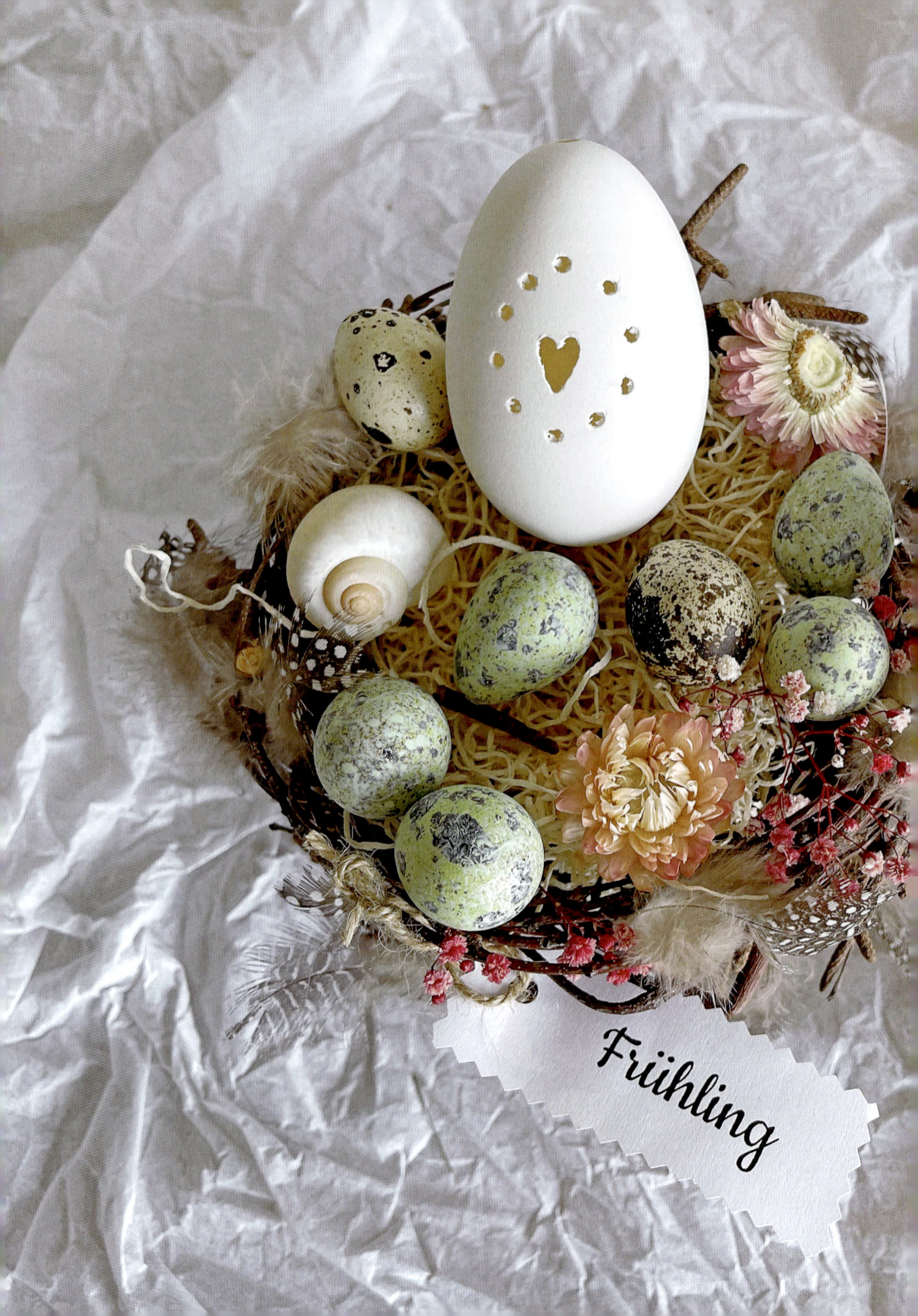
Frühling

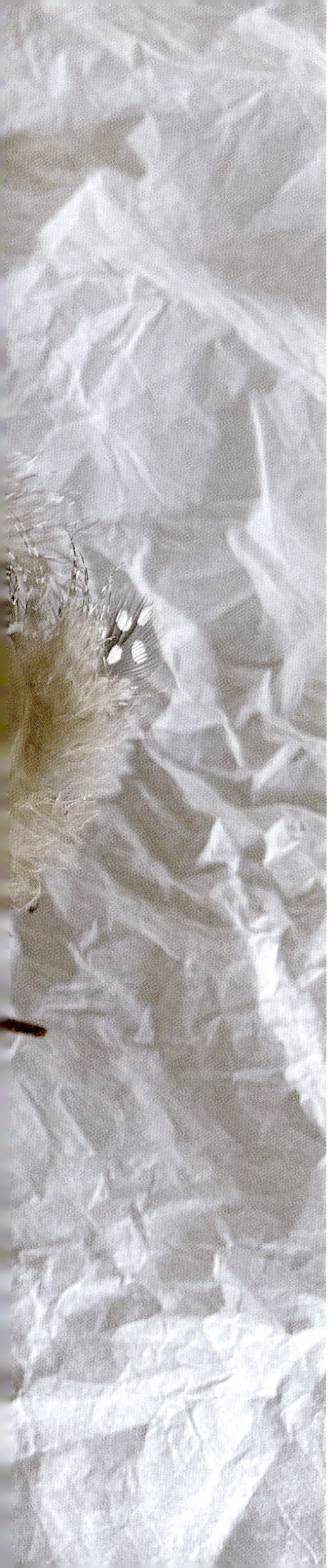

Frühling

Es ist so weit: Die Natur erwacht aus ihrem Winterschlaf. Das Grau wechselt in zarte Frühlingsfarben, die ein Lächeln in die Gesichter der Menschen zaubern. Die Vögel zwitschern ganz laut und fliegen eilig um die Wette. Und dann macht es ganz plötzlich »plopp« und alles ist grün. Als hätte jemand auf den Knopf gedrückt. Man hat das Gefühl, endlich wieder durchstarten zu können, und die Motivation erreicht einen Höhenflug. Da macht sogar das Putzen im Haus und Garten wieder Spaß. Ich freue mich immer sehr auf diese Jahreszeit und plane in dieser Zeit neue Projekte für mein DIY-Jahr. Oft entstehen hierbei neue Ideen oder alte DIYs bekommen einen modernen Schliff. Der Frühling steht für einen Neuanfang – dann lass uns beginnen. Schön, dass du dabei bist.

Easy-peasy-Frühling

Viele verbinden den Frühling mit einem Neuanfang und Ostern. Mit ein paar Handgriffen und in ganz kurzer Zeit lassen sich hübsche Dekorationen zaubern, die das Haus mit frischen Farben, frühlingshaften Kleinigkeiten und österlicher Dekoration schmücken. Da kommen meine Easy-peasy-DIYs doch gerade recht.

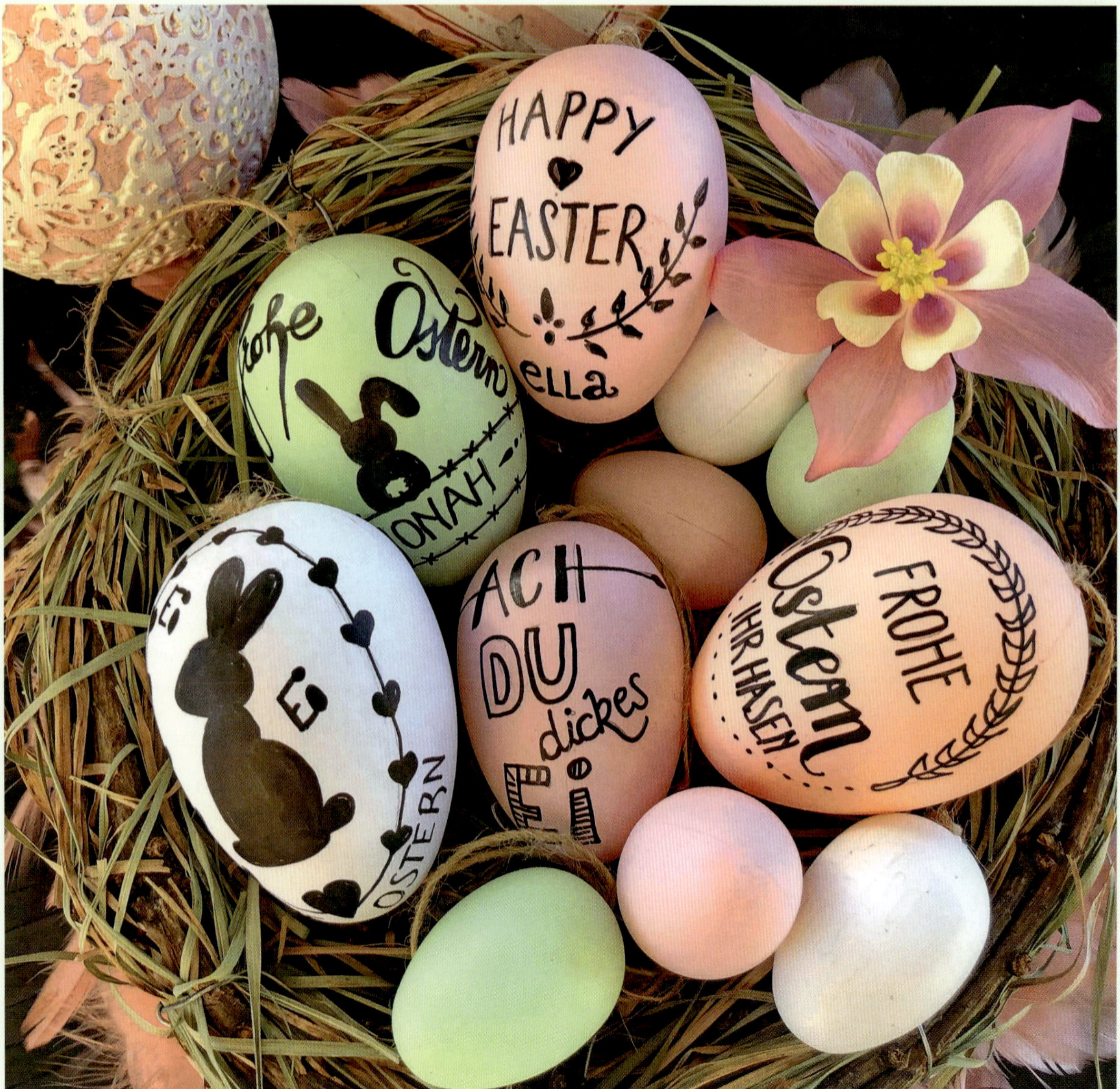

Eier färbt und bemalt man mit den Eltern und Großeltern schon in Kindertagen. Eine moderne Variante ist es, Eier mit Acrylmarker zu verschönern. Mit ihnen lassen sich filigrane Muster, Schriften und Häschen auf die Eier zaubern. In ein hübsches Nest gelegt, macht diese Dekoration richtig was her.

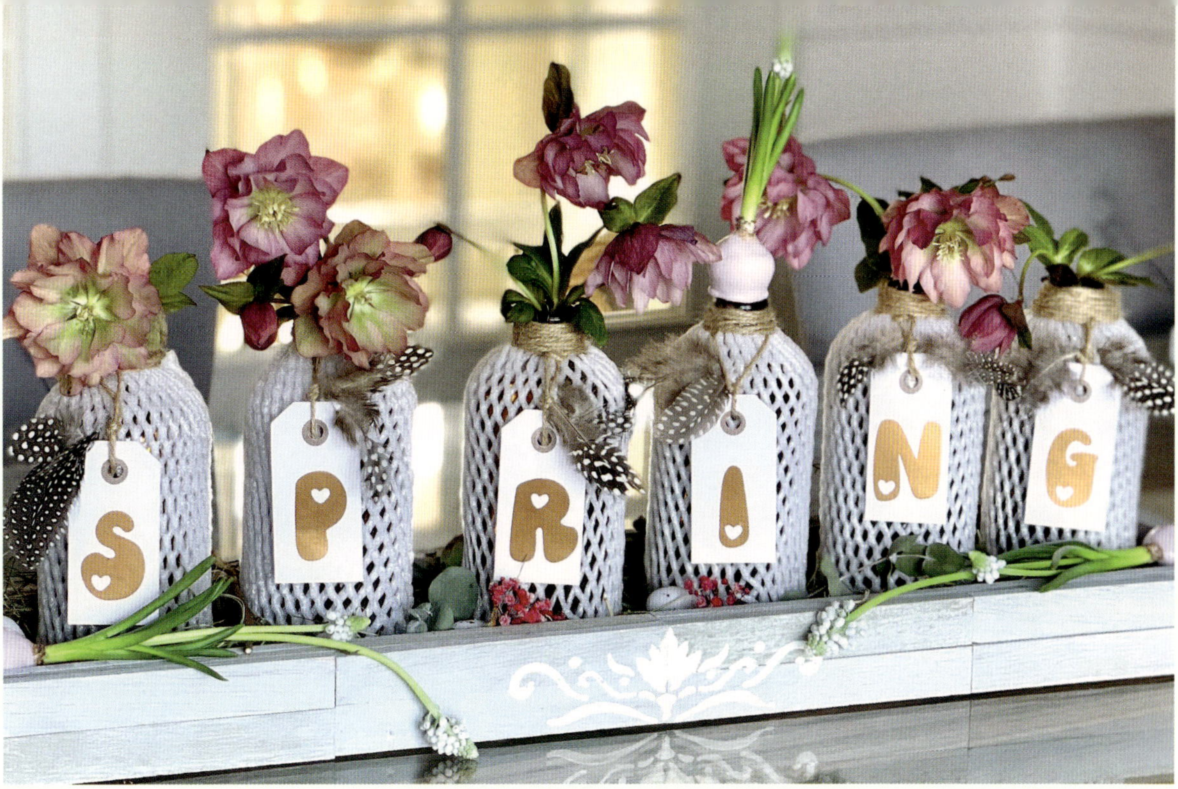

Upcycling ist in der DIY-Welt ein großes Thema und nicht mehr wegzudenken. Zum Glück – denn aus alten Flaschen und den Schutznetzen von Obst lassen sich wunderschöne Vasen basteln. Oben und unten einfach mit Jute festbinden, ein Schildchen daran, ein paar Federn, Blümchen, und fertig. Diese DIY-Idee lässt sich für andere Jahreszeiten perfekt umfunktionieren. Einfach die Schildchen ändern und andere Blumen hinein. Man kann die Flaschen auch mit LED-Micro-Lichterketten befüllen. Steckt man Stabkerzen in die Flaschenöffnung, entsteht daraus ein schöner Kerzenständer.

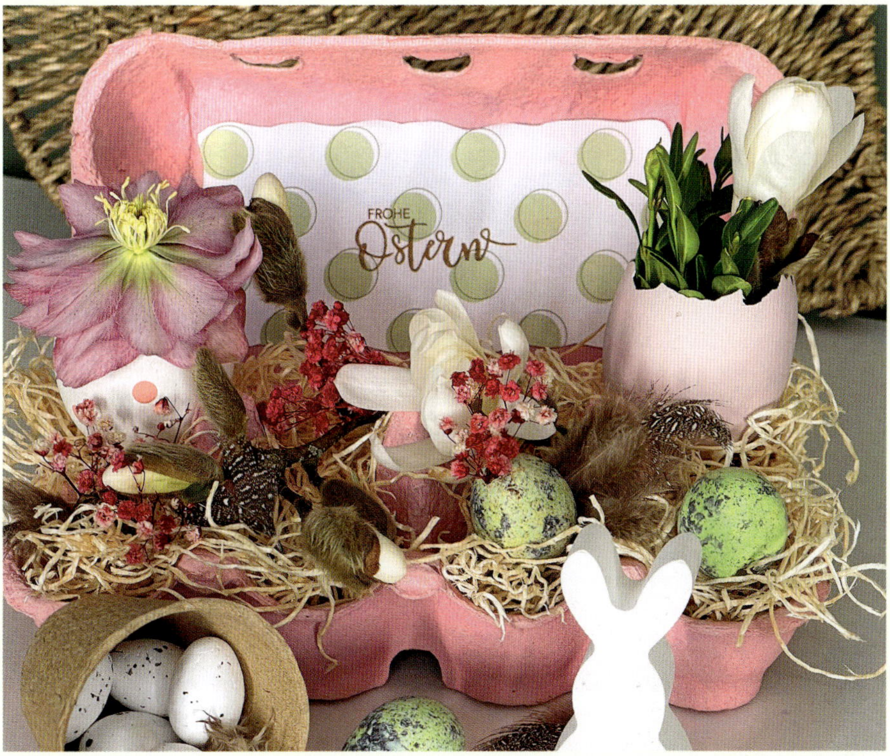

Auch aus dem Eierkarton lässt sich im Handumdrehen etwas Schönes basteln. Etwas Stroh, ein paar Wachteleier, Blüten, Federn, die Schale vom Frühstücksei, und schon hat man eine hübsche Dekoration für den Tisch.

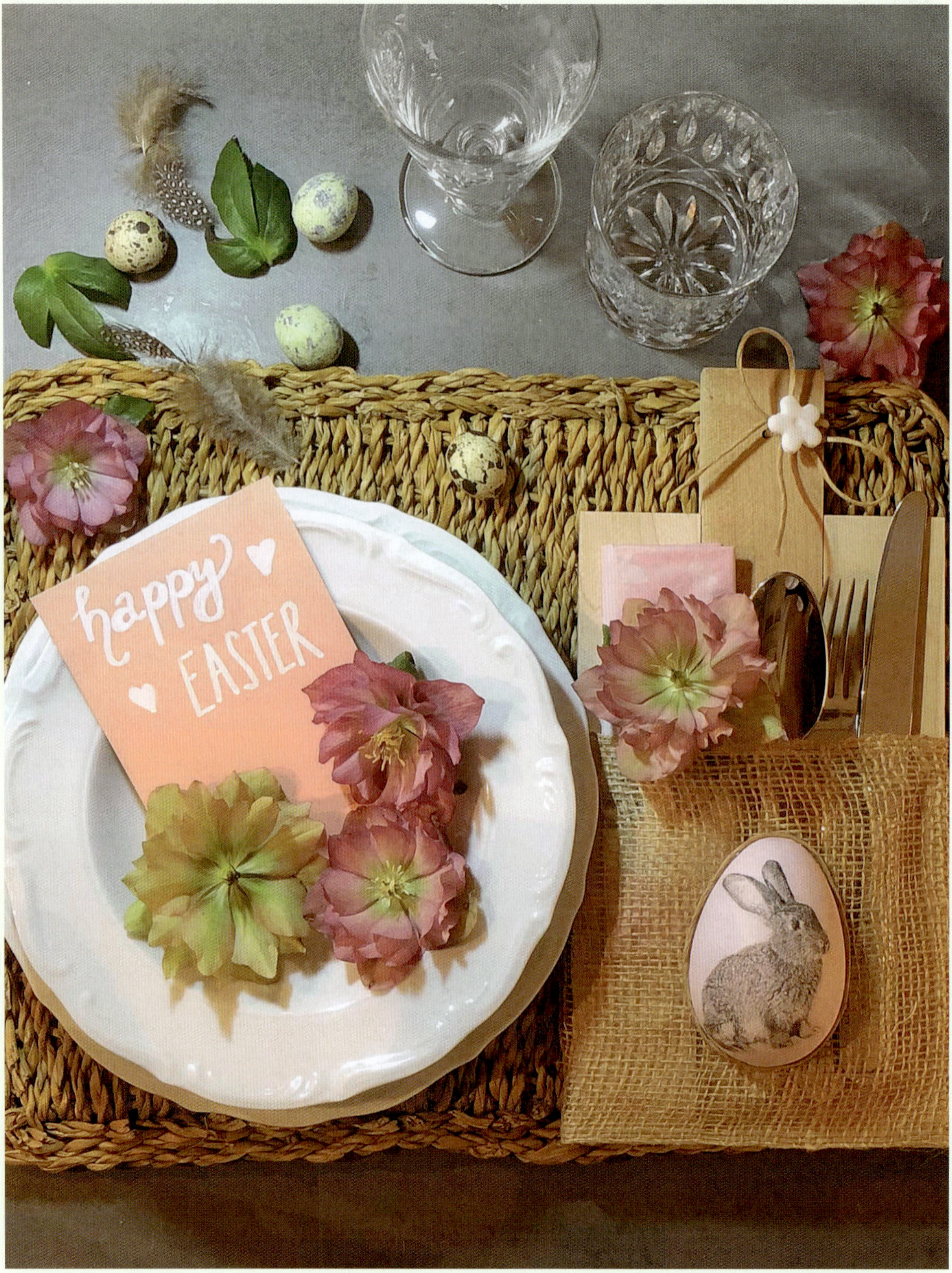

Die Familie und Freunde zum Osterlunch zu begrüßen, ist immer schön und etwas ganz Besonderes. Bei dieser Idee kam mir ein Holzbrettchen gerade recht. Ich habe es mit Jutestoff umwickelt und schon diente es als Bestecktasche. Ein richtiger Hingucker und auch ein schönes Gastgeschenk.

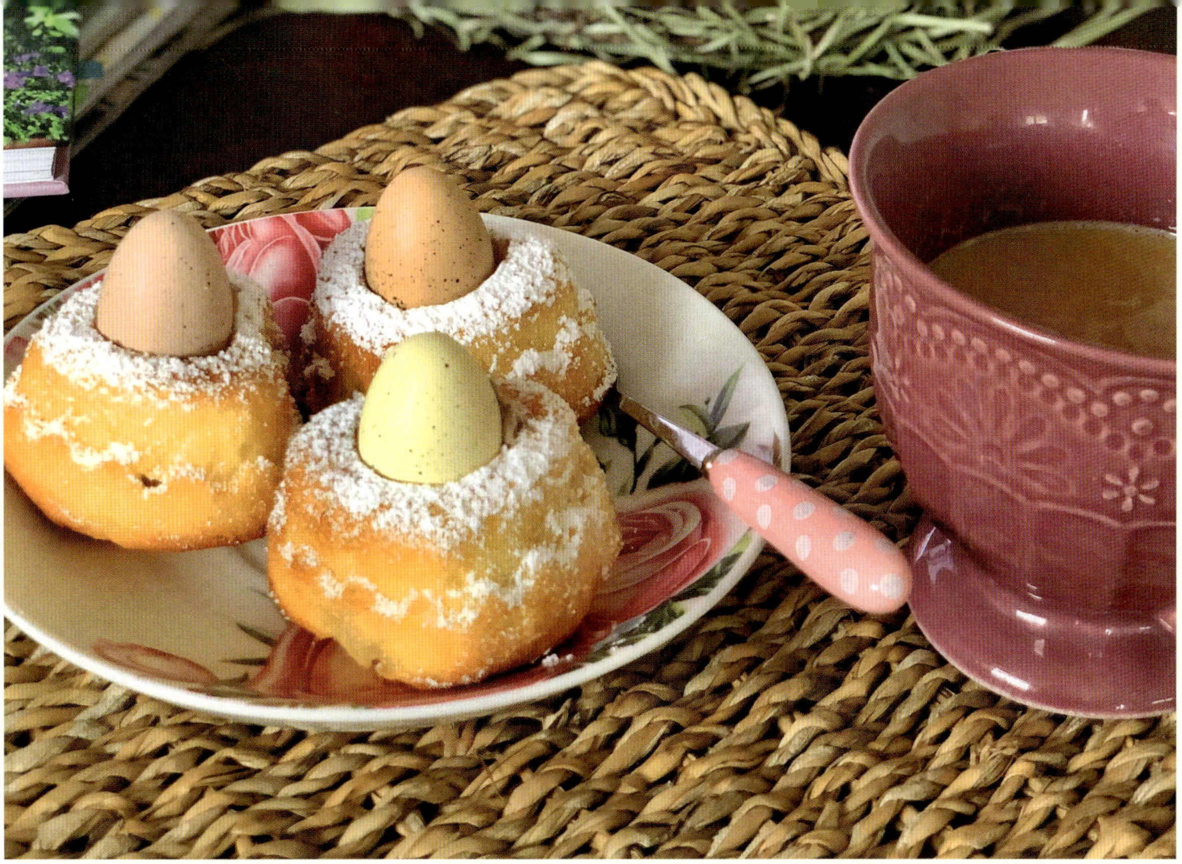

Ein Kaffeetisch muss nicht immer mit teurem Geschirr eingedeckt werden. Es reicht schon aus, den Kuchen mit hübschen Eiern zu verzieren. Ein Grasnest aus dem Baumarkt wird mit getrockneten Blüten und Federn aufgehübscht und eine schöne Tasse Kaffee macht den Nachmittagssnack perfekt.

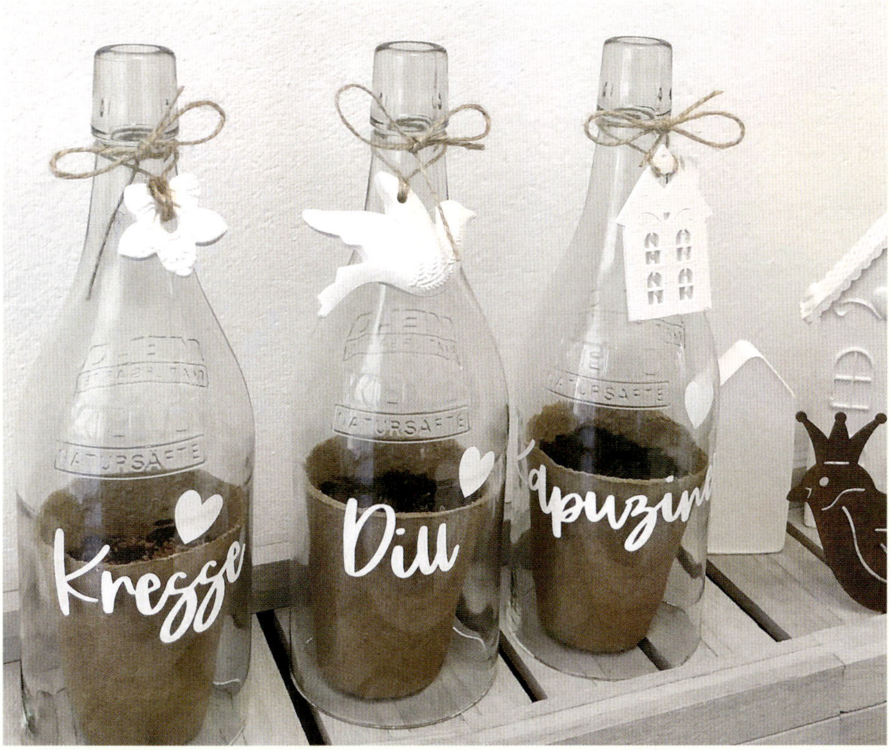

Mit einem Glasschneider lassen sich ganz unkompliziert Flaschenböden abtrennen. Schon dienen die aufgeschnittenen Flaschen als kleine Gewächshäuser für Dill & Co. Eine schöne kleine Aufzuchtstation.

MITTEL

Hallo Frühling

Um den Frühling gebührend zu begrüßen, gehört ein schönes »Hallo Frühling«-Bild zur Dekoration dazu. Ich habe mir dafür eine Kombination aus Klötzchen und 3-D-Strukturpaste überlegt. Wenn man diese mit dem Föhn trocknet, plustert sie sich auf und ergibt eine schöne Struktur.

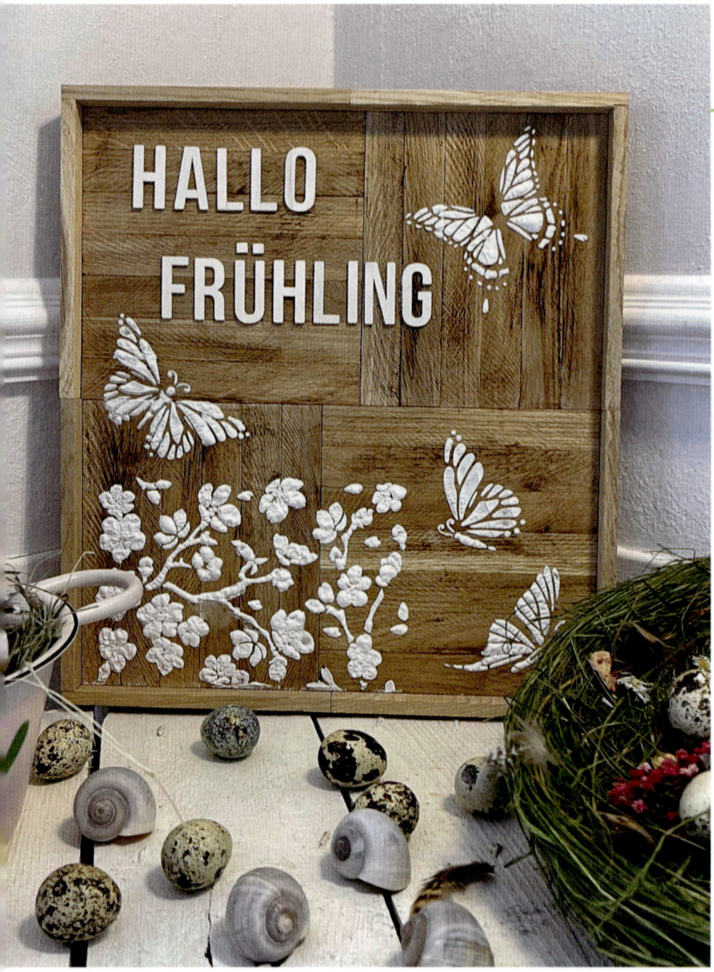

DAS BRAUCHST DU

34 Klötzchen
Schablonen, Blumen und Schmetterlinge
Holzbuchstaben
Antikpaste
Spachtelmasse
Klebestreifen
Holzleim
Spachtel
Föhn
kleine Säge

Tipp

Anstelle der Antikpaste kannst du auch Schuhcreme verwenden.

SO WIRD'S GEMACHT

Lege dir 2 x 7 Klötzchen und 2 x 6 Klötzchen zusammen und verleime sie miteinander. Wenn sie gut getrocknet sind, reibe mit einem Küchentuch die Antikpaste auf die Oberfläche.

Befestige die Schablone mit etwas Klebestreifen und fülle sie mit Spachtelmasse aus. Nimm hierzu den Spachtel. Gehe dabei vorsichtig und langsam vor. Überschüssiges Material entferne mit dem Spachtel.

Trockne die Spachtelmasse mit dem Föhn und gehe dabei nah an die Oberfläche. Sie plustert sich nun auf. Bringe dann die Schmetterlinge auf. Gehe dabei genauso vor. Föhne nach jedem Vorgang, bevor du die nächste Schablone aufbringst, damit du nichts verschmierst.

Lege dir den Schriftzug aufs Bild und justiere die Buchstaben. Klebe sie mit etwas Holzleim fest. Zum Schluss wird der Rahmen um das Bild geleimt. Notfalls säge die Klötzchen zurecht.

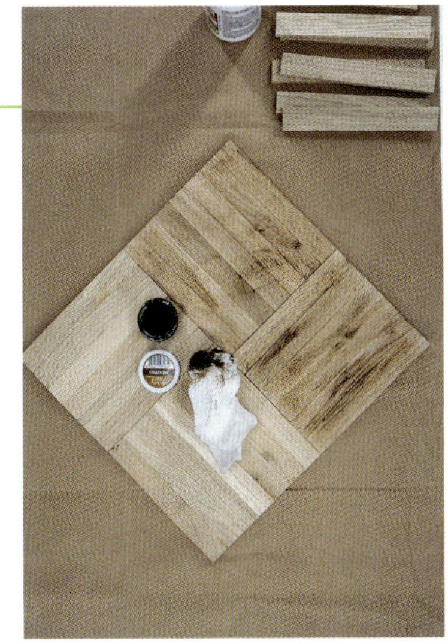

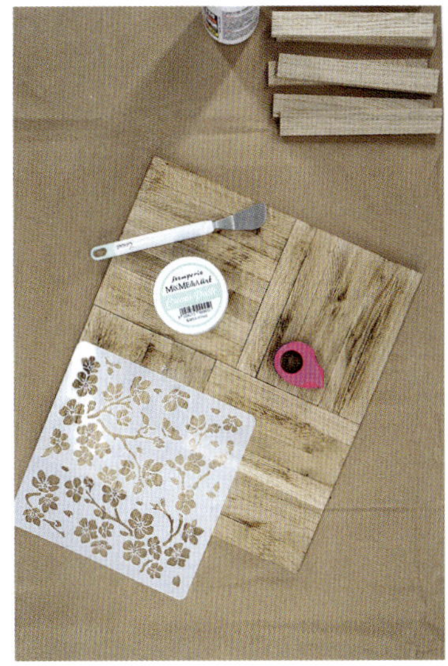

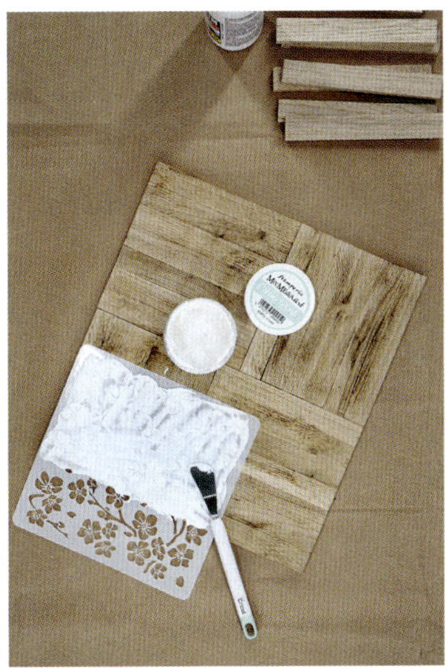

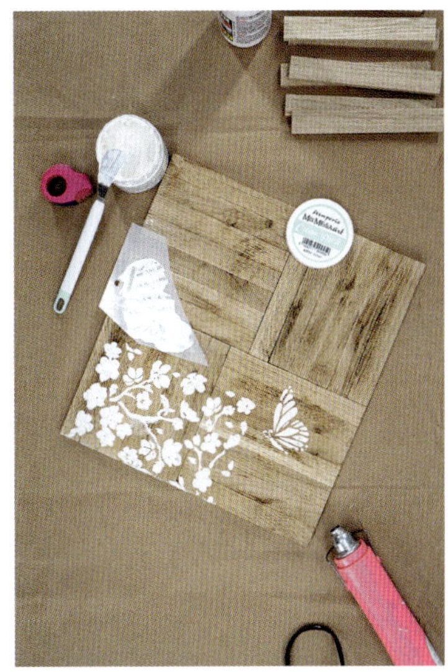

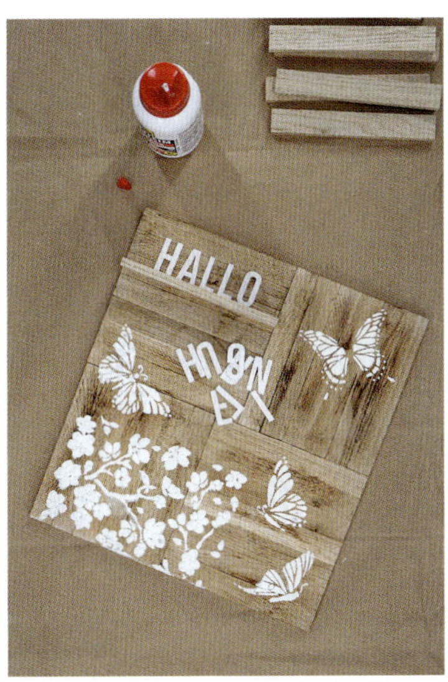

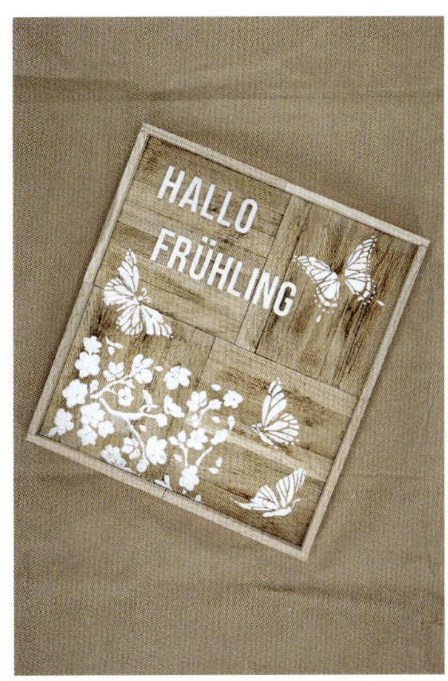

LEICHT

Gewachste Hyazinthen

Hyazinthen und Muscari gehören zu den Frühlingsboten. Wenn man sie endlich in Gärtnereien kaufen kann, landen bei mir die Kerzenreste der letzten Saison oder auch Reste von Weihnachten im Tiegel und es wird getaucht. Ich mache das schon seit vielen Jahren. So hole ich mir den Frühling ins Haus und erfreue mich viele Tage daran. Den Pflanzen macht das nichts aus. Durch die Wachsschicht kann die Feuchtigkeit aus der Zwiebel nicht so schnell entweichen und sie wächst weiter. Sind ihre Knospen noch geschlossen, werden sie auch als gewachste Schönheiten blühen. Wenn sie ausgeblüht sind, entfernt man das Wachs ganz leicht und setzt sie ins Beet. Im nächsten Frühjahr werden sie dort blühen und den Frühling einläuten.

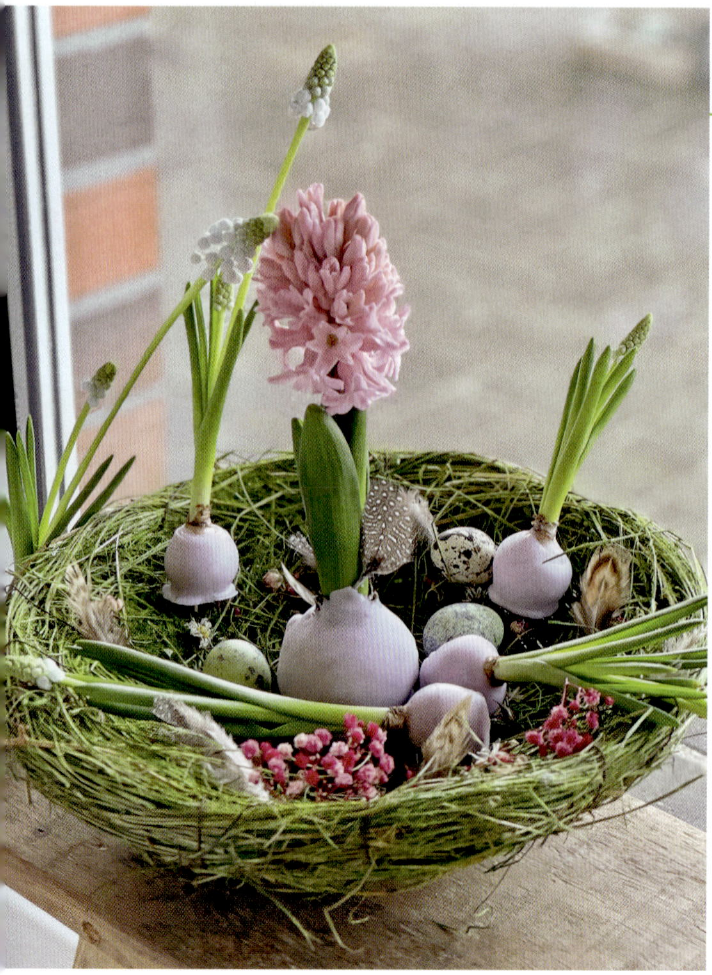

DAS BRAUCHST DU

Hyazinthen
Muscari (Traubenhyazinthen)
Wachsreste
Schmelztiegel
Topf
Backpapier
Holzstab
Kochplatte

SO WIRD'S GEMACHT

Die Wachsreste werden im Schmelztiegel über ein Wasserbad gegeben. Während das Wachs schmilzt, entferne die Erde von den Zwiebeln und schneide die Wurzeln ab. Der Pflanze macht das nichts aus. Wenn das Wachs geschmolzen ist, tauche die einzelnen Zwiebeln kurz ins Wachs ein und stelle sie auf ausgelegtes Backpapier.

Bitte gehe dabei vorsichtig vor und tauche immer nur 1 bis 2 Sekunden. Lasse das Wachs etwas antrocknen und tauche die Zwiebel anschließend wieder hinein. Wiederhole den Vorgang so lange, bis dir die Dicke der Wachsschicht gefällt. Stelle die Zwiebel immer auf die gleiche Stelle, damit ein kleiner Fuß entsteht. So fällt sie später nicht um. Wenn das Wachs komplett getrocknet ist, kannst du die Hyazinthen für allerhand Dekorationen verwenden.

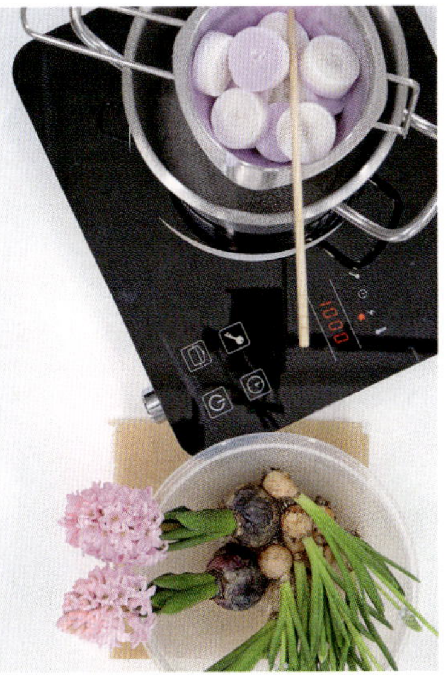

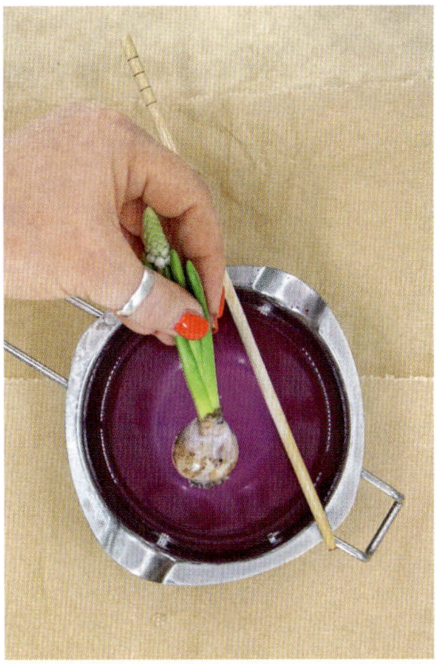

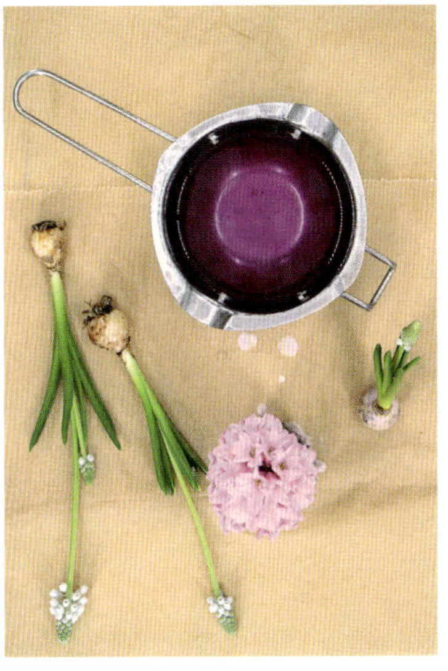

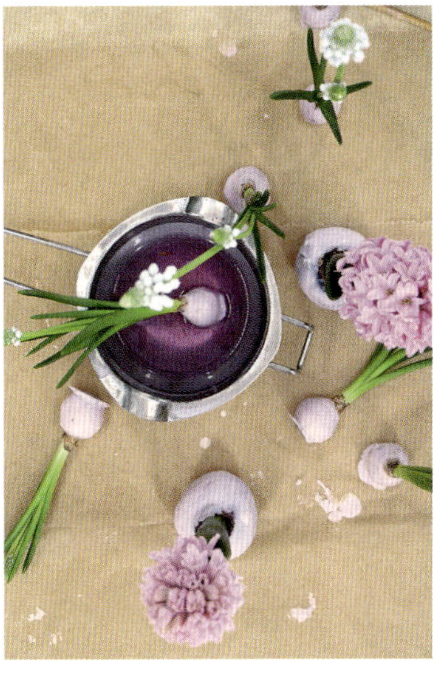

Tipps

Die gewachsten Hyazinthen blühen am besten, wenn du sie vor dem Wachsen 24 Stunden ins Wasser stellst. So kann sich die Zwiebel vollsaugen und hat genug Feuchtigkeit, um die Pflanze blühen zu lassen.

Du kannst diese Technik z.B. auch bei Tulpenzwiebeln anwenden, da Hyazinthen bei manchen Menschen allergische Reaktionen hervorrufen können.

MITTEL

Klötzchenhaus

Die Klötzchen, die ich am liebsten benutze, sind aus Eichenholz und ideal zum Basteln. Da sie unbehandelt sind, kannst du sie ölen, beizen, streichen – ganz wie du möchtest. Dieses Klötzchenhaus passt perfekt zur Frühlingsdekoration und erinnert fast an ein Gewächshaus. Du wirst sehen – es ist ganz einfach herzustellen.

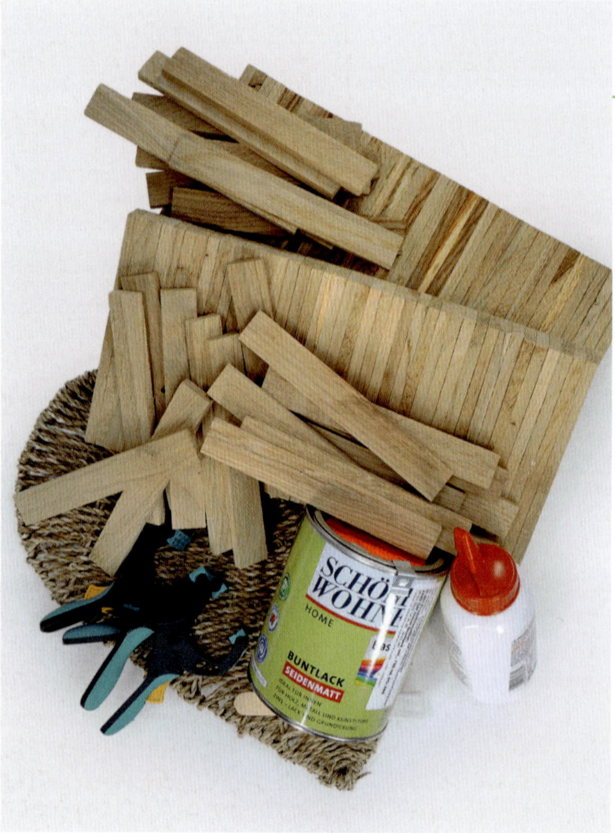

DAS BRAUCHST DU

69 Klötzchen
Holzleim
Buntlack
Holzstäbchen
Pinsel
Federklemmen

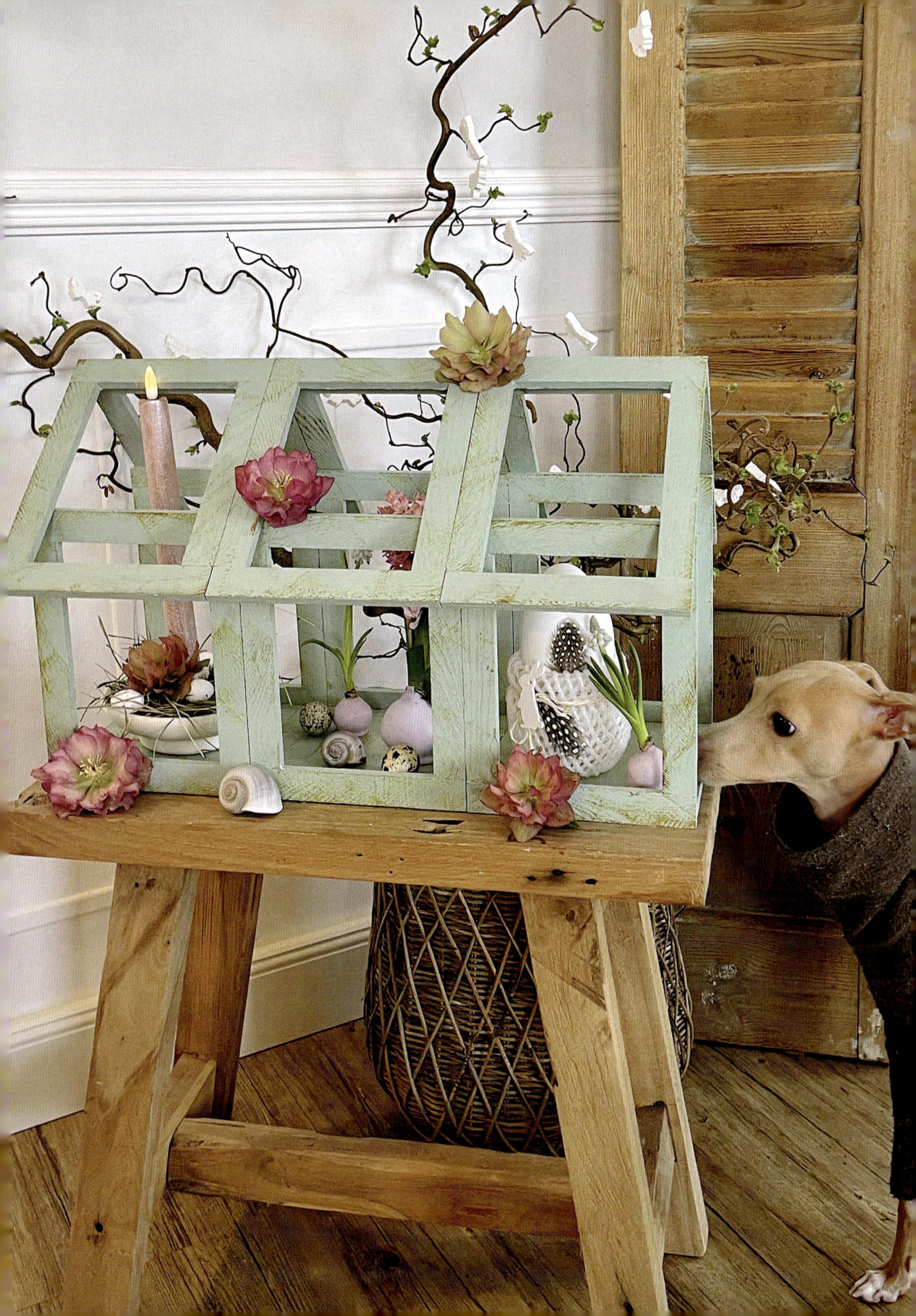

SO WIRD'S GEMACHT

Lege dir einen Rahmen aus 4 Klötzchen zurecht und verleime sie an den Verbindungsstellen miteinander. Du benötigst insgesamt 12 Rahmen. Lasse sie gut trocknen.

Der Boden des Häuschens besteht aus 21 Klötzchen. Arbeite hier bitte ganz genau, damit die Ränder exakt passen. Es ist leichter, erst 4 oder 5 Klötzchen miteinander zu verleimen und sie gut trocknen zu lassen. Dann klebe daran wieder 4 oder 5, bis du 21 Klötzchen verbunden hast. Während der Boden gut trocknet, kannst du die Farbe vorsichtig mit einem Holzstäbchen (z.B. vom letzten Asia-Restaurant-Besuch) umrühren. Nun beginne damit, die Rahmen von allen Seiten zu streichen. Zum Schluss bekommt dein Boden einen Farbanstrich.

Wenn du alles gestrichen hast, lege 3 Rahmen aneinander und verleime sie. Insgesamt hast du anschließend 4 3er-Rahmen. Zwei von ihnen werden rechts und links an den Boden geleimt. Gehe hier langsam vor und lasse immer erst eine Seite gut trocknen, bevor du die andere Seite verleimst. Für das Dach verleimst du 2 3er-Rahmen im rechten Winkel zueinander.

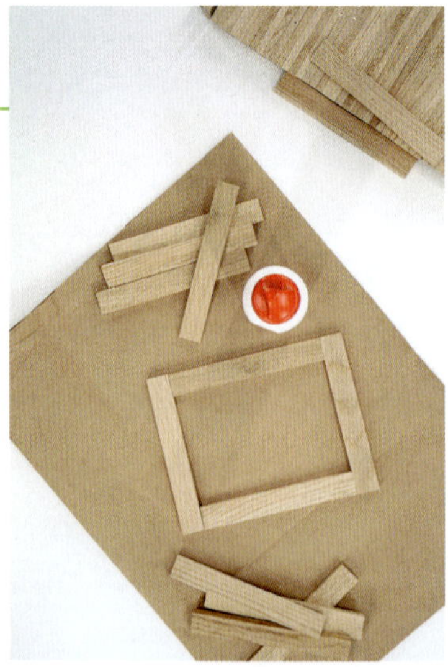

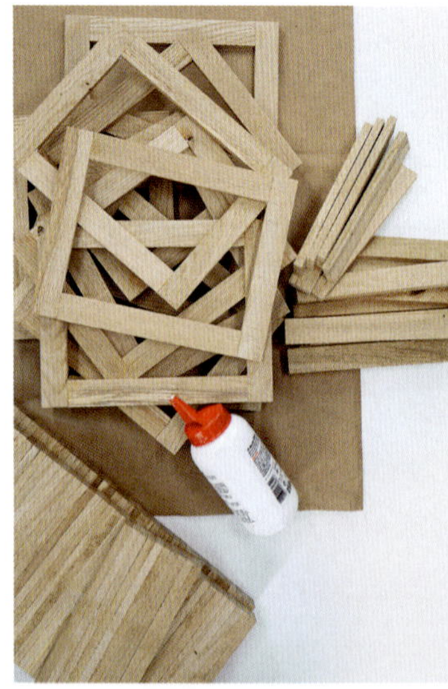

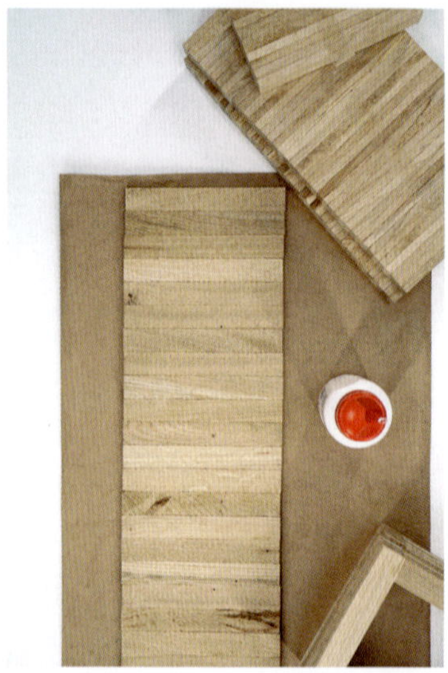

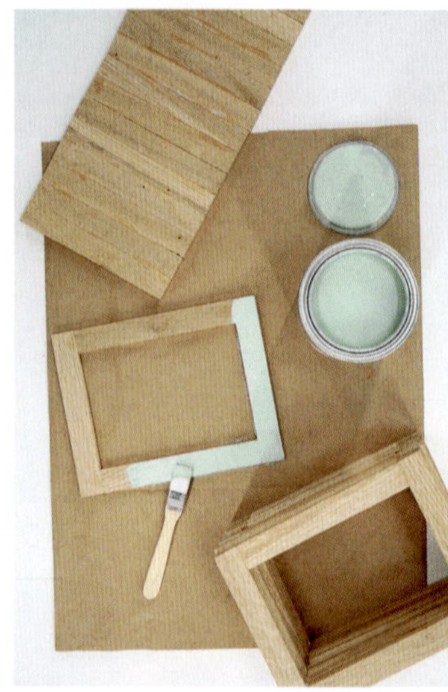

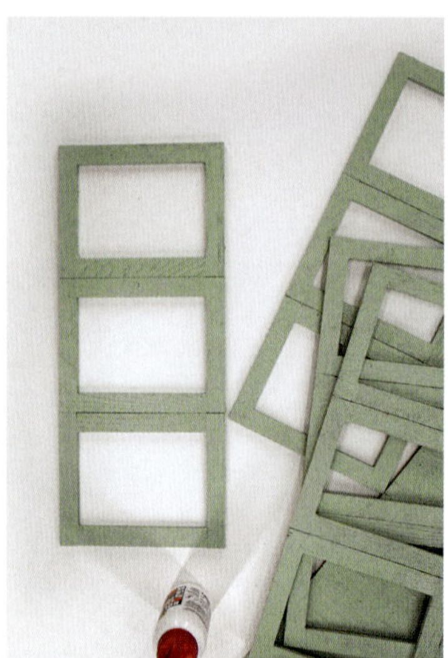

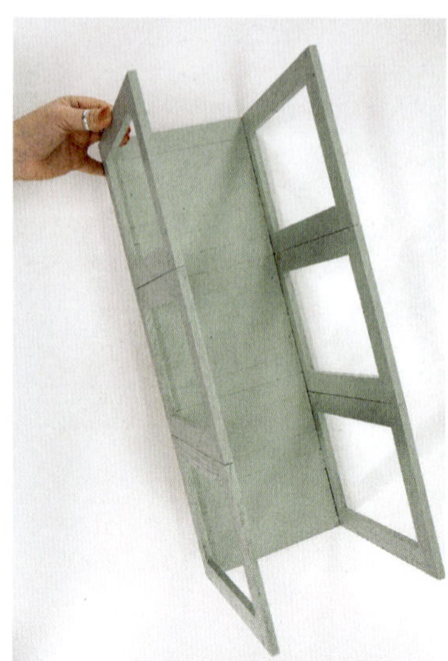

Wenn du den Shabby-Look liebst, trimmst du das Häuschen am besten mit einem ausgedienten Stempel auf diesen superschönen Stil. Dafür reibst du ein bisschen an den Rändern und fährst zufällig über alle anderen Flächen. Zum Schluss lege das Dach einfach auf die Holzkonstruktion. Ein Verleimen ist hier nicht notwendig und so lässt es sich leichter schmücken.

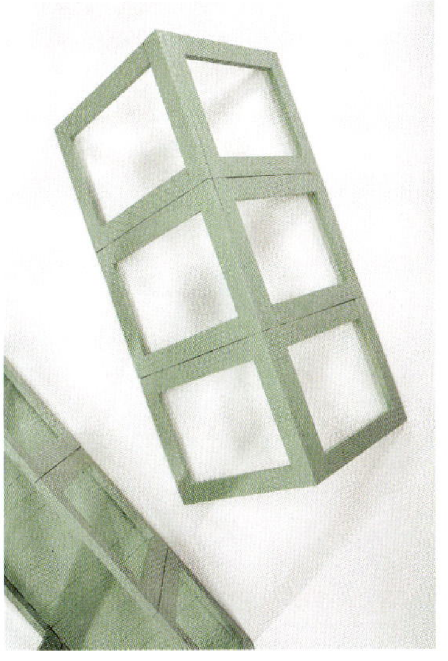

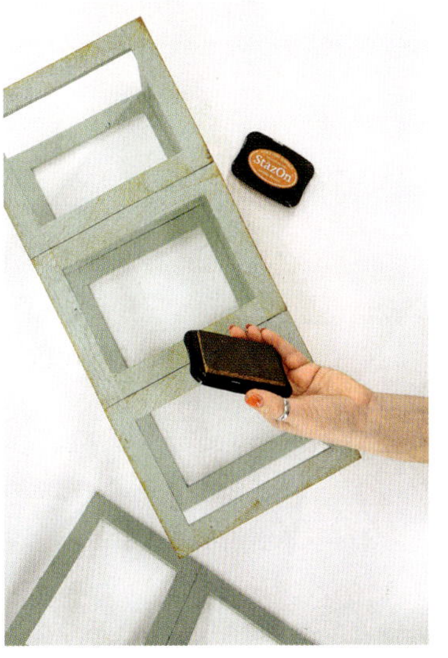

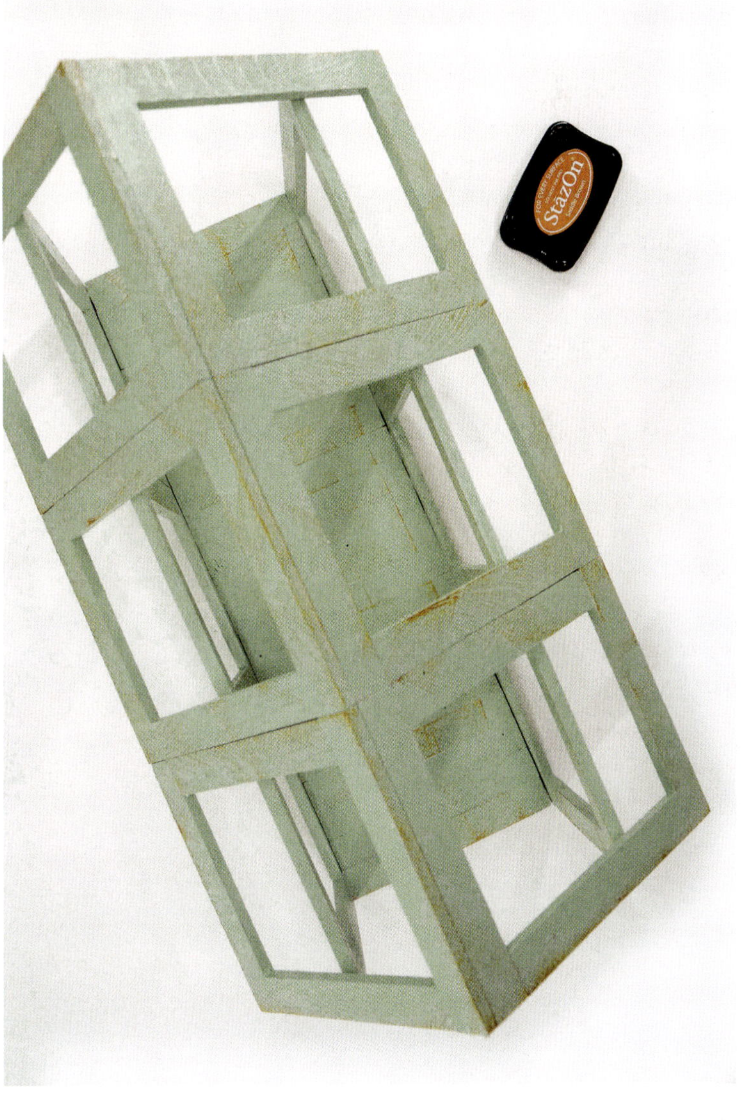

Tipps

Lege dir als Erstes die Klötzchen zurecht. Du benötigst 48 Klötzchen für die einzelnen Rahmen und 21 für den Boden. Achte bitte immer darauf, dass du ein gutes Mittelmaß an Leim verwendest. Benutzt du zu viel, läuft er aus den Fugen, nimmst du zu wenig, halten die Klötzchen nicht. Überschüssige Leimreste entfernst du am besten sofort mit einem Küchentuch. Probiere dich einfach aus. Ein bisschen Übung macht auch hier den Meister.

Den Farbton »Frühlingserwachen« kannst du dir ganz einfach im Baumarkt anmischen lassen.

MITTEL

Birkennest

Dieses DIY gehört zu meinen absoluten Lieblingsbasteleien im Frühling. Ich freue mich jedes Jahr darauf und das Birkennest begleitet mich durch jede Jahreszeit. Im Frühling schmücke ich es mit Wachteleiern, Federn und Trockenblumen. Im Sommer entferne ich die Federn und ersetze sie durch Lavendel und Rosenknospen. In die Mitte kommt ein altes Marmeladenglas mit einer Kerze. In lauen Sommernächten ergibt das ein schönes Lichtspiel. Das Birkennest wird im Herbst mit Eicheln und Kastanien gefüllt und mit Blättern geschmückt. Für den Winter kommen Tannenzapfen hinein, auch Christbaumkugeln sehen schön aus. Eine Lichterkette dazwischen, und schon ist deine winterliche Dekoration fertig. Ein absoluter Allrounder!

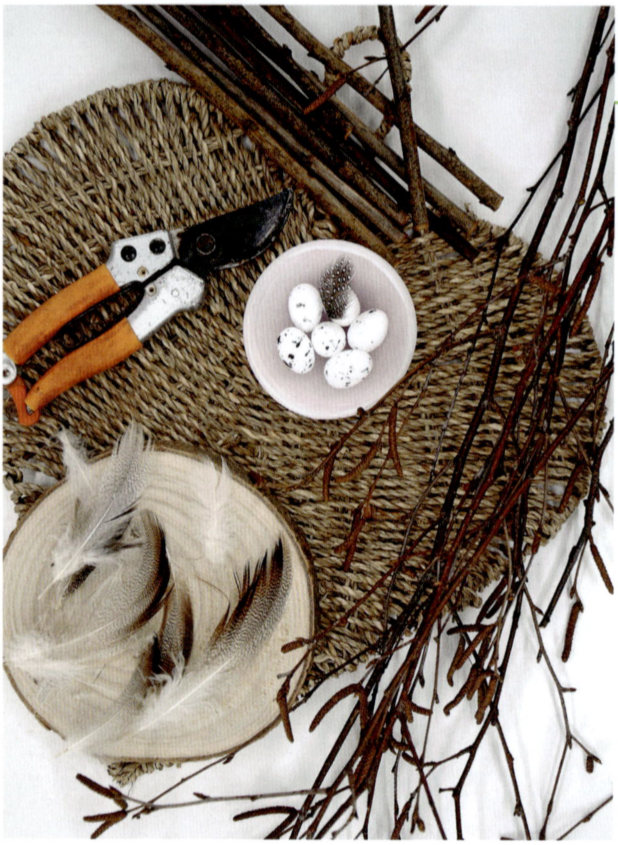

DAS BRAUCHST DU

Baumscheibe
8 gleich starke Äste
Birkenzweige
Federn
Astschere
Akkubohrer
Stift
Lineal
eventuell Heißklebepistole

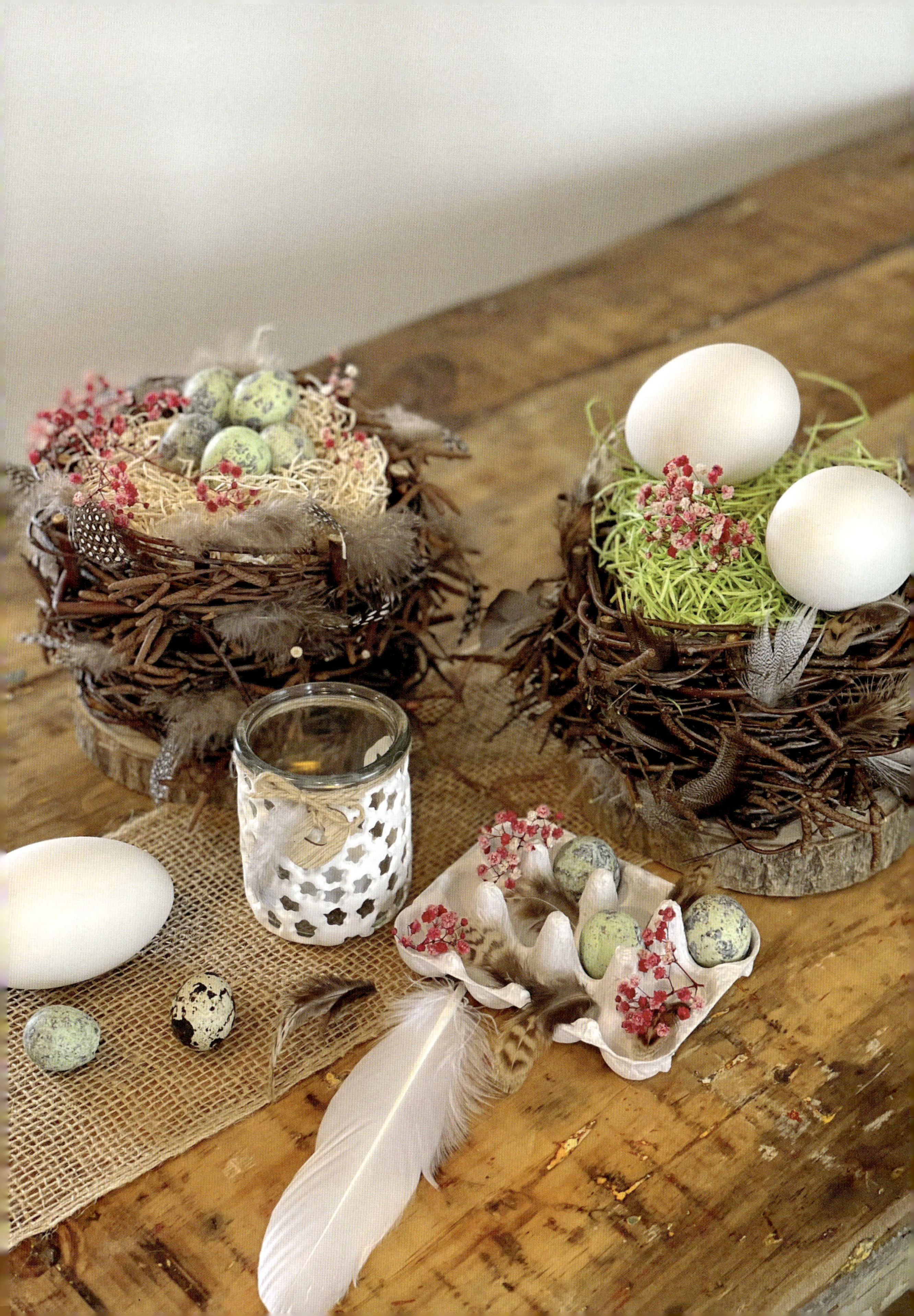

SO WIRD'S GEMACHT

Als Erstes kennzeichnest du 8 Bohrmarkierungen auf der Baumscheibe. Achte hier darauf, dass die Abstände zwischen ihnen gleich groß sind. Nimm ein Lineal zu Hilfe. Wähle als Bohrgröße den Durchmesser der Äste. Nun kannst du in die Markierungen bohren. Sei dabei besonders vorsichtig.

In die Bohrlöcher kannst du nun die Äste stecken. Sollten sie etwas wackelig sein, bringe etwas Heißkleber auf die Steckstellen auf. Nimm nun einen biegsamen Birkenzweig und fädele ihn im Zickzack um die Äste. Gehe dabei so vor: von außen nach innen und von innen nach außen und so weiter. Wenn der Ast aufgewickelt ist, beginne an dieser Stelle mit dem nächsten Ast.

Kontrolliere zwischendurch, dass die Zweige eng aneinanderliegen. Fädele so lange, bis dir die Höhe des Nestes gefällt. Fixiere die letzten Zweige an den Ästen mit einigen Tropfen Heißkleber und schneide die überstehenden Äste ab.

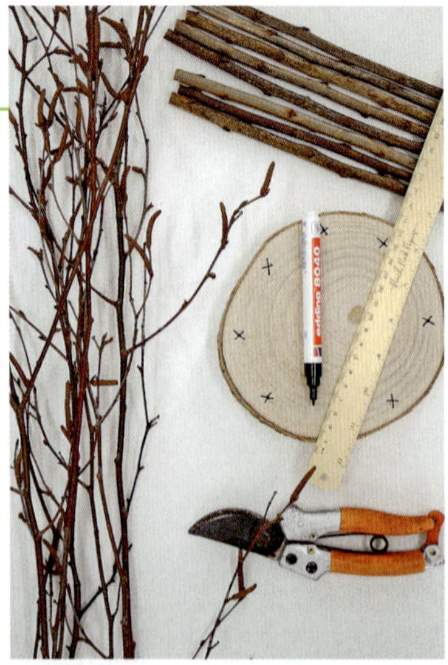

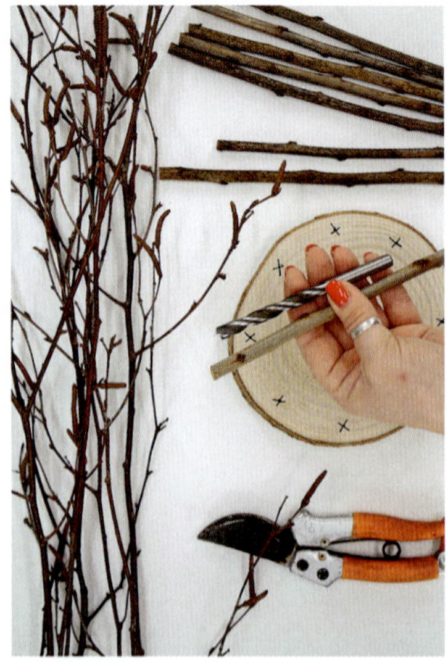

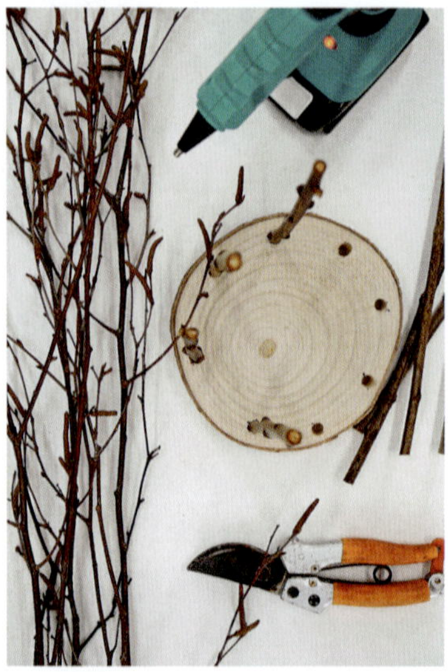

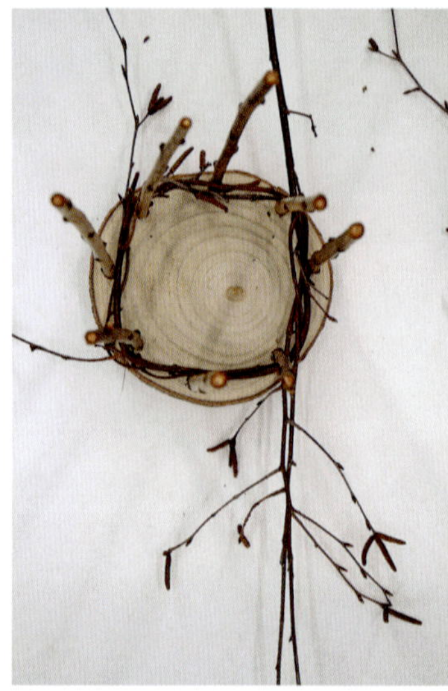

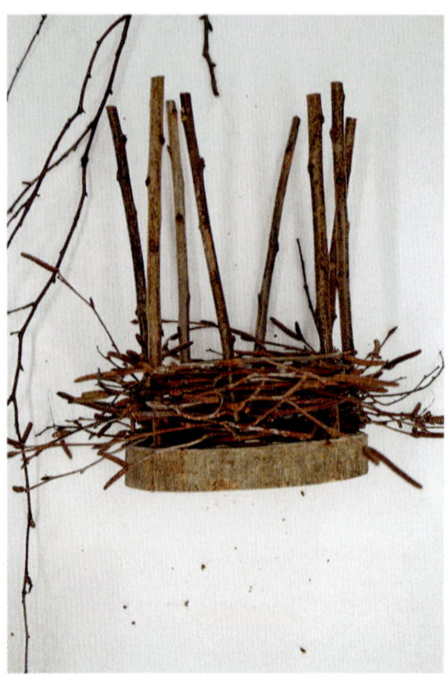

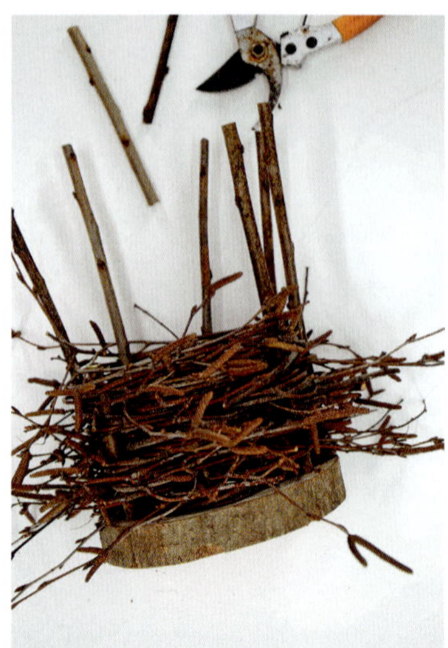

Nun geht's auch schon ans Verzieren. Stecke dafür die Federn zwischen die Zweige und befülle das Nest mit deiner Frühlingsdeko, z.B. Eier, Blüten und Gras.

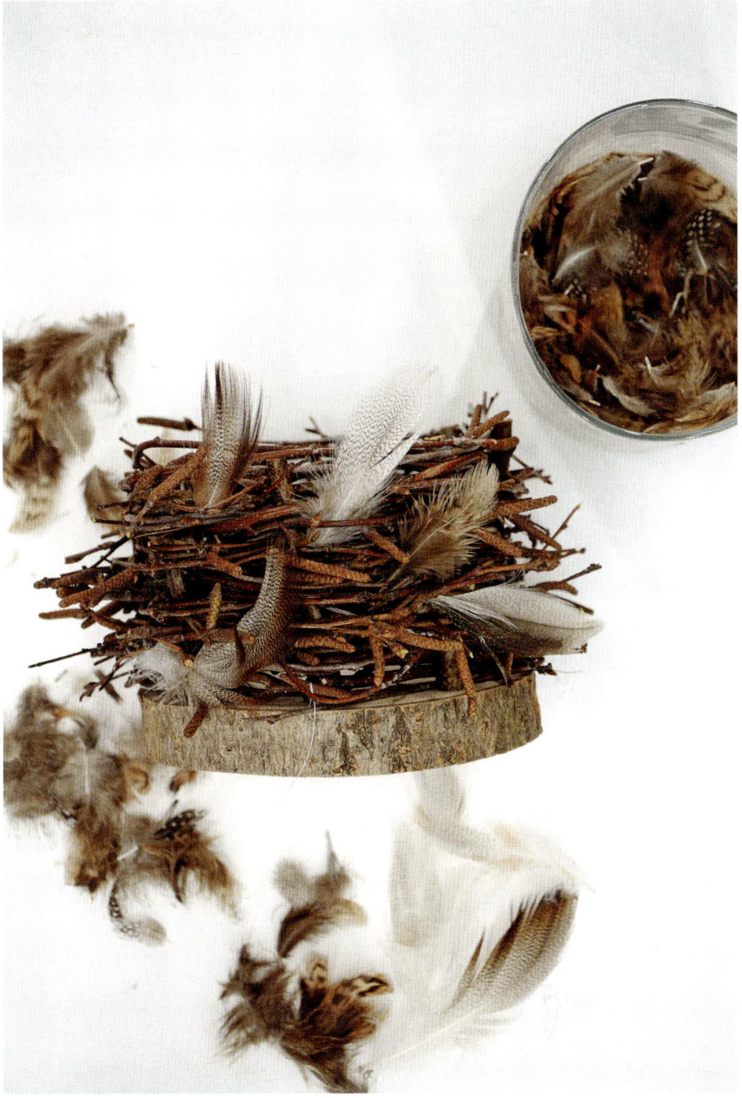

Tipps

Die Baumscheibe bekommst du in Holzhandlungen oder beim Bauern, oft schon zu einem ganz kleinen Preis. Birkenzweige besorge dir am besten beim Floristen. Es ist nicht in jeder Gemeinde erlaubt oder erwünscht, Birken am Straßenrand oder in Wäldern zu beschneiden. Um ganz sicher zu sein, frage bitte in deiner Gemeindeverwaltung nach.

Sollten die Birkenzweige schon etwas länger liegen, werden sie porös. Wenn du sie über Nacht in eine Schüssel Wasser legst, werden sie wieder flexibel und lassen sich besser um die Äste wickeln.

LEICHT

Blütenei

Ich habe einige Lieblingsmaterialien. Ofenhärtende Knetmasse gehört definitiv dazu. Es lassen sich große Projekte damit herstellen, aber auch ganz kleine, filigrane. Dieses Blütenei sieht nicht nur schön aus, es lässt sich auch perfekt in Szene setzen. Ein Nest aus Gras ist der ideale Begleiter meiner Dekoration.

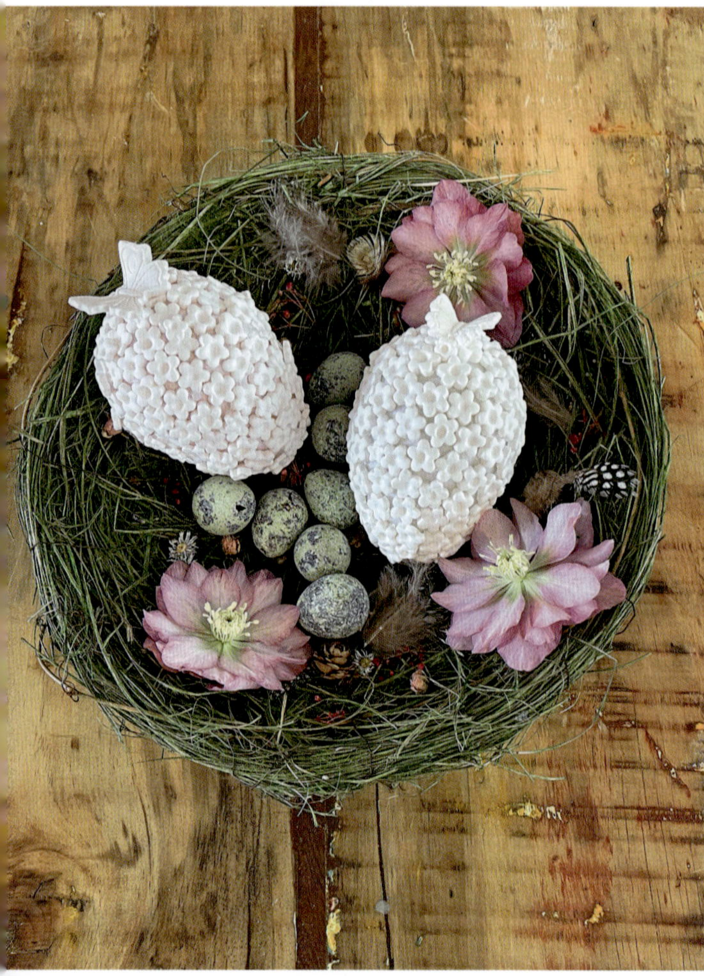

DAS BRAUCHST DU

- Fimo soft, 100 g
- Acrylroller
- Ausrollmatte
- Plastikei, groß
- Fondant-Ausstecher Blüten
- Fondant-Ausstecher Schmetterling
- Backblech
- Backpapier
- Heißklebepistole

SO WIRD'S GEMACHT

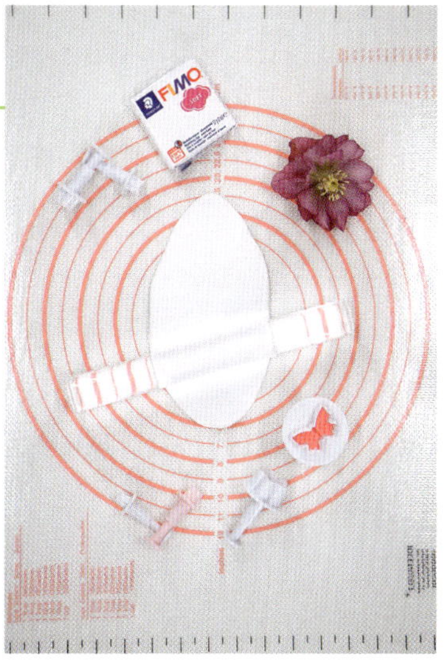

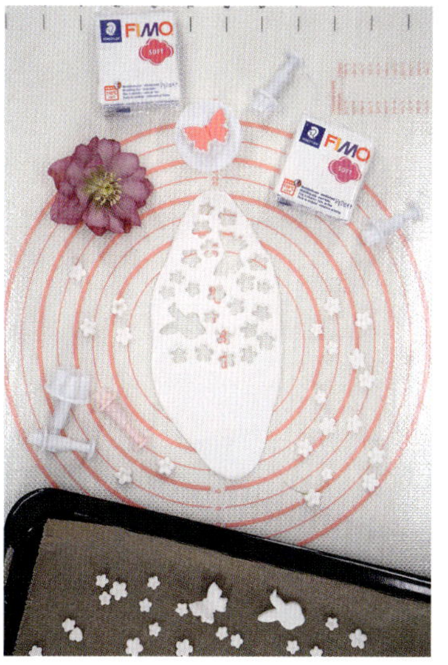

Rolle das Fimo auf der Matte aus. Sie verhindert, dass das Fimo auf dem Tisch kleben bleibt. Du kannst dir rechts und links zwei gleich dicke Klötzchen oder Ähnliches hinlegen. Dann wird das Fimo schön gleichmäßig. Nun kannst du mit dem Ausstechen schon beginnen. Lege die kleinen und ein größeres Fimo-Teilchen auf ein mit Backpapier ausgelegtes Backblech. Anschließend müssen sie bei 110 Grad 30 Minuten lang in den Backofen. Wähle hierfür Ober- und Unterhitze aus, denn bei Umluft härten sie zu ungleichmäßig. Achte bitte darauf, dass die Fimo-Teilchen nicht braun werden, da sie sehr klein und filigran sind. Verkürze ansonsten die Backzeit etwas.

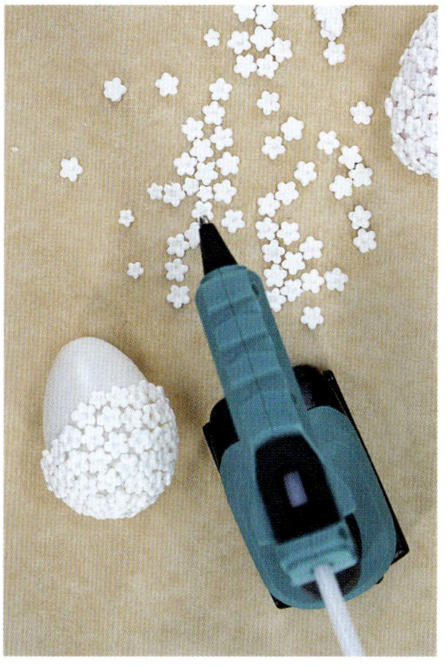

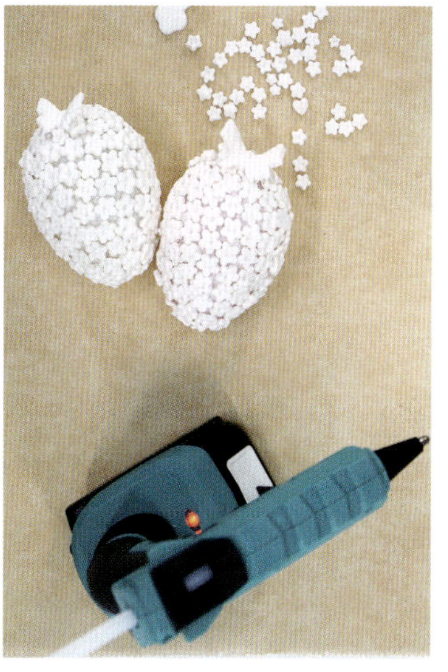

Nach der Backzeit lasse die Blüten einen kurzen Moment bei Raumtemperatur auskühlen. Dann kann es auch schon losgehen. Das Ei wird nun mit den Blüten beklebt. Beginne dabei von der unteren Seite und arbeite bis in die Spitze des Eis. Den Schmetterling kannst du zum Schluss auf die Seite kleben, die du als obere Seite bestimmst. Wenn du das Fimo-Osterei aufhängen möchtest, befestige noch ein Bändchen daran.

Tipp

Fimo soft musst du nicht in der Hand vorkneten. Es ist weich und lässt sich sehr gut ausrollen.

KNIFFLIG

Dremeleier

Man muss kein Künstler sein, um mit dem Dremel Gänseeier zu verzieren. Es ist nur ein ruhiges Händchen gefragt und etwas Geduld. Der Geruch und das Geräusch bei diesem DIY ähneln einem Zahnarztbesuch, aber das Ergebnis ist es allemal wert. Gänseeier sind übrigens robuster als Hühnereier und eignen sich am besten für die Dremelkunst. Bitte setze dabei immer eine Maske auf. Der Staub ist sehr fein.

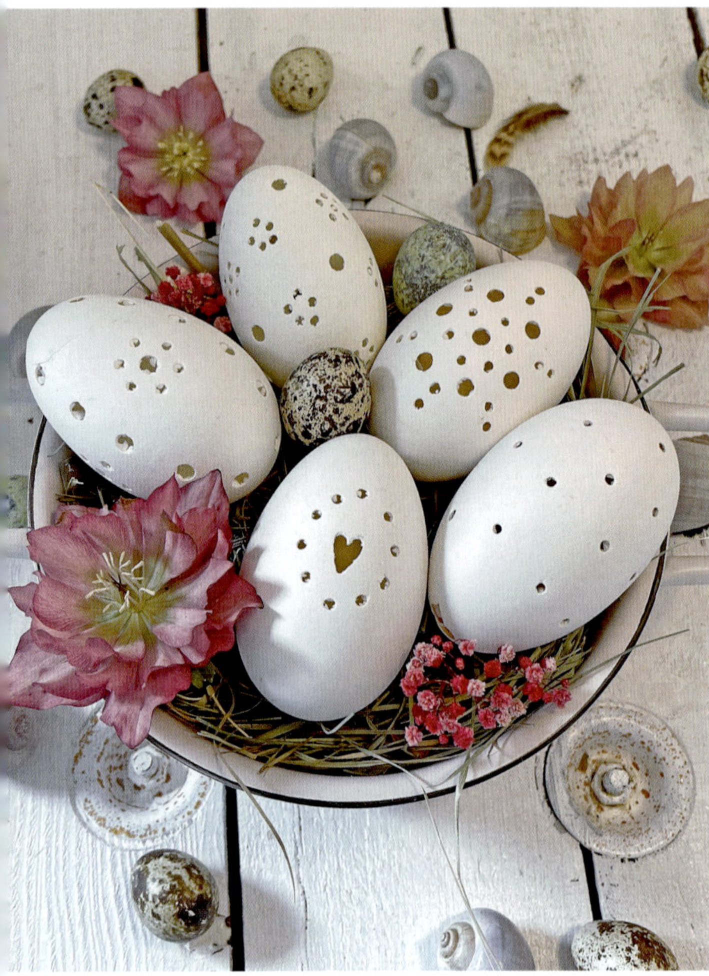

DAS BRAUCHST DU

Gänseeier
Holzring
Bleistift
Gesichtsmaske
Dremel
verschiedene Diamantfräser

SO WIRD'S GEMACHT

Zeichne dir als Erstes ein Muster auf das Ei. Damit es nicht verrutscht, lege dafür den Holzring darunter. Benutze zum Zeichnen einen Bleistift, damit du später noch Spuren wegradieren kannst.

Nimm zuerst den größeren Fräskopf und stelle den Dremel auf die niedrigste Stufe. Bohre langsam das erste Loch.

Wenn du alle Löcher der ersten Größe gefräst hast, benutze anschließend den kleineren Aufsatz und bohre die feineren Löcher. Gehe so lange so vor, bis dein Muster vollständig ist. Arbeite dabei vorsichtig und langsam.

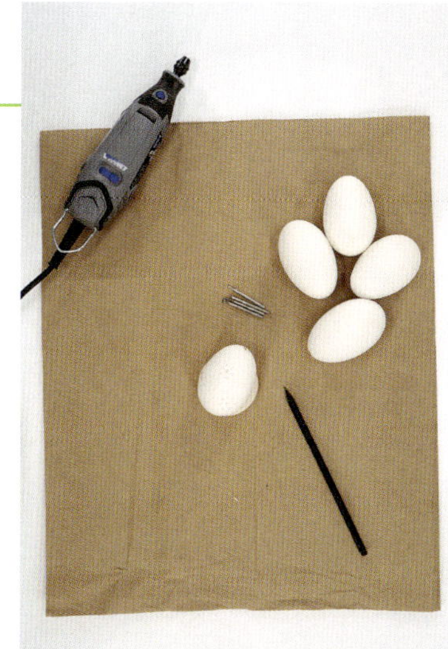

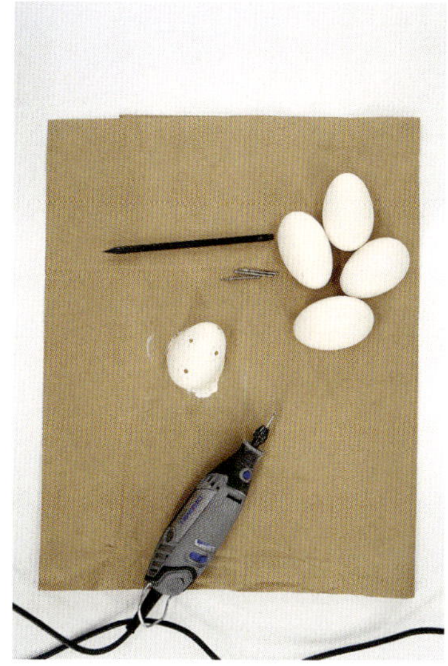

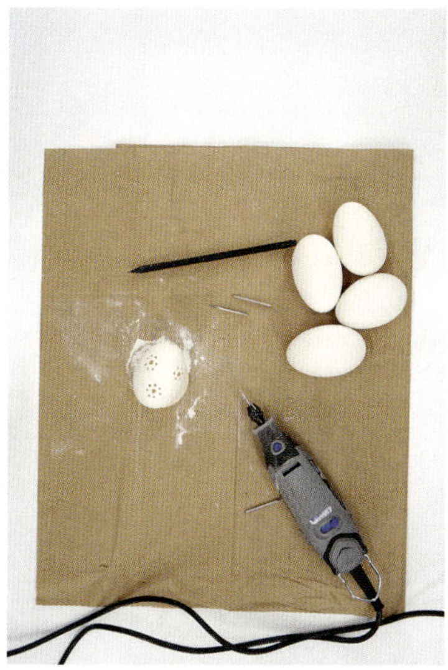

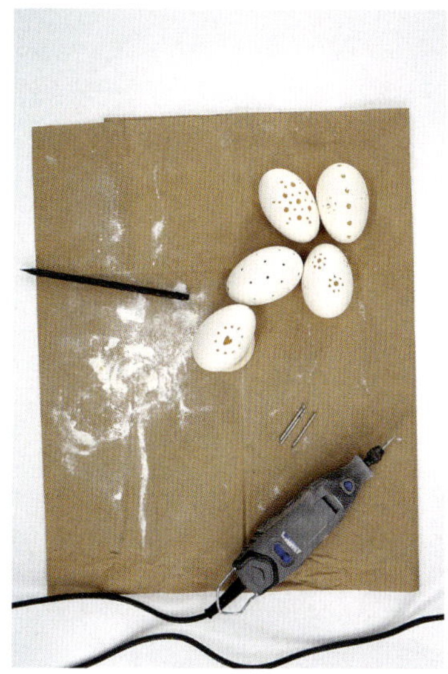

Tipp

Um die Eihaut im Inneren zu entfernen, lege das Ei 30 Minuten in eine Lösung aus zwei Dritteln Wasser und einem Drittel Chlorreiniger.

LEICHT

Schale aus Eierkarton

Für jeden DIY-Freund sind Upcyclingprojekte besonders spannend. Ich experimentiere gern mit Materialien, die eigentlich entsorgt werden sollten. Mir geht richtig das Herz auf, wenn aus ihnen etwas Neues entsteht. Die Schale aus Eierkarton liebe ich besonders. Allerdings ist sie nichts für Ungeduldige, denn sie benötigt einige Tage zum Trocknen. Ich habe mich für gemischte Kartons entschieden, aber die Farbwahl bleibt dir natürlich überlassen. Die Endform kannst du auch anmalen, streichen oder lackieren.

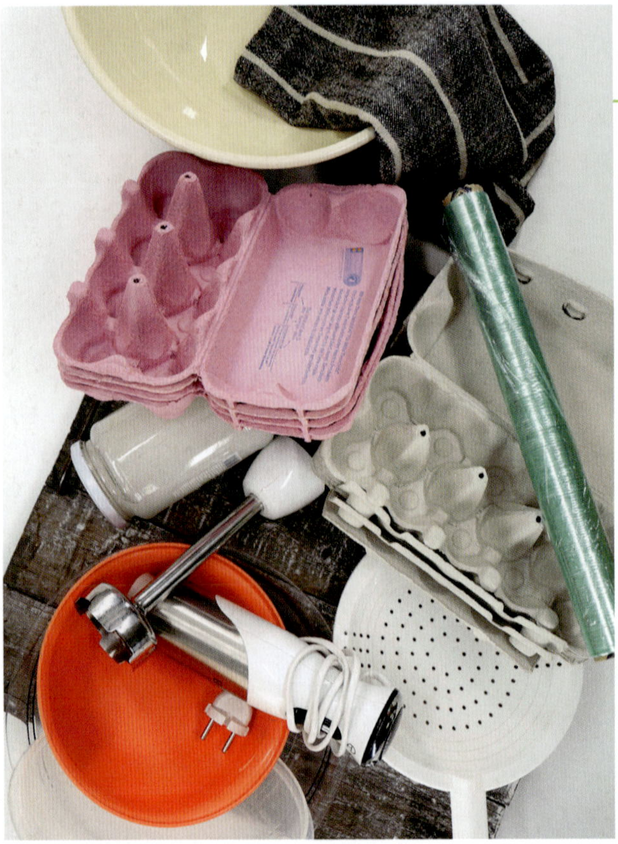

DAS BRAUCHST DU

4–5 Eierkartons
Bastelleim
Tapetenkleister
Schale zum Abformen
Sieb oder Geschirrtuch zum Durchseihen
Frischhaltefolie
Pinsel
Schere
Stabmixer
Wasserkocher

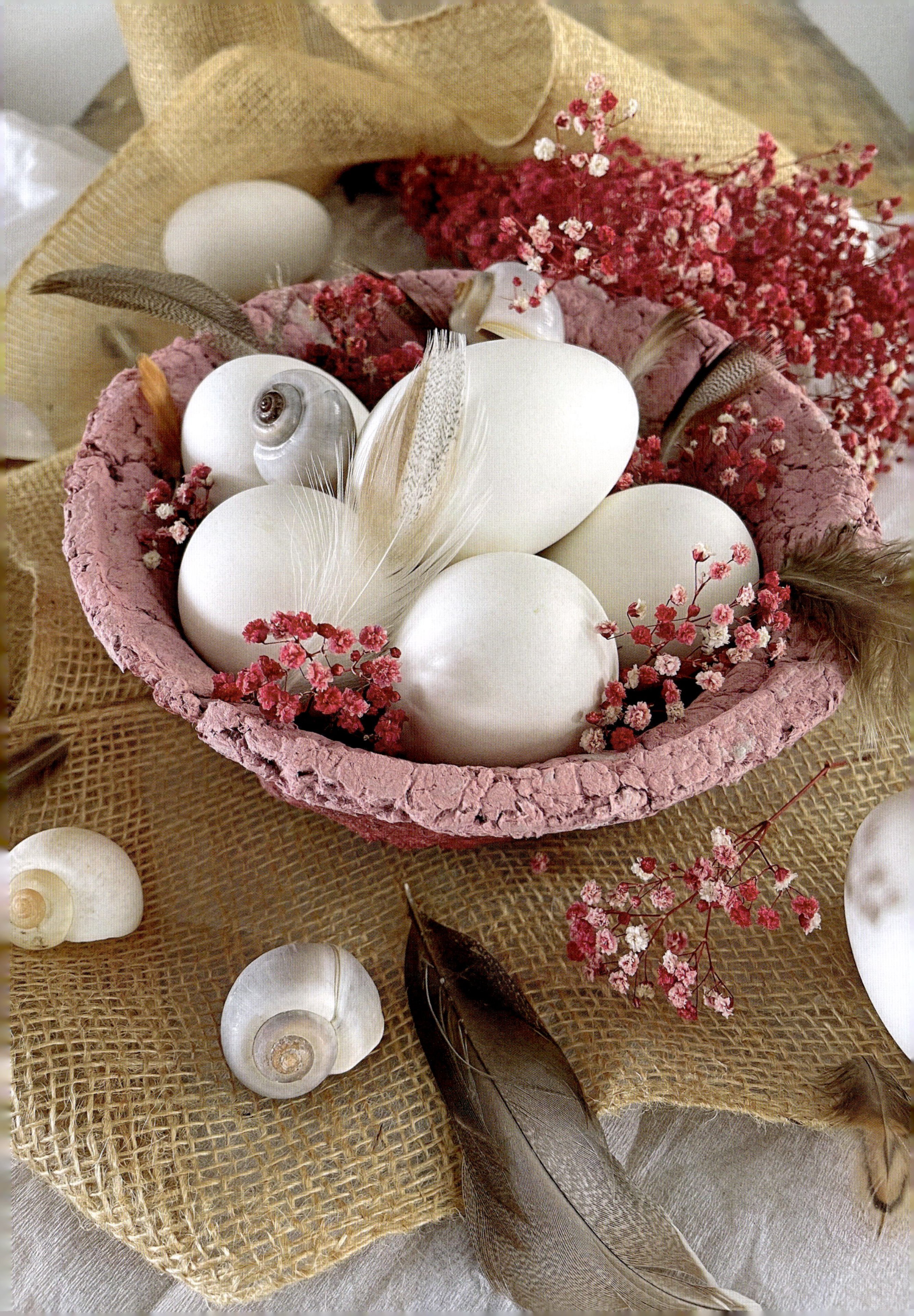

SO WIRD'S GEMACHT

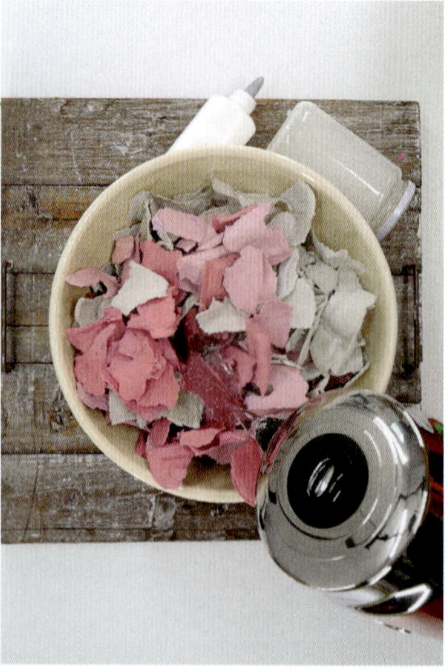

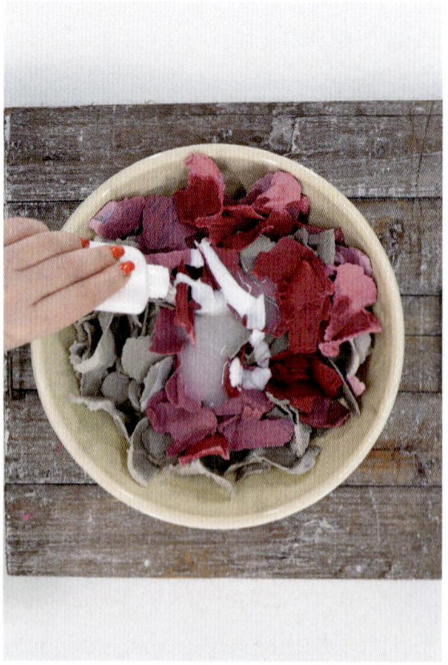

Im ersten Schritt zupfst du die Eierkartons in kleine Stücke und übergießt sie mit etwas heißem Wasser. Hierbei ist die Menge unwichtig, da der Karton nur eingeweicht werden soll.

Wenn der Karton vollständig mit Wasser vollgesogen ist, gießt du so viel Wasser ab, dass nur noch eine kleine Menge übrig bleibt. Gieße nun den fertig angerührten Tapetenkleister und den Bastelkleber dazu und vermische alles gut miteinander. Wenn es an den Händen klebt, ist die Konsistenz zu stark. Dann gieße wieder etwas warmes Wasser dazu. Es soll sich fast so anfühlen, als hättest du Weichspüler in deinen Händen.

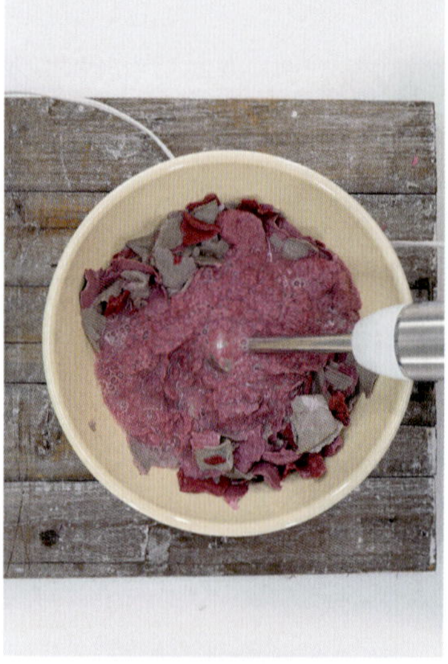

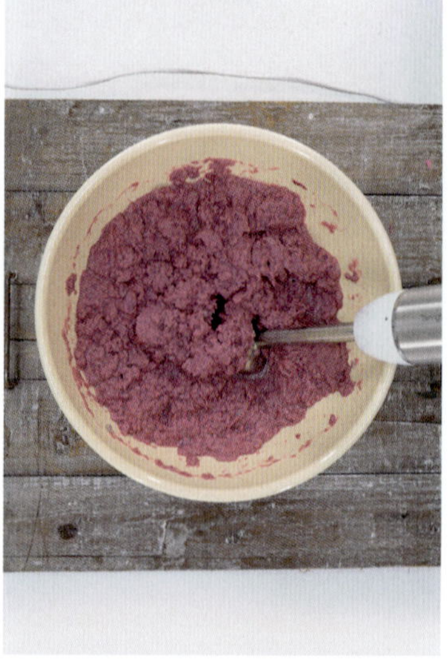

Mit dem Stabmixer wird nun alles zu einer geschmeidigen Masse zerkleinert. Je feiner du mixt, umso feiner wird später deine fertige Schale. Ich habe es etwas grober gelassen.

Die Masse wird anschließend durch ein Geschirrtuch gedrückt, um überschüssige Flüssigkeit zu entfernen. Zwieble das Geschirrtuch, das erleichtert den Vorgang. Du kannst dafür auch ein Sieb verwenden und die Flüssigkeit herausdrücken.

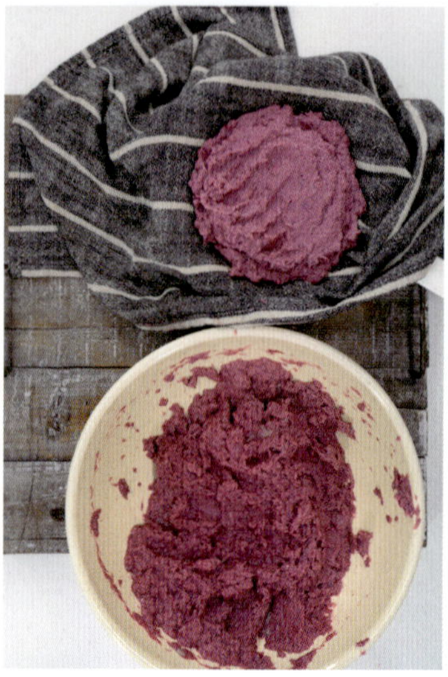

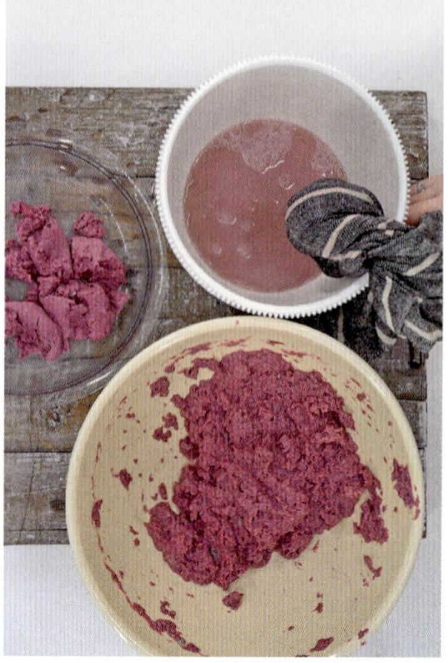

Wähle eine Schale aus, die dir von der Form her gut gefällt, und umwickle sie mit Frischhaltefolie. Anschließend kannst du die Kartonmasse gleichmäßig um die Schale verteilen. Drücke sie dabei gut fest.

Wenn du alles gut ummantelt hast, forme aus einer Kugel einen Standfuß. Dabei positionierst du die Kugel mittig auf die Schale und drückst diese gleichmäßig mit der Hand flach. Nun streichst du die komplette Schale mit einem Wasser-Bastelleim-Gemisch (Verhältnis 5:2) gut ein und stellst sie mehrere Tage an einen warmen Ort.

Wenn die Schale gut durchgetrocknet ist, kannst du deine Musterschale und die Frischhaltefolie entfernen. Den Rand kannst du noch mit einer Schere verbessern und Unebenheiten entfernen. Wenn du sie so belassen möchtest, fehlt jetzt nur noch die Dekoration.

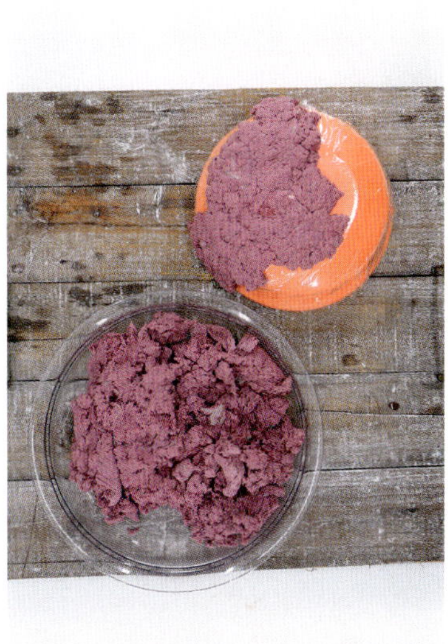

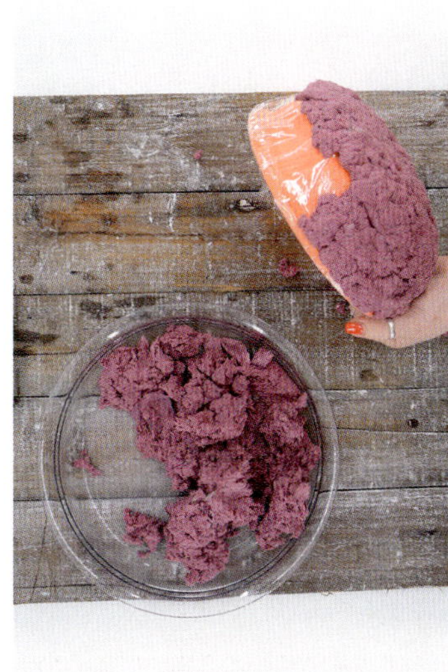

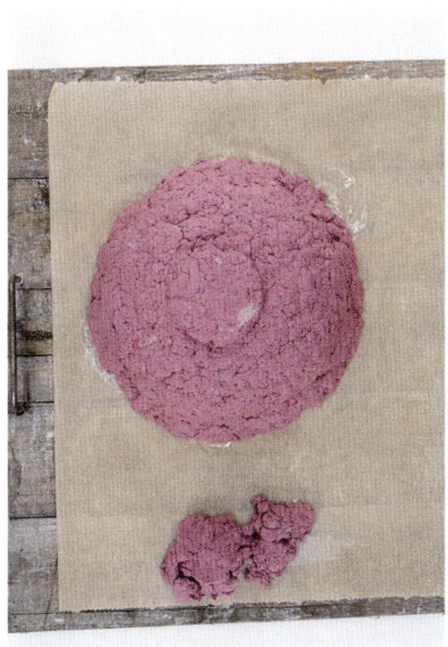

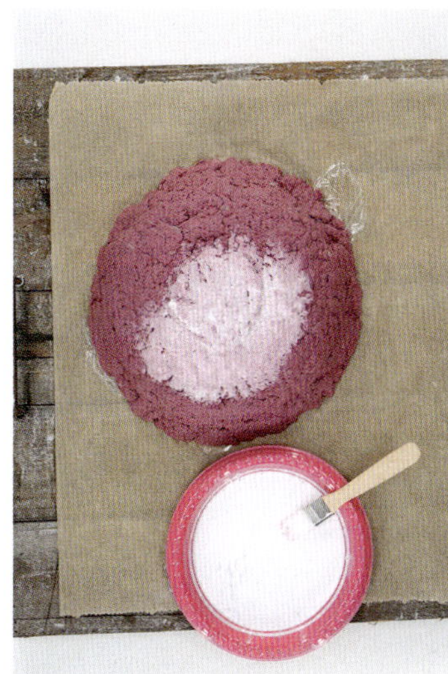

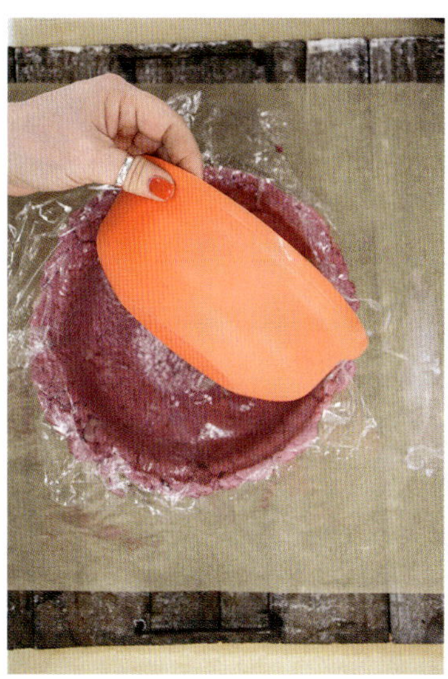

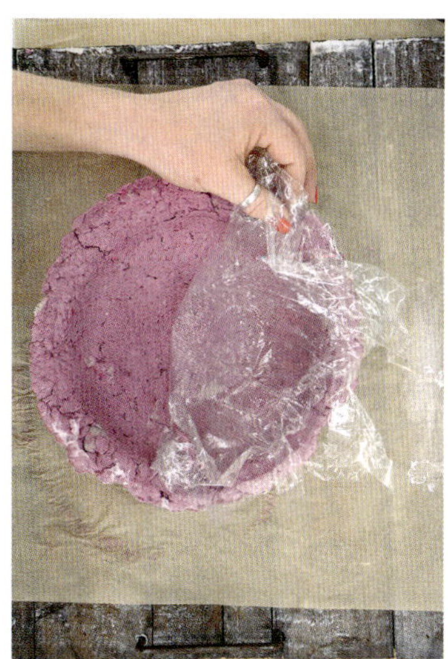

Tipps

Bei diesem DIY heißt es ganz klar: langsam herantasten. Denn eine genaue Menge an Tapetenkleister und Bastelleim kann man nur schwer benennen. Es ist fast wie beim Kochen. Der letzte Pfiff Kräuter macht den Genuss ...

Tapetenkleister gibt es auch schon fertig angemischt zu kaufen.

LEICHT

Dekoklötzchen

Eine der schönsten Kombinationen in meiner DIY-Welt sind Raysin, Klötzchen und UV-Resin. Daraus lassen sich unendlich viele Hübschigkeiten zaubern. Für den Frühling habe ich mir eine Variante überlegt, die man auch schön verschenken kann.

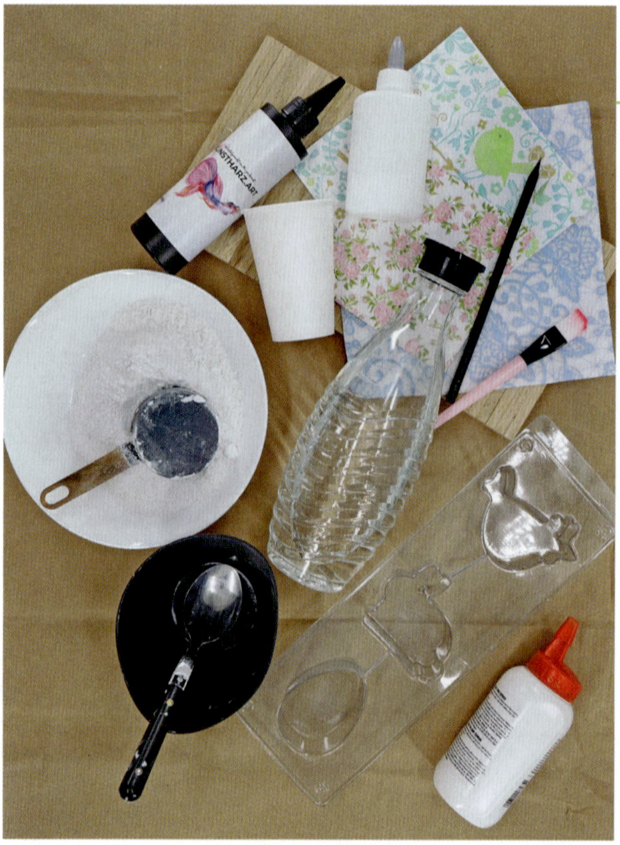

DAS BRAUCHST DU

Servietten nach Geschmack
Raysin-Gießpulver
Gießform
UV-Resin
Bastelleim
Holzleim
5 Klötzchen
Wasser
Pinsel
Mischbecher
Löffel
Bleistift
Schere
eventuell UV-Lampe
(nicht zwingend notwendig)

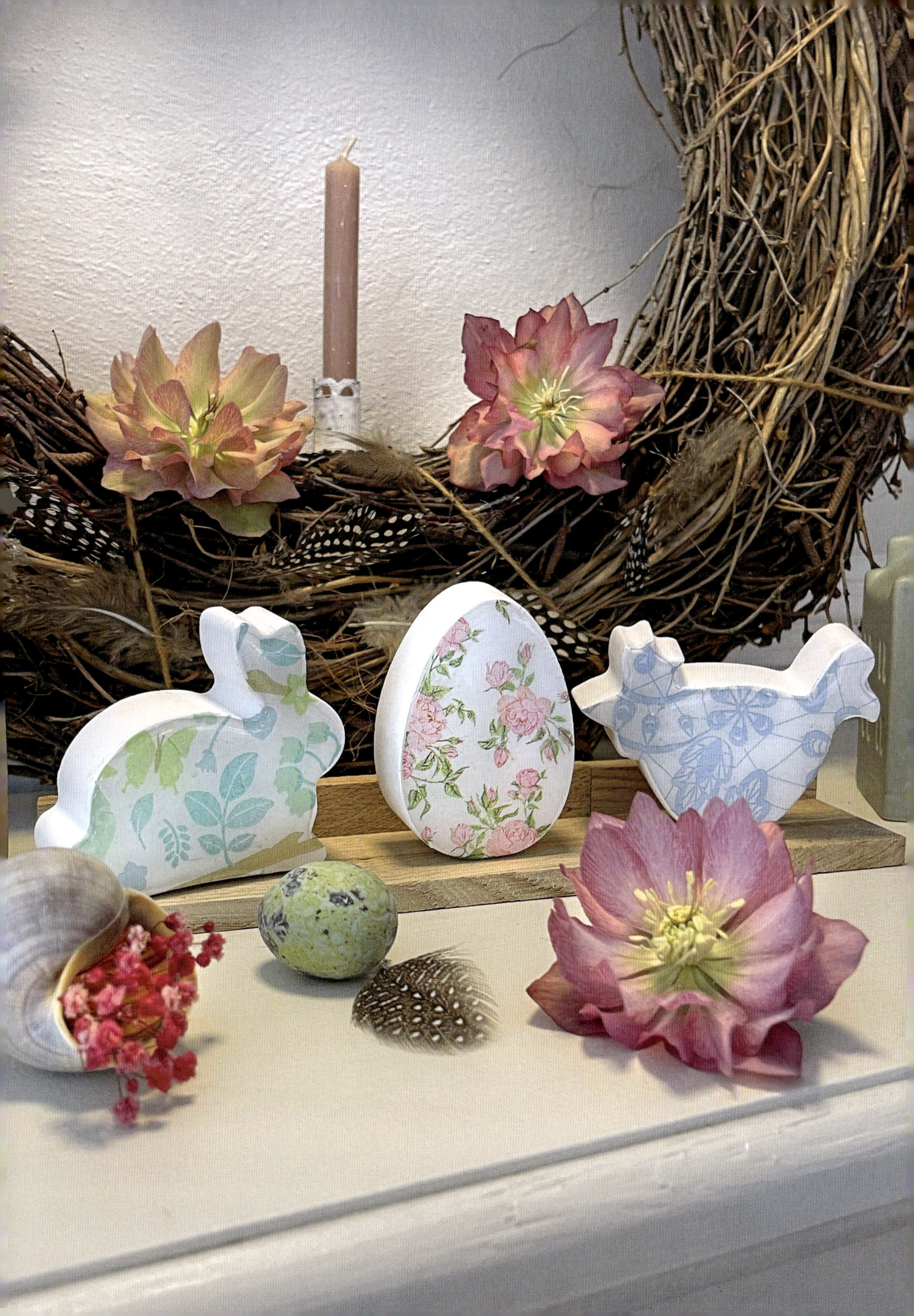

SO WIRD'S GEMACHT

Mische das Raysin-Gießpulver im Verhältnis 1:3 mit Wasser und verrühre es, bis keine Klümpchen mehr vorhanden sind. Fülle das Raysin in die Gießform. Lasse es anschließend ca. 1 Stunde lang aushärten und löse es vorsichtig aus der Form.

Lege die Form mit der Vorderseite nach unten auf die Rückseite der Serviette, umzeichne den Umriss und schneide sie aus. Trenne die beiden unteren Schichten von der Serviette ab. Bestreiche die Form ganz dünn mit ein bisschen Bastelleim und lege die Serviette darauf. Gehe nun noch einmal mit dem Pinsel und etwas Bastelleim über die Oberfläche und streiche die Serviette glatt. Gehe dabei besonders vorsichtig vor, die Serviette kann schnell reißen.

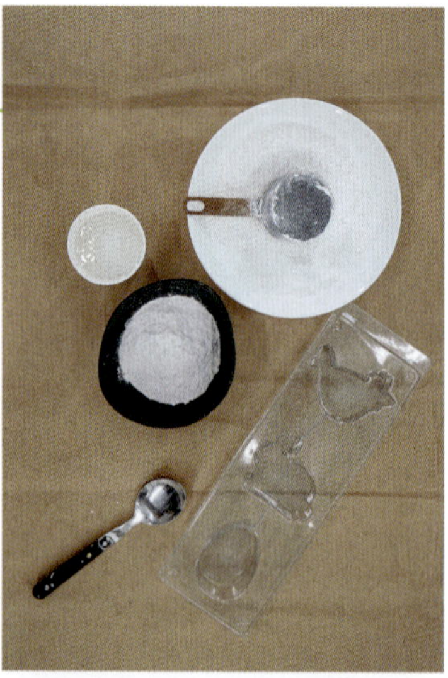

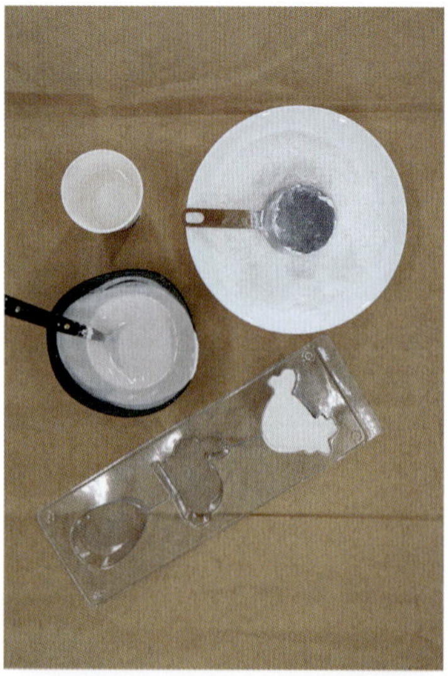

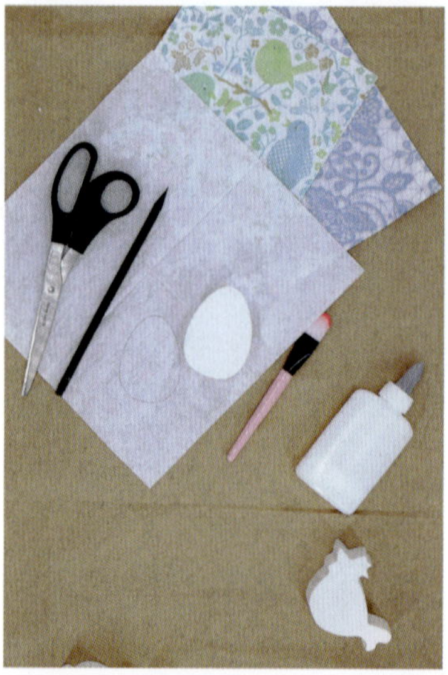

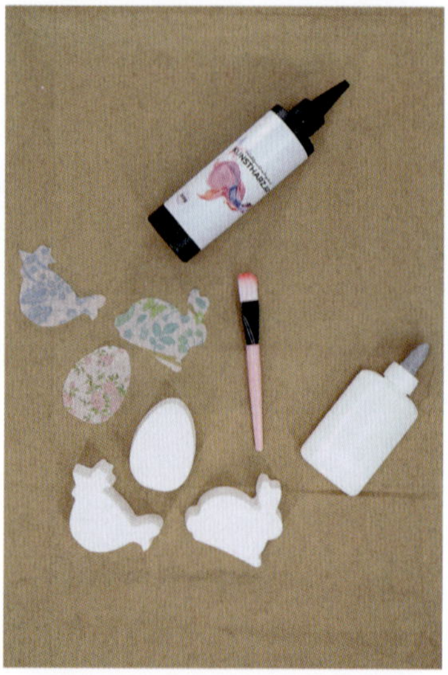

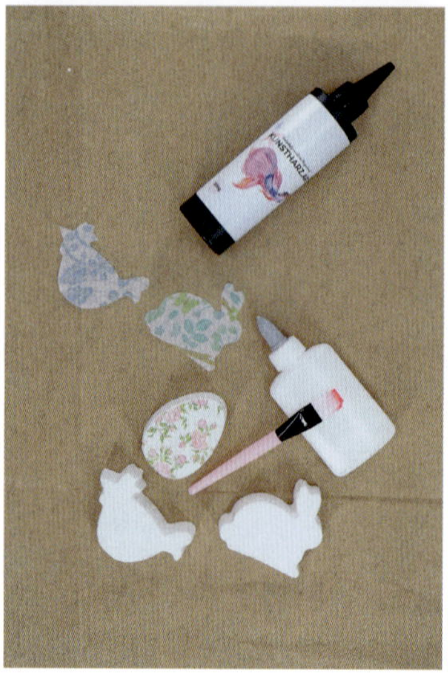

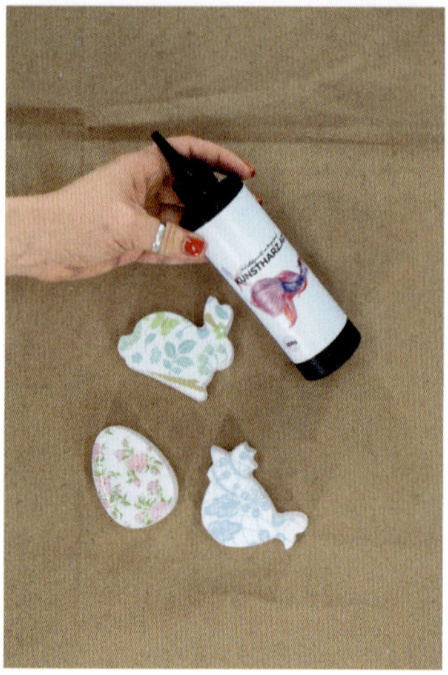

Das UV-Resin wird wie mit einem Stift auf die Oberfläche aufgebracht. Umrande dabei als Erstes den Rand (lasse etwa 2 mm zum Rand frei) und fülle anschließend den inneren Bereich mit dem Resin aus. Das Resin trocknet in wenigen Minuten. Du kannst aber auch eine UV-Lampe verwenden und es innerhalb von 90 Sekunden aushärten. Lege dir nun die Klötzchen zurecht. Du benötigst 3 normale und 3 halbe Klötzchen. Diese verleime miteinander, der Rand wird dafür hochkant verleimt, und klebe die Dekoteile auf das Klötzchengestell.

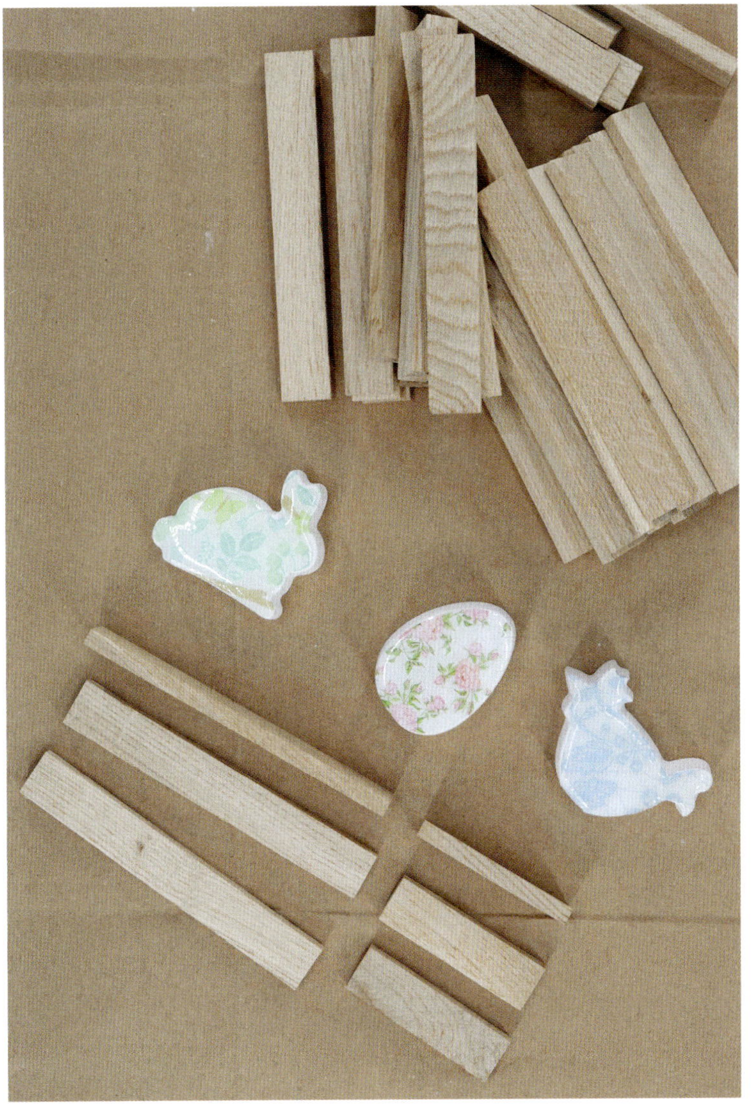

Tipp

Streiche die Gießform vor dem Verwenden mit ein bisschen Öl aus, dann lässt sich das Raysin leichter entfernen.

MITTEL

Frühlingskranz

Zu jeder Jahreszeit gehören passende Kränze dazu. Ich liebe es, immer wieder neue Schönheiten an die Tür zu hängen, sie auf den Tisch zu legen oder auf meiner Lieblingsbank vor dem Haus zu präsentieren. Der Rohling – meist ein Strohrömer – wird nicht entsorgt und kann immer wieder verwendet werden. Es gibt ihn in vielen unterschiedlichen Größen, sodass für jeden Kranzliebhaber und für jeden Anlass etwas dabei ist.

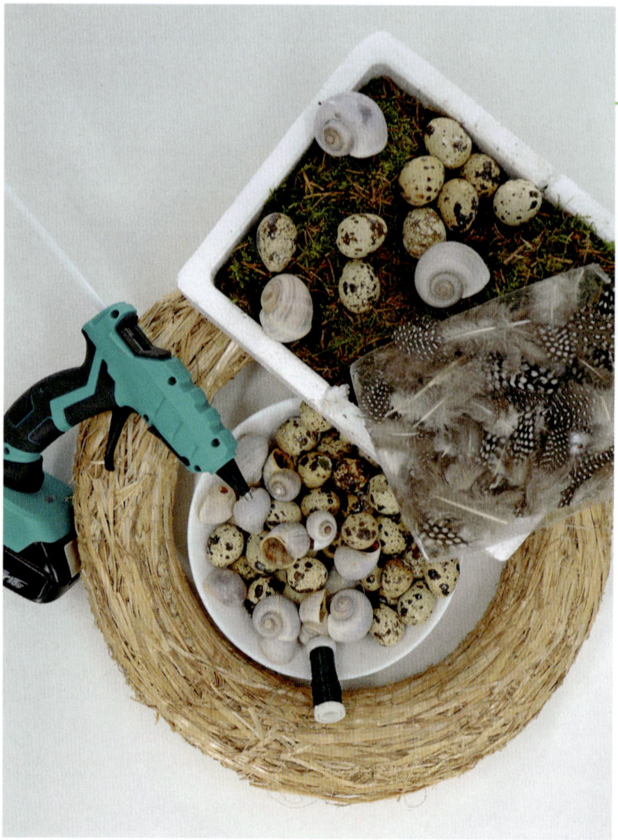

DAS BRAUCHST DU

Strohrömer
Moos
Schneckenhäuser
Federn
Wachteleier
Bindedraht
Heißklebepistole

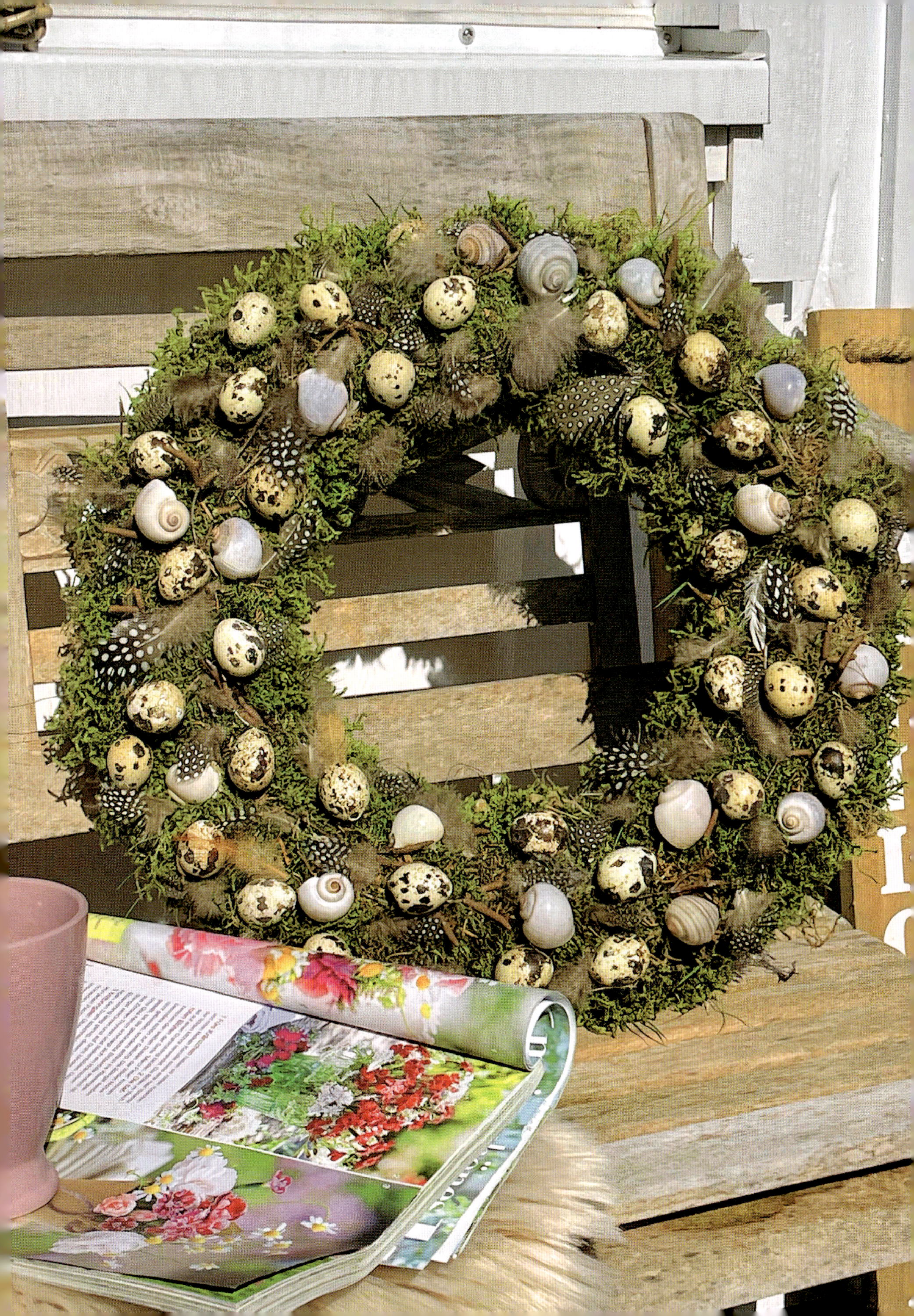

SO WIRD'S GEMACHT

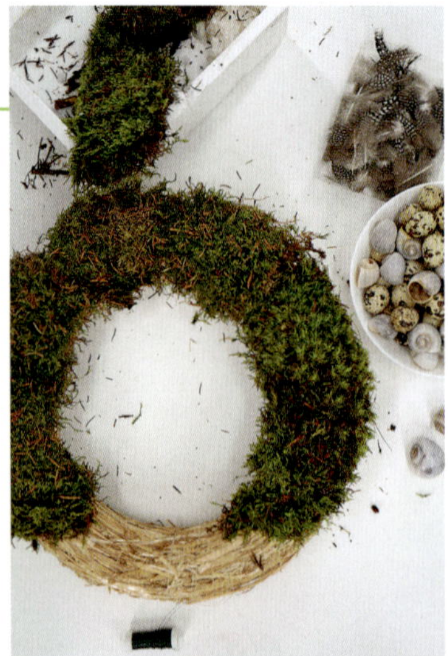

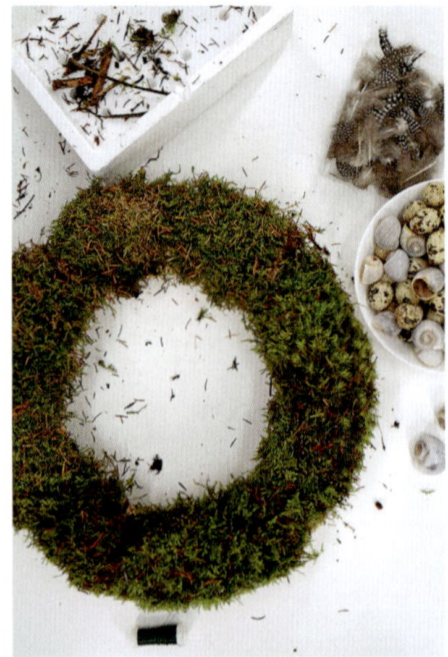

Die Moosquadrate trennst du in der Mitte durch, sodass du längliche Streifen erhältst. Diese legst du oben auf den Mooskranz und umwickelst den Kranz mit Bindedraht. Dann legst du an die Innenflächen Moos und wickelst es ebenfalls mit dem Bindedraht fest. An der Außenseite gehst du genauso vor. Verknote den Draht und lasse das Ende im Moos verschwinden. Einfach hineinschieben.

Jetzt geht's ans Schmücken. Du kannst ein paar Zweige in das Moos stecken, wenn du magst. Das gibt dem Ganzen noch einen Hauch mehr Natürlichkeit. Befestige nun mit der Heißklebepistole die Wachteleier am Kranz. Verteile sie gleichmäßig und lasse genug Freiräume zwischen ihnen.

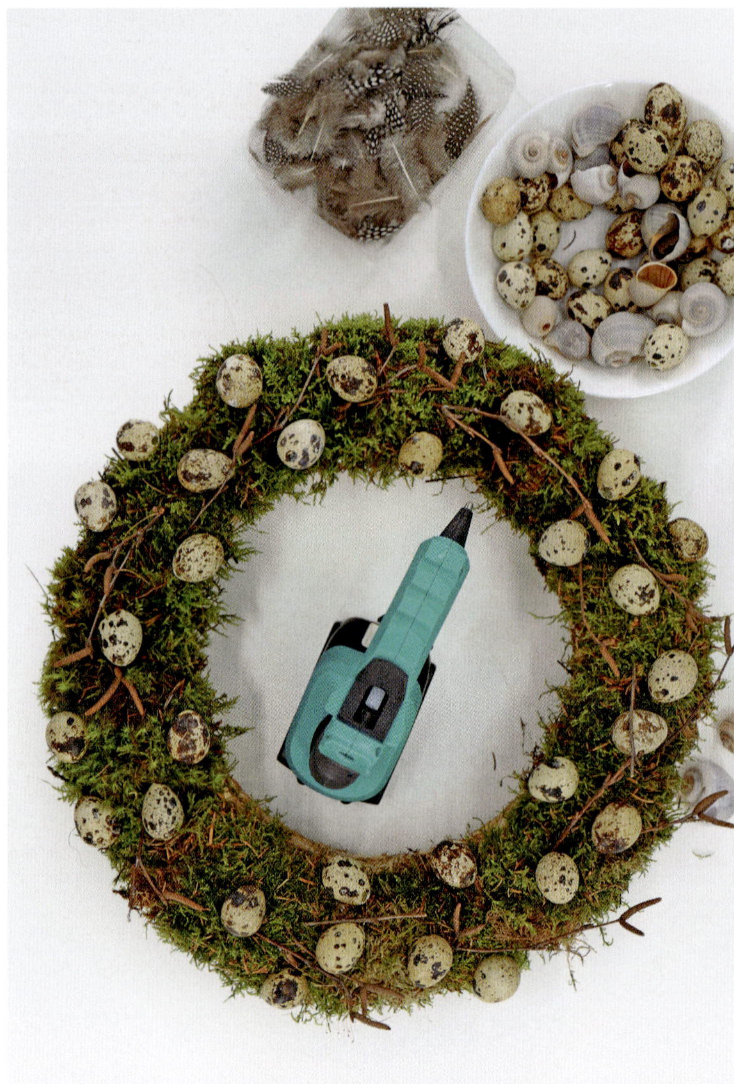

Nun klebst du die Schneckenhäuser an den Kranz und füllst die Zwischenräume mit ihnen aus. Die Federn steckst du anschließend in die kleinen Stellen zwischen den Wachteleiern und den Schneckenhäusern. Damit kannst du auch noch Unebenheiten oder Schönheitsfehler verdecken. Zum Schluss kannst du noch ein breites, starkes Band um den Kranz binden, damit du ihn aufhängen kannst.

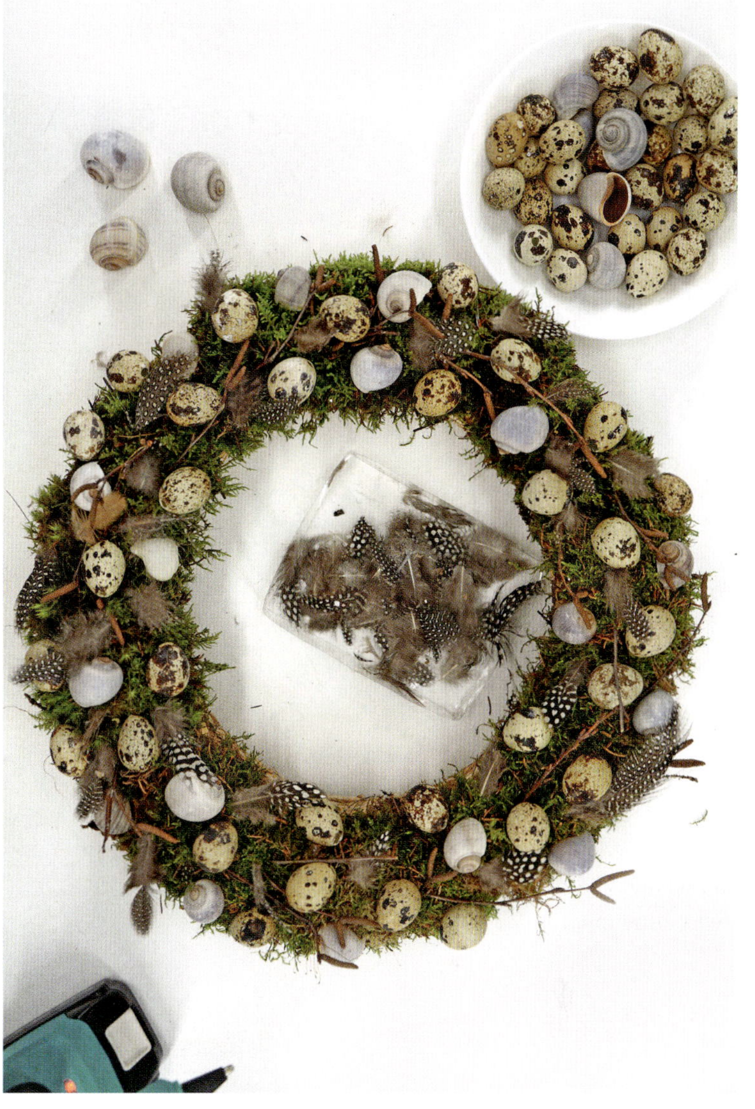

Tipps

Das Moos bekommst du im Frühjahr in Gärtnereien zu kaufen. Viele bieten kleine Kisten an, in denen das Moos bereits in Quadrate geschnitten ist. Das macht das Legen um den Kranz einfacher. Wenn du einen vermoosten Rasen hast, ist das die beste Gelegenheit für einen Frühlingskranz. Einfach flach ausstechen und in die Lücken Rasensaat säen. Wachteleier, Federn und Schneckenhäuser bekommst du in Dekoläden, Bastelgeschäften oder im Internet zu kaufen.

Sollte das Moos noch feucht sein, wickle vorher etwas Frischhaltefolie um den Römer, damit er nicht feucht wird oder schimmelt.

LEICHT

Hasengirlande

Was wäre ein Osterfest ohne Häschen? Wenn Kinder oder Enkelkinder im Haus sind, darf der Osterhase natürlich erst recht nicht fehlen. Diese Girlande gelingt ganz schnell. Sie ist aus Fimo und daher sehr gut haltbar. Du findest eine Hasenvorlage am Ende des Buches. Du kannst aber auch einen schönen Keksausstecher nehmen.

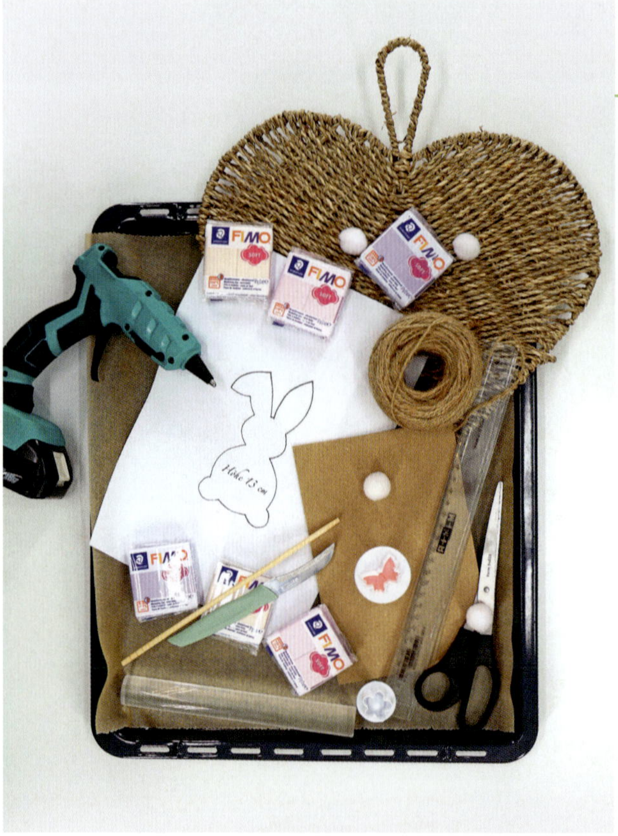

DAS BRAUCHST DU

Fimo soft in Pastellfarben, 300 g
Acrylroller
Fondant-Ausstecher Blüten
Fondant-Ausstecher Schmetterling
Ausrollmatte
Backblech
Backpapier
Kordel
Holzstäbchen
Vorlage Hase, Höhe 13 cm
Pappe
4 Pompons in Weiß
Heißklebepistole
Schere
ausgedientes Küchenmesser

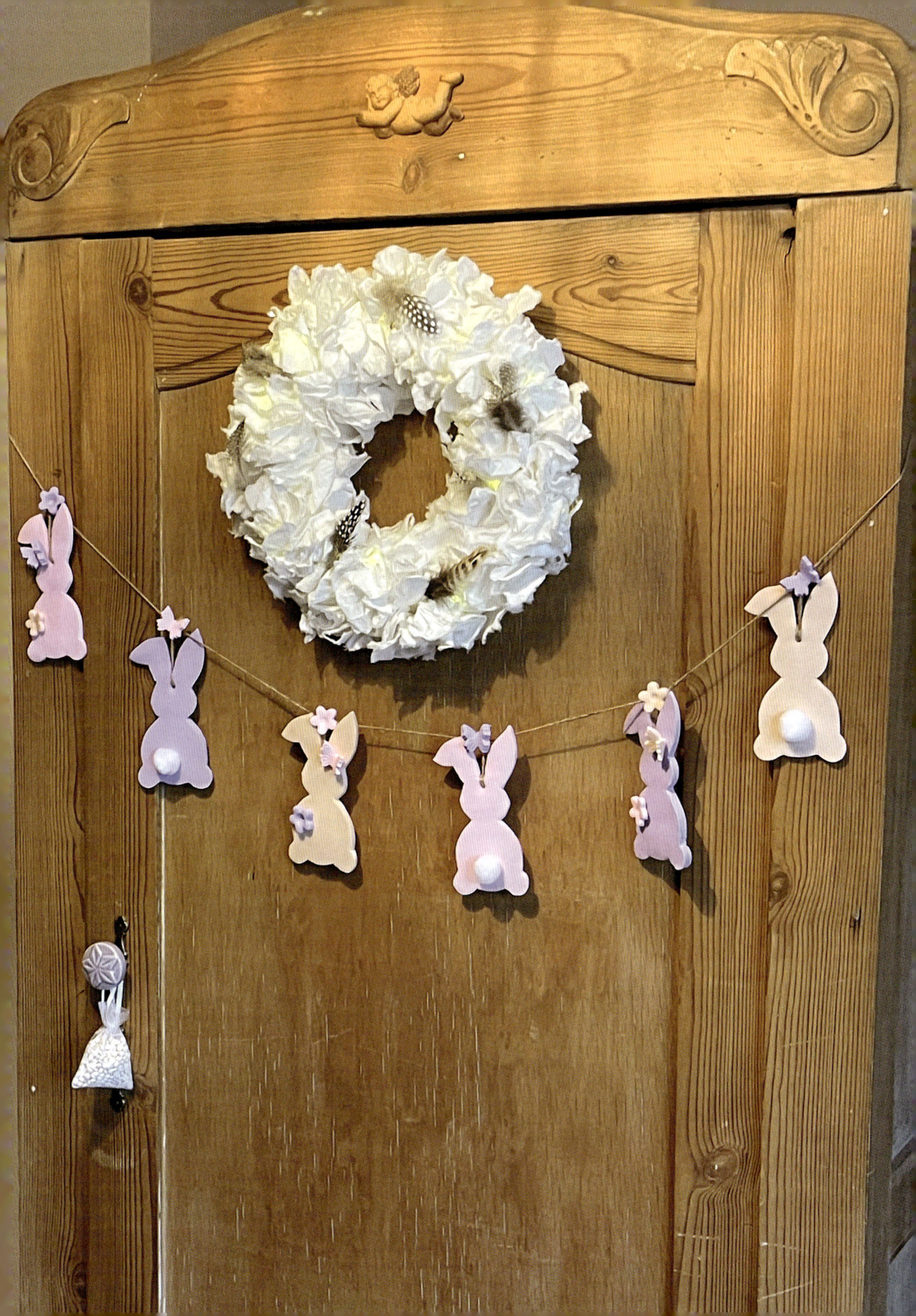

SO WIRD'S GEMACHT

Kopiere die Vorlage, die du am Ende des Buches findest. Du kannst sie auch abpausen. Schneide die Vorlage aus und klebe sie auf die Pappe. Nun schneide sie erneut aus. Deine Schnittform für das Fimo ist fertig.

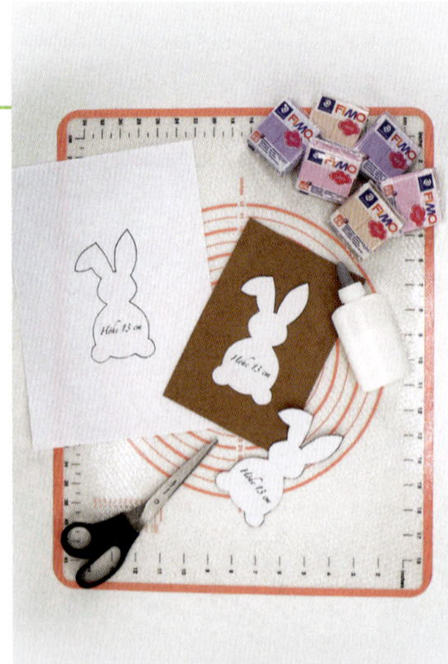

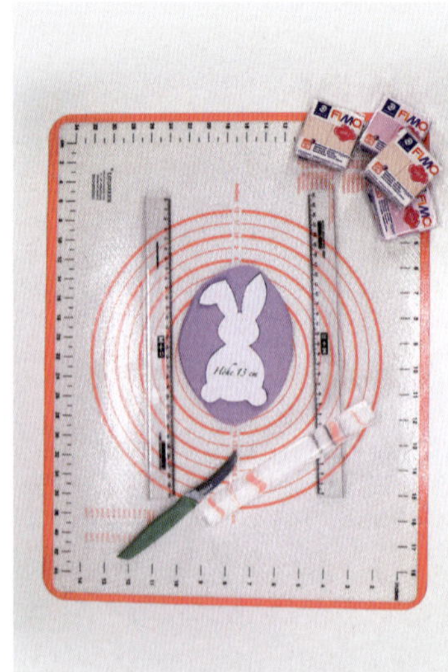

Lege die Vorlage auf das ausgerollte 1-cm-dicke Fimo und fahre vorsichtig mit der Messerspitze am Rand entlang, bis du die Ränder entfernen kannst.

Wiederhole den Vorgang. Aus dem restlichen Fimo stichst du Blüten und Schmetterlinge aus. Biege dabei die Flügel der Schmetterlinge nach oben. Das ergibt einen schönen 3-D-Effekt. Mit dem Holzstab bohre ein Loch für die Aufhängung am oberen Kopfrand.

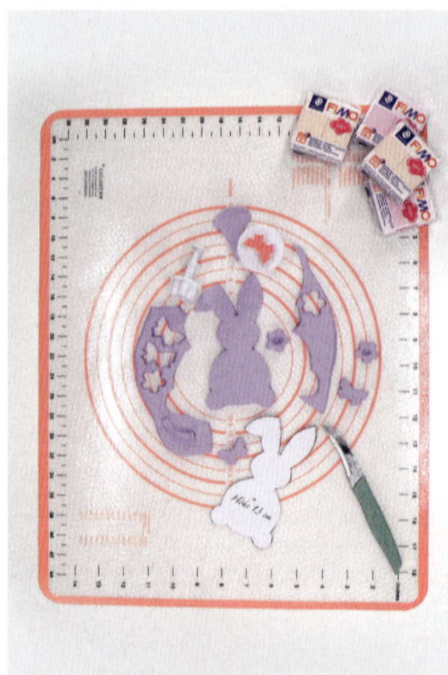

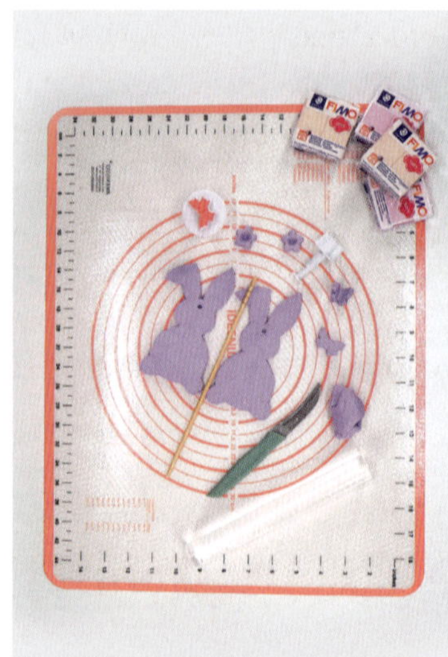

Lege alle Formen auf das mit Backpapier ausgelegte Backblech und backe das Fimo bei 110 Grad 30 Minuten bei Ober- und Unterhitze. Lasse die Hasen etwas abkühlen und feile eventuell abstehende Ecken weg.

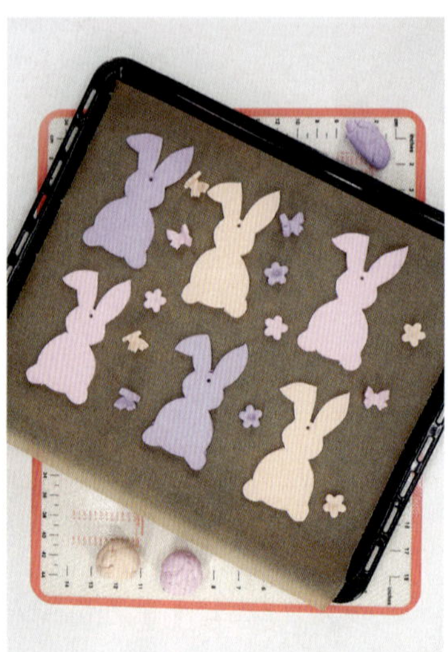

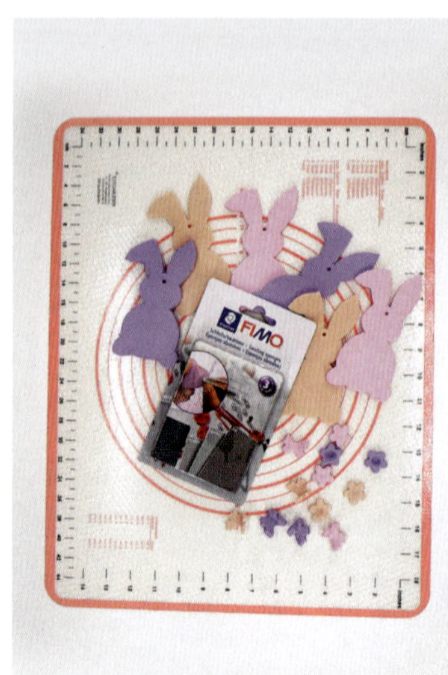

Die Häschen können anschließend mit den Blüten, Schmetterlingen und den Pompons verziert werden. Entscheide dabei, welches Häschen mit dem Rücken zu sehen ist und welches mit der Vorderseite. Fädle eine Kordel durch das Loch am Kopf.

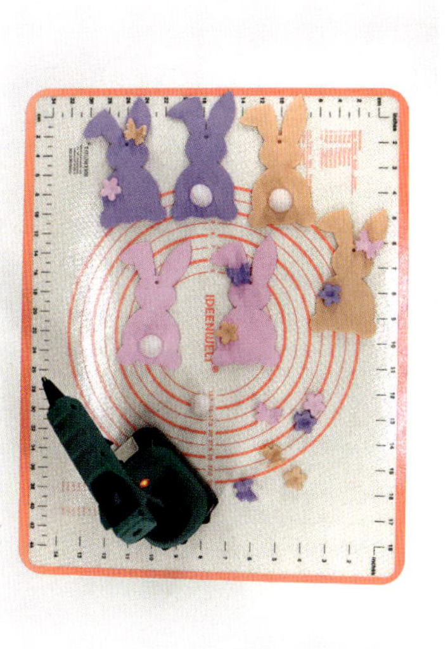

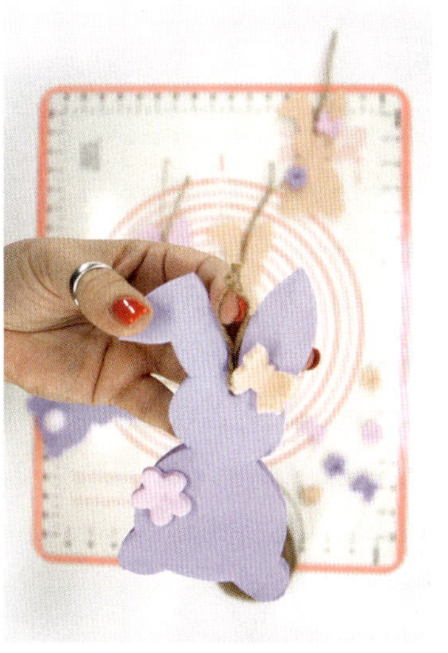

Verknote die Kordel, sodass du eine Aufhängung hast. Lege dir die Häschen in einem Abstand zueinander, der dir gefällt, und ziehe ein langes Stück Kordel durch die Aufhängungen. Achte darauf, dass sie zwischen Vorder- und Rückenansicht wechseln. Jetzt kannst du die Abstände zwischen den Häschen anpassen. Gefällt dir die Länge der Girlande, kannst du nun die Aufhängung mit der Kordel verbinden, indem du die restlichen Blüten und Schmetterlinge auf die Verbindung klebst.

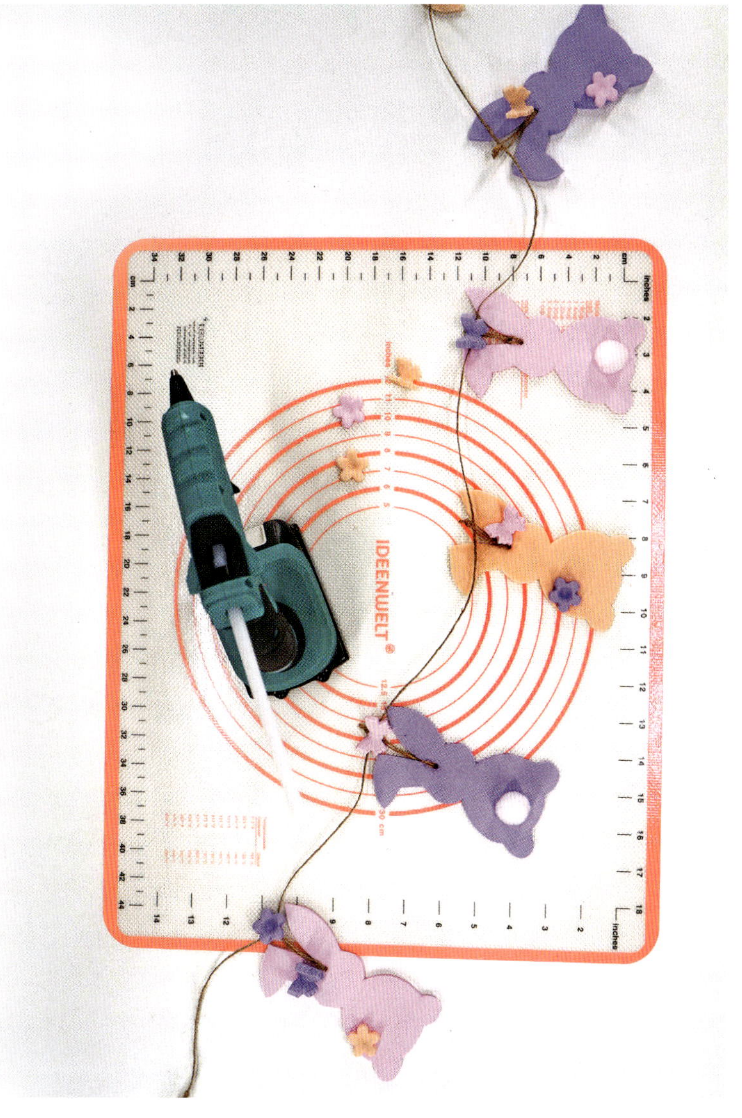

Tipp

Solltest du noch Fimo übrig haben, kannst du es gut aufbewahren. Ofenhärtendes Fimo trocknet nicht so schnell aus. Lege es dafür in eine PE-Tüte und lagere es kühl und trocken.

Gänseei-Licht

Was man mit Lichterketten und einem gedremelten Gänseei anstellen kann, zeige ich dir in diesem DIY. Ganz entzückend kommt es daher und passt so wunderbar zur Frühlingsdekoration. Ich bin ganz verliebt. Wie du ein Dremelei herstellen kannst, zeige ich dir auf Seite 30.

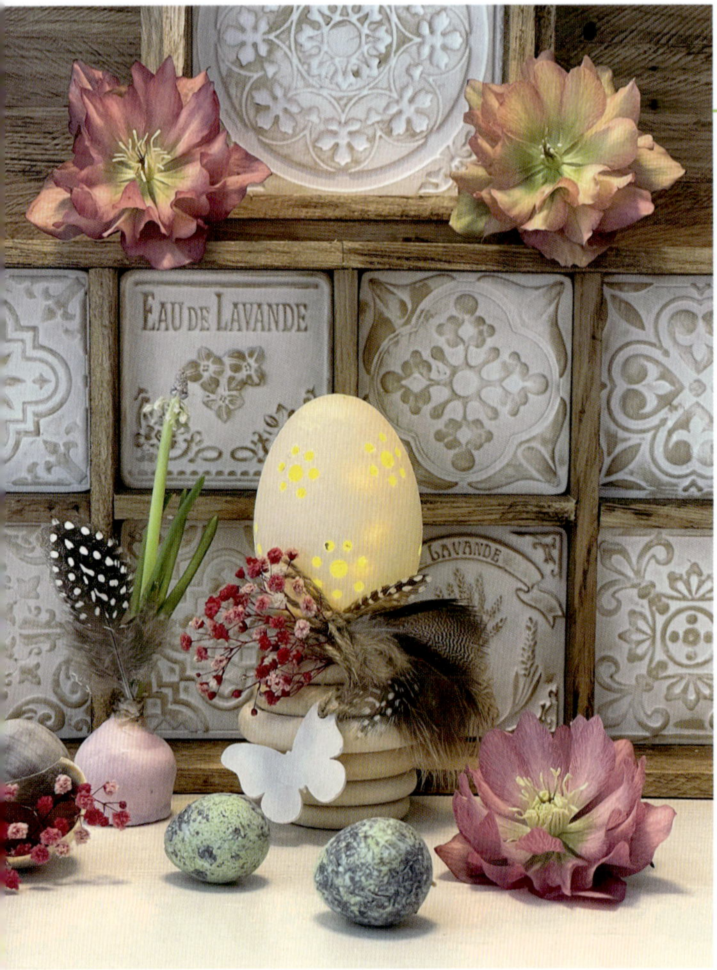

DAS BRAUCHST DU

Gänseei mit Dremelmuster
LED-Micro-Lichterkette
7 Holzringe, 1 x 65 mm, 2 x 35, 45, 55 mm
Dekoanhänger
Trockenblumen
Federn
Juteschnur
Holzleim
Heißklebepistole
Schere

SO WIRD'S GEMACHT

Klebe die Holzringe pyramidenartig auf den größten Ring. Wiederhole das auf der anderen Seite des größten Ringes.

Die Lichterkette wird nun in das Gänseei geschoben. Benutze dafür die Ausblaseöffnung. Die Batterieeinheit verschwindet im Holzringkörper, fixiere ihn mit etwas Heißkleber. Achte darauf, dass der On-/Off-Schalter nach unten zeigt, damit du ihn leichter bedienen kannst. Nun kannst du dein Gänseei-Licht noch mit Federn, Bändern und Trockenblumen verschönern.

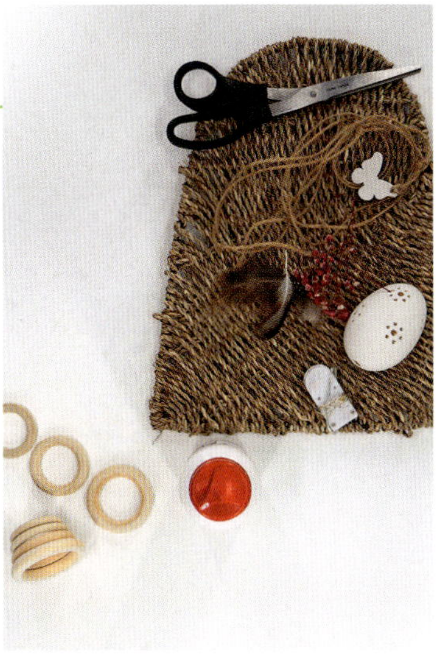

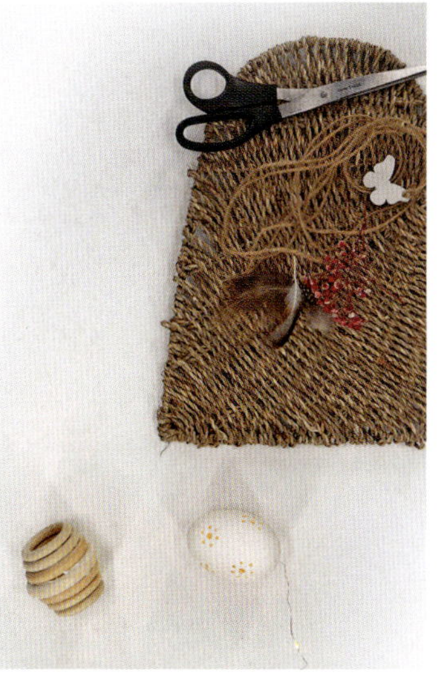

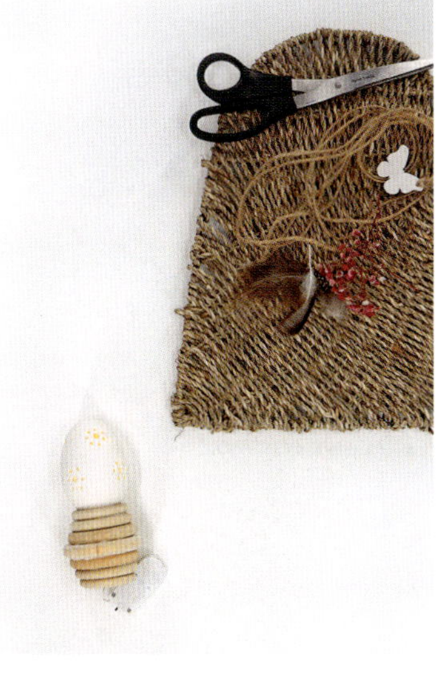

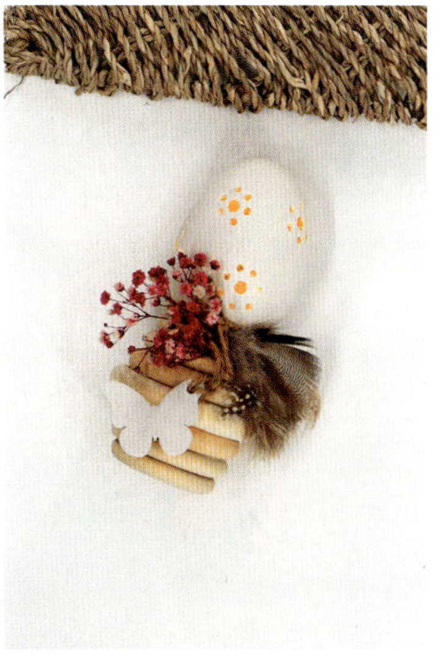

Tipp

Die LED-Micro-Lichterketten gibt es auch mit einer Timerfunktion.

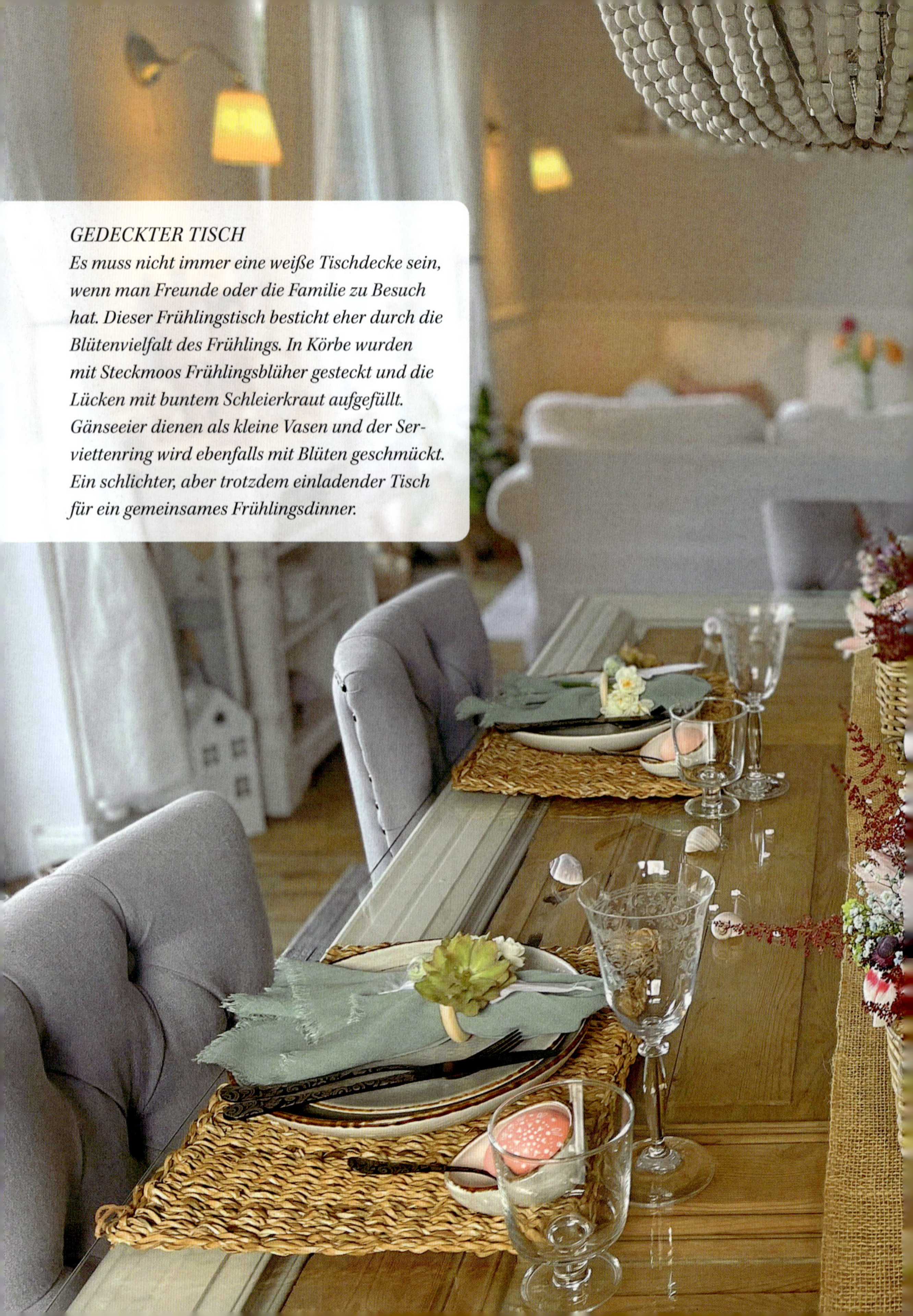

GEDECKTER TISCH

Es muss nicht immer eine weiße Tischdecke sein, wenn man Freunde oder die Familie zu Besuch hat. Dieser Frühlingstisch besticht eher durch die Blütenvielfalt des Frühlings. In Körbe wurden mit Steckmoos Frühlingsblüher gesteckt und die Lücken mit buntem Schleierkraut aufgefüllt. Gänseeier dienen als kleine Vasen und der Serviettenring wird ebenfalls mit Blüten geschmückt. Ein schlichter, aber trotzdem einladender Tisch für ein gemeinsames Frühlingsdinner.

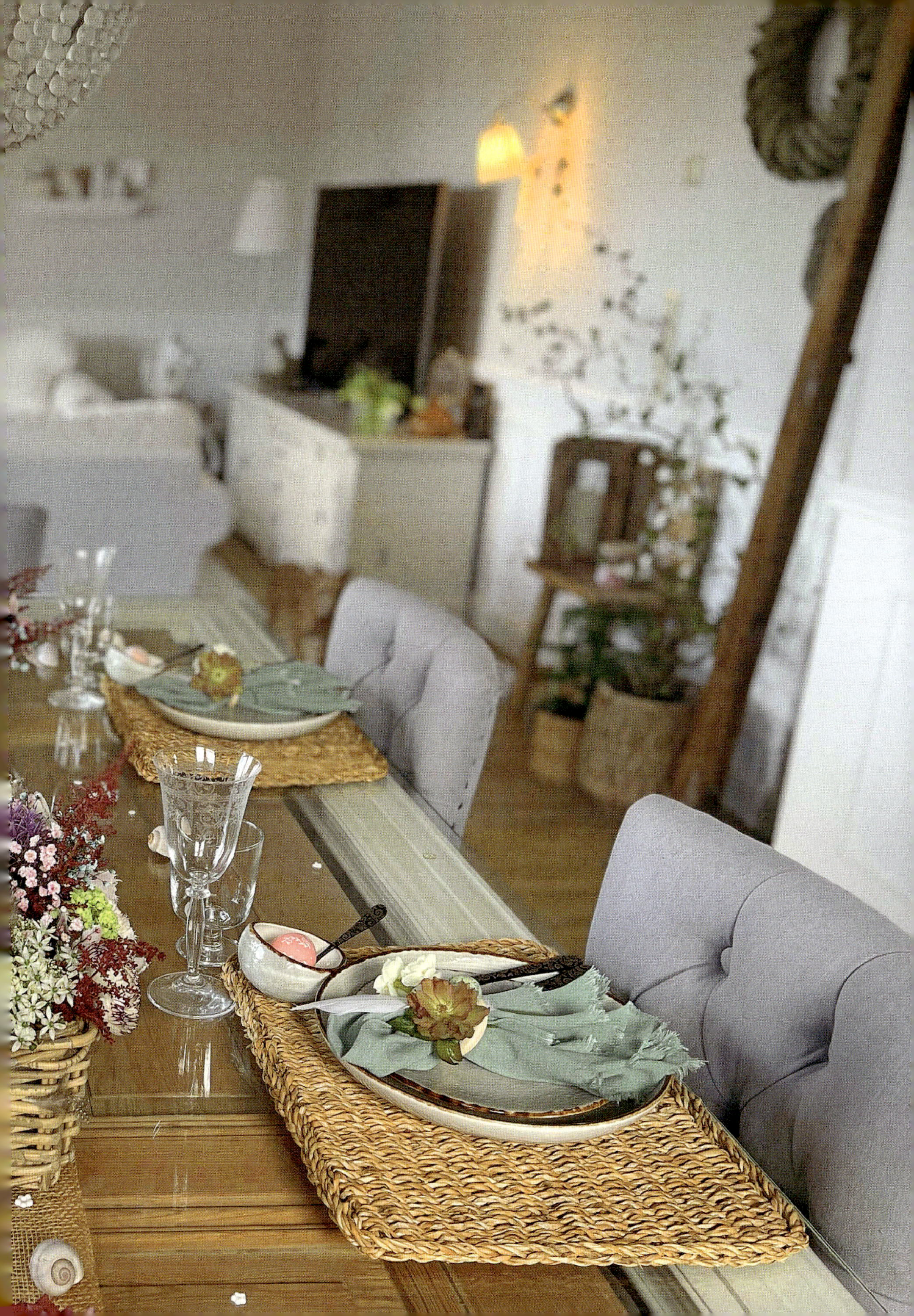

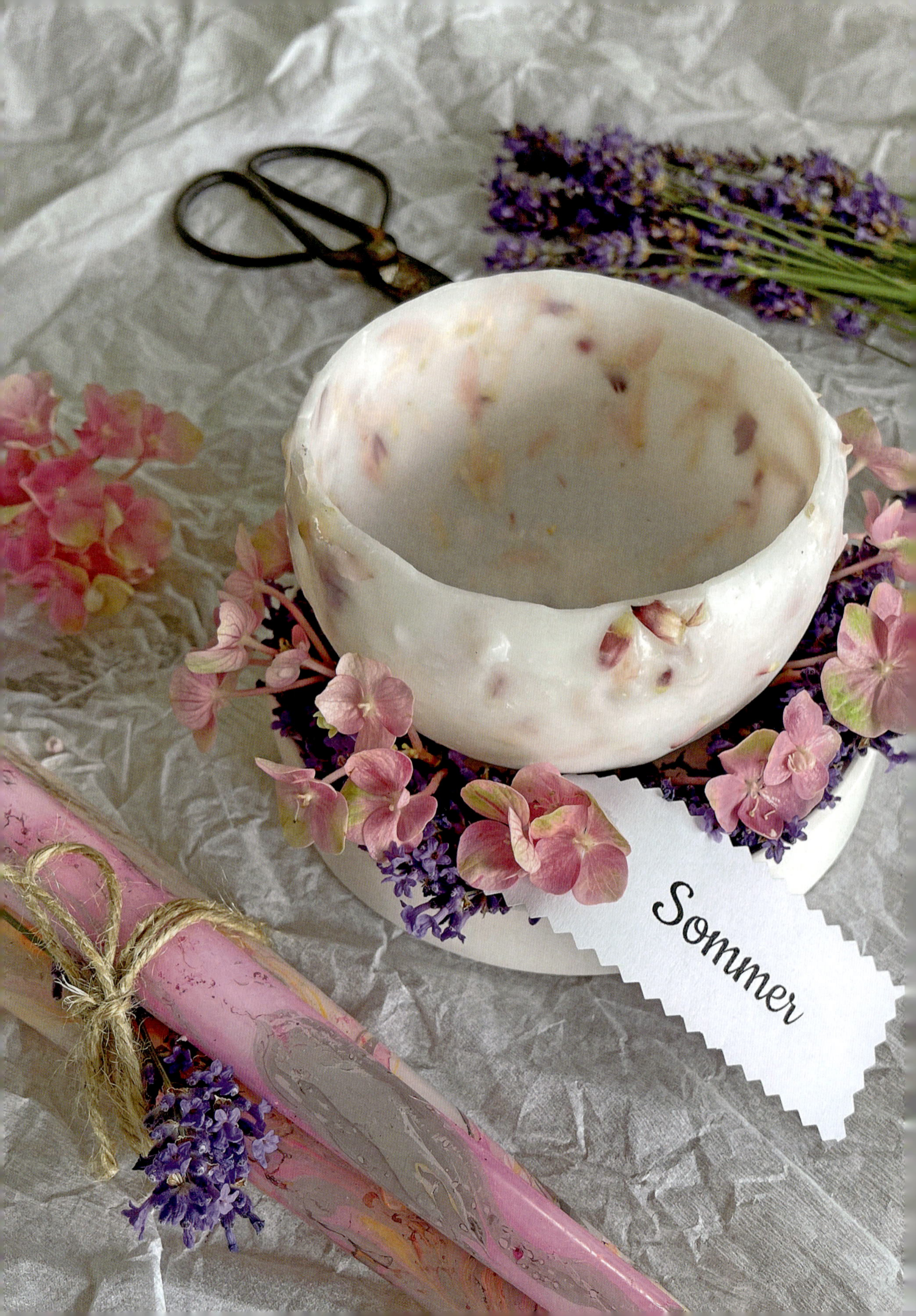
Sommer

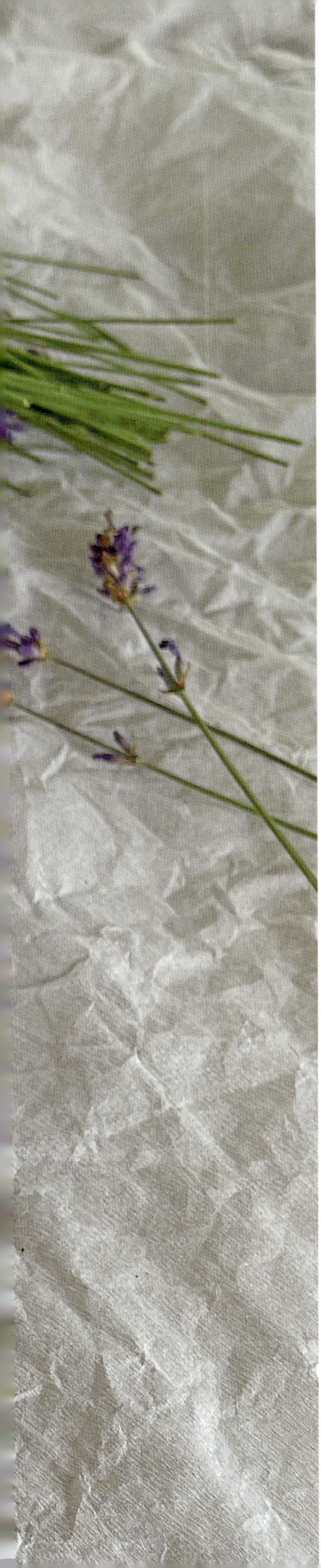

Sommer

Blauer Himmel, Sonne satt und warme, lange Tage – das ist der Sommer und meine liebste unter den Jahreszeiten. Das Leben spielt sich kaum im Haus ab und jede freie Minute wird die Terrasse für ein Päuschen genutzt. Ist es zu heiß, hilft oft ein mutiger Sprung in den kalten Pool. Aber am schönsten finde ich die lauen Sommernächte. Ich genieße diese Luft. Und wenn es dann doch mal regnet, sitze ich unter unserem Vordach und bastle ein bisschen. Ich habe mir ein paar schöne Sommer-DIYs für dich überlegt. Wie auch schon im Frühling wiederholen sich die Materialien. So kannst du gleich mehrere Projekte realisieren und Reste werden sinnvoll verbraucht. Suche dir ein richtig schönes Plätzchen, trinke eine leckere Limonade und habe ganz viel Freude beim Nachmachen.

Easy-peasy-Sommer

Den Sommer kann man gar nicht genug konservieren. Gerade in dieser Jahreszeit entstehen viele Erinnerungen rund um den Urlaub, die ersten Früchte können gepflückt werden, alles blüht und gedeiht. Die Tage sind lang und werden in der Natur verbracht. Für den Sommer zeige ich dir ein paar schnelle Dekorationen, die dich auch in anderen Jahreszeiten erfreuen werden.

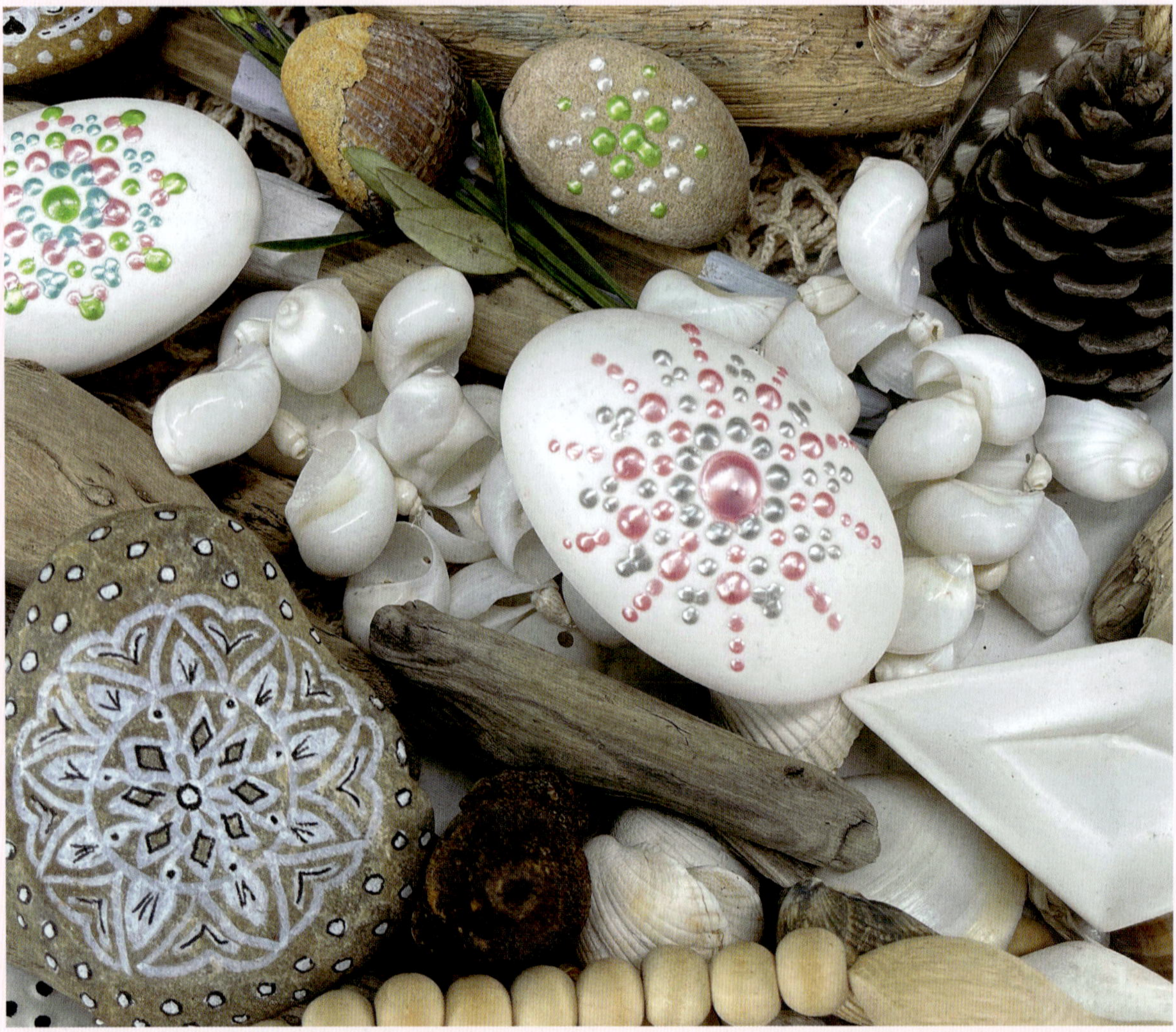

Ich liebe es, Steine zu bemalen. Gerade wenn ich an schönen Orten bin, möchte ich so die Erinnerung erhalten. Überall dort, wo es erlaubt ist, hebe ich einen auf oder sammle Muscheln, Treibhölzer, verlassene Schneckenhäuser oder Zapfen aus der Natur. Am besten eignen sich Lackstifte oder Pearl Pens, um die Objekte zu verschönern. Die Muster entstehen dabei ganz nach Gefühl. Auf die Rückseite schreibe ich den Ort und das Jahr. Oft bemale ich die Steine direkt im Urlaub, weil das Feeling dann ein ganz anderes ist. Zu Hause liegen die Erinnerungsstücke in einer großen Schale und das Stöbern darin erfüllt mich mit Dankbarkeit.

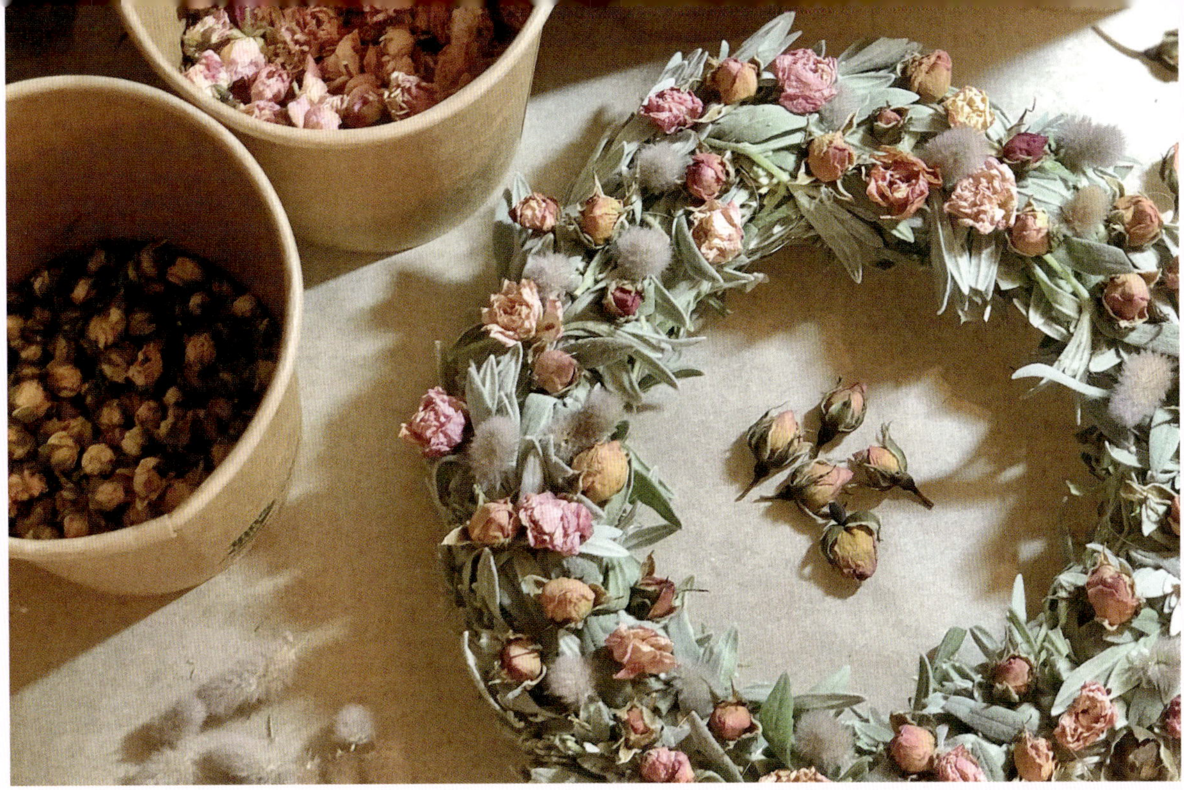

Wenn meine Rosenbüsche blühen, knipse ich mir immer ein paar Blüten und Knospen ab. Der Pflanze macht das nichts aus – sie blüht dadurch sogar noch reicher. Zum Trocknen gibt es verschiedene Methoden. Du kannst dafür spezielles Blumenkonservierungsgranulat verwenden, sie an der Luft oder im Backofen trocknen. Ich benutze dafür einen Dörrautomaten. Damit habe ich die besten Erfahrungen gemacht. Die Automaten gibt es schon ab 20 Euro. Mit den Trockenblumen lassen sich Kränze, Seifen, Kerzen und mehr herstellen.

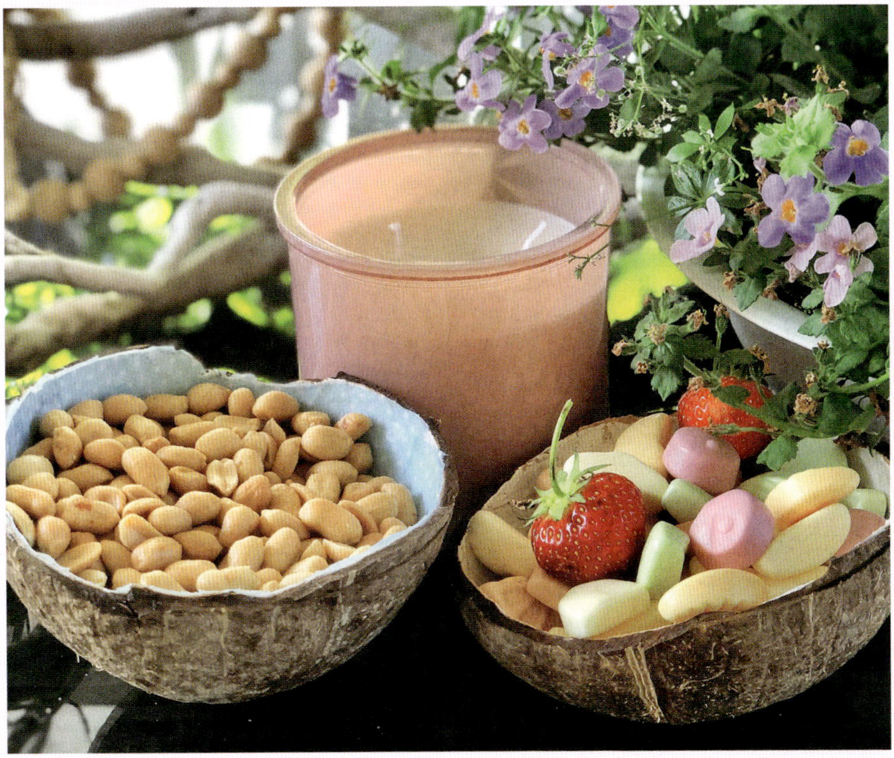

Ab Juni bekommt man in Supermärkten Kokosnüsse zu kaufen. Sie sind vorgefräst und lassen sich recht gut öffnen. Mit ein bisschen Geschick bekommt man sie in zwei große Hälften auf. Wenn das Kokosfleisch verputzt ist, schmeiße die Schalen nicht weg. Aus ihnen lassen sich mit ein bisschen Farbe oder Servietten schöne Schalen zaubern. Als Schutzschicht verwende bitte ausschließlich Lacke, die sich mit Lebensmitteln vertragen.

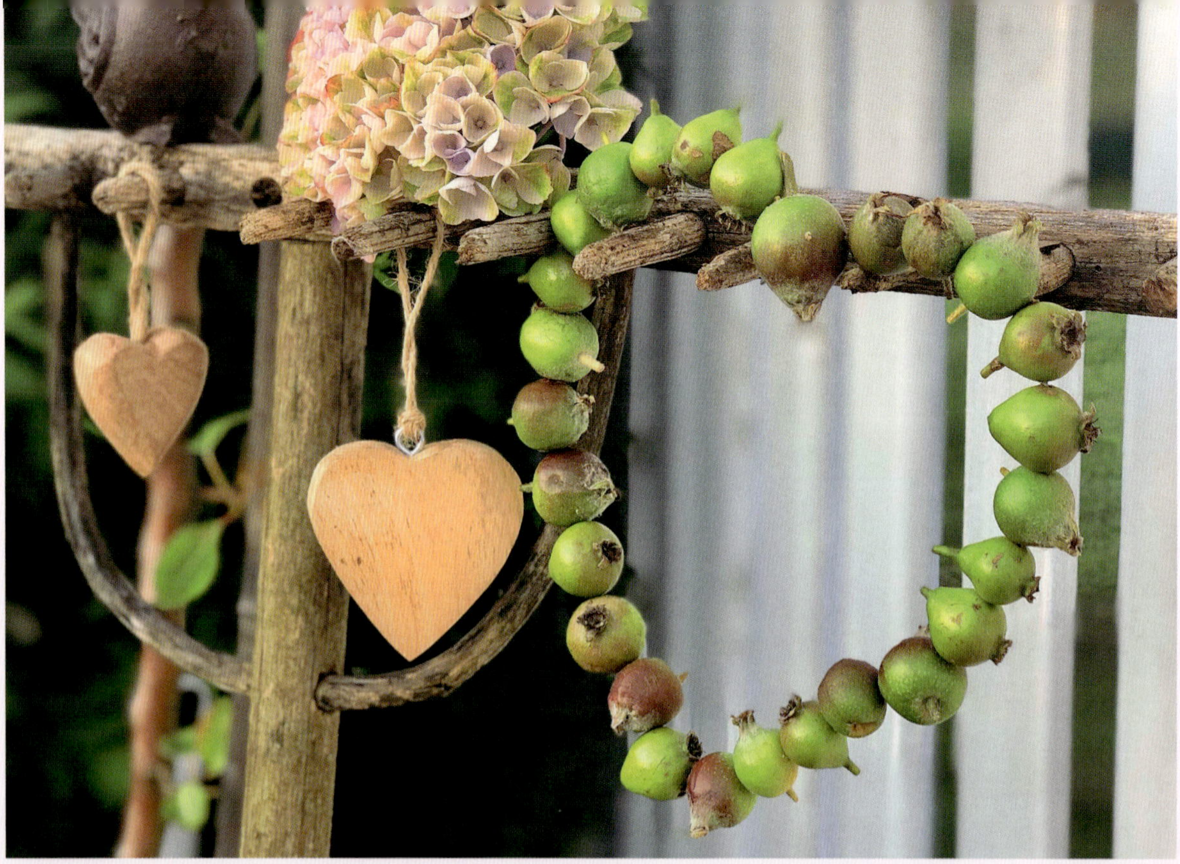

Kennst du den Junifall? Obstbäume werfen in diesem Monat einige kleine Früchte ab. Dadurch können sie mehr Kraft in die Früchte einsetzen, die am Baum bleiben. Eine tolle Gelegenheit, um Minikränze daraus zu machen. Spieße die kleinen Äpfel oder Birnen auf einen etwas stärkeren Draht und schon hast du einen hübschen Kranz.

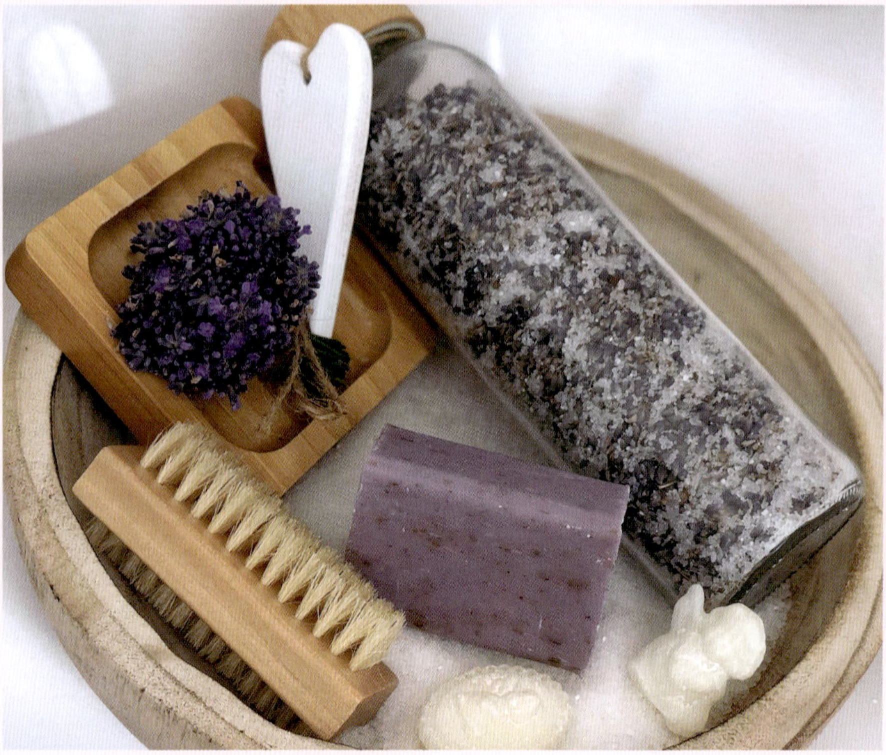

Der Lavendel ist nicht nur wunderschön und ein Magnet für Bienen und Schmetterlinge, sondern auch ein echter Allrounder. Er ist seit Jahrhunderten ein bewährtes pflanzliches Hausmittel. Kleine Sträuße, Kränze oder Potpourris duften viele Monate und auch Seifen oder Kerzen lassen sich mit ihm herstellen. Badesalz wirkt beruhigend und entspannend. Dafür trocknest du Lavendel und mischst ihn mit Badesalz. Du bekommst ihn in Drogerien oder Bastelgeschäften zu kaufen. Wenn du magst, füge ein paar Tropfen Lavendelöl hinzu.

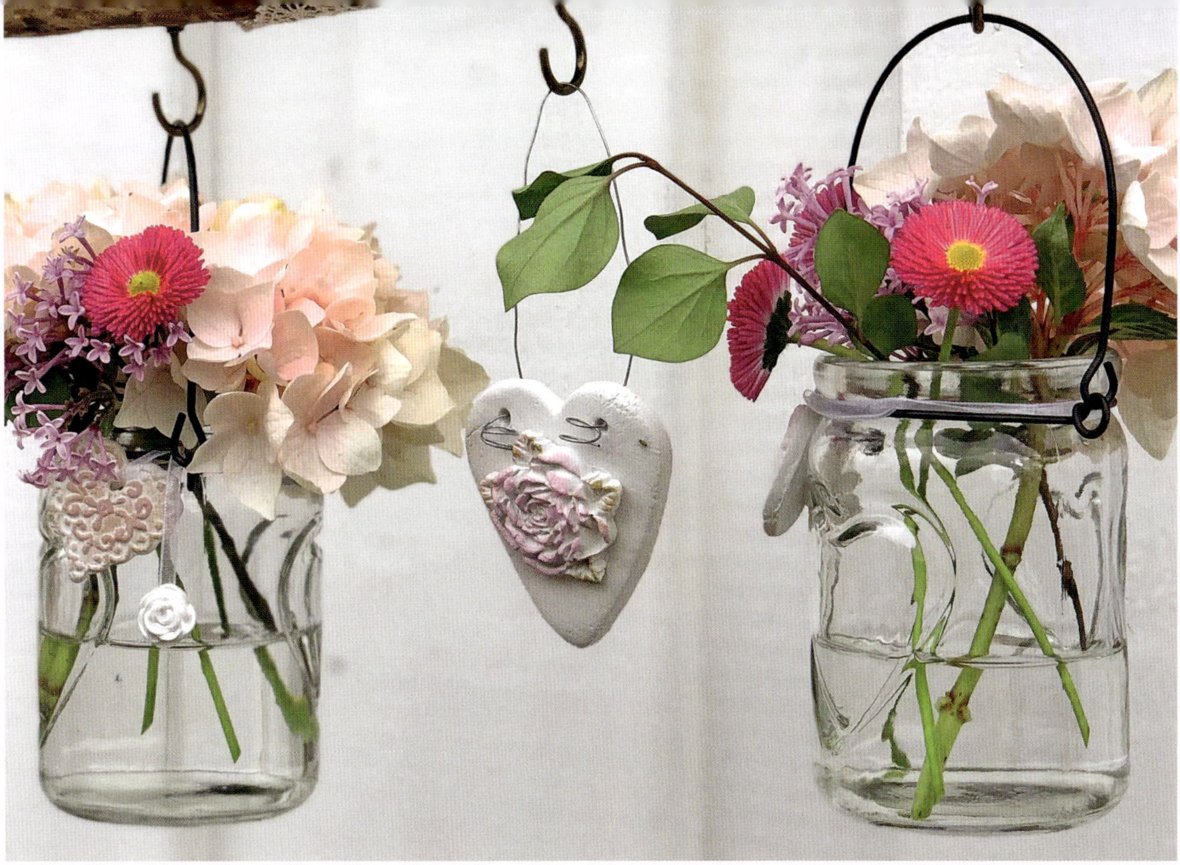

Gerade im Sommer blühen Blumen zahlreich. Kleine Sträuße erfreuen das Herz, das Schneiden sorgt für weitere Blütenentstehung und du hast eine schöne Dekoration. Mit einem starken Ast, kleinen Haken und hängenden Vasen kannst du dir ein schönes Mobile basteln.

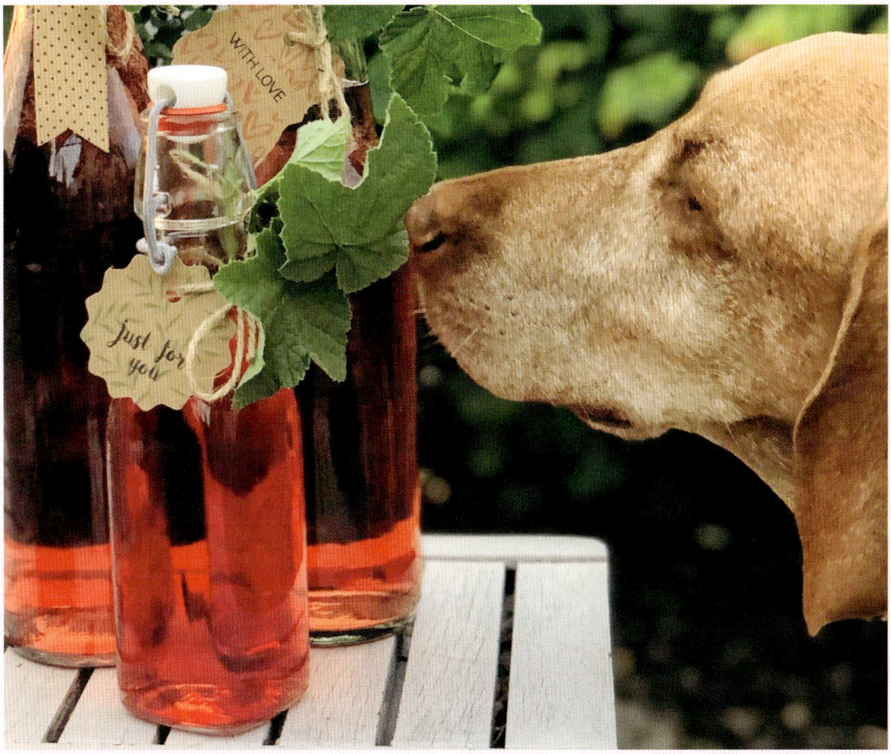

Die ersten Strauchfrüchte im Garten sind oft die Johannisbeeren. Ich koche sie ein und passiere sie durch ein Leinentuch. Der Saft wird anschließend neu aufgekocht und mit Zucker zu einem Sirup verarbeitet. Jetzt fülle ich alles nur noch in hübsche Flaschen und binde kleine Botschaften an sie. Ein hübsches Mitbringsel für einen Sommertag mit Freunden oder der Familie.

LEICHT

Blütenpresse

Eine meiner Lieblingstätigkeiten im Sommer ist es, Blüten zu pressen. Sie sehen nicht nur wunderschön aus, sondern du kannst sie auch für tolle Basteleien verwenden. Kartengestaltung, Kerzen verschönern und Windlichter herstellen sind nur einige wenige Beispiele. Zudem ist es sehr entspannend, Blüten im Garten auszuwählen und damit den Sommer zu konservieren. Und nicht nur das. Das Blütenpressen hält auch Erinnerungen frisch. Ich habe z.B. die erste Blume gepresst, die mir mein Enkelsohn geschenkt hat. Hast du schon einmal eine Blüte aus einem ganz besonderen Strauß gepresst, den du bekommen hast? Oder eine Blüte aus einem Urlaubsort? Dann wird es Zeit, dir eine schöne Presse zu bauen. Es ist ganz einfach.

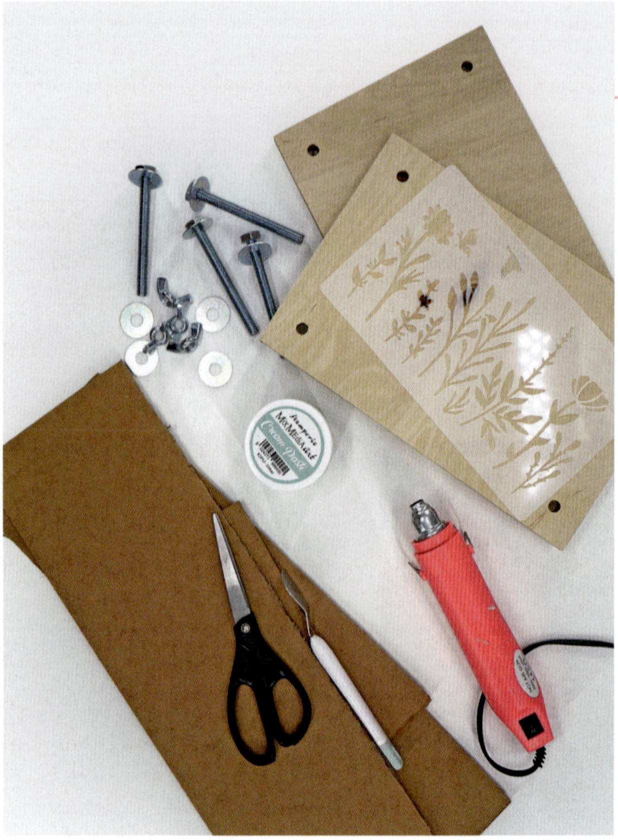

DAS BRAUCHST DU

2 Tischlerholzplatten, 30 x 20 cm
4 Schlossschrauben, 10 mm
4 passende Flügelmuttern
8 passende Unterlegscheiben
Pappe (z.B. Verpackungsreste)
Blütenschablone
3-D-Strukturpaste
Stempelkissen in Braun
Schere
Spachtel
Heißluftföhn

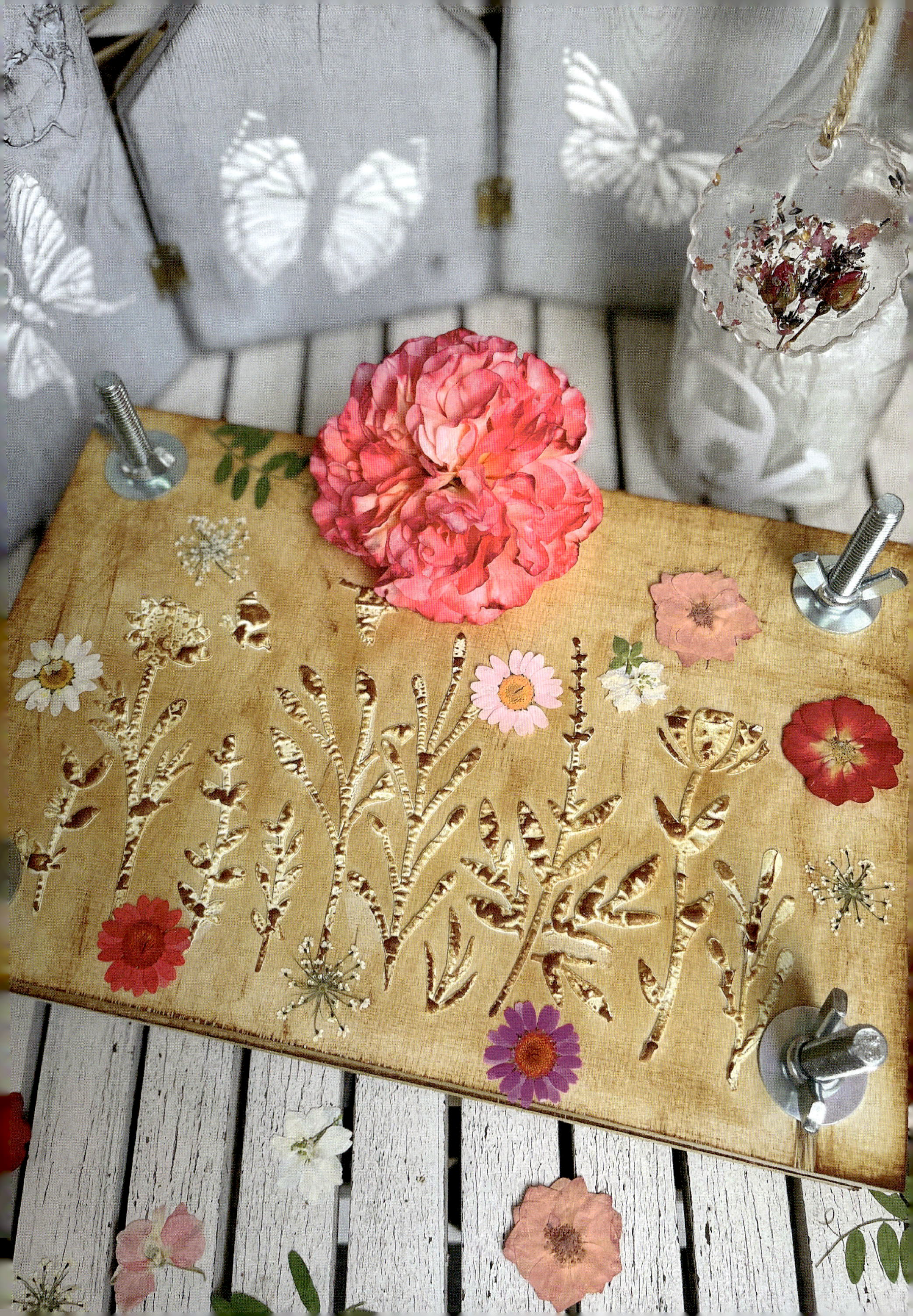

SO WIRD'S GEMACHT

Schneide als Erstes die Pappestücke zurecht. Sie sollten gut übereinander stapelbar sein. Dazwischen legst du später deine Blüten. Lege auf eine der Tischlerplatten die Blütenschablone und streiche die 3-D-Strukturpaste mit dem Spachtel über die Fläche. Achte auf eine gleichmäßige Verteilung.

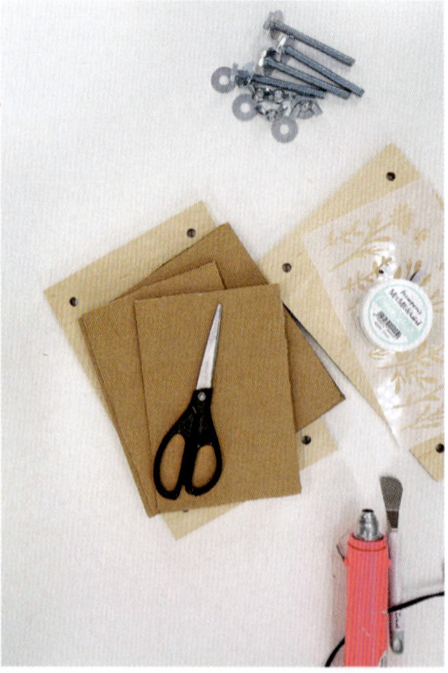

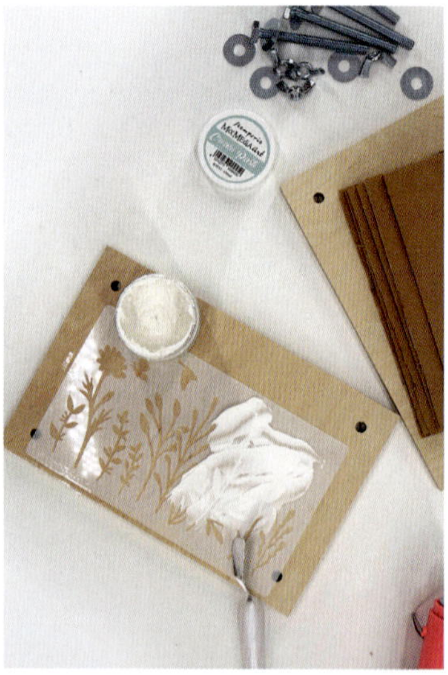

Nimm die Schablone vorsichtig ab und reinige sie sofort. Das geht am besten unter fließendem Wasser. Föhne die Strukturpaste nun trocken. Du kannst auch einen herkömmlichen Föhn verwenden, wenn du keinen mit Heißluft hast. Halte den Föhn dabei knapp über die Strukturpaste, damit sie sich ein bisschen aufplustert.

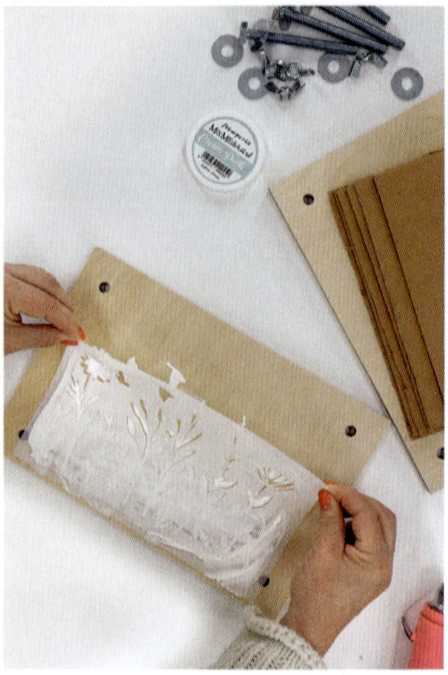

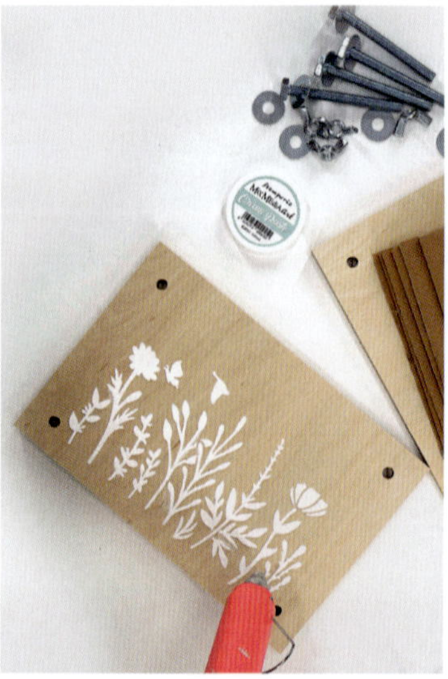

Wenn du es moderner magst, kannst du die Blütenpresse nun so belassen. Wenn dir der antike Look genauso gut wie mir gefällt, benutze dafür ein wasserfestes braunes Stempelkissen. Reibe über die Oberflächen und drücke an den Rändern etwas mehr auf. Für die Zwischenräume des Strukturbildes nimm einen Pinsel zu Hilfe.

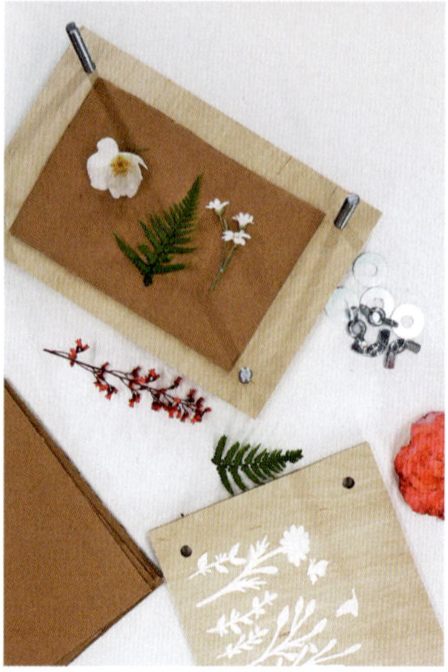

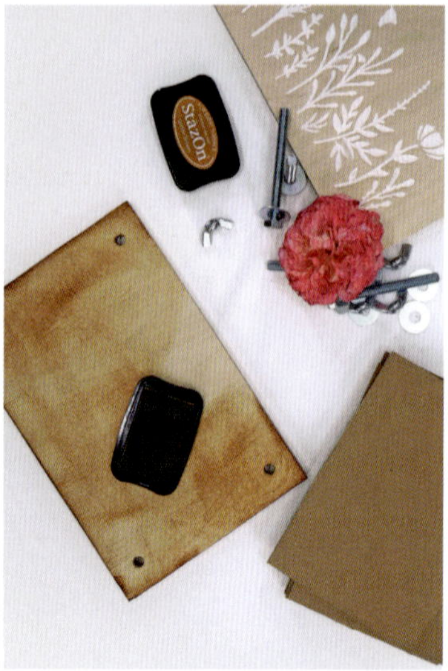

Um die Blütenpresse zu nutzen, legst du die Blüten zwischen die Pappestücke auf die untere Platte und verschraubst alles mit der oberen Platte. Ziehe die Flügelmuttern dabei ordentlich fest.

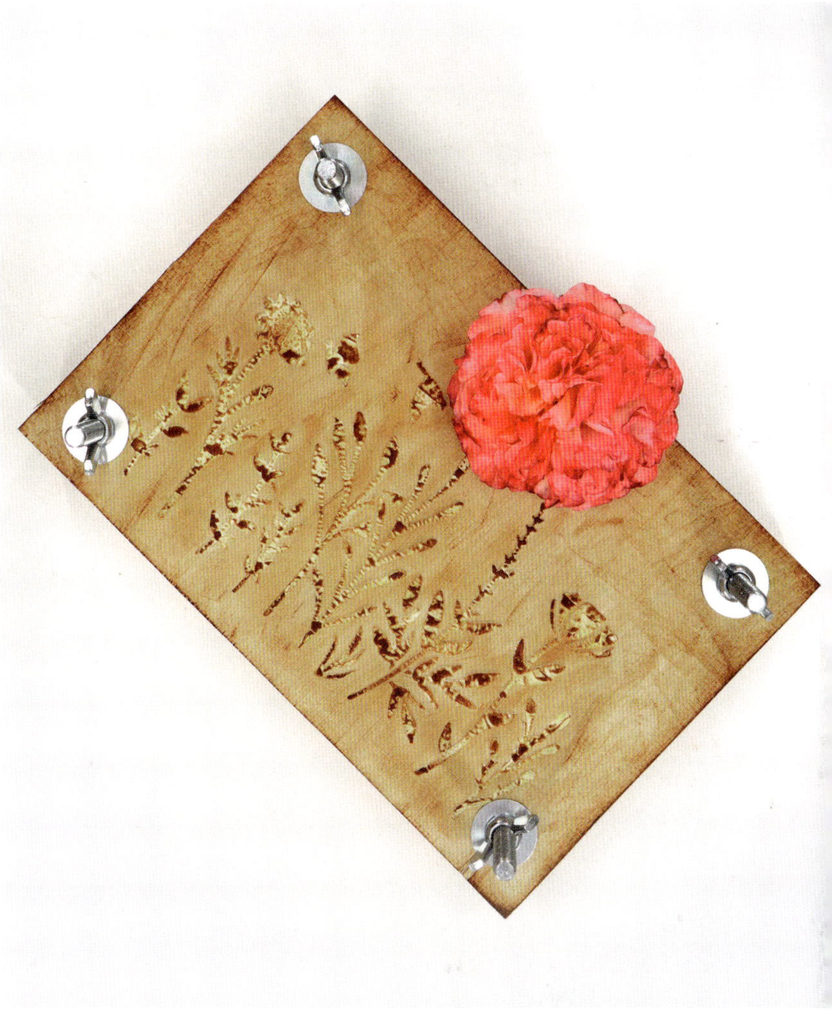

Tipps

Die Tischlerholzplatten kannst du dir im Baumarkt oder beim Tischler zuschneiden lassen. Auch die Löcher für die Schlossschrauben kannst du dir dort bohren lassen. Sollte Letzteres nicht möglich sein, verwende einen 12er-Bohrer. Die Löcher sollten minimal größer als die Schrauben sein.

Presse nur trockene Blüten, damit sie in den Schichten nicht faulen.

Lavendelbox

Der Duft von Lavendel weht dir um die Nase, wenn du dieses DIY ausprobierst. Ich liebe dieses Nasenwohlfühlerlebnis jedes Jahr aufs Neue. Als ich vor ein paar Jahren Infinity-Rosen geschenkt bekam, kam mir die Idee, eine Box mit Lavendel zu machen. Ein aufwendiges Verfahren wie bei den Infinity-Rosen ist dabei gar nicht nötig, denn die Lavendelbox hält ebenfalls sehr lange, wenn sie ein geschütztes Plätzchen in deinem Zuhause bekommt.

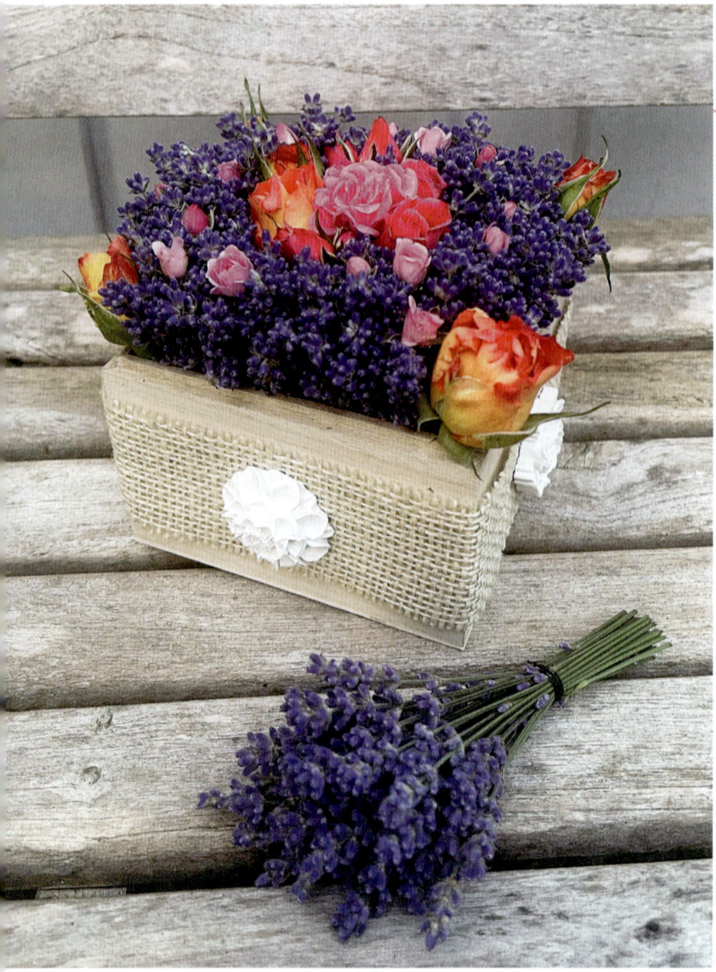

DAS BRAUCHST DU

Lavendel
Rosen
Steckmoos
Holz- oder Pappbox
Juteband
Dekoblümchen
Heißkleber
Schere

Tipps

Anstelle der Rosen kannst du andere Blumen (z.B. Strohblumen) zwischen den Lavendel stecken. Steckmoos bekommst du mittlerweile auch in einer biologischen Form. Ich verwende für dieses DIY noch eines aus Kunstharz, welches in einem geschenkten Gesteck enthalten war. Ich wollte es nicht wegwerfen. Wenn du die Wahl hast, benutze bitte die Steckmoosblöcke aus Basaltmehl und Rübenzucker. Diese sind 100 % biologisch abbaubar.

Du kannst für eine bessere Haltbarkeit die Blüten mit Floristikspray oder Haarlack fixieren.

SO WIRD'S GEMACHT

Beklebe die Box mit einem Juteband und schönen Dekoelementen. Ich gieße mir gern aus übrigem Raysin kleine Formen. So hat man immer etwas parat. Befülle die Box mit Steckmoos. Da der Lavendel und die Rosen vollständig eintrocknen sollen, muss das Moos nicht befeuchtet werden.

Beginne von der Mitte an. Setze dabei ein paar Rosen mittig und stecke Lavendel drum herum. Am besten eignen sich Lavendelblüten, die schon einen stabilen Stiel haben. Schneide die Stängel etwa 4 cm unterhalb der Blüte ab und stecke den Lavendel ins Moos. Gehe dabei langsam vor und stecke dicht an dicht. Am Rand angekommen stecke in die Ecken noch vier Röschen.

Achte darauf, dass man keine Stiele des Lavendels sieht. Ist dies der Fall, setze Blüten davor, um die Stiele zu verdecken. Zum Schluss stecke in kleine Lücken zarte Miniröschen.

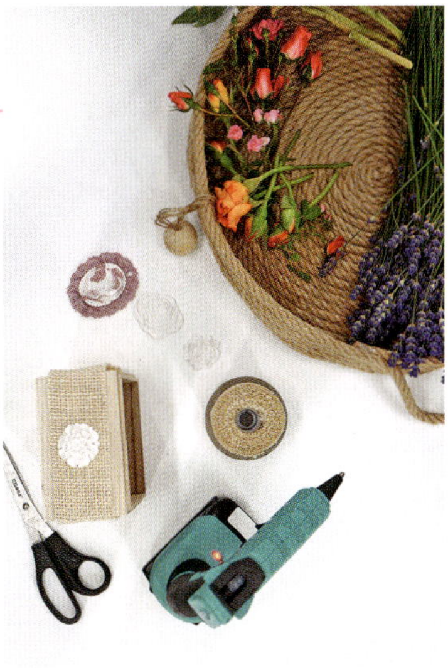

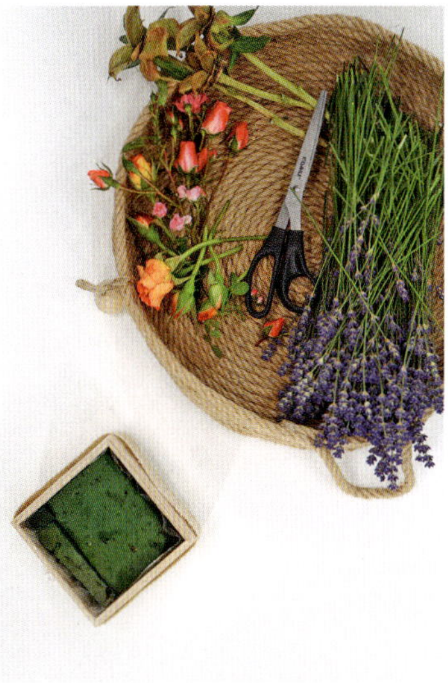

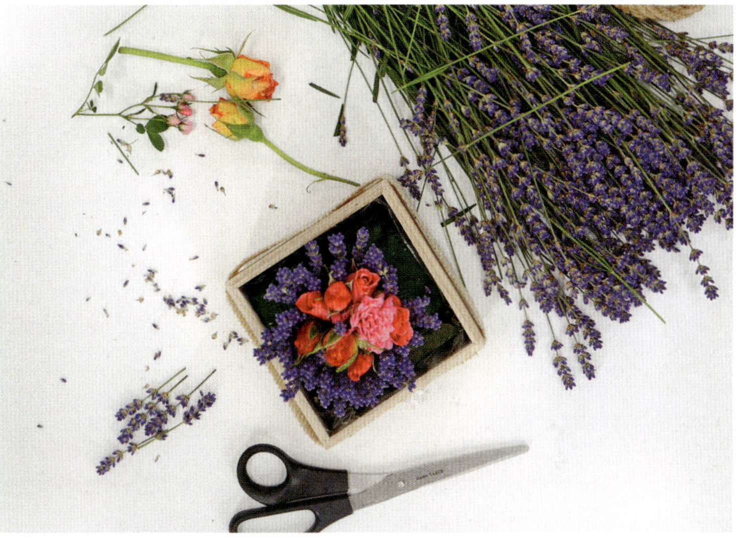

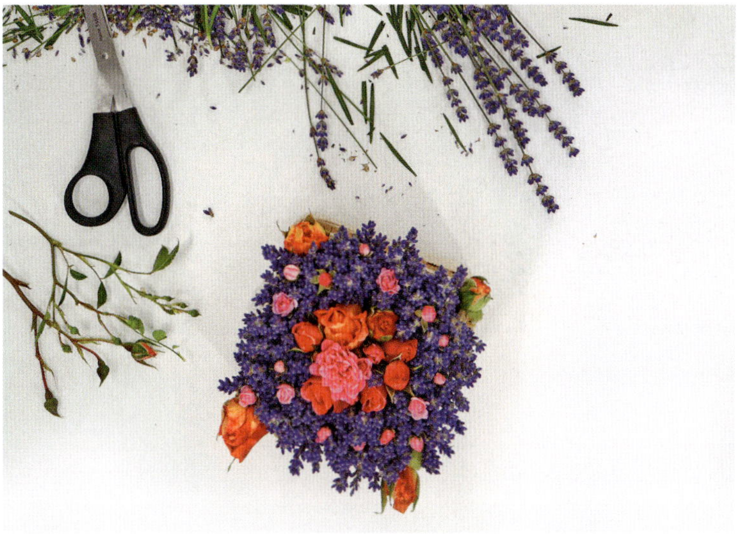

LEICHT – MITTEL

Wachslichter

Zugegeben – die Idee ist nicht neu, aber ich wollte dieses DIY trotzdem unbedingt zeigen. Die Wachslichter lassen eine Erinnerung aufleben, über die ich heute glücklicherweise lachen kann. Ein mit Wasser gefüllter Luftballon wird in heißes Wachs getaucht. Wenn man das ohne Wasser macht, knallen sie spätestens beim dritten Eintauchen und das Wachs spritzt in jede erdenkliche Ritze des Raumes. So erging es mir vor einem Jahr in unserer neu renovierten Küche. Nach dem ersten Schock habe ich überlegt, ob Tränen sinnvoll sind oder lautes Lachen besser ist. Ich habe mich für Letzteres und Rockmusik entschieden, die Küche geputzt und sofort einen neuen Versuch gestartet. Dieses Mal habe ich das Wasser nicht vergessen und die Wachslichter wurden perfekt. Mittlerweile bin ich geübt darin und natürlich haben auch sie einen Platz im Buch verdient.

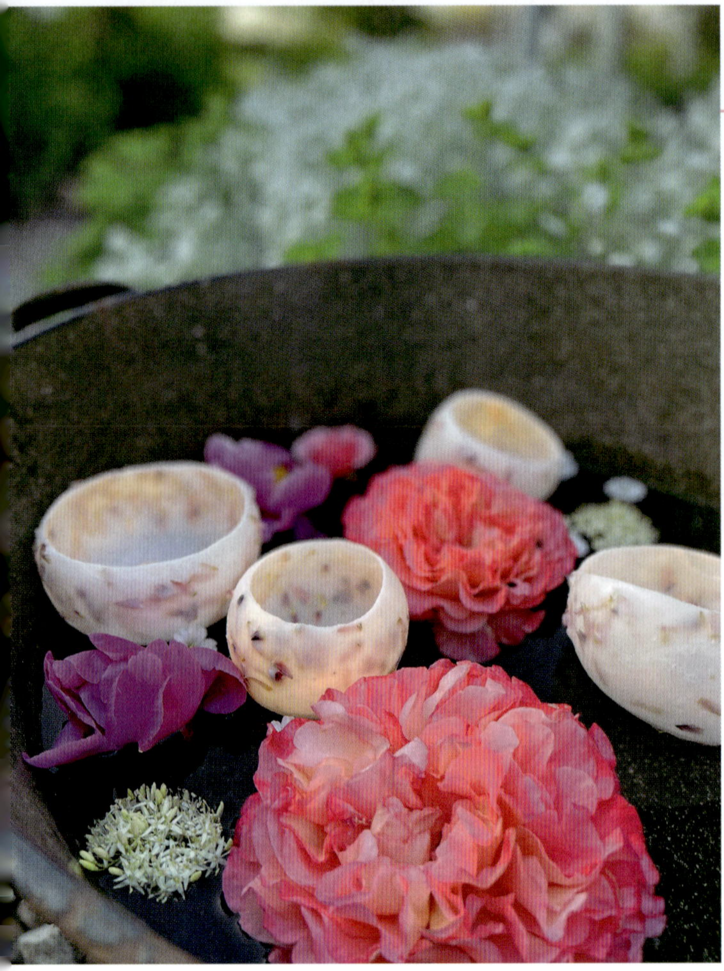

DAS BRAUCHST DU

Luftballons
Wasser
Sojawachs
Topf
Backpapier
LED-Lichter
bei Bedarf: Kerzenfarbe oder Potpourri

Tipps

Du kannst auch alte Kerzen schmelzen, es muss nicht unbedingt Granulat sein. Solltest du dich für Wachs aus Paraffin entscheiden, benutze die Lichter nicht im Teich. Sie sind schädlich für die dort lebenden Tiere. Ich verwende am liebsten Sojawachs, da es völlig unbedenklich ist und keine Schadstoffe oder Gifte enthält.

Den Topf mit den Wachsresten ins Eisfach stellen. Im gefrorenen Zustand lässt sich so das Wachs leichter entfernen.

SO WIRD'S GEMACHT

Fülle als Erstes Wasser in die Luftballons. Sie dürfen nicht zu prall sein, damit sie auch noch in den Topf passen. Trockne sie von außen gut ab. Schmelze in der Zeit das Wachs. Wenn du ein Wachsthermometer hast, kontrolliere die Temperatur. Sie sollte zwischen 50 und 60 Grad betragen. Solltest du keines haben, fahre mit dem Rührstab etwas nach oben an den Topfrand. Wird das Wachs schnell hell, ist die Temperatur passend. Wenn du möchtest, färbe das Wachs ein oder fülle ein paar Blütenblätter hinzu.

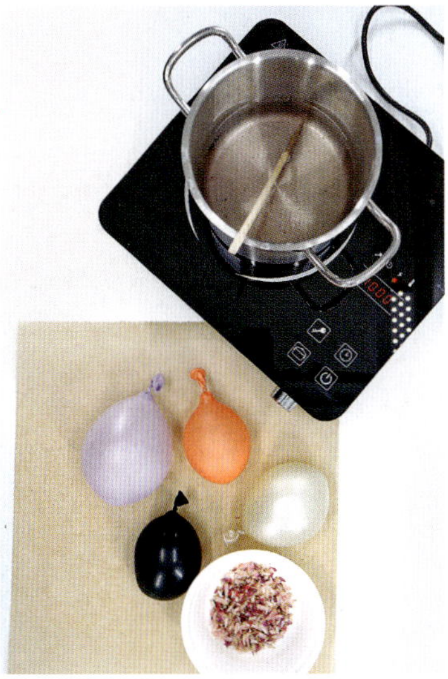

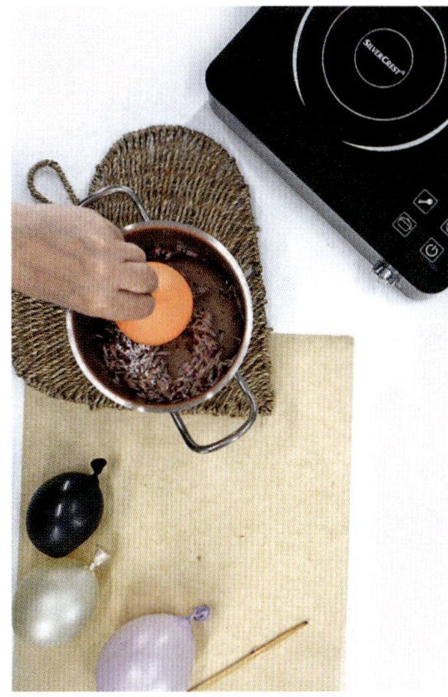

Tauche nun den Luftballon für maximal 3 Sekunden in das Wachs. Nimm als Orientierung etwas mehr als die Hälfte. Der Luftballon sollte nicht die Seiten oder den Boden des Topfes berühren. Warte mindestens 30 Sekunden und tauche ihn erneut ein. Wiederhole den Vorgang ein weiteres Mal und stelle den Ballon auf das Backpapier. Es entsteht ein kleiner Standfuß. Nach 1 bis 2 Minuten kannst du ihn erneut ins Wachs tauchen. Insgesamt sollte jeder Ballon ca. 10 Tauchgänge bekommen haben.

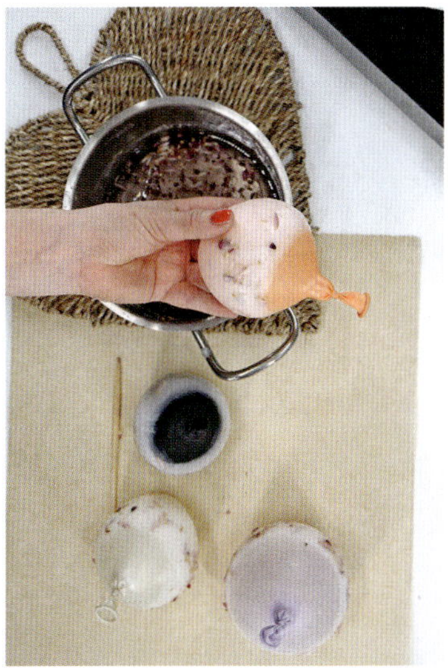

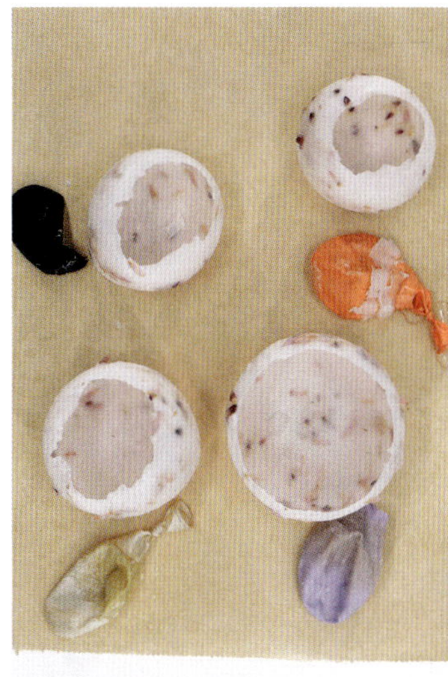

Lasse das Wachs etwa 2 Stunden aushärten. Über einem Waschbecken schneide den Luftballon vorsichtig auf und lasse das Wasser ab. Den Luftballon kannst du nun aus der Wachsschale entnehmen. Zum Schluss werden die Ränder mit einem Küchenmesser in Form geschnitten. Alternativ kannst du die Ränder auf einem warmen, mit Backpapier ausgelegten Backblech abrunden.

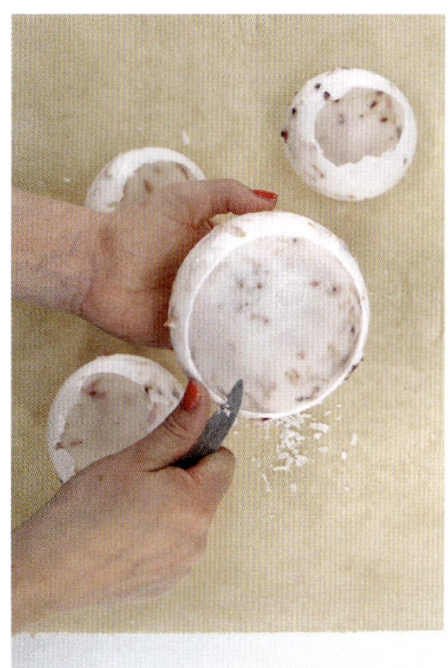

Wegweiser

Es gibt einen Strand in der Toskana, an dem der Sonnenuntergang am schönsten ist. Wenn wir dem Naturschauspiel zusahen, stand rechts von uns ein Wegweiser mit den tollsten Orten der Welt. Für mich als DIY-Liebhaberin war ganz klar, dass ich mir so einen Wegweiser selbst bauen musste. Ich freue mich so sehr, dass dieses Projekt einen passenden Platz im Buch gefunden hat. Die Hinweise sind natürlich nur Beispiele, die du dir auch selbst überlegen kannst. Den kleinen Strand und den Pool haben wir tatsächlich, der Poolboy ist hingegen nur ein kleiner Scherz.

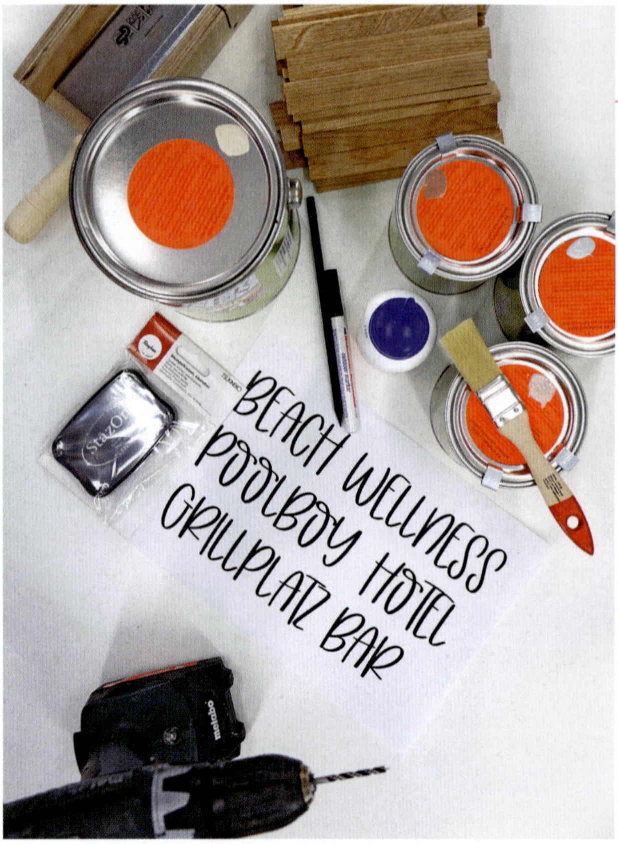

DAS BRAUCHST DU

24 Klötzchen
Holzleim, wasserfest
Buntlack
Stempelfarbe, wasserfest
Pinsel
Gehrungsschneidlade
Blattsäge
Bleistift
Outdoorstift
Bohrmaschine
Schrauben
dicker Ast
Vorlage Wegweiser

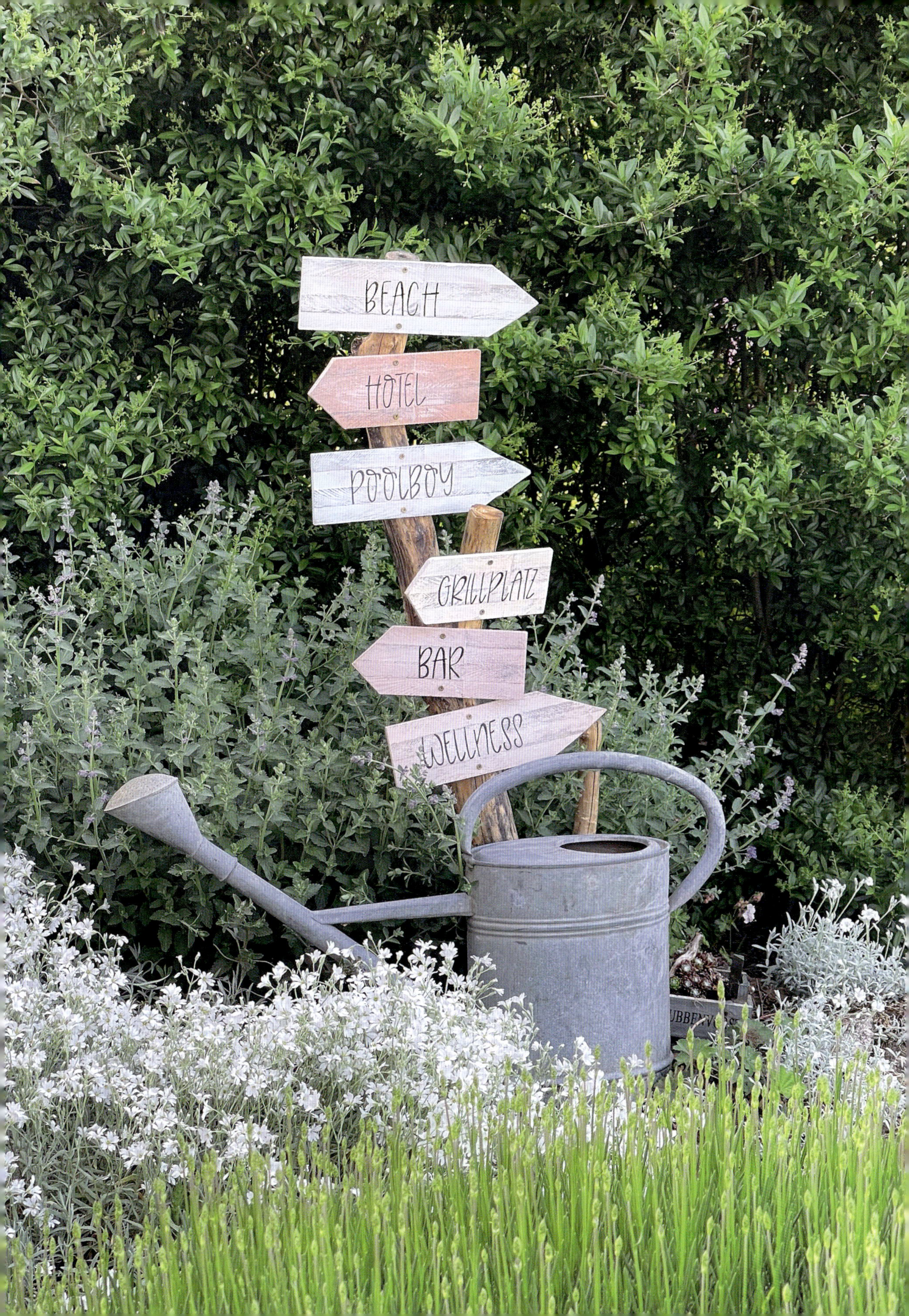
BEACH
HOTEL
POOLBOY
GRILLPLATZ
BAR
WELLNESS

SO WIRD'S GEMACHT

Verleime 4 Klötzchen miteinander. Wiederhole den Vorgang und verbinde beide 4er-Klötzchen nebeneinander. So erhältst du ein längliches Schild aus 8 Klötzchen. Fertige so viele Schilder an, wie du möchtest, und streiche mit dem Stempelkissen über die Oberflächen.

Lackiere nun alle Flächen mit deinen ausgesuchten Farben und lasse sie trocknen. Anschließend nimm ein feines Schleifpapier und reibe die Lackoberfläche unregelmäßig wieder ab. An den abgeschliffenen Stellen kommt die Stempelfarbe zum Vorschein. Das ergibt einen verwitterten Look.

Zeichne mit dem Lineal die Spitzen der Schilder an und säge sie entsprechend ab. Die Spitzen dürfen unterschiedlich sein, damit es natürlicher aussieht. Bestreiche mit dem Lack die abgesägten Flächen. Streiche die Pinsel an den andersfarbigen Schildern ab, sodass du einen zartbunten Look erhältst.

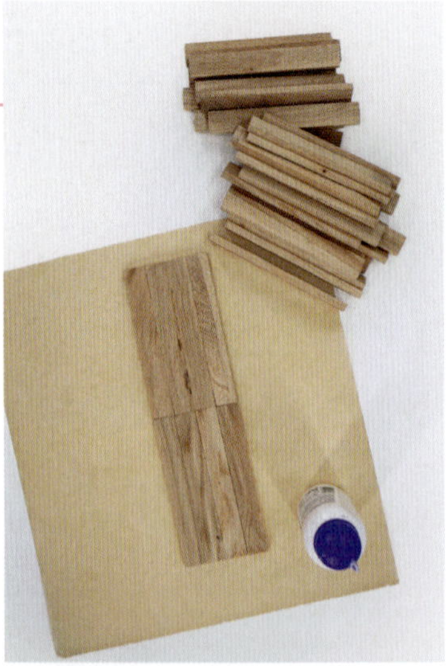

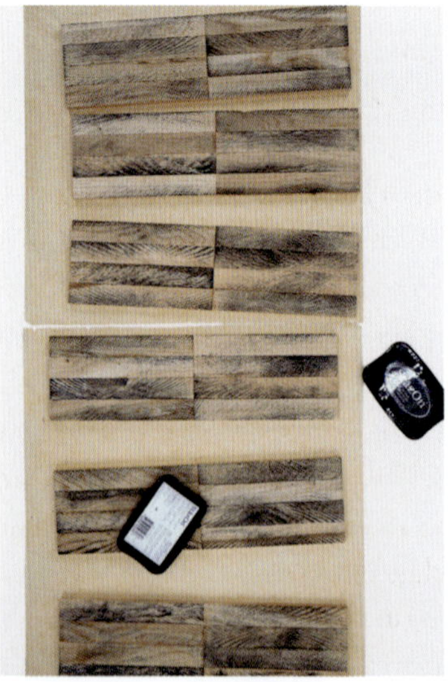

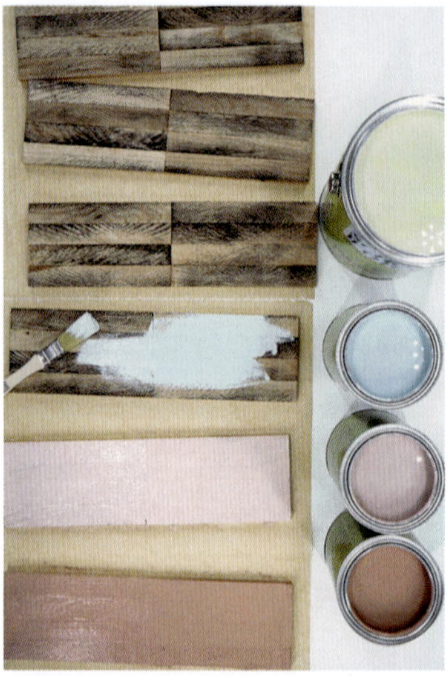

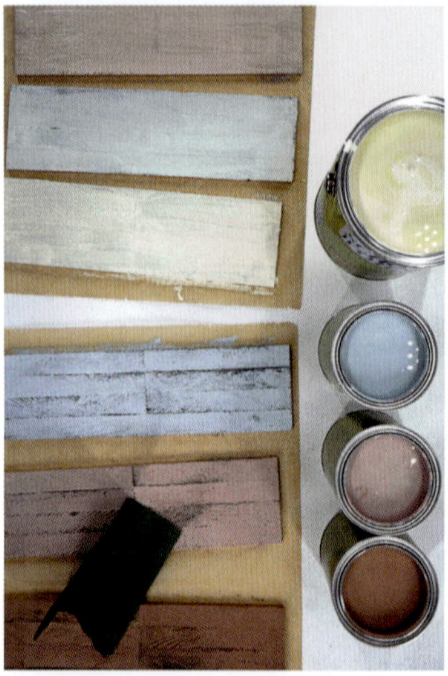

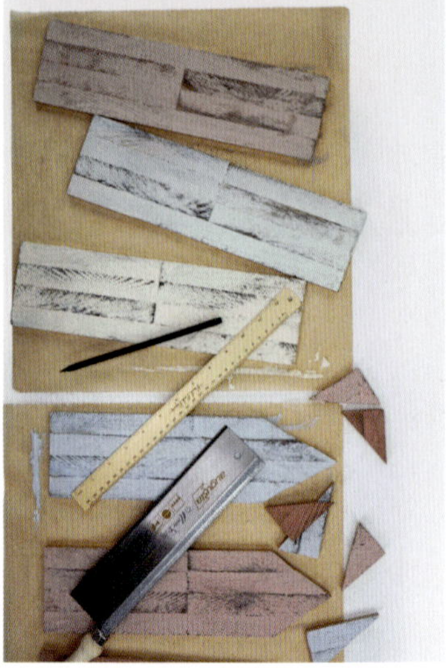

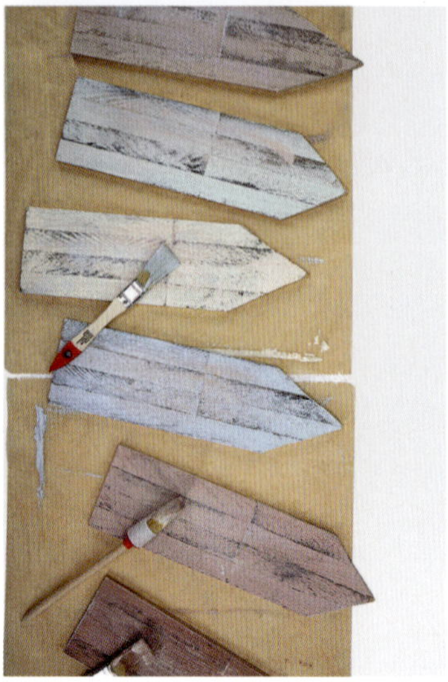

Übertrag die Vorlage mit der Bleistifttechnik auf die Schilder. Dazu verteilst du die Schriftrückseite mit dem Bleistift und schneidest das Wort großzügig aus. Lege es auf das Holzschild und zeichne die Buchstaben mit dem Bleistift nach. Wenn du nun das Papier entfernst, siehst du das zu übertragende Wort ganz leicht auf dem Holz. Nimm nun einen wasser- und witterungsbeständigen Lackstift und schreibe das Wort nach. Befestige nun die Schilder an deinem dicken Ast und finde ein schönes Plätzchen in deinem Garten.

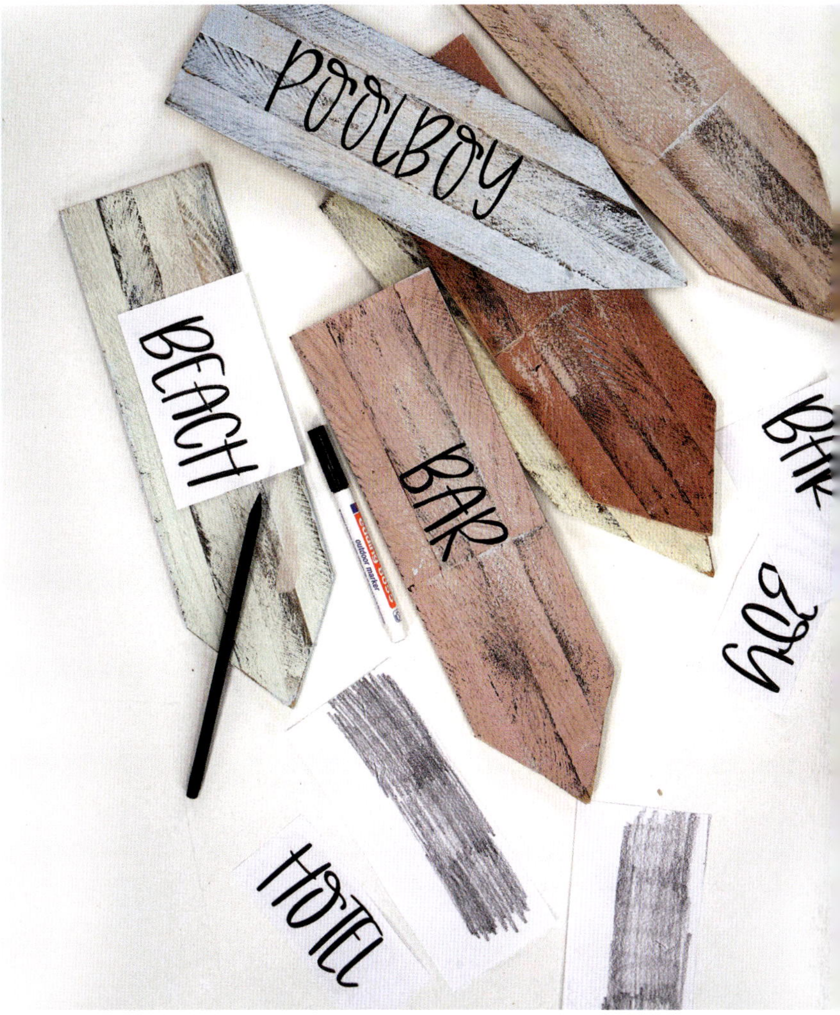

Tipps

Bei der Auswahl deiner Farben achte darauf, dass sie harmonisch zueinander passen. Wenn du keinen Garten für diesen Wegweiser hast, stelle ihn in einen großen Übertopf oder Eimer und beschwere ihn mit Sand und Steinen. So kippt er nicht um und sieht auch in deinem Badezimmer oder auf dem Balkon toll aus. Die Vorlage Wegweiser findest du am Ende des Buches.

Verwende Wörter zu besonderen Anlässen, z.B. zu Hochzeit/Geburt/Geburtstag, und verschenke den Wegweiser.

MITTEL

Grünzeugwand

In frische Salate kommt bei uns grundsätzlich auch eine schöne Handvoll Kräuter mit hinein. Und wenn dann noch gegrillt wird, gehört eine Schale Kräuterbutter ebenso dazu. Ich habe mir eine platzsparende Lösung für das geliebte »Grünzeug« überlegt, damit auch eine kleine Ecke auf dem Balkon oder der Terrasse sinnvoll genutzt werden kann.

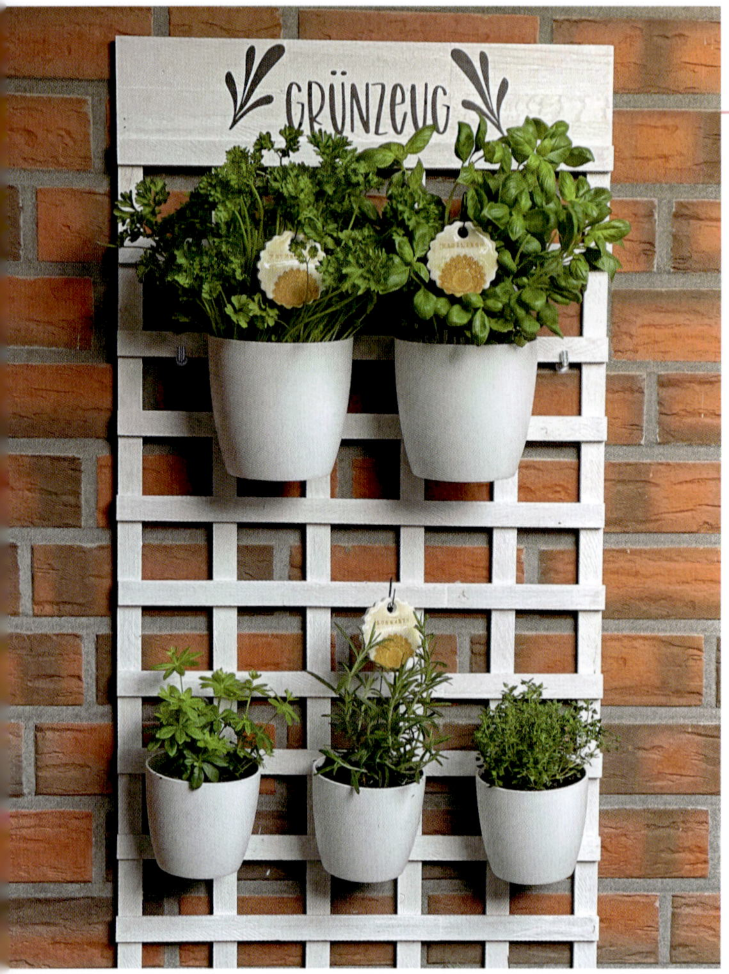

DAS BRAUCHST DU

120 Klötzchen
Holzleim, wasserfest
Outdoorfarbe
Vorlage Grünzeug
Outdoorstift in Schwarz
Bleistift

Tipps

Damit dein Klötzchenwerk lange hält, verleime es mit wasserfestem Leim. Zusätzlichen Schutz bietet ein Anstrich mit Outdoorfarben oder -lacken. Die Vorlage Grünzeug findest du am Ende des Buches. In die Pflanztöpfe habe ich auf der Rückseite zwei Löcher gebohrt und sie mit Kabelbinder am Gerüst der Grünzeugwand befestigt.

Säge dir ein Abstandsklötzchen zurecht und nutze es als Maß für die Zwischenräume.

SO WIRD'S GEMACHT

Verleime als Leisten 6 x 8 Klötzchen und 16 x 3 Klötzchen miteinander. Für den oberen Teil benötigst du 3 x 5 Klötzchen, die du anschließend nebeneinander verleimst. Anschließend streiche alle Klötzchen mit der Outdoorfarbe.

Übertrage den Schriftzug auf den oberen Teil. Benutze hierfür einen wasserfesten Outdoorstift. Am unteren Rand verleimst du eine 3er-Leiste.

Lege anschließend alle langen Leisten senkrecht und die kurzen Leisten darüber waagerecht im gleichen Abstand zueinander. Ein Zollstock kann dabei helfen. Erst wenn alles passgenau liegt, bringe auf die Verbindungsstellen Holzleim auf und lasse das Gerüst gut trocknen.

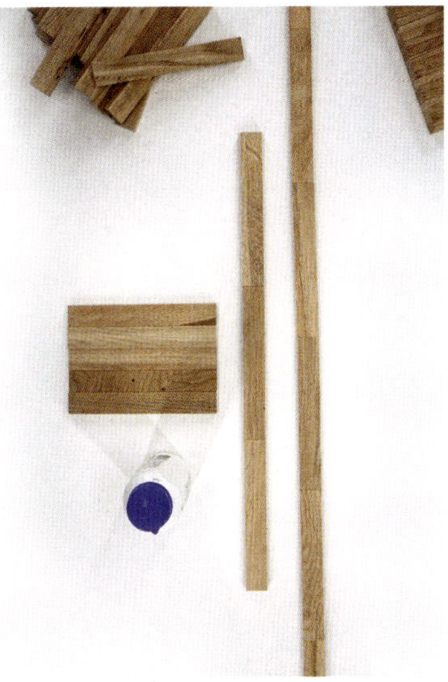

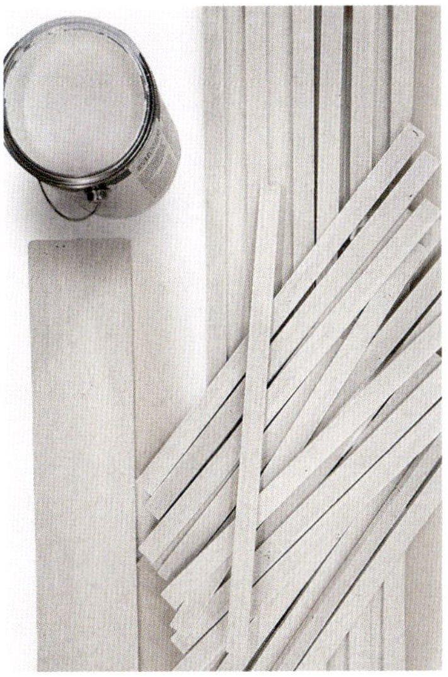

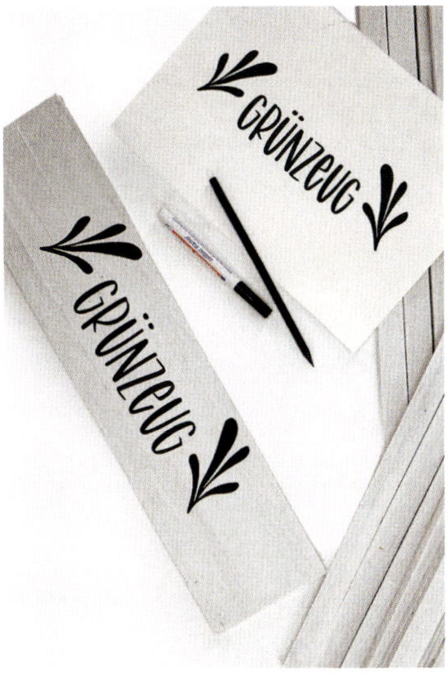

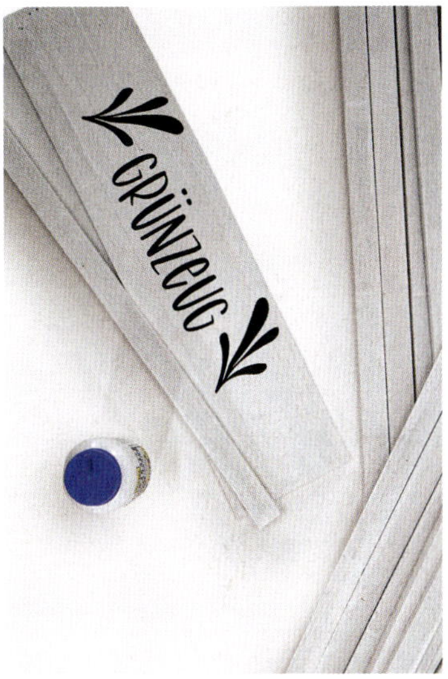

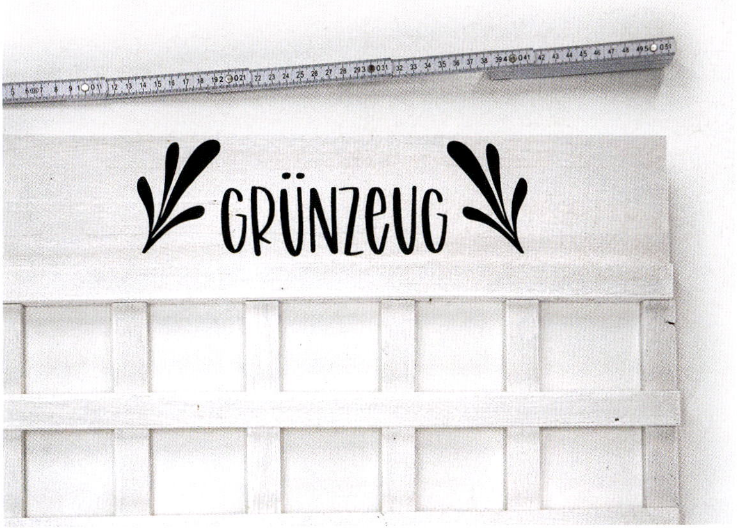

MITTEL

Kräuterstecker

Ich liebe den Duft von Kräutern! Geht es dir genauso? In der Küche – und gerade im Sommer, wenn sie frisch zur Verfügung stehen – dürfen sie auf keinen Fall fehlen. Um bei der Vielzahl nicht den Überblick zu verlieren, sind Kräuterstecker nicht nur eine willkommene Hilfe, sondern auch gleichzeitig noch ein hübsches Accessoire. Es gibt sie in verschiedenen Varianten, doch selbst kreierte haben einen besonderen Charme und lassen sich auch perfekt verschenken.

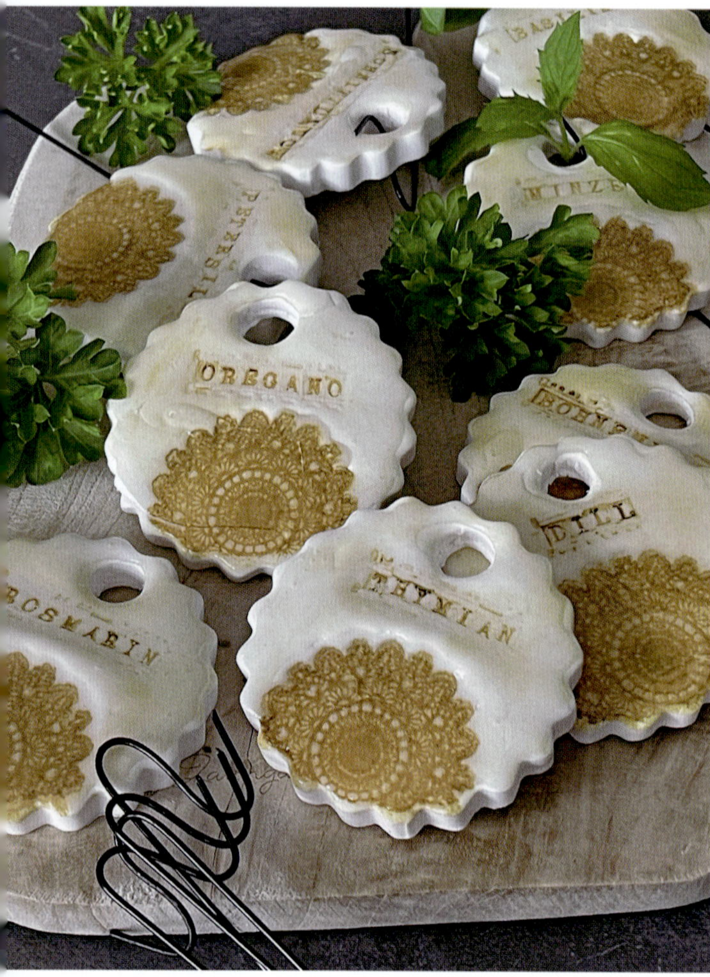

DAS BRAUCHST DU

Fimo soft, 500 g
Acrylroller
runde Ausstechform
Mandala-Stempel
Wortbandstempel
Stempelkissen in Braun
Kugelschreiberhülse
Klötzchen
Floristikdraht

Tipps

Die Kräuternamen kannst du auch mit anderen Abc-Stempeln versehen. Achte nur darauf, dass es relativ kleine Buchstaben sind, damit du auch längere Wörter bilden kannst. Als Stempel für das Muster sind Kräuterstempel auch ganz hübsch. Nimm einfach die, die dir gefallen.

Wenn du magst, überziehe die Form mit 3-D-Lack oder UV-Harz. Das ergibt einen schönen porzellanartigen Effekt.

SO WIRD'S GEMACHT

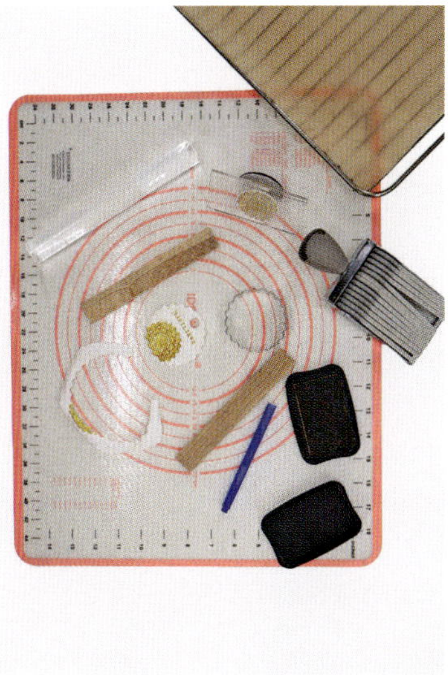

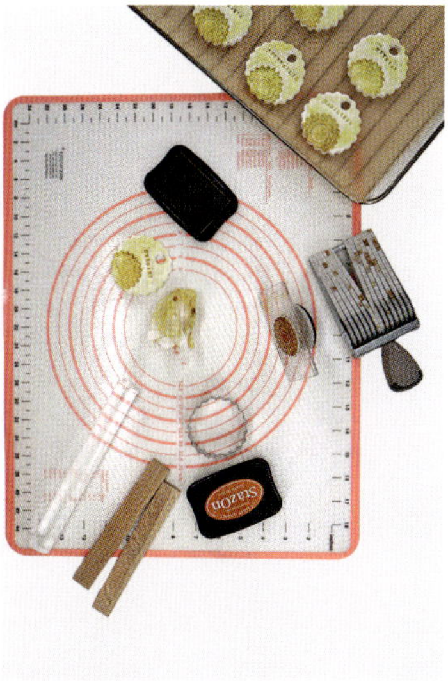

Rolle das Fimo aus. Nimm Klötzchen zu Hilfe, damit du eine gleichmäßige Höhe erreichst. Bilde mit dem Wortbandstempel die Namen der Kräuter, nimm etwas Stempelfarbe damit auf und setze den Namen rechts oberhalb deiner Ausstechform. Achte dabei darauf, dass noch ein Aufhängeloch Platz haben muss. Setze unter dem Kräuternamen den Mandala-Stempel und stich die Form. Wische sofort mit einem feuchten Tuch über das Schildchen, sodass sich die Stempelfarbe etwas verteilt. In den Vertiefungen wird sie gut haften bleiben. Das ist so gewollt.

Lege deine Kräuterschilder auf ein mit Backpapier belegtes Backblech und härte sie bei 110 Grad ca. 30 Minuten bei Ober- und Unterhitze. Mit dem Floristikdraht biege eine kleine Aufhängung. Ich habe ihn dafür über meine Finger gelegt und zweimal umgebogen.

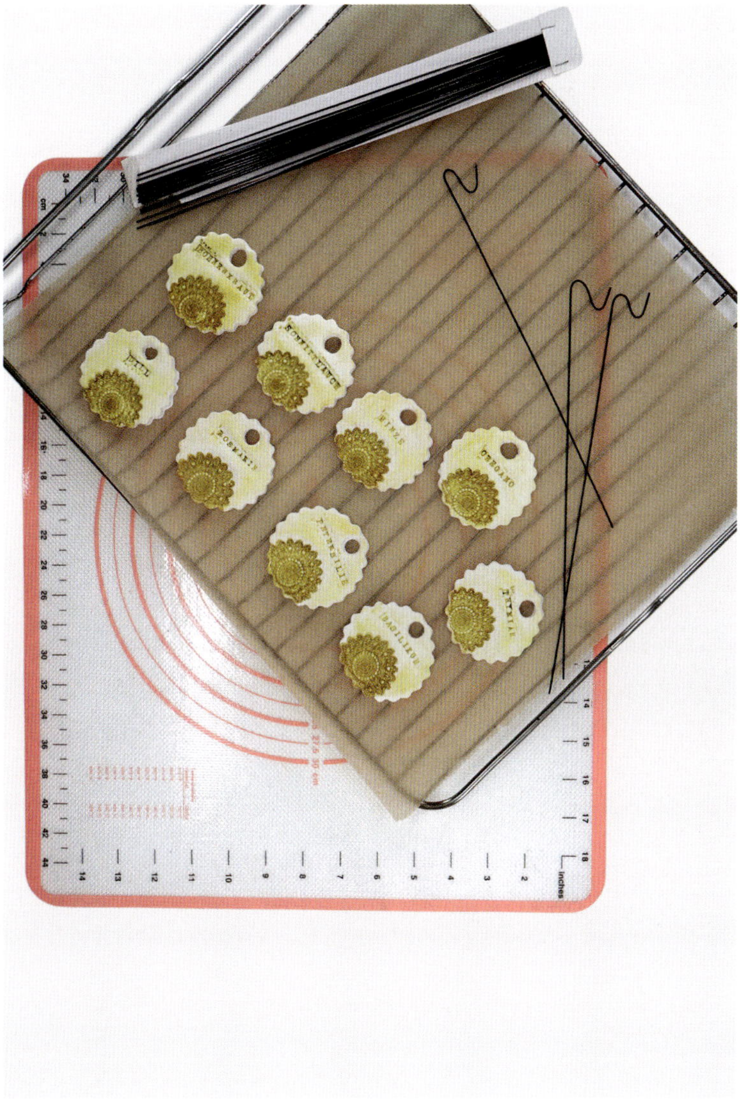

Tic Tac Toe

Als Kinder haben wir dieses Spiel schon gespielt und es ist bei Spieleabenden im Sommer immer noch sehr beliebt. Wer zuerst drei Teile senkrecht, waagerecht oder quer legen kann, hat gewonnen. Natürlich darf dieser Spaß im Strandurlaub nicht fehlen. Meine DIY-Variante passt in jeden Koffer.

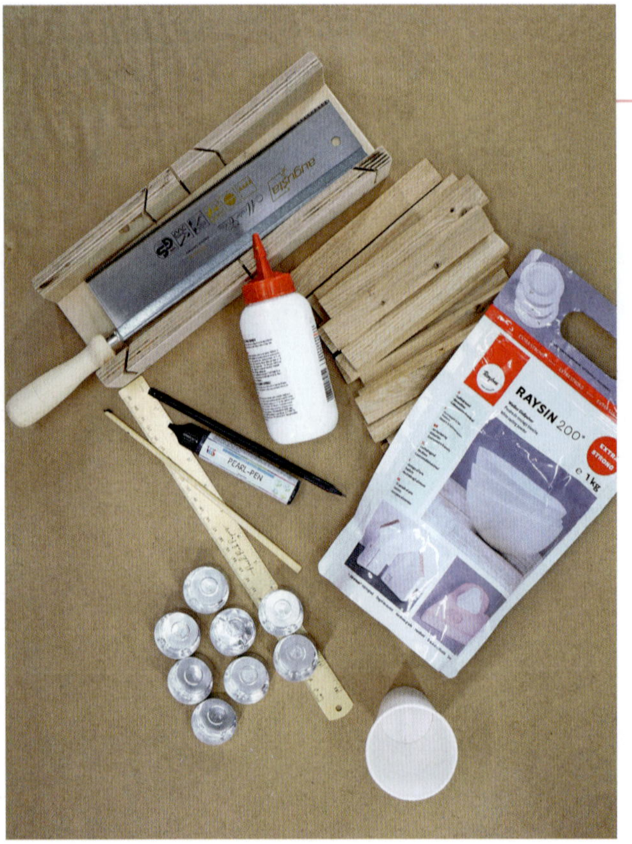

DAS BRAUCHST DU

Raysin-Gießpulver
18 Klötzchen
Teelichttüllen
Pearl Pens
Blattsäge
Gehrungsschneidlade
Holzleim
Becher
Rührstab
Bleistift
Lineal

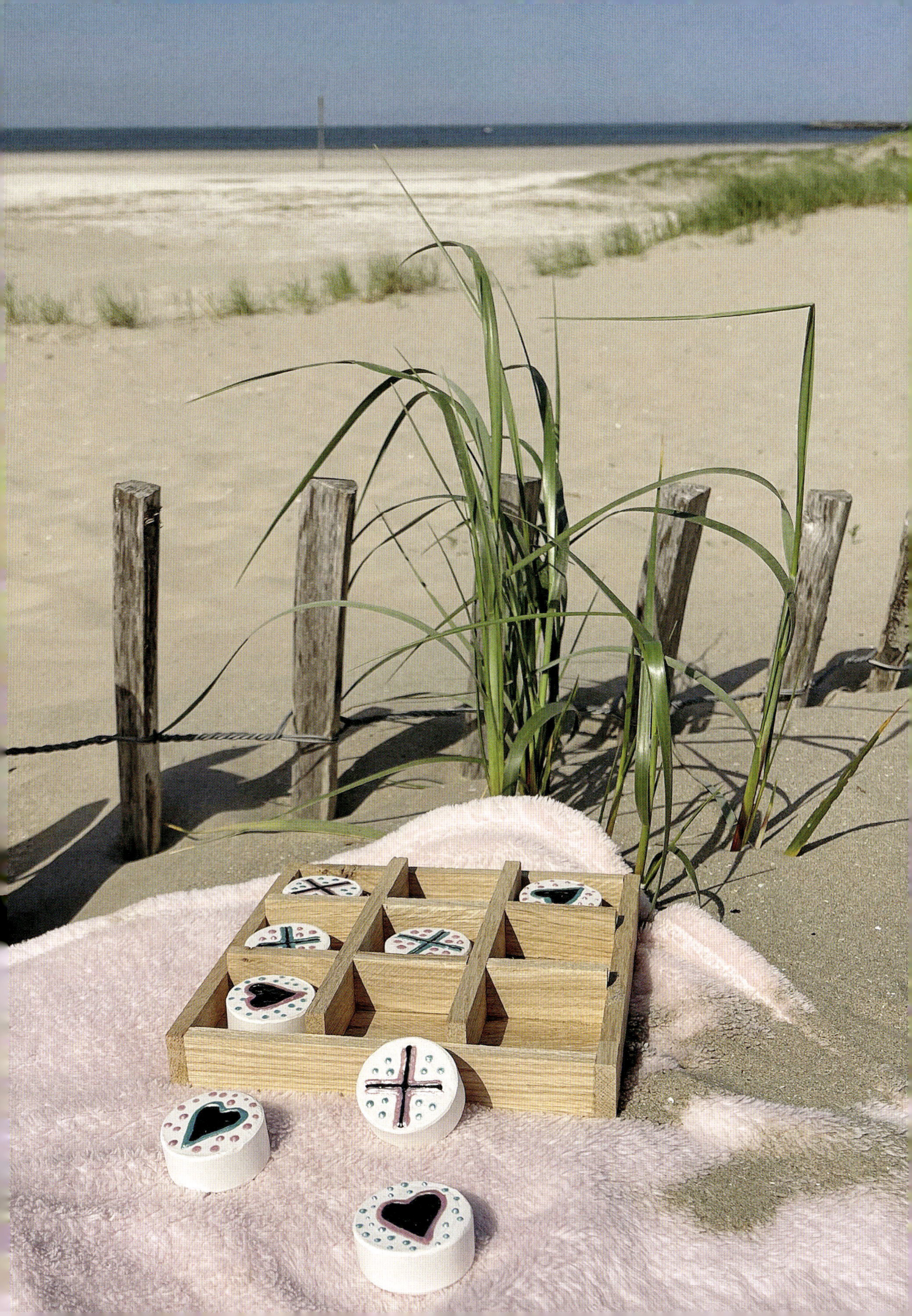

SO WIRD'S GEMACHT

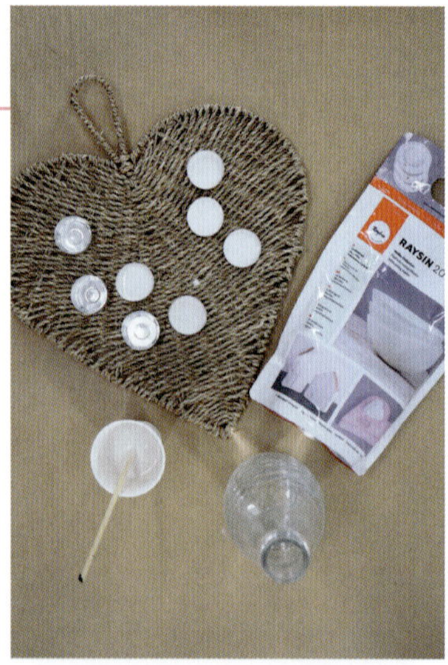

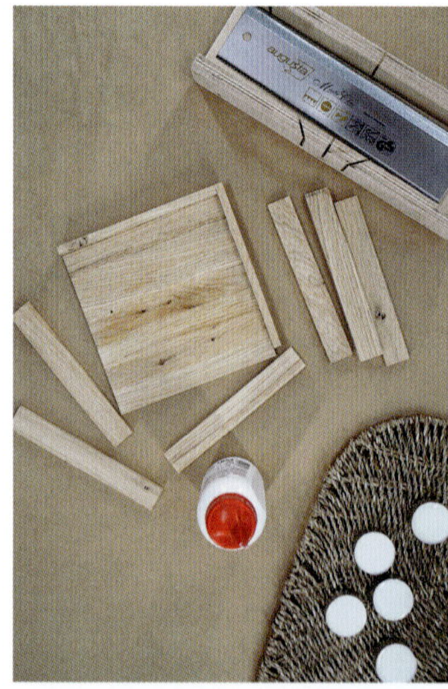

Mische das Gießpulver im Verhältnis 3:1 mit Wasser und verrühre es gut. Fülle die Tüllen bis zum Rand damit und lasse die Masse gut trocknen. In der Zwischenzeit verleime 7 Klötzchen miteinander und rahme sie ein.

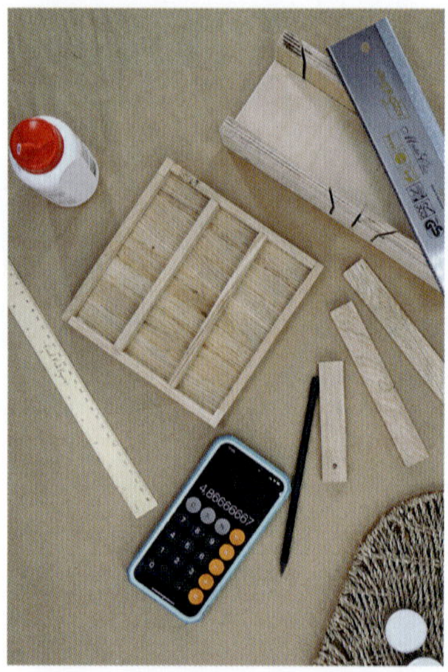

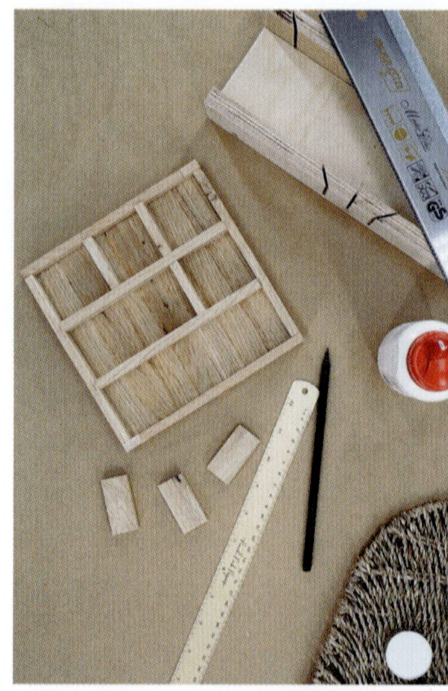

Jetzt musst du ein bisschen rechnen. Meine Klötzchen sind 16 cm lang. Also ist bei einem Rahmen mit 7 Klötzchen auch das Innenmaß 16 cm. Die Klötzchen sind 0,7 cm breit. Da du 3 Felder brauchst, ist der Rechenweg wie folgt:
16 – 0,7 – 0,7 : 3 = 4,8666. Somit legst du vom inneren Rand das erste Klötzchen bei 4,87 cm. Das zweite Klötzchen vom gegenüberliegenden inneren Rand ebenfalls bei 4,87 cm. Gehe mit den Querklötzchen genauso vor. Säge diese vorher zu.

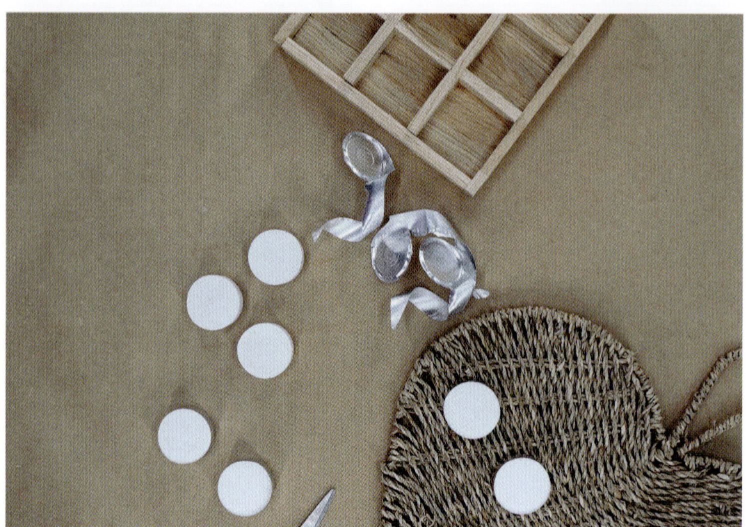

Wenn die Gießmasse ausgehärtet ist, entferne die Teelichttüllen. Dazu einfach am Rand etwas einschneiden und abwickeln. Auf die gegossenen Formen malst du zwei Symbole deiner Wahl mit dem Pearl Pen auf.

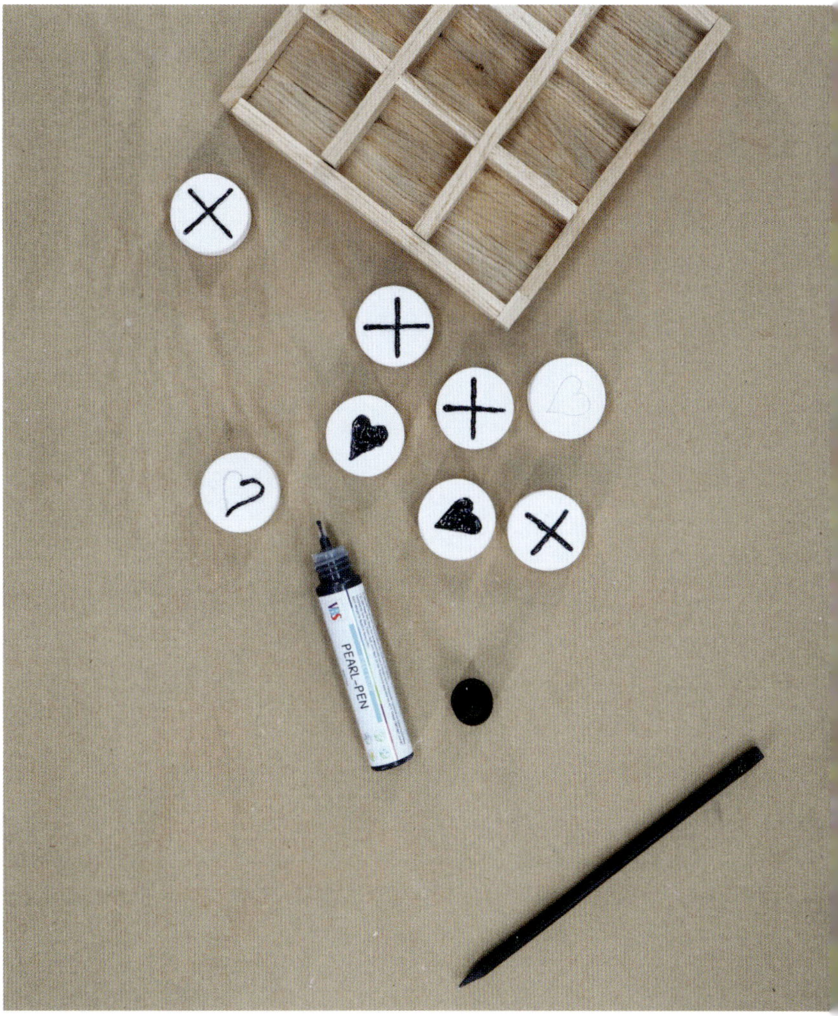

Tipps

Die Teelichttüllen hebe ich immer auf. Für solche kleinen Gießprojekte eignen sie sich besonders gut.

Du kannst auch runde echte Steine verwenden.

Schneckenlicht

Im Frühling habe ich dir bereits die Dremelkunst mit Gänseeiern gezeigt. Die Technik funktioniert mit Mammutschneckenhäusern oder großen Muscheln sogar noch besser. Sie sind härter und eignen sich dafür perfekt. Auch hier musst du langsam arbeiten, denn bei zu großem Druck können sie trotzdem zerspringen. Als Fuß für diese Lampe dient ein Stück Treibholz aus dem Urlaub. Das Haus der kleinen Seeschnecke habe ich irgendwo gefunden und endlich bekommt auch dieses ein schönes Plätzchen.

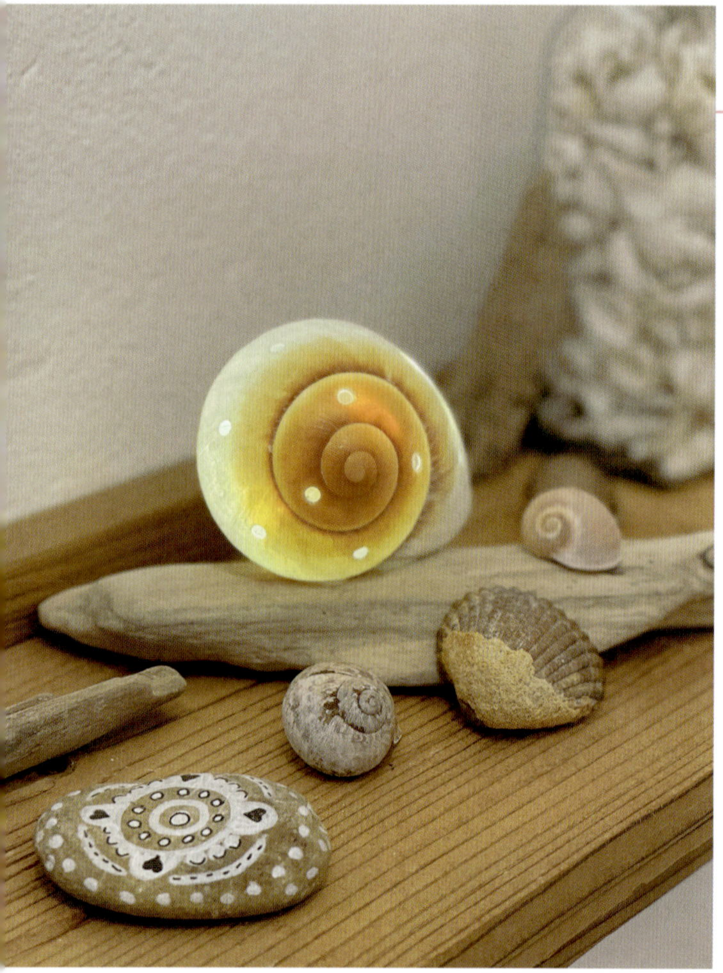

DAS BRAUCHST DU

Mammutschneckenhaus
Seeschneckenhaus
Treibholz
Dremel
Diamantfräser
LED-Lichterkette
Heißklebepistole
Mund-und-Nasen-Maske

SO WIRD'S GEMACHT

Setze dir eine Maske auf, denn Dremelstaub ist sehr fein. Beginne mit einem dünnen Diamantfräser auf der niedrigsten Stufe und taste dich langsam heran. Fange am äußeren Rand an. Hier ist die Schale etwas dünner. Wenn du in der Mitte angekommen bist, hast du schon etwas Übung. Wenn dir die Löcher zu klein sind, spanne einen größeren Fräser in den Dremel und erweitere die Löcher. Nun steckst du die LED-Lichterkette in das Schneckenhaus.

Schiebe die Lichterkette inklusive des On-Off-Schalters hinein und achte darauf, dass der On-Off-Knopf nach außen zeigt. Klebe die Schneckenhäuser nun auf das Treibholz. Probiere vorher, auf welcher Seite das Treibholz die beste Standfestigkeit hat.

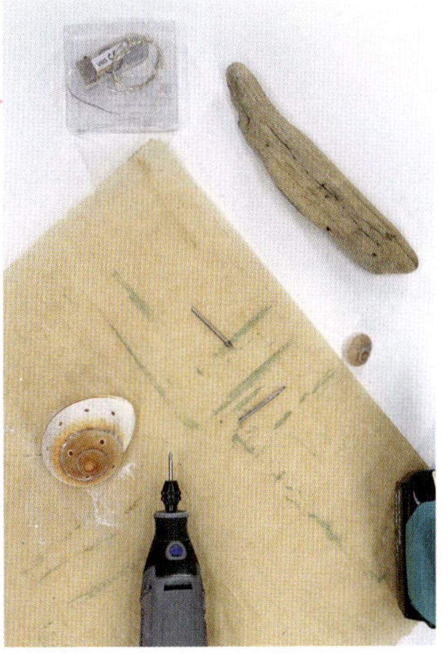

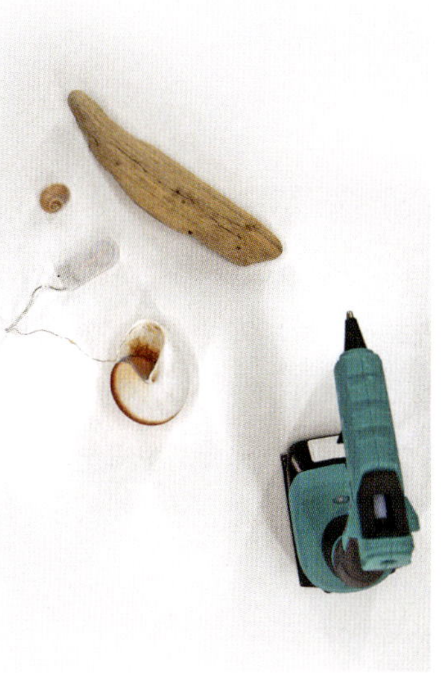

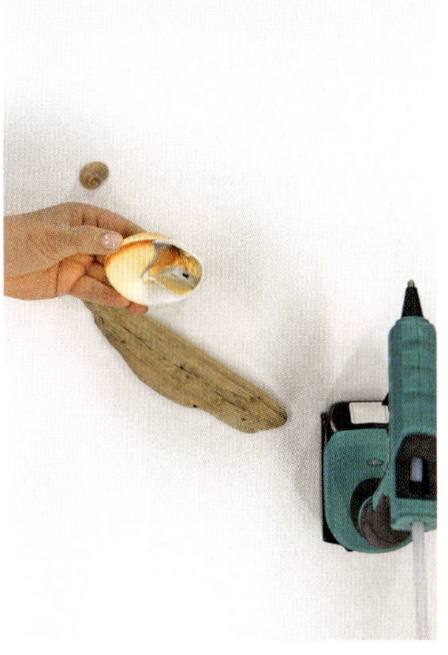

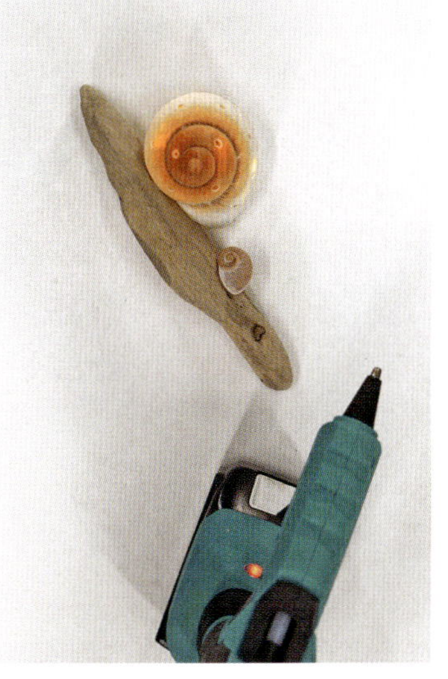

Tipps

Muscheln kann man leider nicht überall sammeln. Bitte erkundige dich in deinem Urlaubsort, ob du sie mit nach Hause nehmen darfst. Treibhölzer darfst du an öffentlichen Stränden sammeln, Naturschutzgebiete und Privatgrundstücke sind davon ausgenommen. Wenn du im Ausland bist und Treibholz mitnehmen möchtest, frage bitte trotzdem bei den Behörden nach. Du bekommst die Materialien aber auch in Deko- und Bastelläden bzw. in Onlineshops zu kaufen.

Anstelle der Dremelkunst kannst du die Schneckenhäuser auch bemalen.

MITTEL

Grillstation

Ein Sommer ohne Grillen mit Freunden und Familie ist fast undenkbar. Das ist eine schöne Möglichkeit für ein Upcycling-DIY. Die Grillstation beherbergt nicht nur das Besteck, sondern hat auch noch Platz für Servietten, Saucen und allerhand andere Leckereien. Dosen landen bei mir nicht im Müll, sondern dürfen im Garten ein paar Monate rosten. Dazu stecke ich sie einfach auf einen Ast in den Sträuchern oder auf einen Pflanzstab. Wenn sie dann den schönen Rost gebildet haben, dürfen sie sich in meiner Kreativwerkstatt verwandeln. Du kannst sie natürlich auch in deiner Lieblingsfarbe streichen, wenn du den Rost nicht magst.

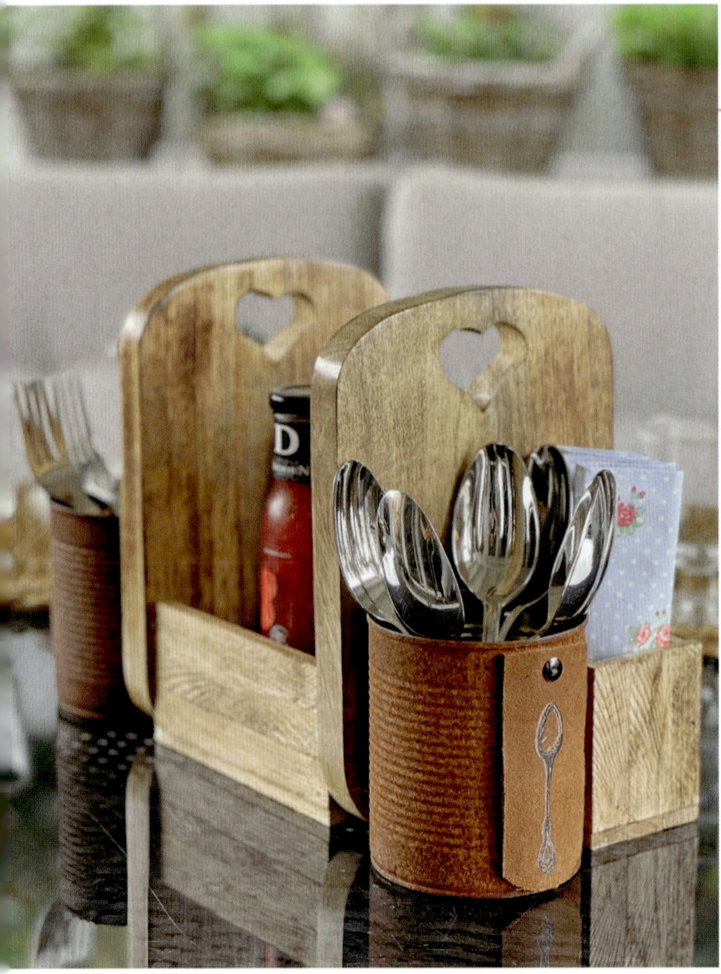

DAS BRAUCHST DU

3 Dosen
2 Frühstücksbretter
ca. 20 Klötzchen
Holzleim
alter Gürtel
Stempel Besteck
Antikpaste
Stempelkissen
Reißzwecken
Schere
Gehrungsschneidlade
Blattsäge
Akkubohrer
kleine Schrauben
Schraubendreher

SO WIRD'S GEMACHT

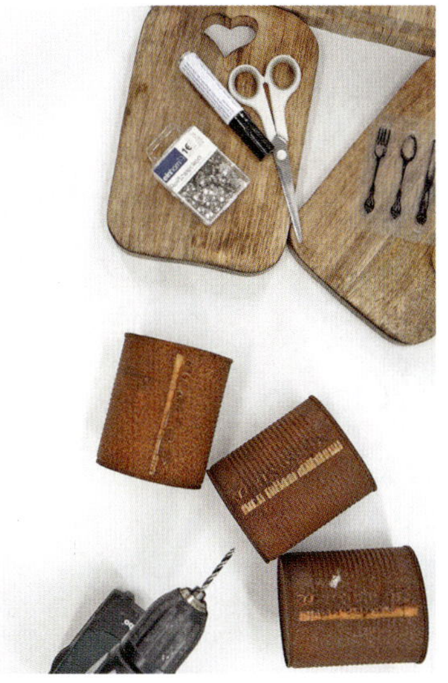

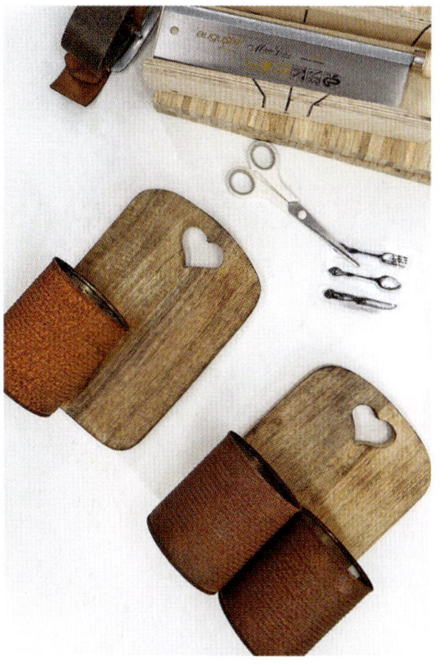

An den Rückseiten der Dosen bohrst du ein kleines Loch hinein. Bringe es relativ weit oben an. Schraube nun an einem Küchenbrett 2 und an dem anderen Brett 1 Dose an.

Schneide den Gürtel in 3 gleiche Stücke zu und bringe die Stempel auf. Befestige sie mit Kleber und einer Reißzwecke. Verleime 7 Klötzchen und 5-mal jeweils 3 Klötzchen miteinander. 3 von den 3er-Klötzchen halbierst du mittig.

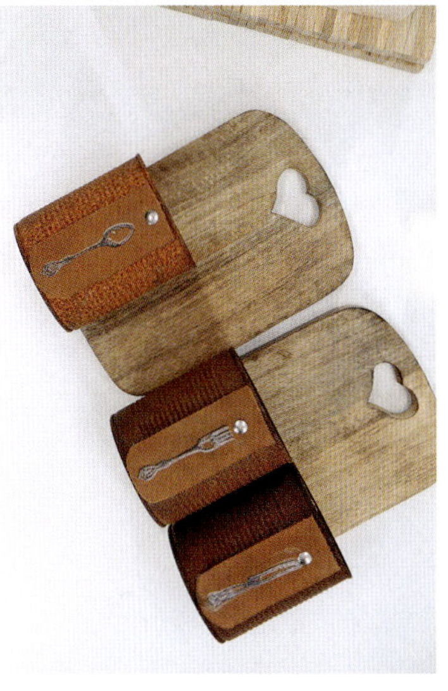

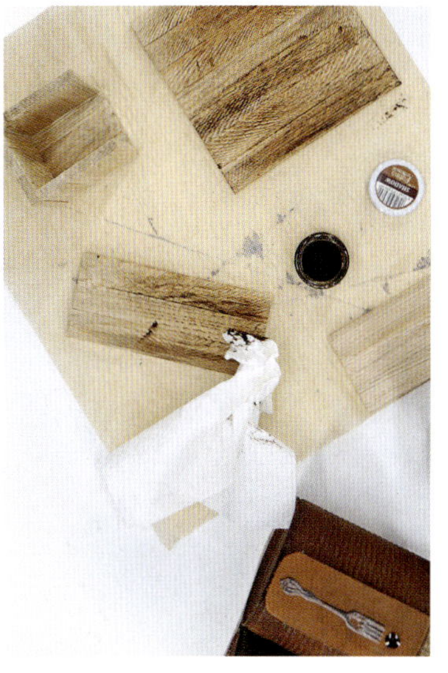

Aus 4 oder auch 5 halben 3er-Klötzchen leime eine kleine Schachtel für die Servietten. Mit einem Küchentuch streichst du die Antikpaste von allen Seiten auf alle Klötzchen. Nun verbinde mittig den Boden aus 7er-Klötzchen mit den beiden 3er-Klötzchen rechts und links und verleime an den Enden die beiden Frühstücksbretter. Die Serviettenschachtel leimst du neben die einzelne Dose.

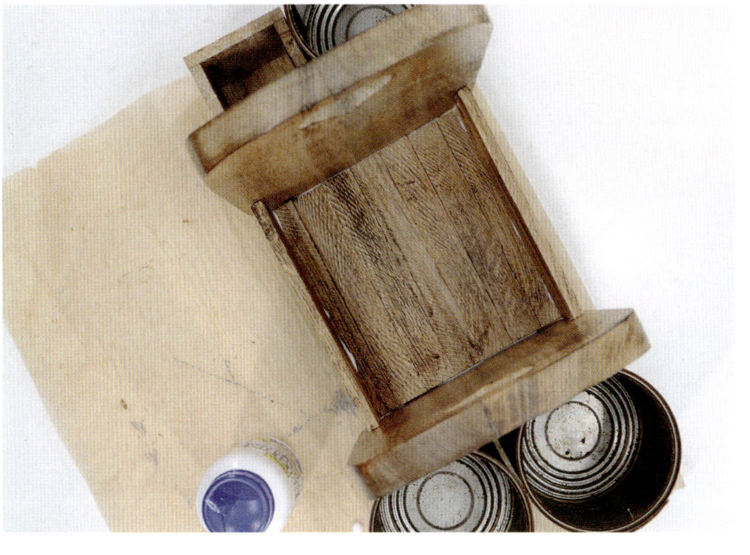

Tipps

Für die Besteckschilder kannst du auch ein halbes Klötzchen nehmen, falls du keinen alten Gürtel oder Lederriemen hast. Einfach ein halbes Klötzchen bestempeln, ein Loch hineinbohren und an die Dose hängen.

Holzleim gibt es auch wasserfest, er eignet sich besonders für Outdoor-DIYs.

LEICHT – MITTEL

Sommerkerzen

Wer kennt sie nicht – marmorierte Ostereier? Doch für den Sommer lohnt es sich, schöne Kerzen zu marmorieren. Sie strahlen in allen möglichen Farben, machen richtig etwas her und lassen sich toll verschenken, wenn ein Grillabend mit Freunden ansteht. Und das Schönste ist – sie sind ganz schnell gemacht.

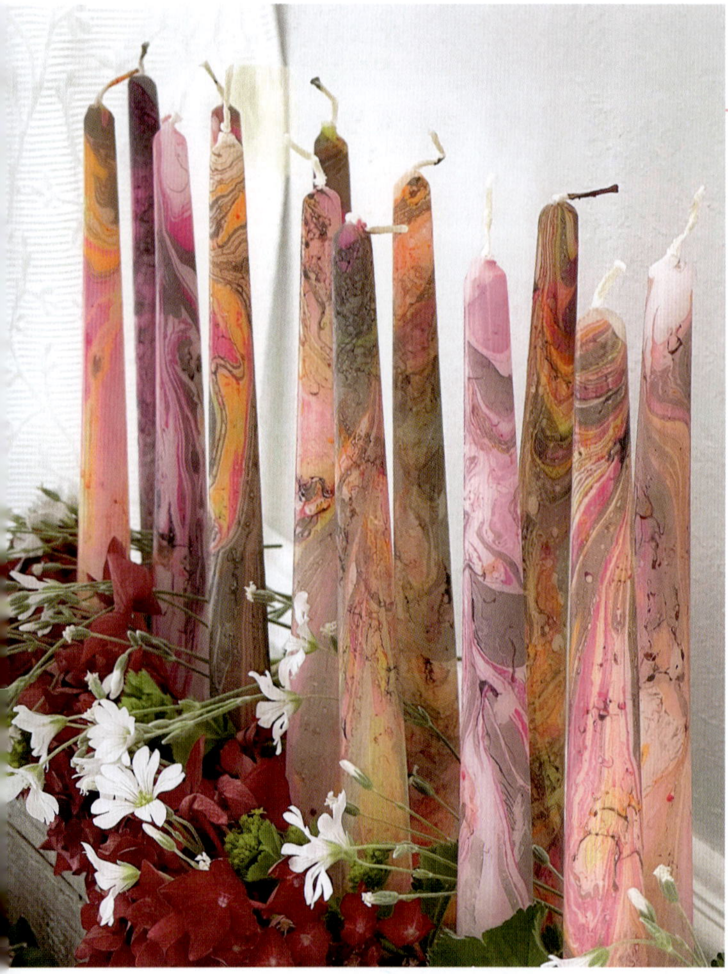

DAS BRAUCHST DU

Marmorierfarben
Eimer
Plastiktüte
Wasser
Holzstäbchen
Küchenpapier
Handschuhe
Kerzen

SO WIRD'S GEMACHT

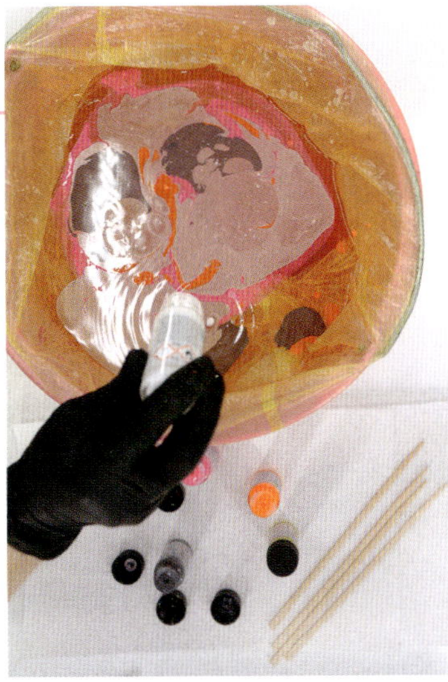

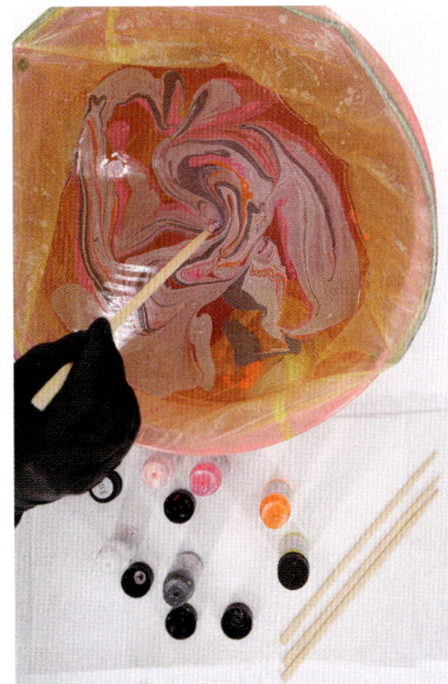

Da sich die Farbe auf der Haut nur schwer entfernen lässt, solltest du Handschuhe tragen. Die kleinen Flaschen einmal kräftig schütteln und tröpfchenweise auf die Oberfläche träufeln. Anschließend mit dem Holzstab ein Marmormuster ziehen. Gehe dabei von innen nach außen.

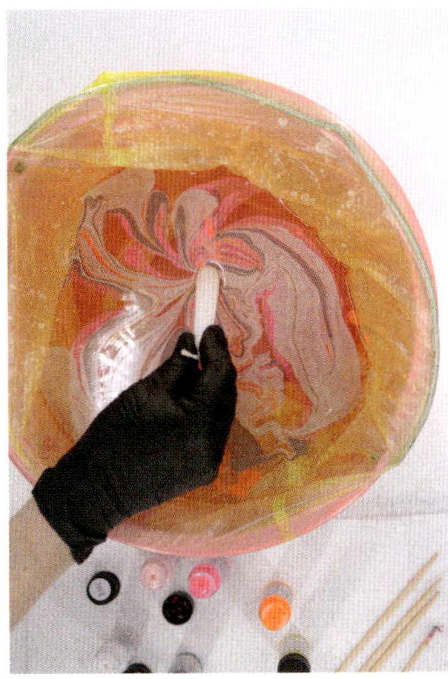

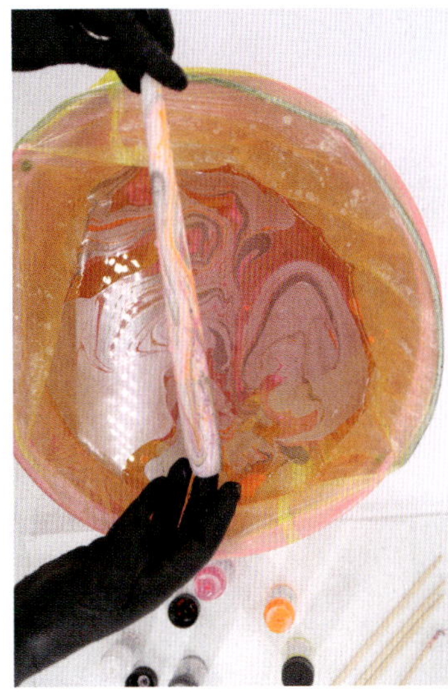

Nun tauchst du die Kerze ins Marmorierbad kurz ein. Wenn dir das Muster zu schwach ist, kannst du die Kerze erneut tauchen. Das neue Muster legt sich dabei über das alte. Die Kerze muss ca. 24 Stunden trocknen. Hilfreich kann hier eine Wäscheleine sein, an der du die Kerze am Docht mit einer Klammer aufhängst.

Tipps

Die Plastiktüte benötigst du für den Eimer, damit dieser nicht mit der Farbe in Verbindung kommt. Sie lässt sich nicht entfernen. Das Wasser sollte Raumtemperatur haben. Entferne nach jeder Anwendung restliche Farbe von der Wasseroberfläche. Nach 2 bis 3 Minuten ist die Farbe auf der Wasseroberfläche fest und kann mit einem Holzstab oder Küchentuch einfach abgenommen werden. Dann kann der nächste Durchlauf starten.

Diese Technik funktioniert auch mit Holz, Keramik, Styropor, Plastik, Glas und Papier.

Kapitänslampe

Diese Kapitänslampe ist ein echter Allrounder. In den kalten Monaten steht sie auf einem Tischchen im Wohnzimmer. Im Sommer stelle ich sie dann nach draußen. Eine Lichterkette mit Timerfunktion ist dafür perfekt. Doch sie geht auch mit uns auf Reisen. Wenn wir mit dem Camper unterwegs sind, dient sie als Hilfe gegen lästige Insekten. Dafür nehme ich den Deckel ab, entferne die Lichterkette und stelle eine Citronella-Kerze hinein.

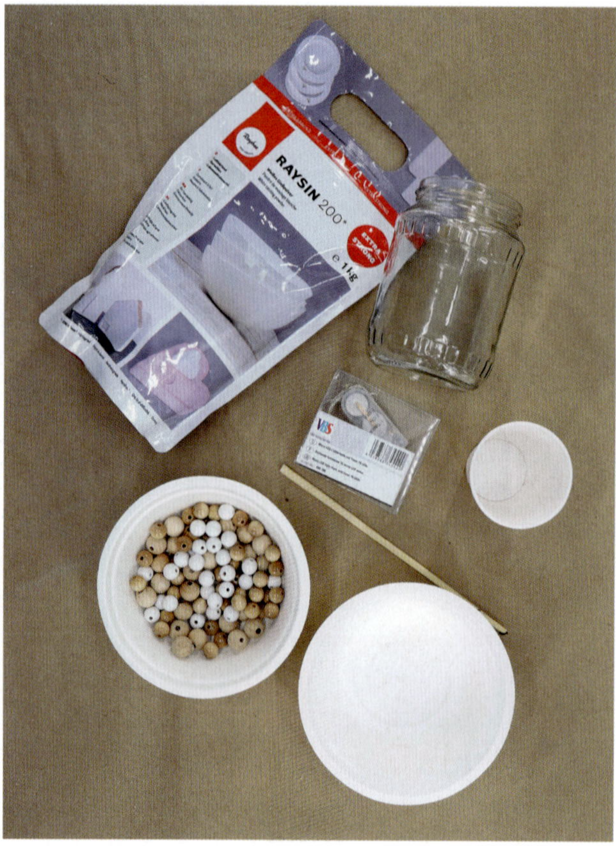

DAS BRAUCHST DU

Raysin-Gießpulver
Gurkenglas mit Deckel
Holzperlen
Holzring
Juteband
2 Pappschalen
LED-Lichterkette
Becher
Wasser
Rührstab
Heißklebepistole
Dremel

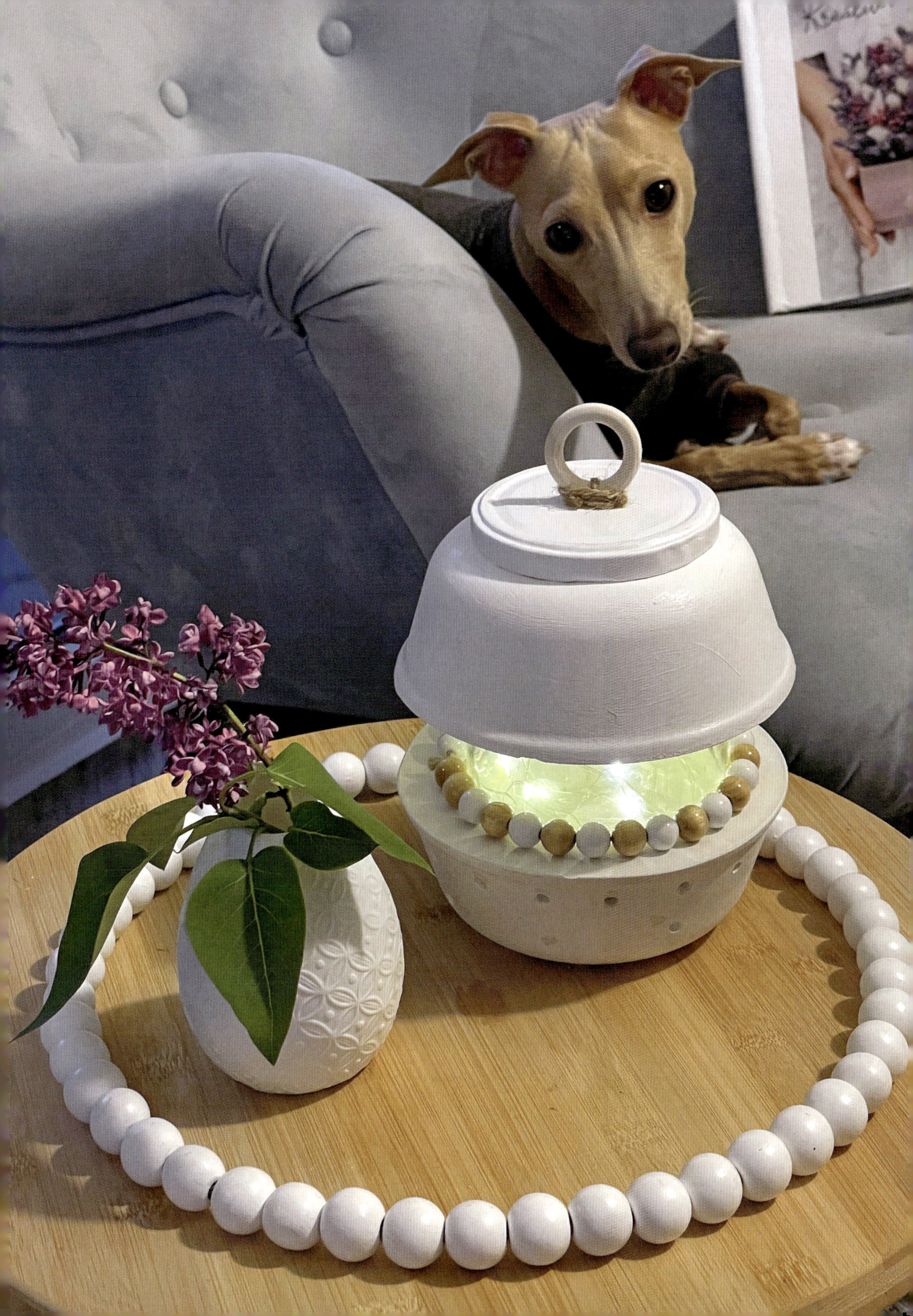

SO WIRD'S GEMACHT

Mische das Gießpulver mit Wasser (3:1) und rühre es sorgfältig um. Wenn du keine Klümpchen mehr hast, gieße die Mischung etwa 1 cm dick in eine Pappschale. In die andere Schale stellst du das Glas mit der Öffnung nach unten hinein und gießt die gleiche Menge in die Schale. Wenn die Gießmasse etwas angetrocknet ist, füllst du nur die Schale mit dem Glas bis zum Rand auf und lässt sie gut aushärten. Wenn alles durchgetrocknet ist, entfernst du die Schale mit dem Glas.

Nun stellst du die gegossene Form mit dem Glas in die andere Schale und füllst diese bis zum Rand mit der Gießmasse. Wenn auch diese Masse vollständig ausgehärtet ist, entfernst du auch hier die Schale.

In den unteren Bereich bohrst du mit dem Dremel kleine Löcher bis zum Glas. Gehe hierbei langsam vor (niedrigste Stufe am Dremel), damit du das Glas nicht beschädigst. Fädele Perlen auf ein Juteband und umwickle die Mitte des Glases damit.

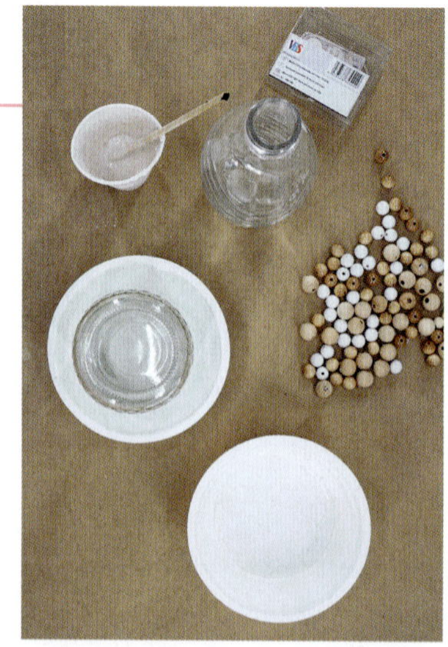

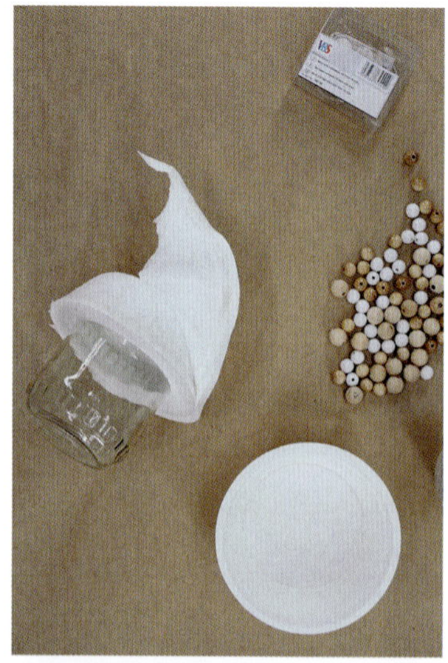

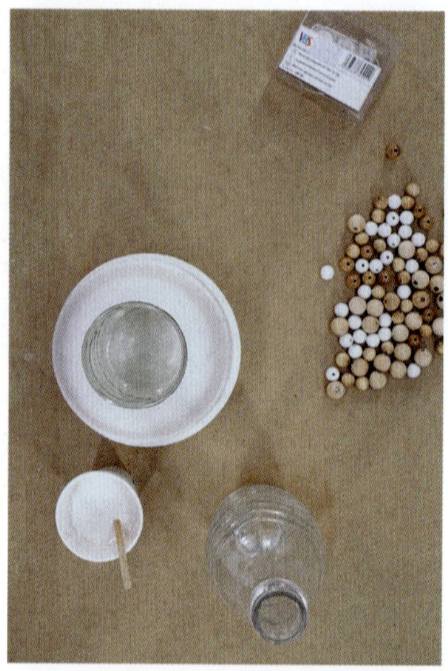

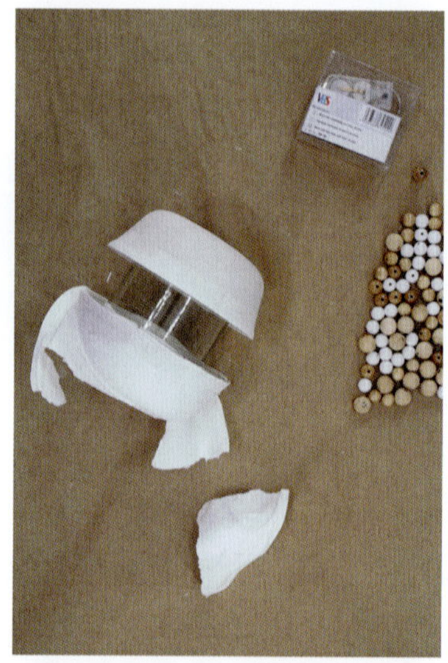

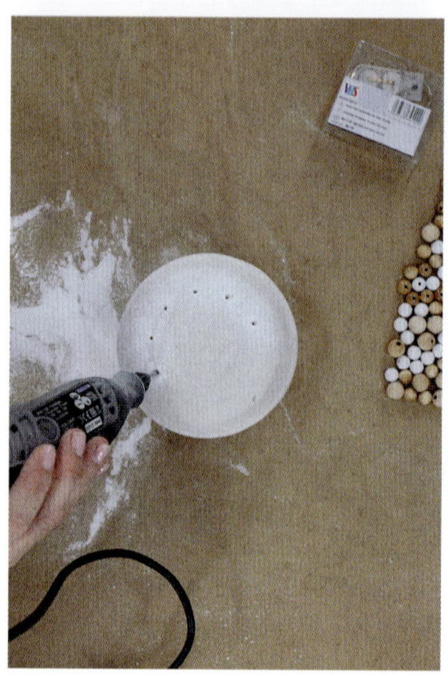

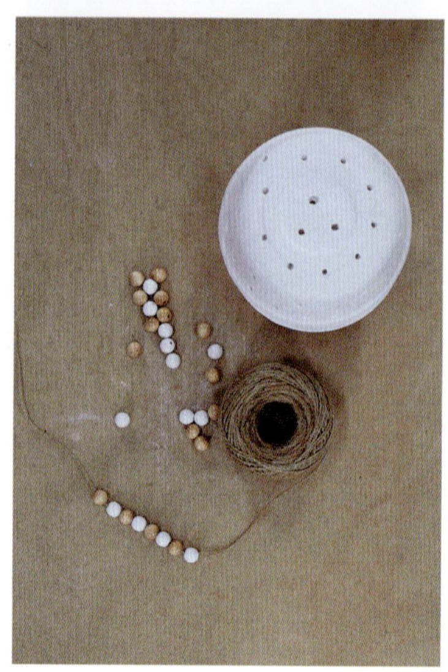

Streiche den Deckel vom Gurkenglas und die Form mit Lack. Das macht sie wetterfest. Befestige zum Schluss einen Holzring am Deckel.

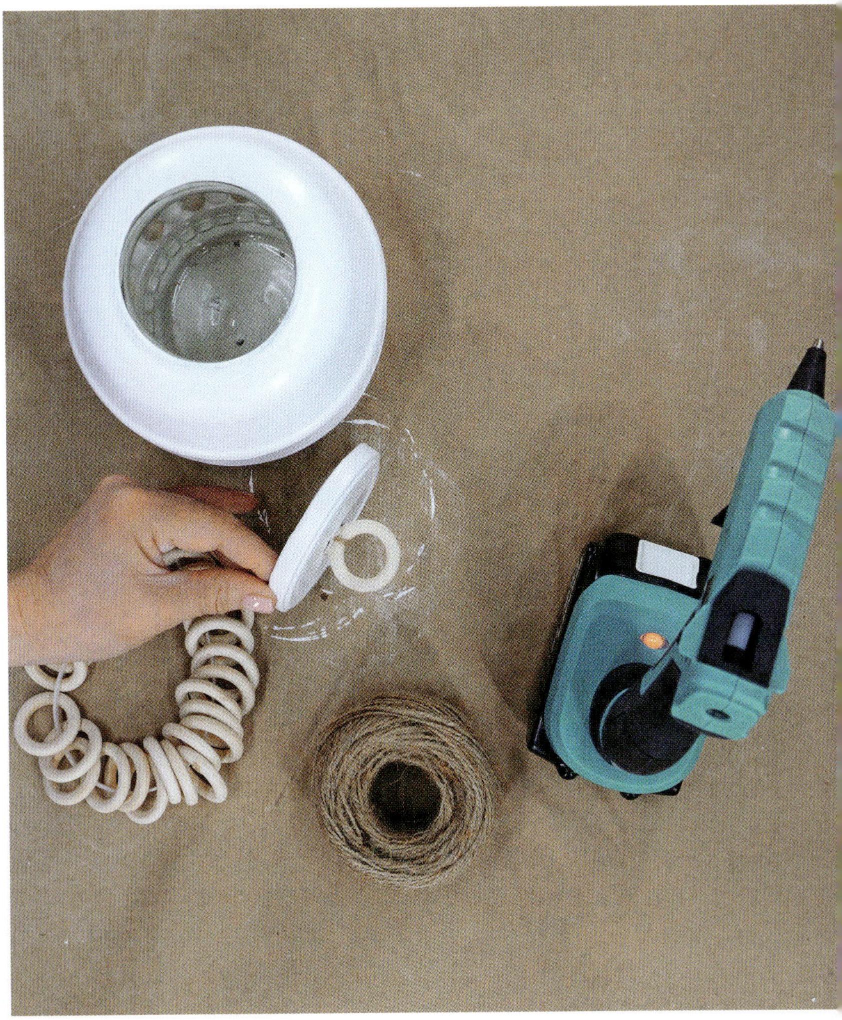

Tipps

Anstelle der Pappschalen kannst du auch Plastikschüsseln verwenden. Raysin ist sehr gut hitzebeständig und du kannst bedenkenlos eine Kerze in die Kapitänslampe stellen. Lasse bitte trotzdem niemals eine Kerze ohne Aufsicht.

Die Kapitänslampe funktioniert auch als Vase sehr gut.

LEICHT

Getränkedeckel

Im Sommer sitze ich sehr viel draußen auf der Terrasse. Hier arbeite ich, mache Pausen oder genieße den schönen Tag. Oft bekomme ich dabei Besuch von Bienen, Hummeln oder Wespen. Denn sie haben Durst und naschen von meiner Limonade, die auf dem Tisch steht. Womöglich fallen sie dabei sogar ins Glas. Das ist nicht nur für die Tierchen gefährlich. Mit den Getränkedeckeln kann nichts passieren. Sie sind schnell hergestellt, schützen Mensch und Tier und sehen auf den Gläsern und der Karaffe wunderschön aus.

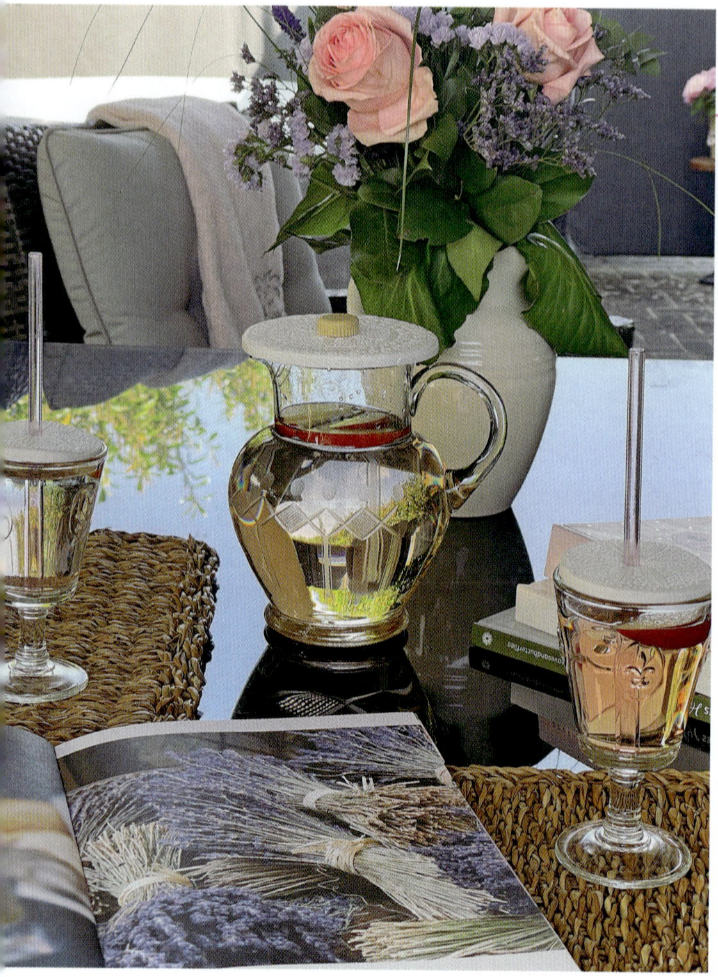

DAS BRAUCHST DU

Fimo soft, 250 g
Acrylroller
Küchenmesser
runde Ausstechformen
Mandala-Schablone
Kugelschreiberhülse
Griffkorken
Klötzchen
Heißklebepistole

SO WIRD'S GEMACHT

Rolle das Fimo aus. Nimm Klötzchen zu Hilfe, damit du eine gleichmäßige Höhe erreichst. Rolle nun die Mandala-Schablone darüber und nimm deine erste Ausstechform. Lege sie mittig auf und schneide am Rand mit dem Küchenmesser entlang.

Schneide in die Mitte ein Loch für den Griffkorken. Achte darauf, dass das Loch kleiner ist als der Kopf des Korkens. Mit der kleineren Ausstechform gehst du genauso vor. Nimm für das Loch in der Mitte eine Kugelschreiberhülse. In das Loch sollten deine Trinkhalme passen. Lege deine Fimo-Teile auf ein mit Backpapier belegtes Backblech und härte sie bei 110 Grad ca. 30 Minuten bei Ober- und Unterhitze. Zum Schluss klebe den Griffkorken in das Loch des großen Deckels.

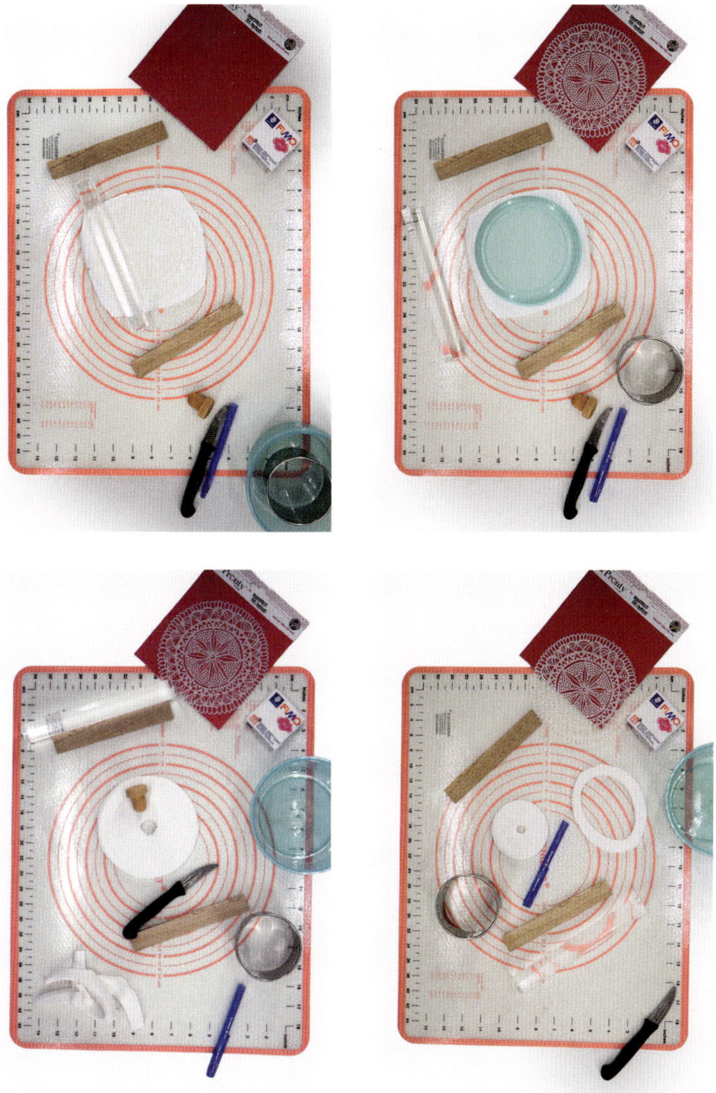

Tipps

Du kannst allerhand Dinge aus der Küche zum Ausstechen benutzen. Ich habe eine runde Plastikdose und eine Ausstechform für Kekse genommen. Sie haben eine gute Größe und passen perfekt auf meine Gläser und Karaffen. Das Fimo hat eine glatte Oberfläche und lässt sich sehr gut reinigen. Solltest du die Getränkedeckel trotzdem lackieren wollen, wähle bitte Lack, der sich mit Lebensmitteln verträgt. Lasse dich dafür im Fachhandel beraten.

Du kannst unterschiedliche Farben miteinander verkneten. Das ergibt ein schönes Muster.

Lampions

Aller guten Dinge sind drei. Denn auch Lampions sind eine schöne Lichtquelle für den Sommer und dürfen unter meinen DIYs für dich auf keinen Fall fehlen. Sie sehen besonders hübsch aus, wenn sie im Garten über einem festlich gedeckten Tisch hängen können. Auch hier habe ich wieder die LED-Lichterketten verwendet. Sie sind sehr fein, geben ein schönes Licht ab und man kann den On-Off-Schalter perfekt verstecken. Ich zeige dir zwei Varianten, die sehr gut zusammenpassen.

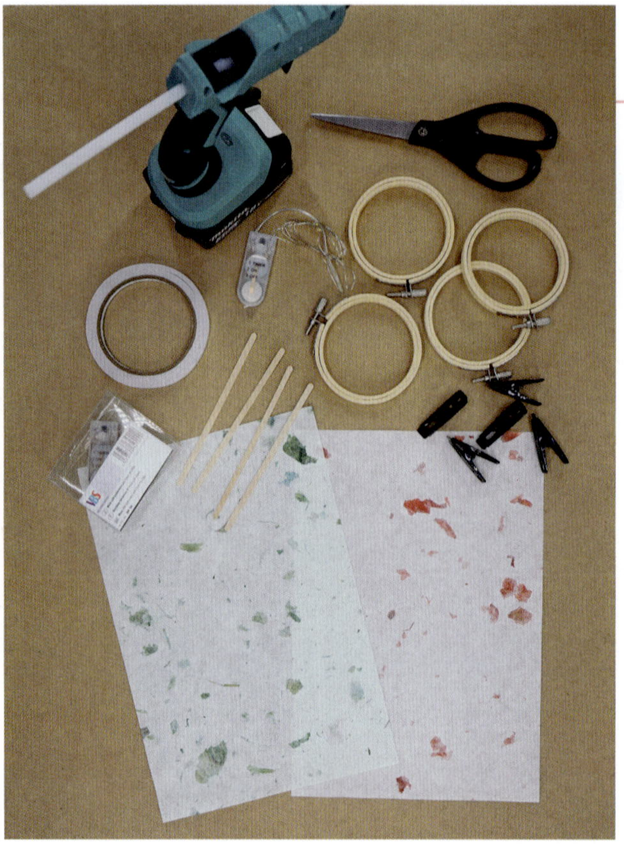

DAS BRAUCHST DU

Stickrahmen, 8 cm
Blütenpapier
kleine Holzstiele
beidseitiges Klebeband
LED-Lichterkette
Schere
Heißklebepistole
Klemmen

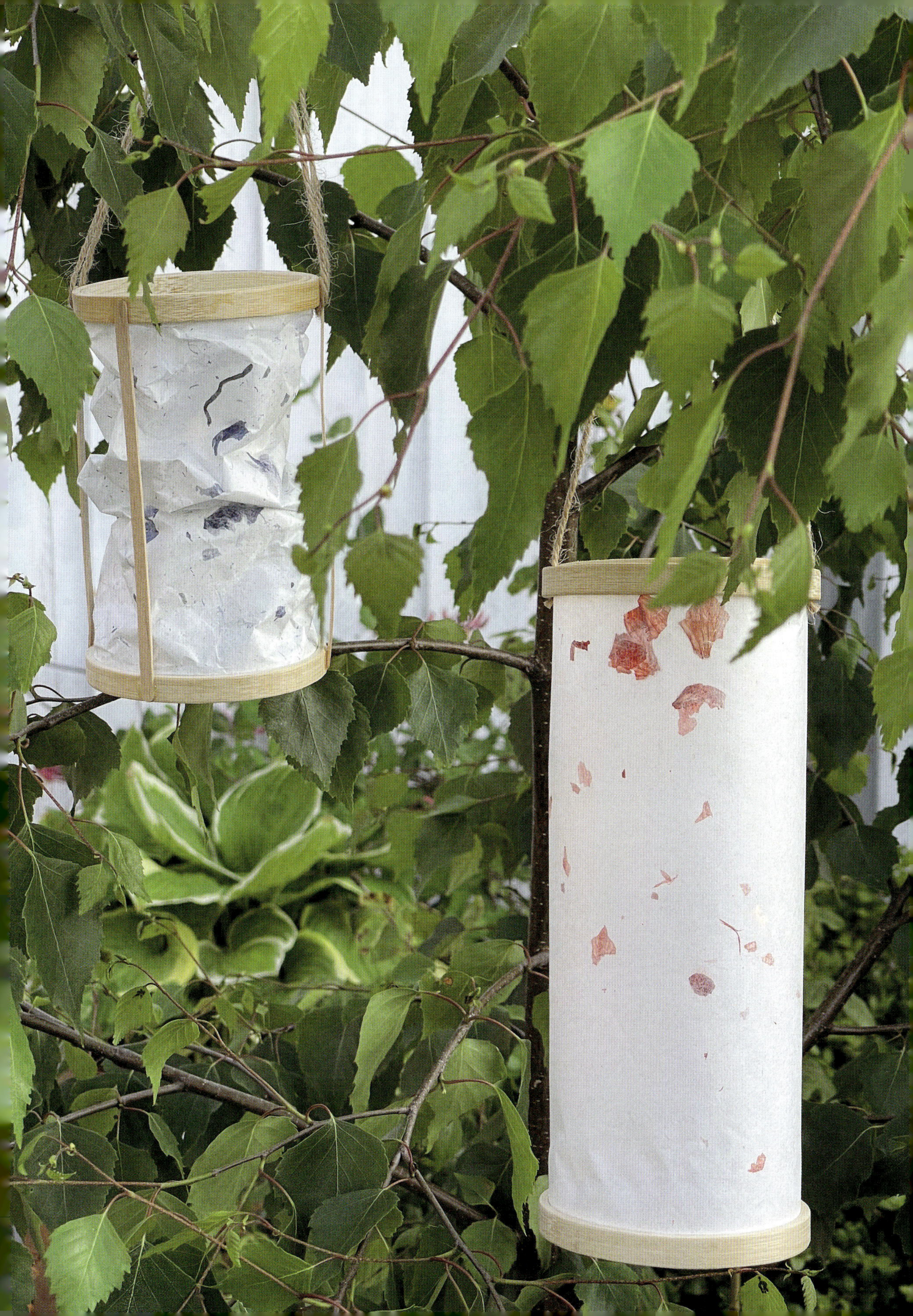

SO WIRD'S GEMACHT

Trenne 2 äußere von den inneren Stickrahmen, damit du 4 Rahmen hast. Klebe auf die Rückseite des Blütenpapiers hochkant rechts, links und am unteren Rand beidseitiges Klebeband. Rolle nun die Stickrahmen ohne Befestigungsschraube auf das Klebeband, sodass das Papier an den Stickrahmen anheftet.

Schiebe darüber die Stickrahmen mit der Befestigungsschraube und ziehe diese fest. Für die zweite Variante gehst du bis zu diesem Schritt genauso vor.

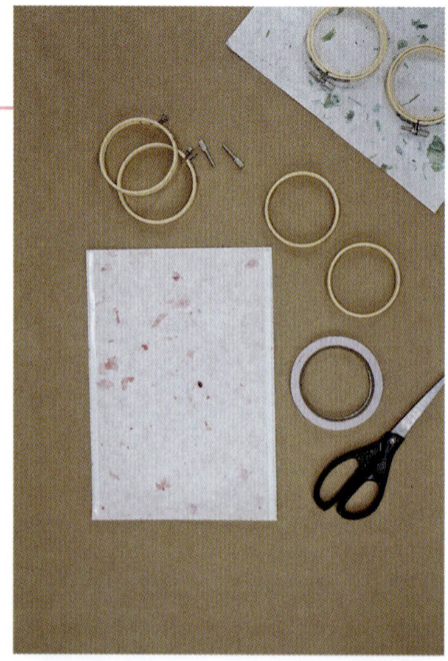

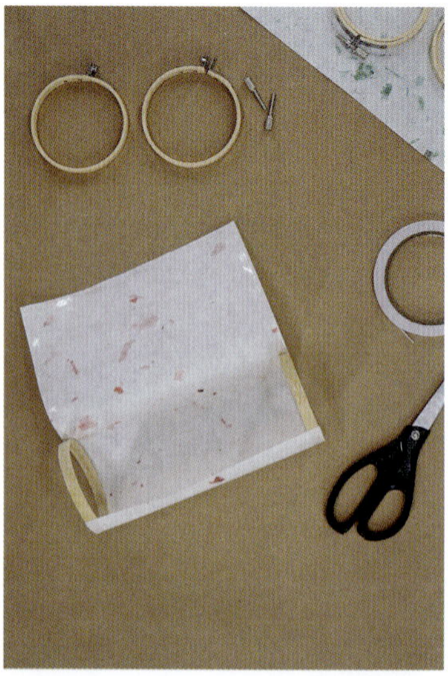

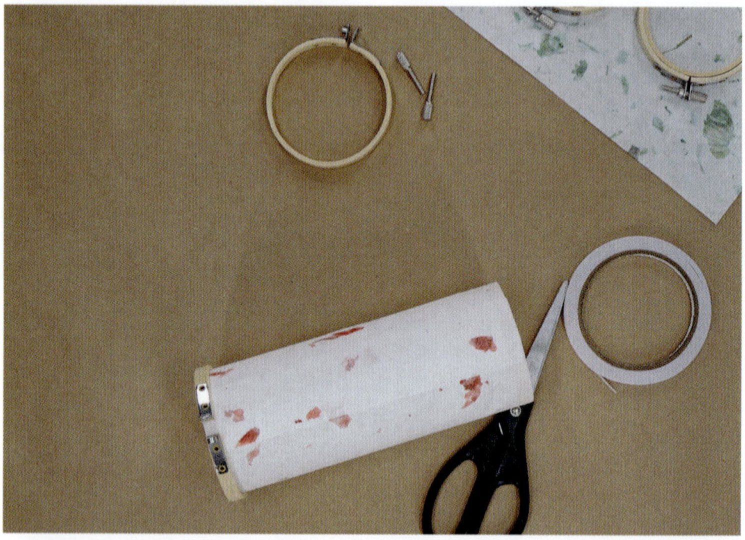

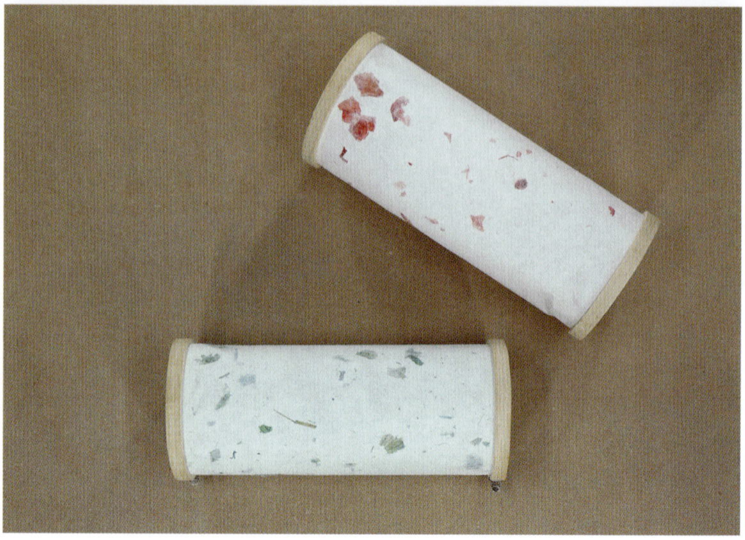

Bei der zweiten Variante schiebst du nun die Stickrahmen zusammen – wie eine Ziehharmonika. Öffne sie wieder und klebe oben und unten die Holzstiele an die Rahmen. Die Lichterkette wird von innen hineingelegt und der On-Off-Schalter an den inneren Rand geklebt.

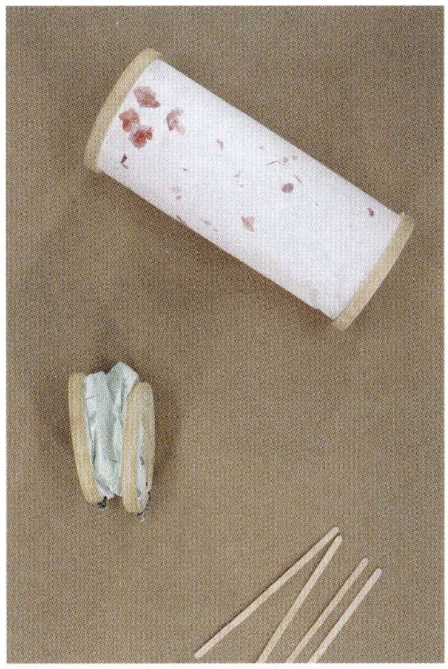

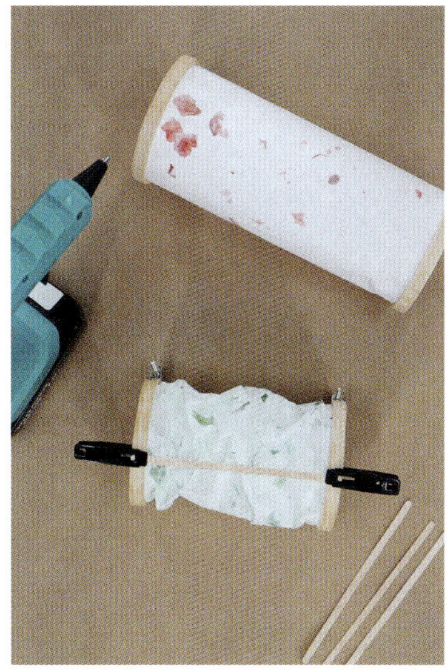

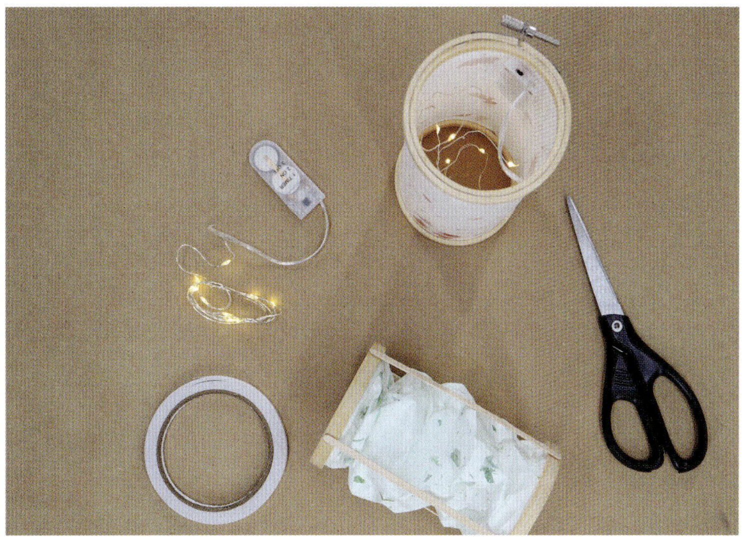

Tipps

Die Stickrahmen sind in verschiedenen Größen erhältlich. Bei meiner gewählten Größe reicht ein A4-Blütenblatt pro Lampion aus. Solltest du größere Rahmen wollen, wähle Papier als Meterware, damit du entsprechend zuschneiden kannst.

Anstelle des Blütenpapiers kannst du auch Stoff verwenden.

GEDECKTER TISCH

Der Sommer ist die Zeit der Feste im Freien. Ich habe mich für eine edle, aber doch recht einfache Variante entschieden. Die Hauptdarsteller sind die Hortensien mit ihrer schon fast spätsommerlichen Färbung. Eukalyptus ist der ideale Begleiter und rückt sich trotz seiner Schönheit nicht in den Vordergrund. Seine samtigen Blätter lassen sich toll beschriften und dienen als kleine Platzhalter für die Gäste. Das edle Porzellan und die Gläser runden die Sommertafel perfekt ab.

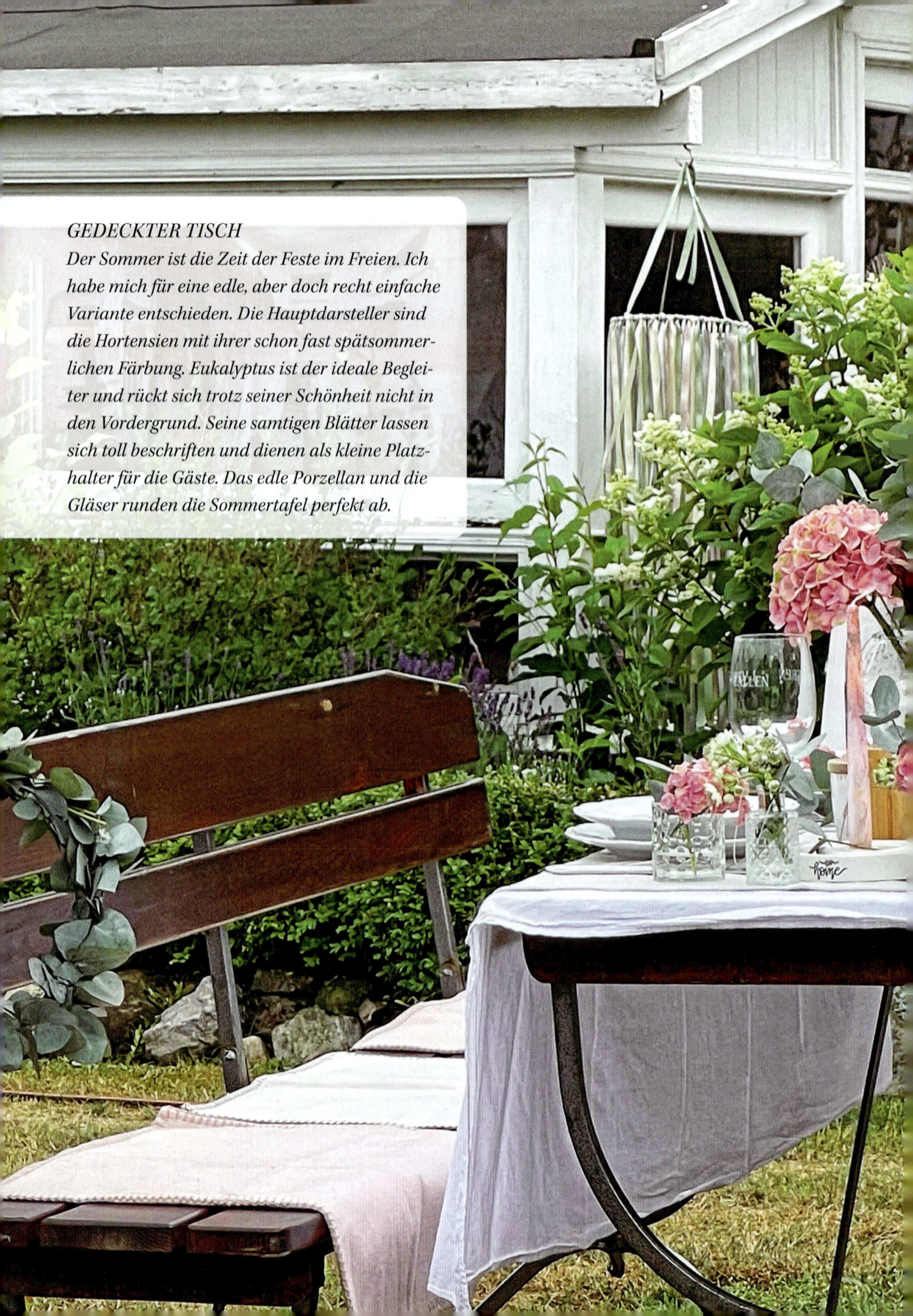

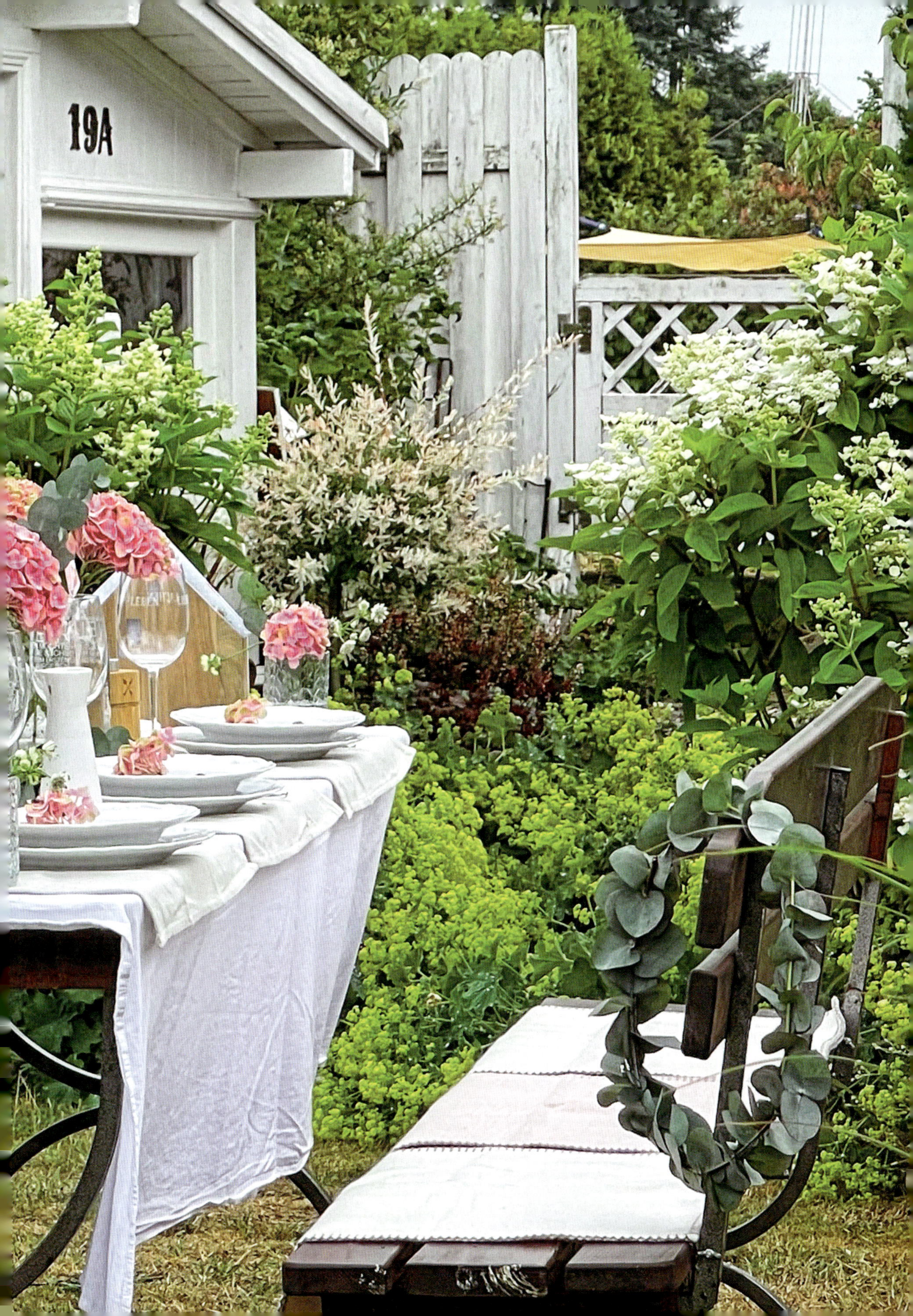
19A

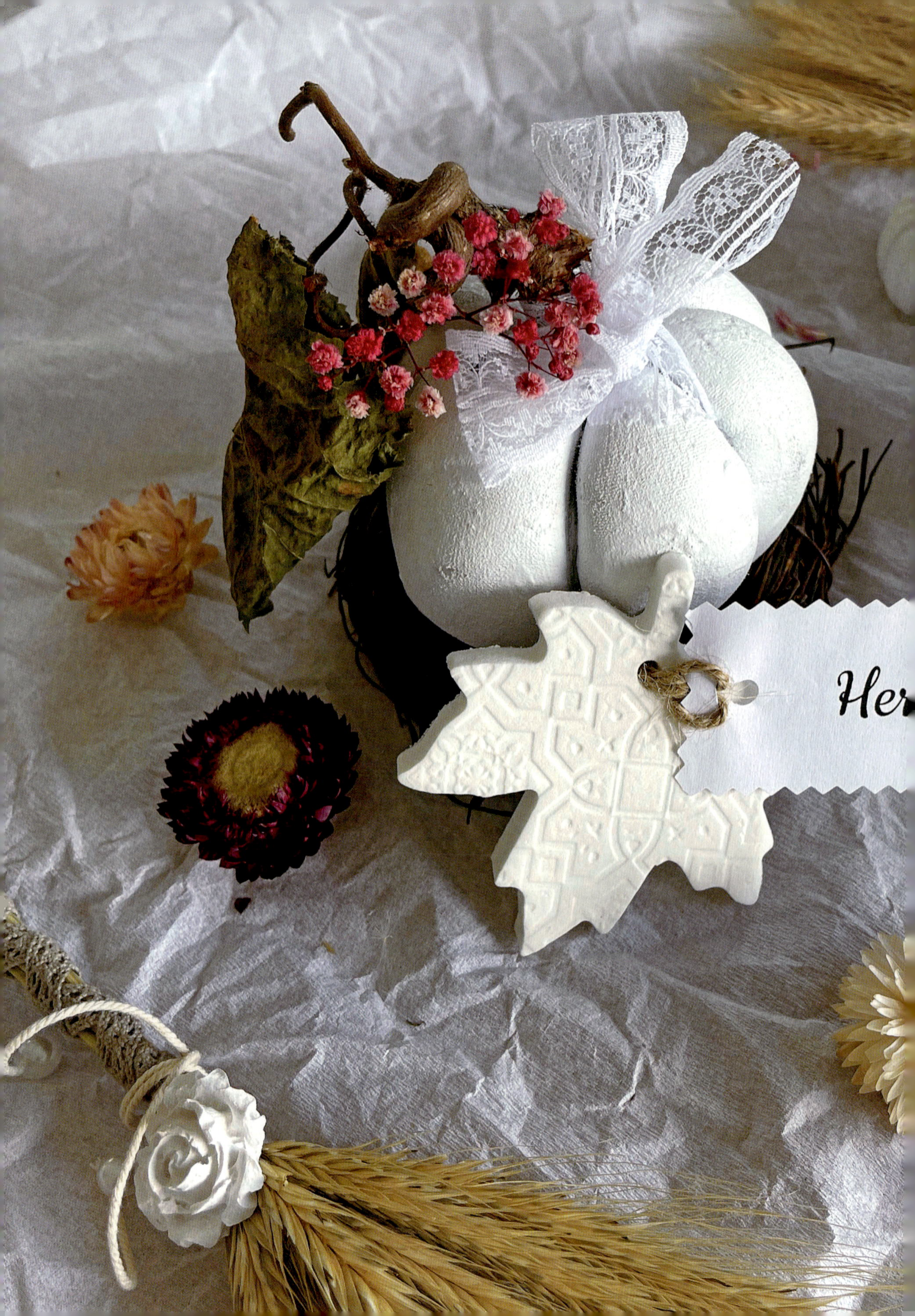

Her

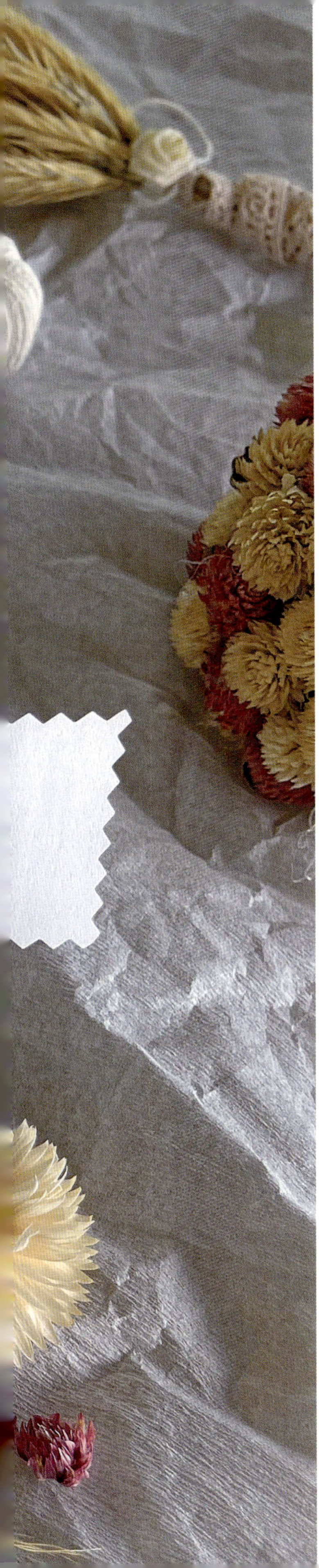

Herbst

Mein Freund Herbst und ich führen eine On-Off-Beziehung. Ich liebe die warmen Herbsttage und erfreue mich am Farbspiel der Bäume. Besonders schön empfinde ich die Erntezeit, das Erntedankfest und Halloween. Kürbisse schmücken unser Haus und die Einweckgläser für Birnenkompott, Apfelmus und Kürbismarmelade werden aus dem Schrank geholt. Diese Zeit erfüllt mich mit Dankbarkeit und zeigt mir jedes Jahr, wie vergänglich alles ist. Die kalten Winde und den Regen, die dem Sommer Adieu sagen und ein großes Hallo in Richtung Herbst rufen, mag ich dafür so gar nicht. An solchen Tagen machen wir es uns im Haus gemütlich und basteln. Es entstehen Herbstkränze, Kürbisse werden geschnitzt, bemalt und Knetbeton angerührt. Lass uns gemeinsam kreativ sein und den Herbst noch ein bisschen bunter machen.

Easy-peasy-Herbst

Der Herbst ist voller Feste, Kinder laufen zu Halloween durch die Gassen, es duftet nach Kürbisbrot und frischer Marmelade. Die Erntezeit läuft auf Hochtouren und auch das Haus wird eilig geschmückt. Ich habe dir ein paar schnelle Easy-peasy-DIYs zusammengestellt, mit denen du ganz schnell diese dankbare Jahreszeit noch schöner gestalten kannst.

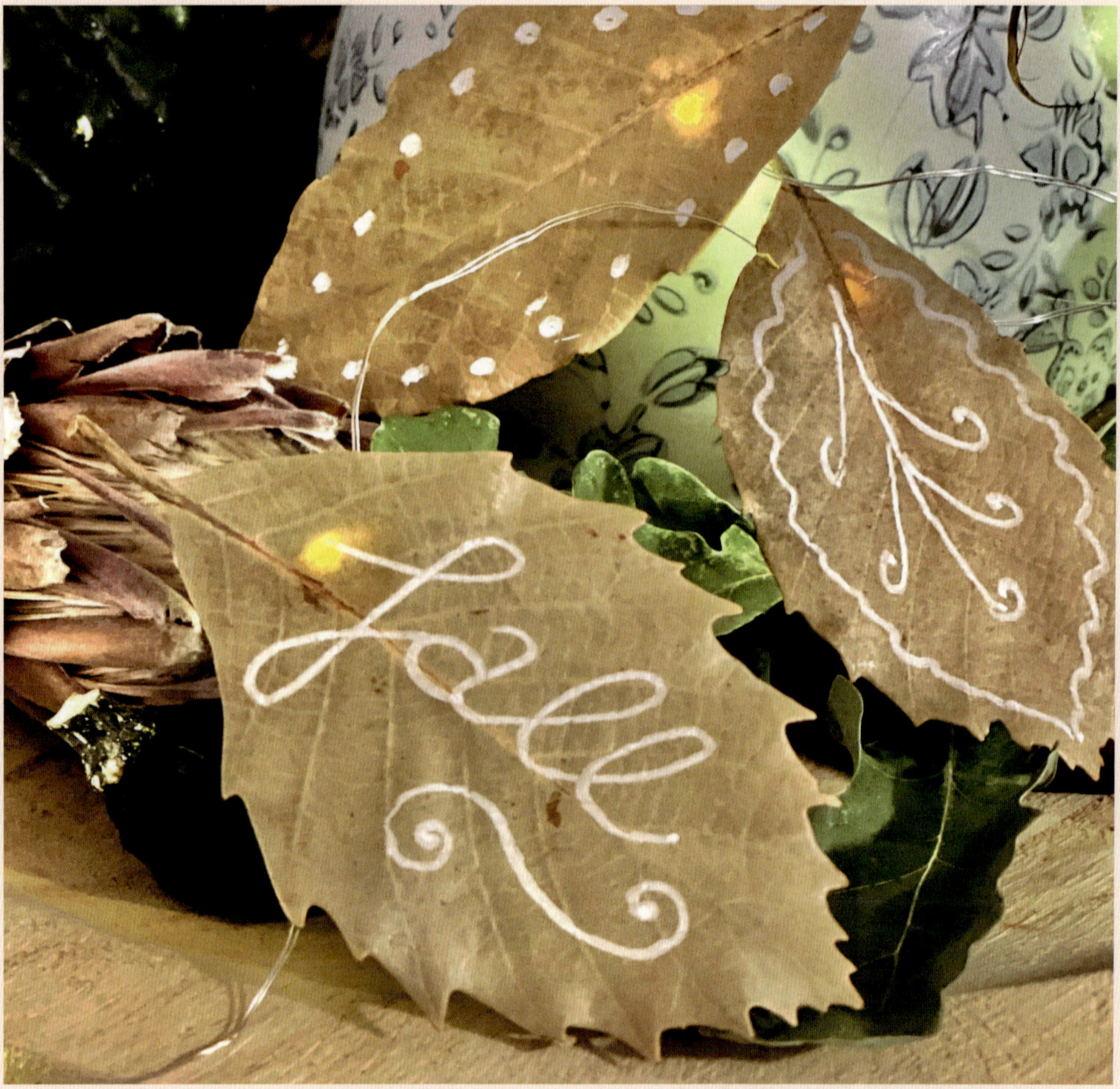

Der Herbst zeigt seine prachtvolle Farbwelt besonders eindrucksvoll bei den Blättern. Sie rieseln zu Boden und warten nur darauf, dass sie einen schönen Platz in deinem Zuhause bekommen. Lackstifte und eine Lichterkette – mehr braucht es nicht für diese schöne Blätterlichterkette. Ich nehme dafür die LED-Lichterkette, weil sie kleine Lämpchen hat. Klebe sie auf die Rückseite deiner bemalten Blätter.

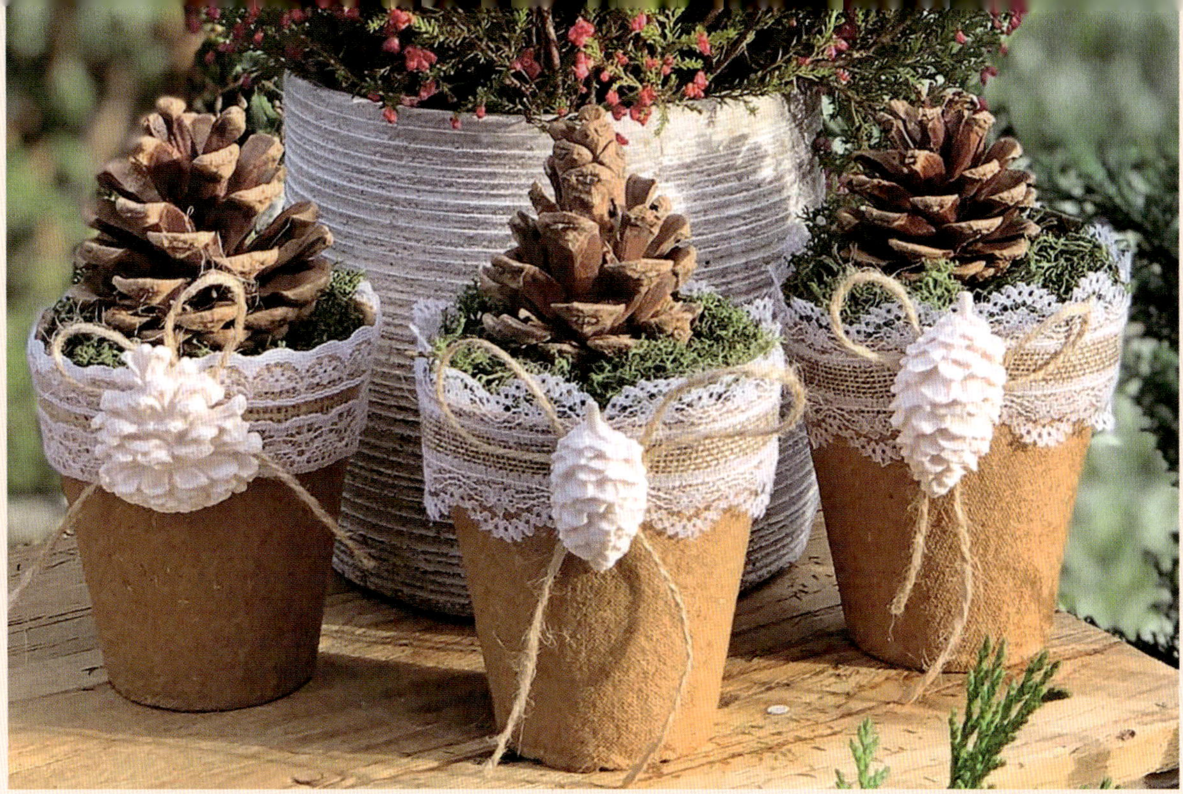

Die kleinen Anzuchttöpfchen haben bei mir nicht nur einen Platz im Gewächshaus. Sie dienen auch hier und da als kleine Dekotöpfchen. Für den Herbst habe ich etwas Küchenpapier in sie gestopft, Kunstmoos darauf platziert und einen Zapfen mit Heißkleber hineingesetzt. Als Umrandung dient ein Spitzenjuteband mit einer kleinen gegossenen Form.

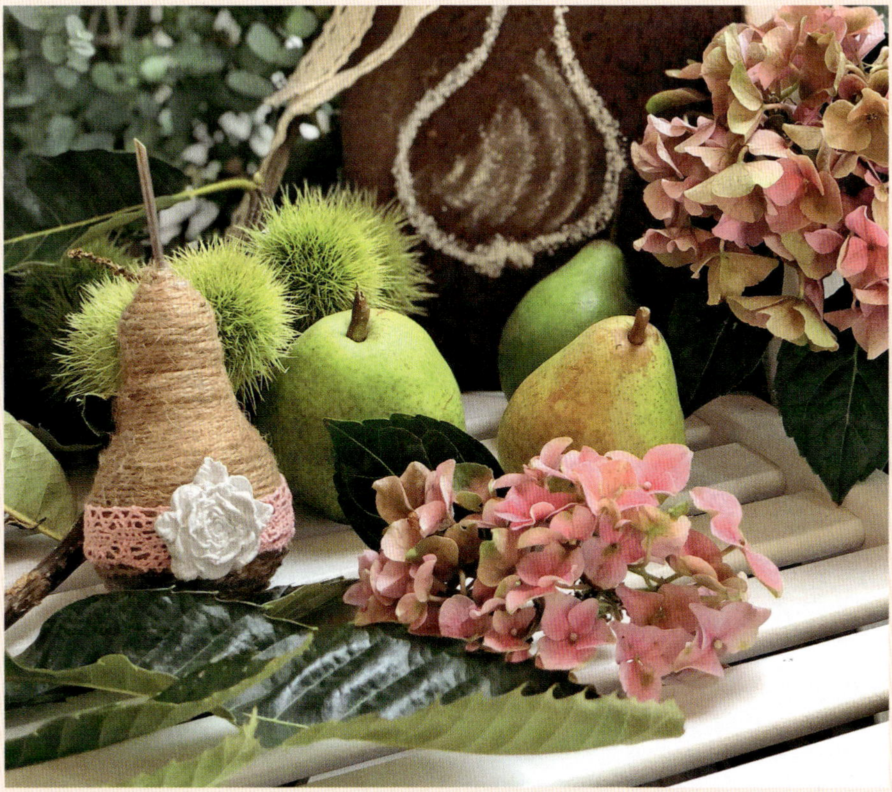

Gerade in der heutigen Zeit ist Upcycling ein großes Thema. Hier habe ich ein altes Leuchtmittel mit Juteband umklebt, ein kleines Ästchen und etwas Spitze befestigt. Das Röschen hatte ich noch liegen und es passt super dazu. Eine schöne Dekoration für deinen Herbstkorb.

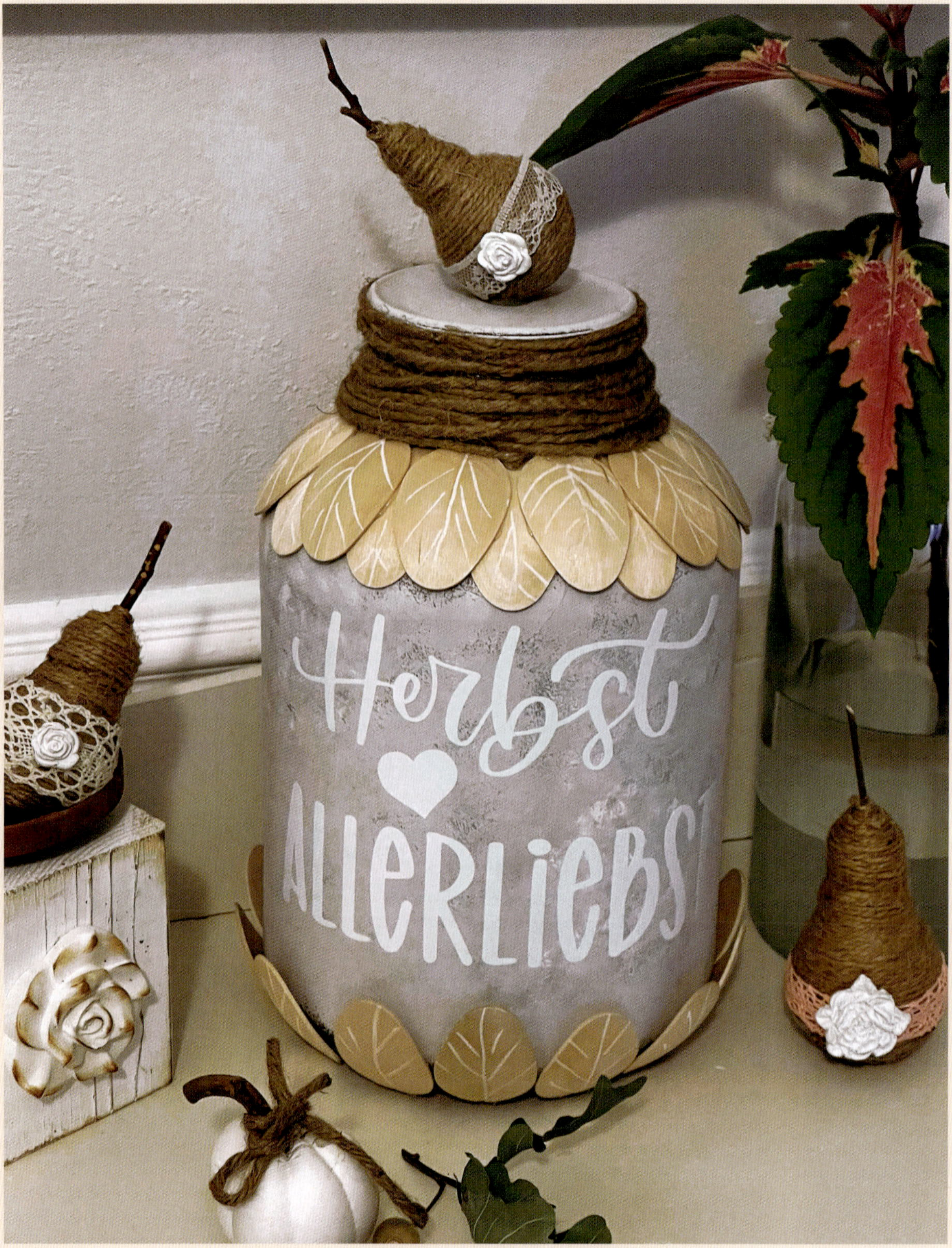

Auf dem Flohmarkt oder in Restaurants gibt es oft diese XXL-Gläser. Sie eignen sich ganz toll für ein Upcycling. Von innen habe ich die Wände mit weißem Lack und einem Schwamm ausgetupft. Aus Holzlöffeln wurden Blätter, indem einfach der Stiel abgeknipst wurde. Auf dem Deckel hat eine Fake-Birne Platz genommen und eine Lichterkette im Glas leuchtet in den Abendstunden behaglich warm.

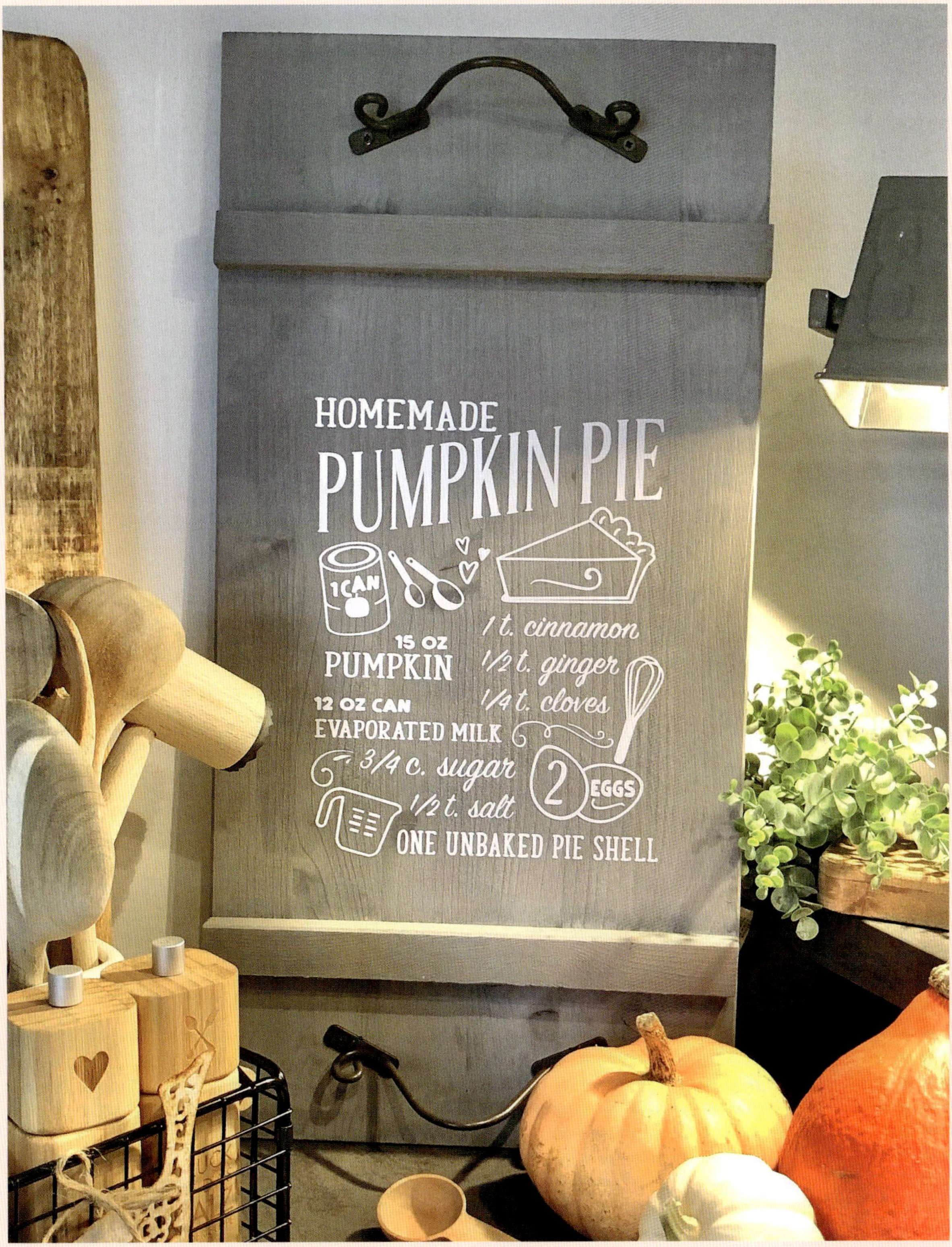

Dieses DIY ist wirklich ganz leicht herzustellen. Ich habe einen Regalboden gebeizt und 2 Querhölzer befestigt. Die Griffe sind eigentlich für Schränke gedacht, dienen aber hier als Tragehilfe. Das Rezept habe ich aus dem Internet als Vinylfolie gekauft, sie lässt sich ganz schnell übertragen. Du kannst aber auch ein eigenes Rezept mit Lackstiften auf das Tablett schreiben.

LEICHT

Herbstkranz

Blumen lassen sich wunderbar trocknen. Ich liebe besonders Strohblumen und Jungfer im Grünen (Nigella) in getrocknetem Zustand. Sie sind ein hübsches Pärchen für einen Herbstkranz. Sie lassen sich auch mit anderen Blüten oder Gräsern kombinieren. Mein Herbstkranz soll später einen Platz an der Tür finden, deshalb beklebe ich ihn nur oben und an den Seiten mit Blüten. Die Rückseite bleibt frei. Solltest du ihn komplett haben wollen, verdopple das Material.

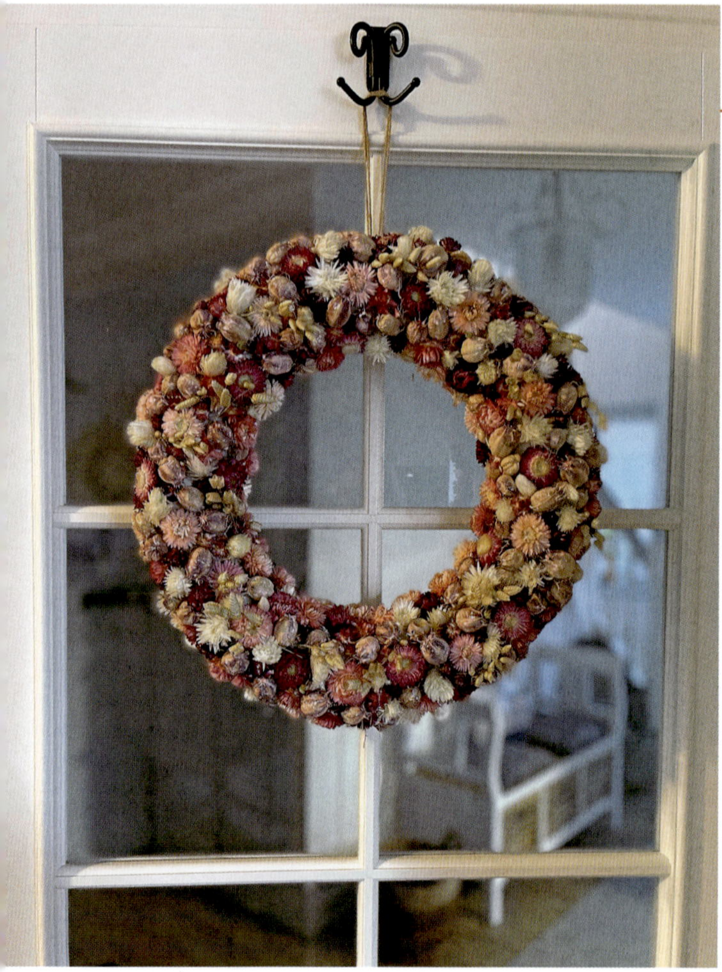

DAS BRAUCHST DU

2–3 Bund Strohblumen
1 Bund Nigella-Kapseln
verschiedene Trockenblumen nach Geschmack
Strohrömer
Malerkrepp
Heißklebepistole

SO WIRD'S GEMACHT

Wenn du den Strohrömer später wiederverwenden möchtest, wickle Malerkrepp um ihn herum. So hast du später keine Reste von Heißkleber an ihm. Sortiere dir als Erstes die Blüten, indem du sie von den Stielen entfernst und in kleine Schalen füllst. Das erleichtert dir später die Arbeit.

Beginne mit den großen Blüten der Strohblumen und klebe sie in gleichen Abständen oben und an den Seiten fest. Anschließend klebe die Nigella-Kapseln zwischen die Blüten und achte darauf, dass sie gleichmäßig verteilt sind. Die Lücken füllst du mit kleinen Blüten aus. Du kannst auch Gräser oder etwas Moos dafür nehmen. Befestige an der Rückseite eine Aufhängung.

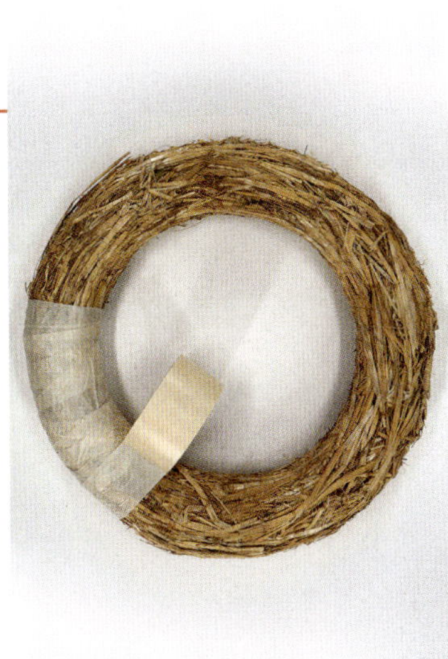

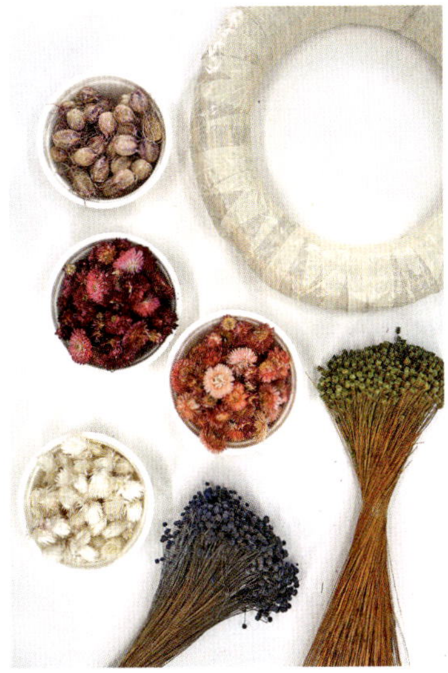

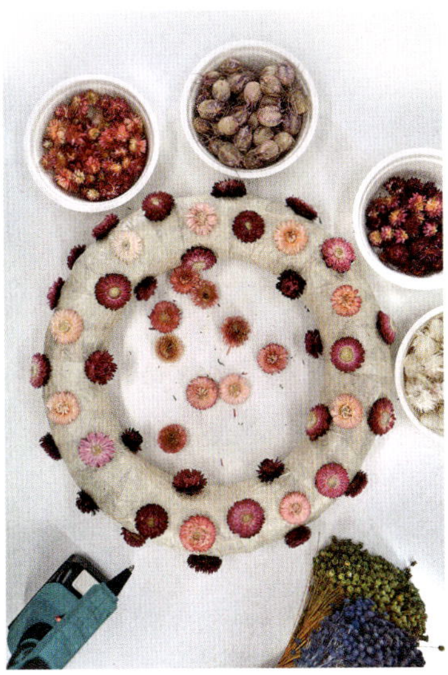

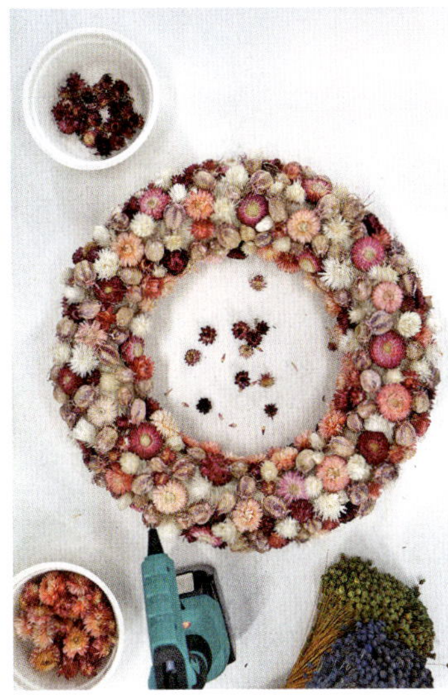

Tipps

Es gibt unzählige Trockenblumen im Handel und online zu kaufen. Vor dem Kauf solltest du die Preise vergleichen. Einige Händler verkaufen die Schönheiten zu einem hohen Preis, weil Trockenkränze sehr beliebt sind. Es gibt allerdings auch günstige Anbieter, bei denen die Qualität genauso gut ist.

Lege den Kranz auf den Tisch und stelle ein großes Glas mit einer Kerze in die Mitte.

LEICHT

Blättermobile

Modelliermasse ist einfach ein wunderbares Material. Zusammen mit dem Treibholz entstand dieses Blättermobile. Es passt toll in den Herbst, sieht aber auch in den anderen Jahreszeiten schön aus. Wenn du magst, kannst du um das Treibholz noch Bänder oder Spitze binden. So erhält es einen romantischen Shabby-Look. Die Blätter habe ich nicht behandelt. Da das Mobile nur im Haus hängen darf, ist eine Lackierung nicht nötig.

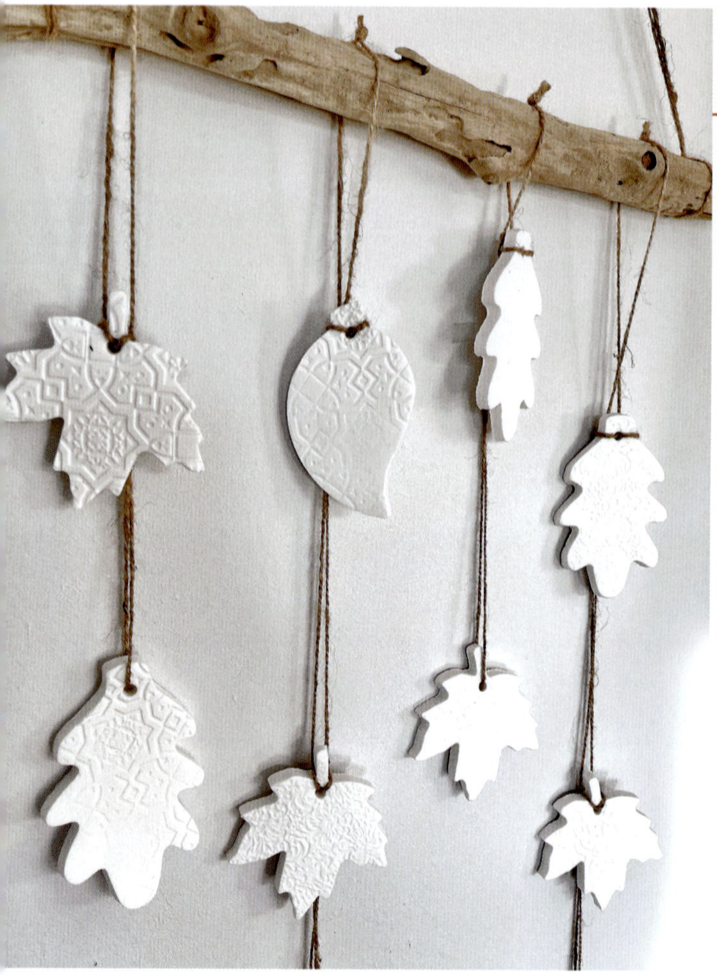

DAS BRAUCHST DU

Modelliermasse, ca. 350 g
Ausstechformen Blätter
Strukturplatten
Acrylroller
Strohhalm
Juteband
Schere
Backrost

Tipps

Herbstliche Ausstechformen gibt es im Handel unzählig zu kaufen. Du kannst natürlich jede herbstliche Form dafür verwenden. Es geht aber auch ohne – einfach ein Blatt aufdrücken und mit dem Küchenmesser die Umrandung ausschneiden.

Wenn du das Mobile outdoor nutzen möchtest, streiche die Blätter mit wasserfestem Lack ein.

SO WIRD'S GEMACHT

Die Modelliermasse ausrollen, die Strukturplatten eindrücken und die Ausstechformen stechen. Für eine gleichmäßige Dicke benutze Klötzchen als Höhenmesser. Mit dem Strohhalm werden anschließend die Aufhängelöcher gestochen. Lasse die Blätter anschließend gut durchtrocknen – am besten bis zum nächsten Tag.

Nach dem Durchtrocknen hänge die Blätter an eine Kette und befestige sie am Treibholz. Die Anzahl der einzelnen Ketten wähle dabei selbst. Sie sollten harmonisch zueinander passen. Für die Aufhängung binde ein doppeltes Juteseil jeweils an den Seiten fest.

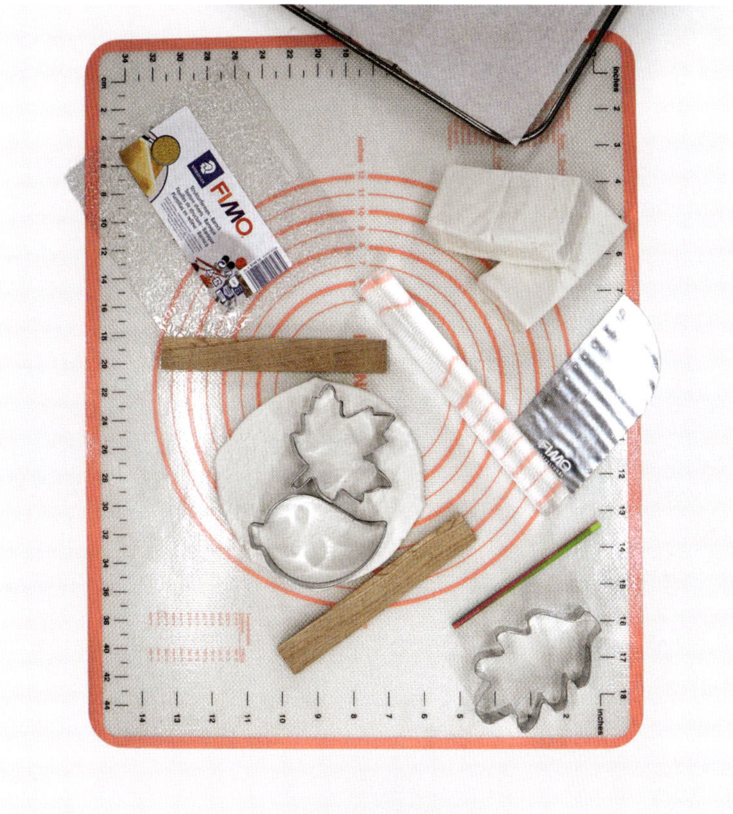

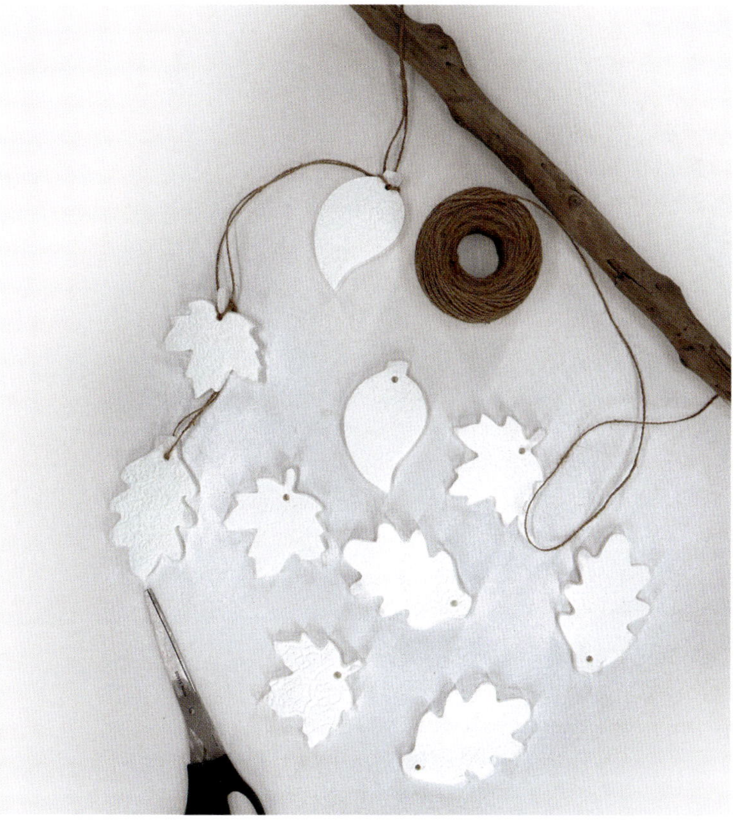

LEICHT

Pilze

Diese Pilze habe ich schon einmal vor ein paar Jahren gemacht und sie gehören seitdem zu meiner jährlichen Herbstdekoration. Ich mag ihre abstrakte Form. Sie sind irgendwie perfekt unperfekt.

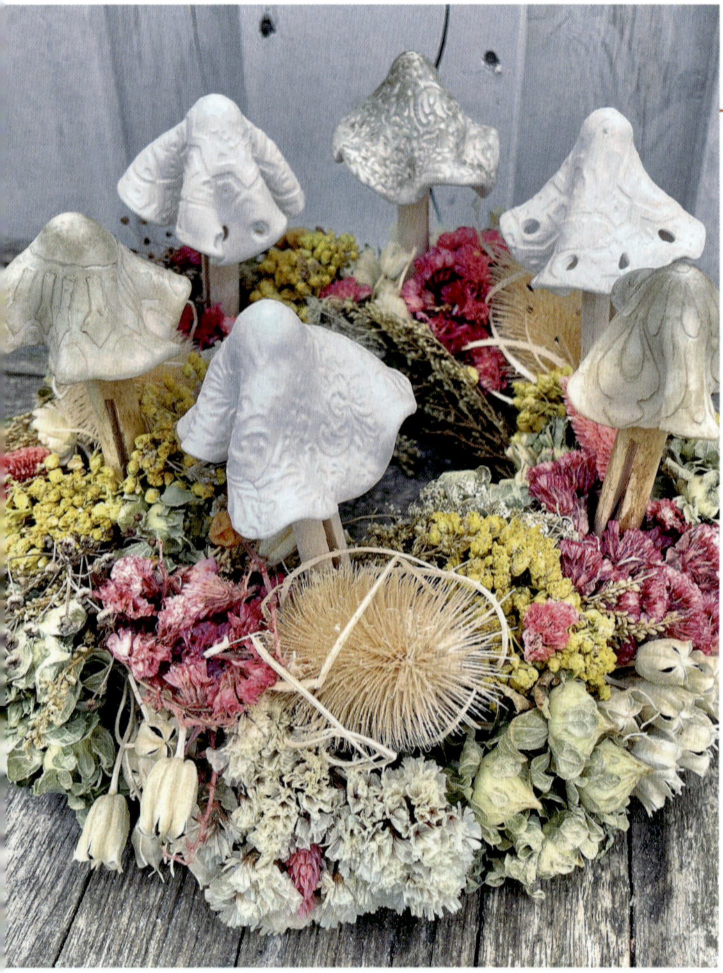

DAS BRAUCHST DU

Fimo soft, ca. 100 g
Nostalgie-Wäscheklammern
Acrylroller
Glas
Strohhalm
Strukturformen
Antikpaste

Tipps

Die Nostalgie-Wäscheklammern bekommst du in Bastelgeschäften und Onlineshops für den Hobbybedarf. Auf Flohmärkten habe ich auch schon welche entdeckt und mitgenommen.

Drücke beim Ausrollen weiße Fimo-Kugeln auf rotes Fimo. So entstehen hübsche Fliegenpilze.

SO WIRD'S GEMACHT

Rolle das Fimo aus und drücke die Strukturform darauf. Für einen »Fliegenpilzeffekt« stich mit dem Strohhalm Löcher an den Rand. Lege das Fimo nun auf den Kopf der Wäscheklammer und drücke die Seiten vorsichtig runter. Die entstehenden Falten kannst du mit den Fingern noch besser formen.

Setze die Klammer auf den Rand des Glases und härte den Pilz 30 Minuten bei 110 Grad (Unter- und Oberhitze). Wenn das Fimo abgekühlt ist, wische mit einem Küchentuch die Antikpaste auf den Pilzkopf.

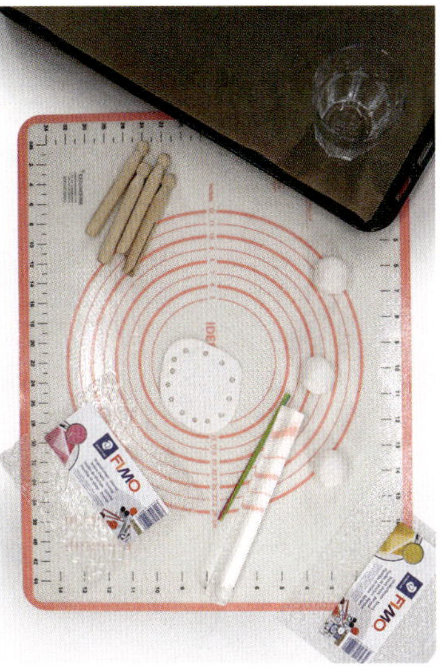

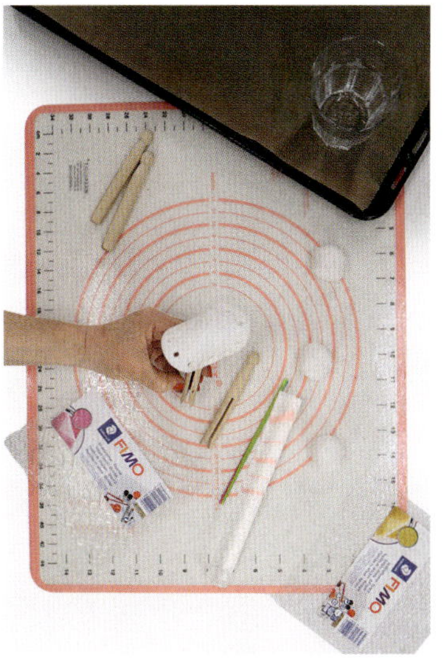

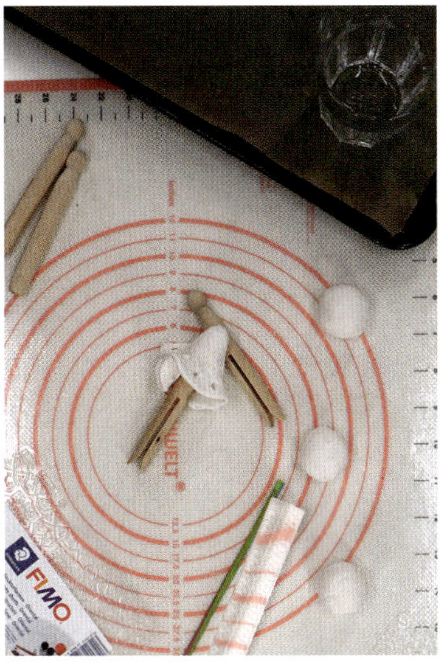

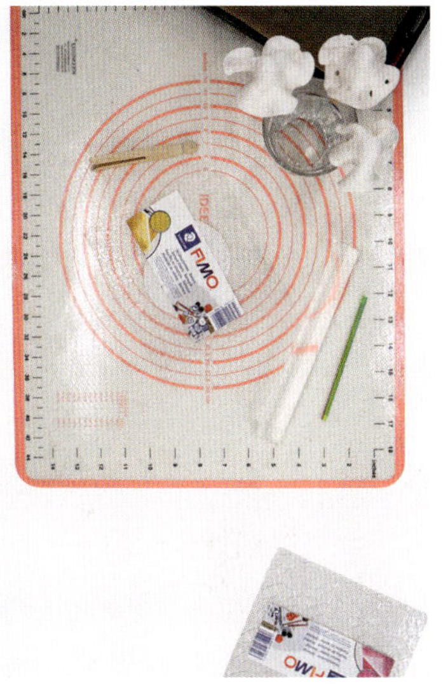

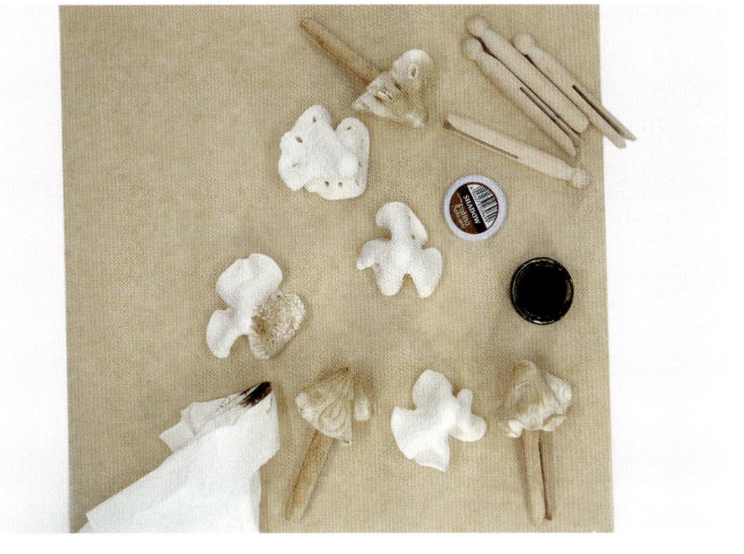

Strukturkürbis

Strukturpaste ist perfekt für künstlerische Arbeiten. Die Kombination mit Klötzchen liebe ich dabei sehr. Hier ist ein Strukturkürbis entstanden, der jedes Jahr aufgestellt werden kann. Ich habe ihn auch schon mal mit einem Kürbisrezept auf der Rückseite verschenkt.

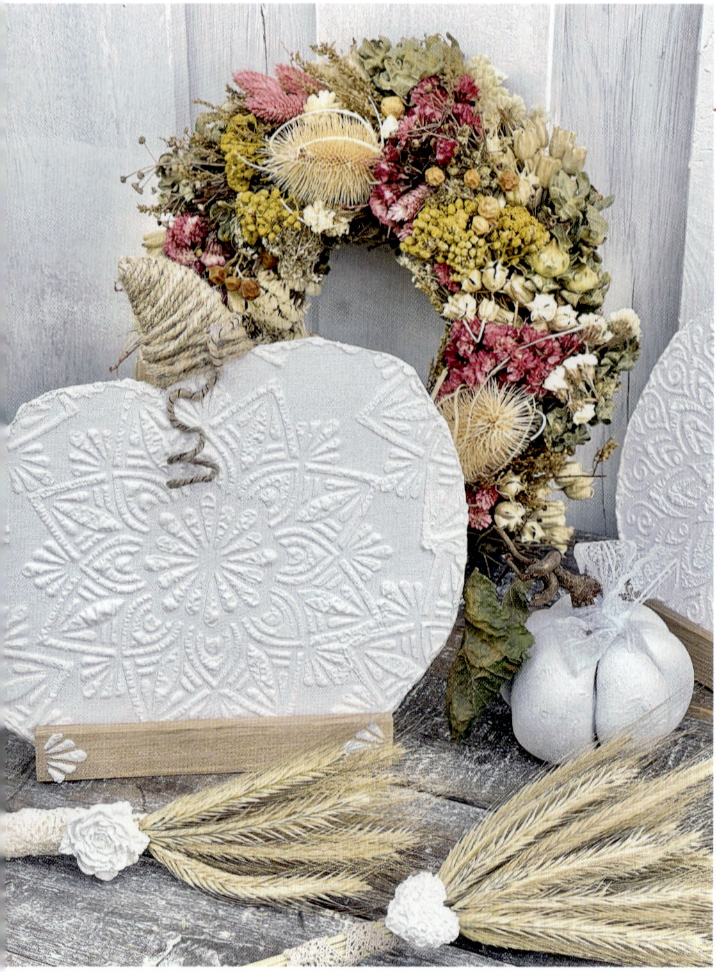

DAS BRAUCHST DU

Leinwandplatte, 30 x 30 cm
Klötzchen, 4 Stück
3-D-Strukturpaste
Schablone
Spachtel
Juteband
Draht
Föhn
Schere
Holzleim

Tipps

Strukturpaste lässt sich auch einfärben. Um Pastelltöne zu erhalten, kannst du etwas Acrylfarbe hinzugeben. Da sich dabei allerdings die Konsistenz etwas verändert, empfehle ich, Farbpulver zu benutzen. Das bekommst du im Bastelgeschäft oder online.

Verschönere die Klötzchen ebenfalls mit Strukturpaste.

SO WIRD'S GEMACHT

Trage die Strukturpaste auf die Schablone auf und streiche überschüssige Paste ab. Löse die Schablone ab und trockne die Paste sofort mit einem Föhn. Halte ihn kurz über die Oberfläche, damit die Paste sich aufplustern kann. Reinige die Schablone und lege sie auf die freien Flächen erneut auf. Wiederhole die Vorgänge, bis die Leinwandplatte vollständig strukturiert ist. Trockne die Paste immer, bevor du den Vorgang wiederholst.

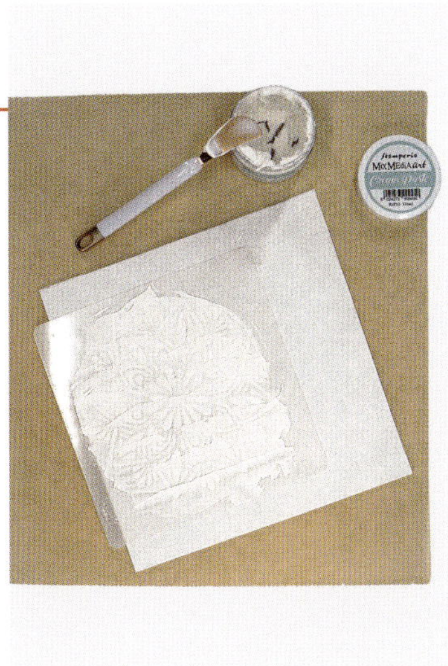

Zeichne die Form eines Kürbisses vor und schneide sie aus. Die Ränder streiche anschließend mit Strukturpaste ein und trockne sie mit dem Föhn. Wickle etwas Draht um etwa 10 cm Juteschnur und wickle die Schnur um deine Finger.

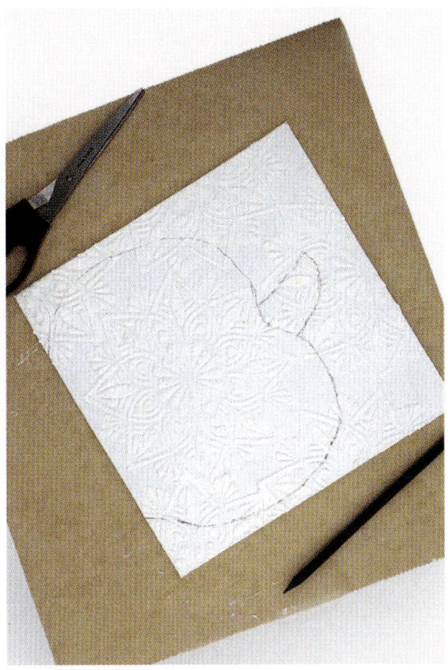

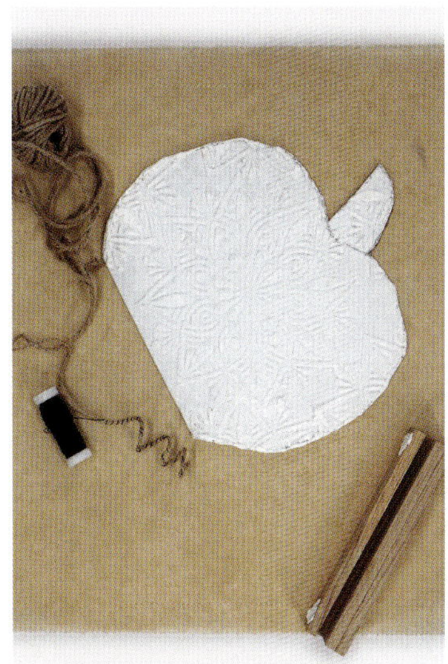

Die Schnur wird anschließend um den Stiel des Kürbisses gewickelt. Die Drahtseite kommt dabei zum Schluss und wird nach vorne gebogen. Aus den Klötzchen verleimst du 2 miteinander und setzt sie auf ein einzelnes. An der Vorderseite leimst du ebenfalls ein einzelnes. In den dadurch entstehenden Schlitz passt der Kürbis perfekt hinein.

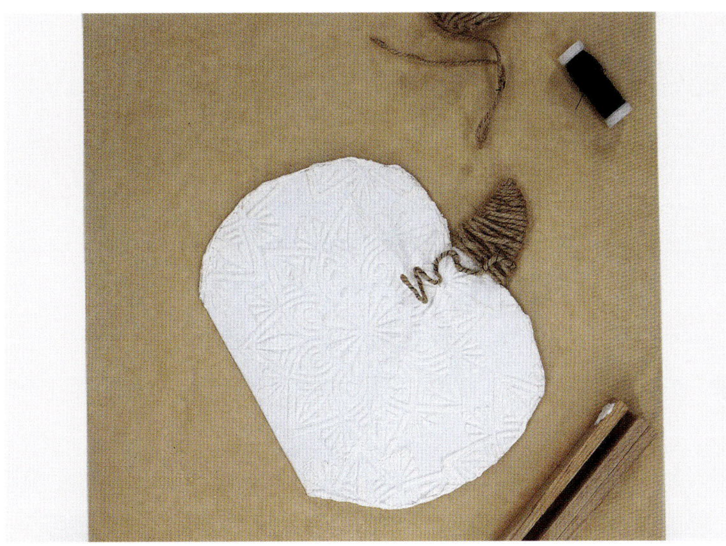

LEICHT

Windlichter

Windlichter gehören für mich in jede Jahreszeit. Besonders im Herbst, wenn die Tage schon wieder kühler und kürzer werden, strahlen sie Gemütlichkeit und Wärme aus. Unsere Treppe im Haus hat eine sehr breite Eckstufe. Die Windlichter hellen diese Ecke dekorativ auf und der freie Platz ist optimal genutzt.

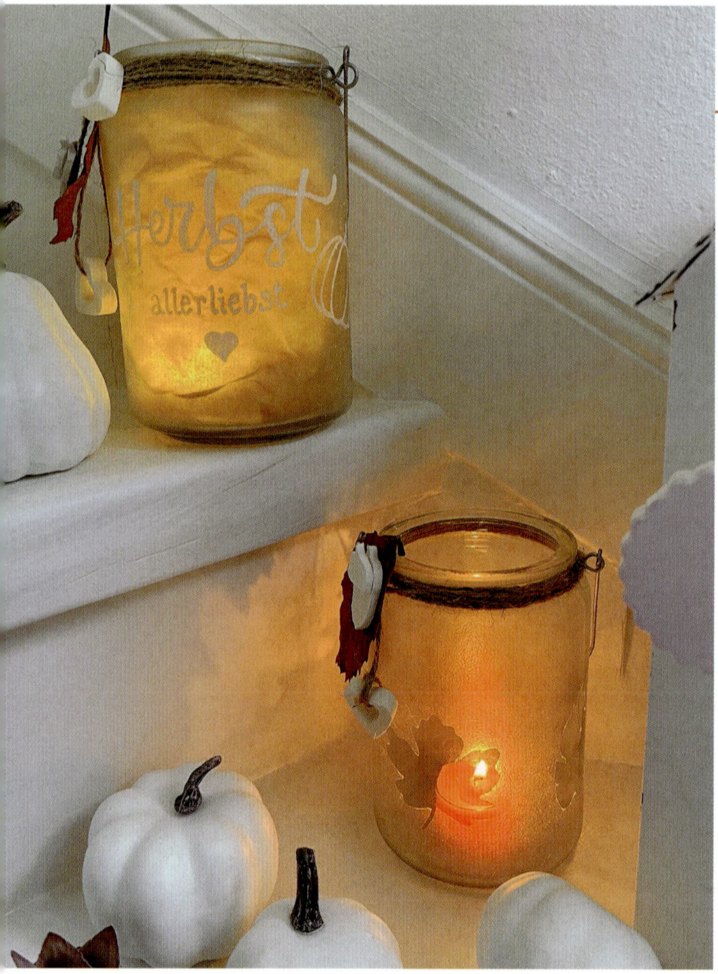

DAS BRAUCHST DU

2 Gläser, ca. 10 cm hoch
Frosteffektfarbe
Glasmarker
Vinyl- oder Tafelfolie
Juteband
Dekorationsmaterial
Schwämmchen
Schere
Bleistift
Klebestreifen
Backpapier oder Butterbrottüten
LED-Teelicht
Vorlagen Windlichter

Tipps

Ich zeige dir zwei verschiedene Windlichter, die perfekt zueinander passen. Wenn du schwarze Schrift lieber magst, nimm weiße Butterbrottüten für die Gläser. Bei weißen Markern sieht braunes Backpapier besser aus. Die beiden benötigten Vorlagen findest du am Ende des Buches.

Anstelle von Frosteffektfarbe kannst du auch Acrylfarbe auftupfen.

SO WIRD'S GEMACHT

Kopiere dir als Erstes die Vorlagen auf die gewünschte Größe und harmonisch zu den Maßen deiner Gläser. Schneide die Blätter der Vorlage aus und übertrage sie auf Vinylfolie. Du kannst auch Tafelfolie verwenden. Schneide sie anschließend aus und klebe sie auf eines der Gläser.

Bringe mithilfe eines Schwämmchens die Frosteffektfarbe auf und lasse sie trocknen. Wiederhole den Vorgang beim zweiten Glas. Nach dem Trocknen schneide die zweite Vorlage passend zum Glas auf und lege sie hinein. Fixiere die Seiten mit etwas Klebestreifen. Von außen kannst du nun das Schriftbild nachzeichnen. Gehe dabei langsam vor. Damit das Glas nicht verrutscht, nimm Klötzchen zu Hilfe.

Ziehe die Vinylfolie vorsichtig vom Glas ab. Nun geht's ans Dekorieren. Binde dazu Juteband darum und klebe passendes Dekomaterial ans Glas, z.B. getrocknete Blätter. Damit die Schrift besonders schön zur Geltung kommt, zerknülle Backpapier und stecke es an den inneren Rand des Glases.

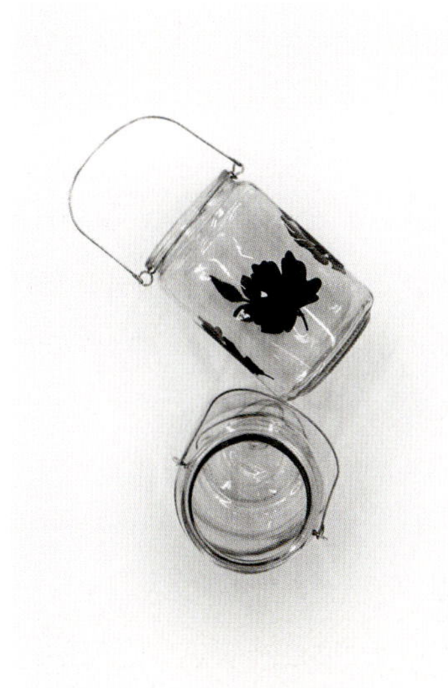

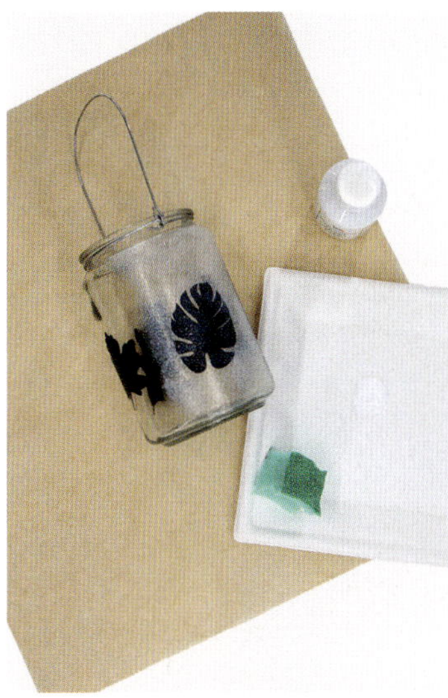

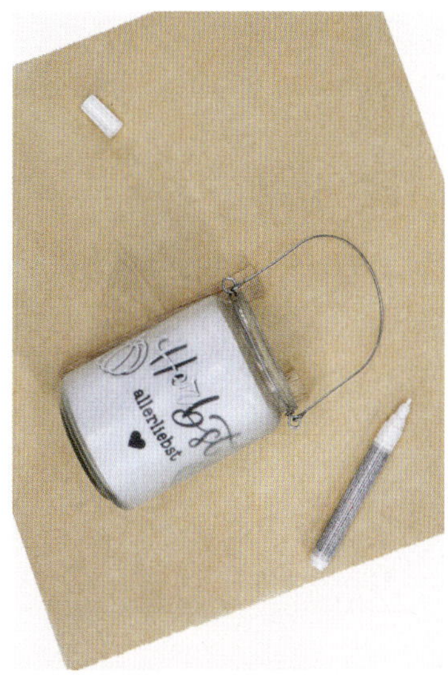

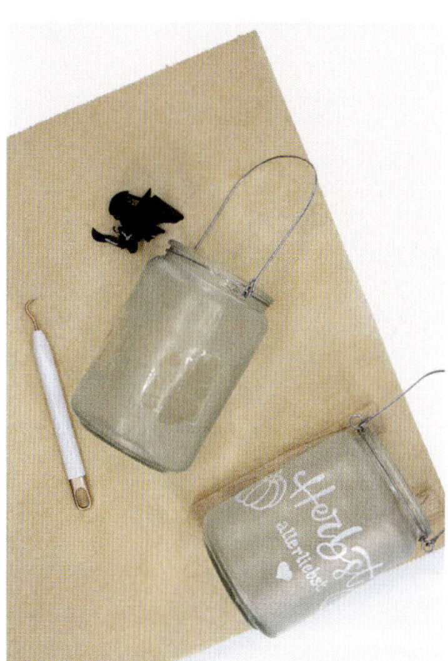

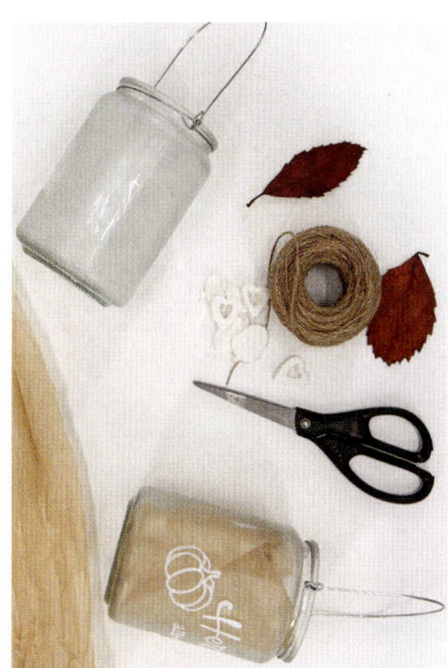

LEICHT

Klötzchenbild

Ein wunderschönes nostalgisches Klötzchenbild ist kein großer Geniestreich. Es ist ganz einfach herzustellen und eigentlich ein schönes DIY für den Übergang vom Spätsommer zum Herbst. Rosen und Lavendel eignen sich toll für kleine Trockensträuße. Wenn man sie regelmäßig zurückschneidet, blühen sie bis in den Oktober hinein. Frisch gebunden, trocknen sie sehr gut ein und werden nur ein bisschen dunkler. So hat man viele Monate etwas davon und der Lavendel duftet sehr lange.

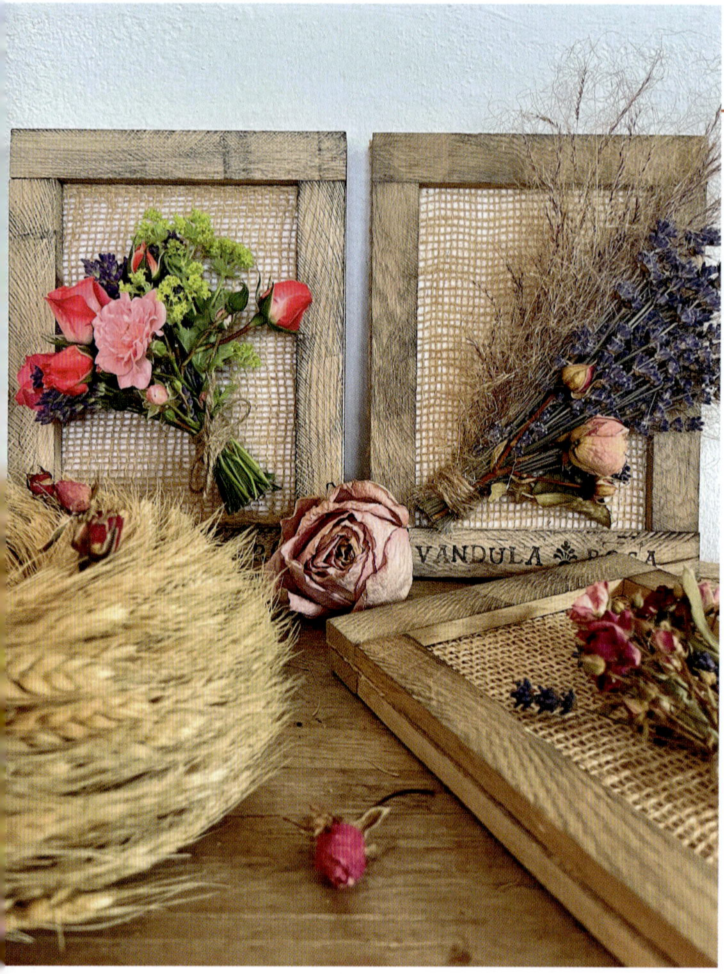

DAS BRAUCHST DU

Klötzchen, 12 Stück
Jutetischband
Stempelkissen, wasserfest
Abc-Stempel
weißes Blatt Papier
ein paar hübsche Blümchen
Holzleim
Floristik- oder Heißkleber

Tipps

Anstelle der Rosen und des Lavendels probiere gerne andere Blümchen aus. Suche dir dazu die botanischen Namen heraus und stemple diese anstelle von Lavandula & Rosa.

Verwende auch mal Kräuter anstelle von Blumen.

SO WIRD'S GEMACHT

Verleime 2 Querklötzchen mit 2 3er-Klötzchen. Lasse die Mitte frei. An dieser Stelle kannst du später dein Bild perfekt aufhängen. Während alles trocknet, bestreiche 4 Klötzchen mit dem Stempelkissen und stemple die botanischen Namen auf eines der Klötzchen.

Schneide ein Blatt Papier passend zu und klebe es zusammen mit dem Jutetischband auf die Rückseite. Verleime die 4 restlichen Klötzchen zu einem Rahmen.

Leime den Rahmen auf die Rückseite und klebe das Sträußchen fest. Verwende hierfür Floristik- oder Heißkleber.

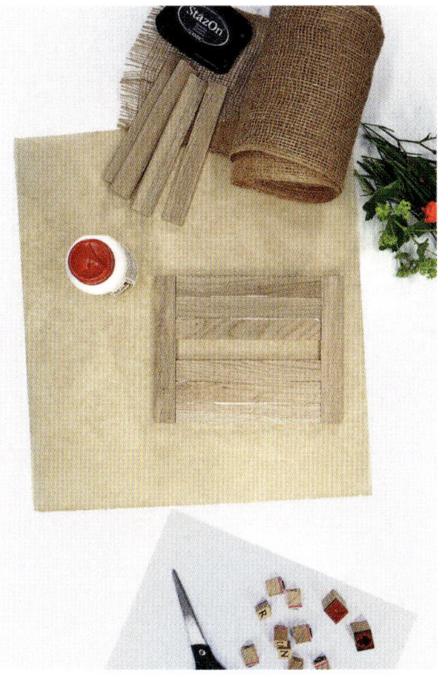

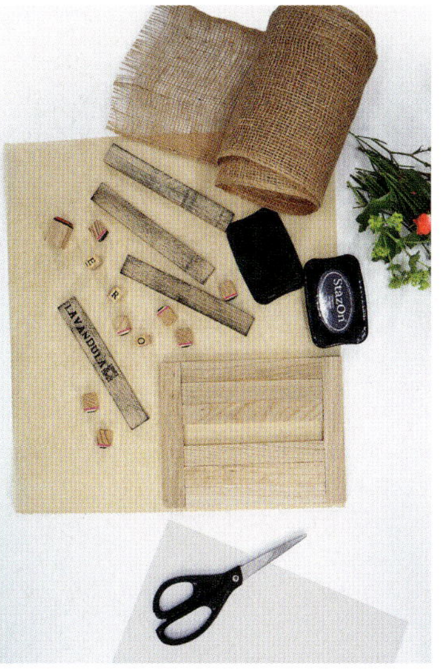

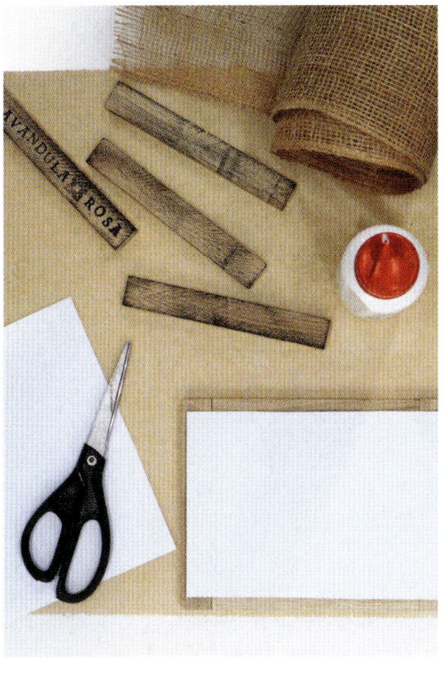

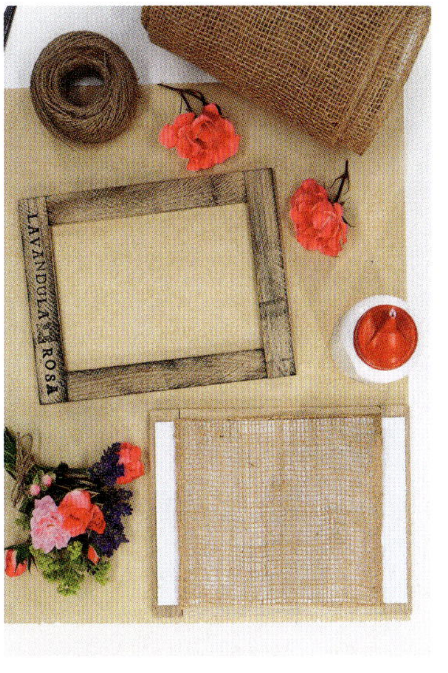

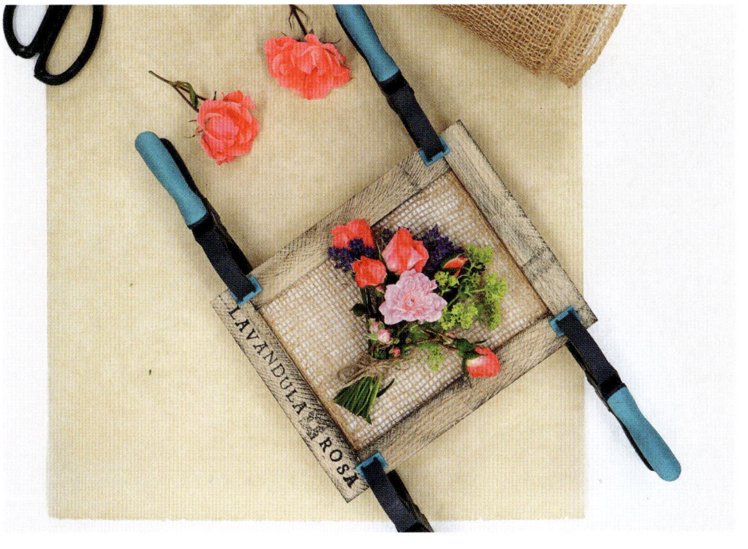

LEICHT

Erntekorb

Diesen Korb kann man auch als Schale benutzen. Er wird durch den Kugelverschluss zu einem hilfreichen Erntekorb für Blumen. Wenn du ihn jedoch für Kürbisse und Obst verwenden möchtest, klappst du ihn einfach auf und hast eine schöne Schale dafür. Ich musste wirklich ein bisschen überlegen, ob er in den Herbst oder in den Sommer passen würde. Er macht sogar in jeder Jahreszeit eine gute Figur. Aber da der Herbst die Erntejahreszeit ist, passt er am besten in dieses Kapitel.

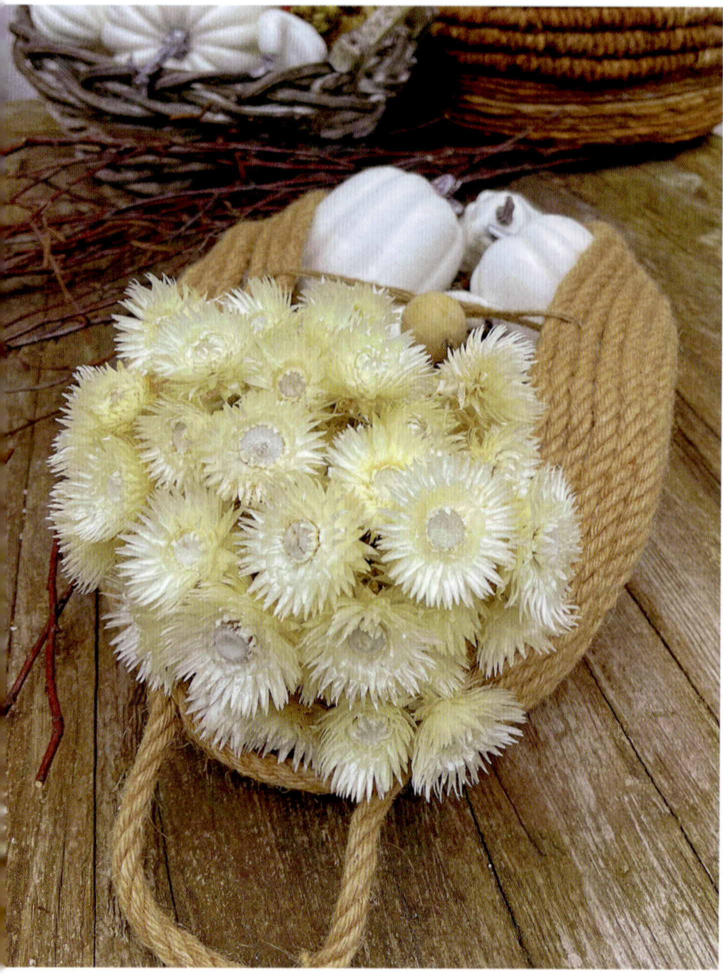

DAS BRAUCHST DU

Juteseil, 10 m
Juteband
Holzkugel
Heißklebepistole
Tapetenkleister
kleine Klammern
Pinsel

Tipps

Ich habe ein starkes Juteseil verwendet. Als Alternative eignen sich Sisal oder Baumwollseile. Sie sollten mindestens eine Stärke von 15 mm haben.

Besprühe den Erntekorb mit Acryllack in deiner Herbstfarbe.

SO WIRD'S GEMACHT

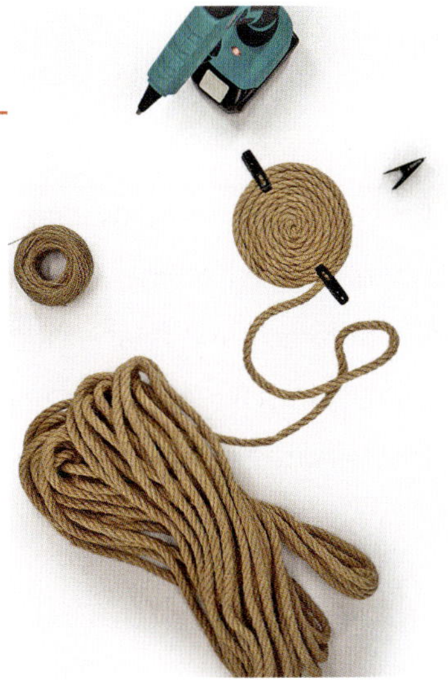

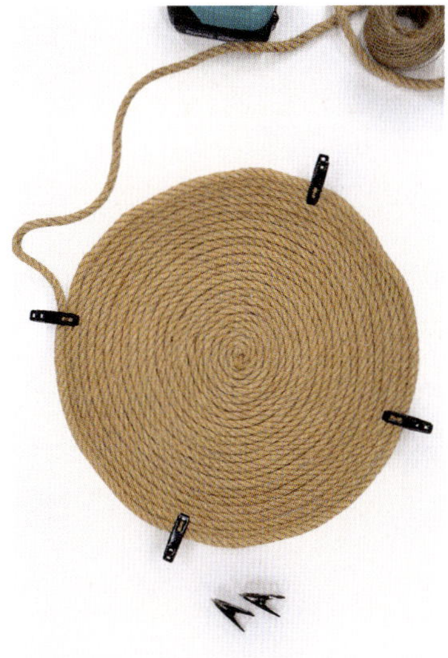

Bringe etwas Heißkleber auf den Anfang des Seils auf und rolle eine kleine Schnecke. Dabei streichst du den Kleber immer an den Rand und rollst dann mit dem Seil darüber. Zur Fixierung eignen sich Spangen oder Klammern.

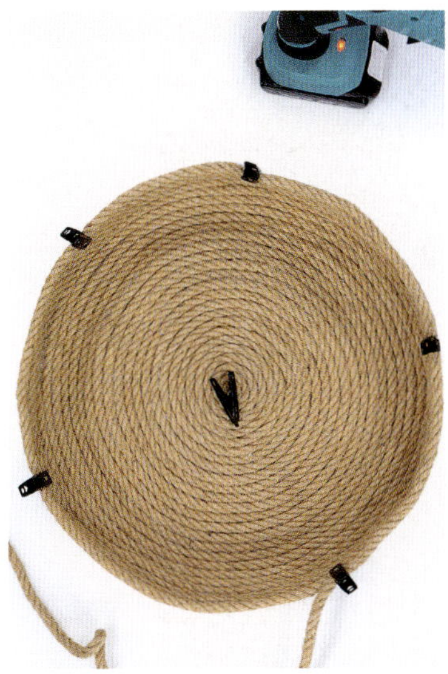

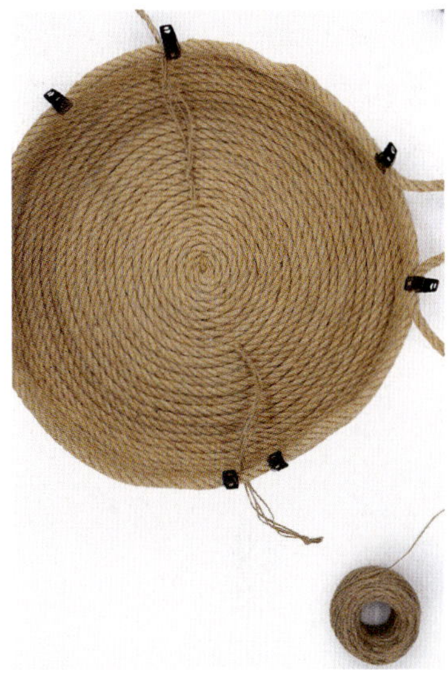

Wenn dir der Durchmesser deines Korbes gefällt, kommt der Heißkleber nicht mehr seitlich an das Seil, sondern obendrauf. Nun legst du das Seil in die Höhe. Füge Juteband dazwischen und mache durch eine Schlaufe, die du nicht klebst, einen Henkel.

Wenn dir die Höhe gefällt, klebe das Ende des Seils nach innen. Nun pinselst du den Korb ordentlich mit Tapetenkleister ein und lässt ihn gut trocknen. Tapetenleim gibt es bereits fertig zu kaufen.

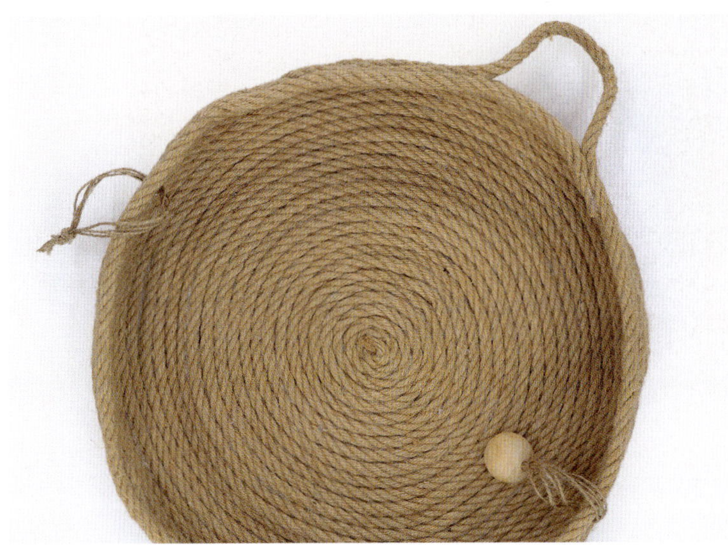

MITTEL

Betonkürbis

Es gibt auch für mich immer wieder Herausforderungen im Basteln. Ein Material, welches sich nicht so ganz mit mir anfreunden möchte, ist Beton. Aber im Herbst rückt dieses Unbehagen beiseite. Es ist die Zeit für Betonkürbisse. Jeder von ihnen ist ein echtes Unikat und lange bleiben sie bei mir nicht stehen. Kaum ist Besuch da, werden sie mir »abgeschwatzt«. Vielleicht werden der gute alte Beton und ich ja doch noch Freunde.

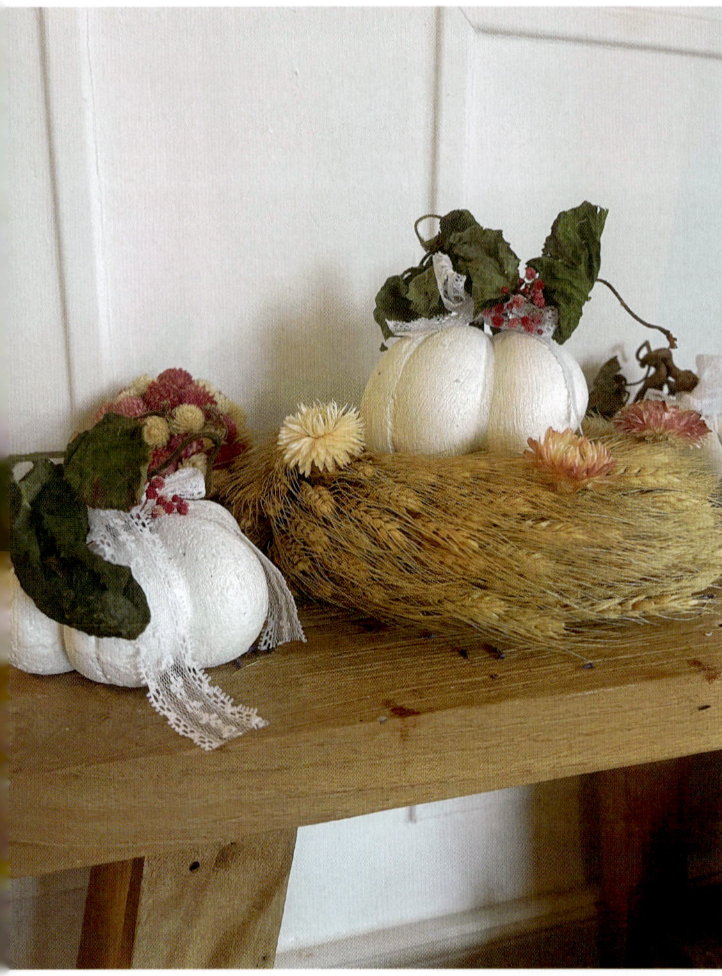

DAS BRAUCHST DU

Bastelbeton
alte Strumpfhose
alte Schüssel
ausgedienter Holzlöffel
Haushaltsgummis
Buntlack
kleine Äste
Pinsel
Schere
Gefäß
Drahtbürste

Tipps

Trage immer eine Maske und Handschuhe, wenn du mit Beton arbeitest. Besonders beim Anmischen und späteren Entfernen der Strumpfhose entstehen feine Staubpartikel. Je feiner die Strumpfhose ist, umso schlechter lässt sie sich nach dem Trocknen vom Beton entfernen. Für Reste, die sich nicht entfernen lassen, nehme ich die Drahtbürste. Das klappt sehr gut.

Probiere weißes Gießpulver aus (Menge Wasser reduzieren).

SO WIRD'S GEMACHT

Teile die Strumpfhosenbeine in gleich große Teile und verknote sie an einer Seite. Stülpe die Strumpfhose über ein Gefäß und rühre den Beton an. Achte dabei auf die Herstellerangaben. Nimm immer zuerst wenig Wasser und gib notfalls etwas mehr hinzu. Die Konsistenz sollte der von Brotteig ähneln.

Verknote die Strumpfhose und spanne 3 bis 4 Haushaltsgummis darüber. So erhältst du die Kürbisform. Lasse die Betonkürbisse mindestens 24 Stunden trocknen und entferne die Strumpfhose. Nimm eine Drahtbürste zu Hilfe.

Wenn du möchtest, streiche die Kürbisse mit Buntlack ein. Klebe anschließend einen kleinen Ast und Spitzenband darum. Ich verwende hierfür gern Haselnusszweige, weil sie so schön gebogen sind. Anstelle des Spitzenbandes sieht auch Jutekordel schön aus.

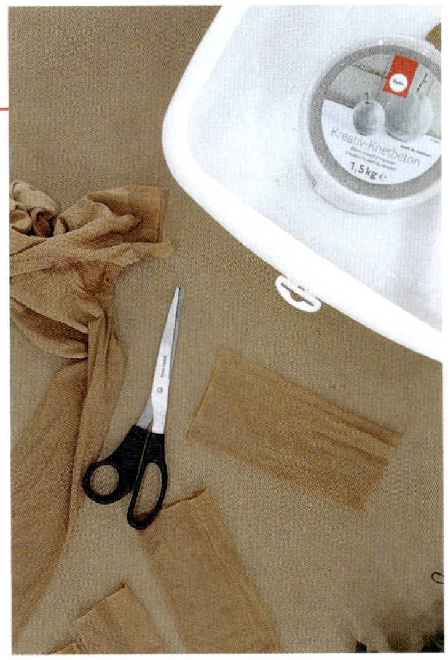

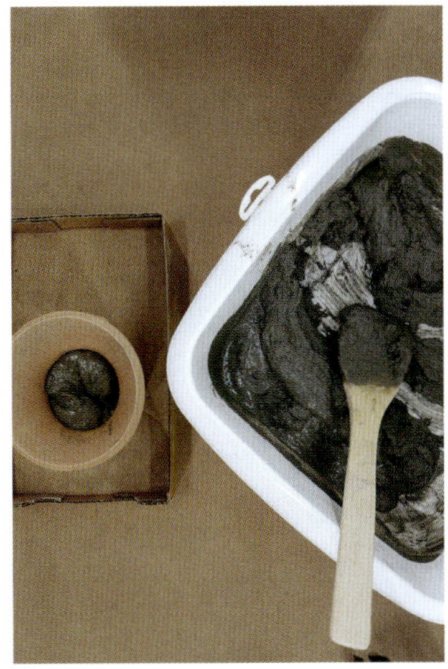

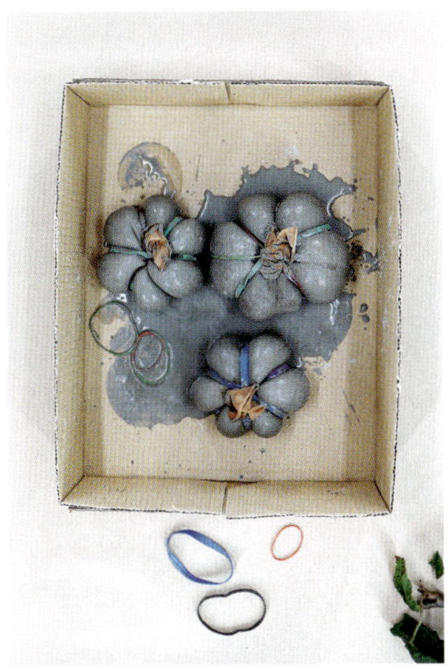

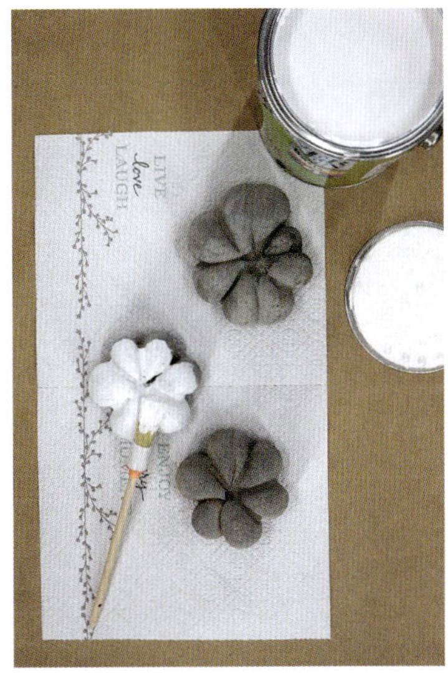

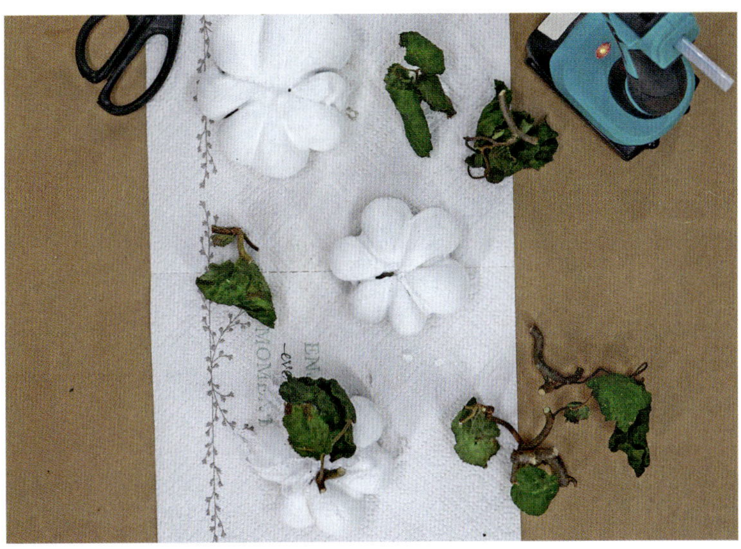

MITTEL

Maiskolben

Herbstzeit ist Erntezeit. Die Natur zeigt die Früchte, die wir gesät haben. Maisfelder umranden die Straßen, Äpfel und Birnen werden geerntet und vieles mehr. Dieser Maiskolben ist aus Modelliermasse entstanden und ich mag ihn ganz besonders.

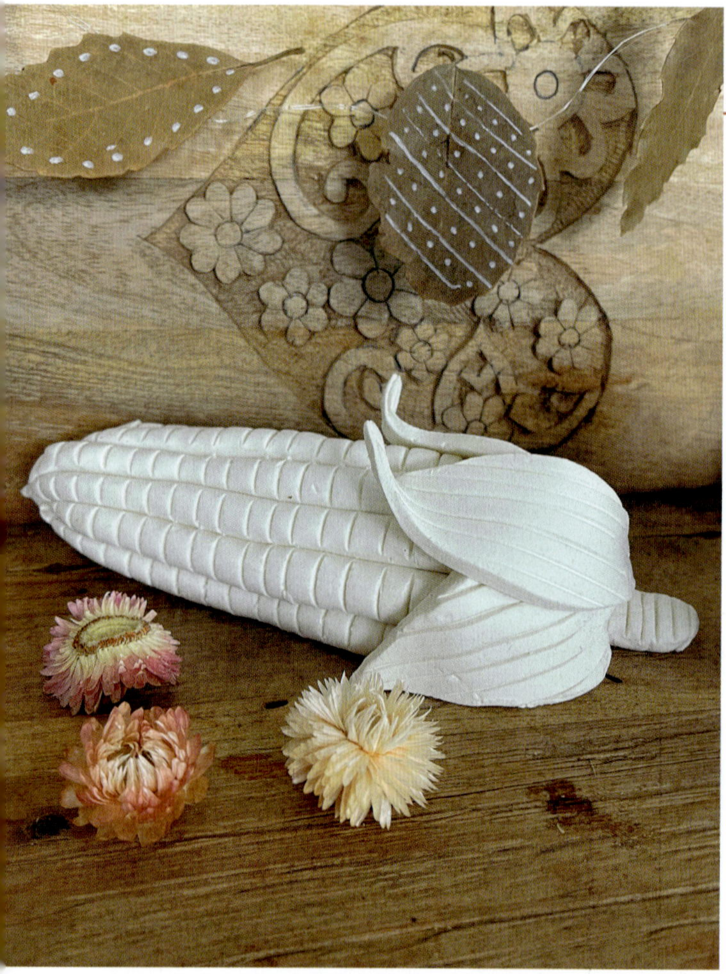

DAS BRAUCHST DU

Modelliermasse. weiß
Acrylroller
Bleistifte
Klötzchen
1 Flasche

Tipps

Mein Maiskolben ist weiß geblieben, weil ich die Herbstdeko gern in Naturtönen halte und mit Weiß kombiniere. Du kannst die Modelliermasse aber auch anmalen. Um einen besonders schönen Effekt zu erzielen, kannst du den fertigen Maiskolben noch lackieren. Ich habe mich in dieser Anleitung für einen halben Kolben entschieden, weil er sich besser hinlegen lässt.

Möchtest du einen kompletten Kolben gestalten, nimm die doppelte Menge an Modelliermasse. Um die Teile besser aneinanderfügen zu können, nimm kleine Zahnstocher zu Hilfe.

SO WIRD'S GEMACHT

Teile die Modelliermasse in 7 gleich große Teile und rolle 6 von ihnen gleichmäßig zu »Würstchen«. Werde an einer Seite dabei etwas schmaler.

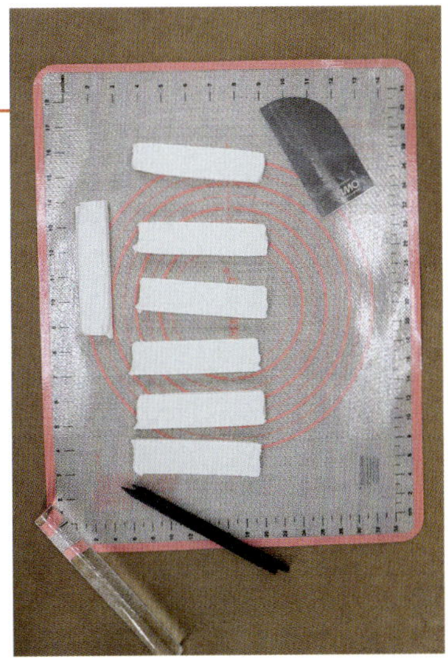

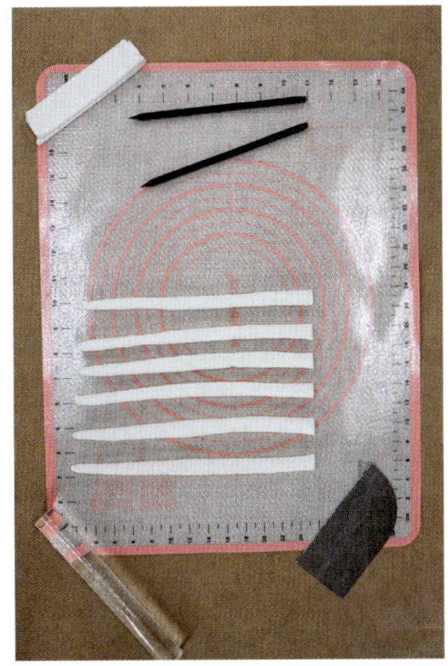

Lege die Würstchen eng zusammen. Drücke sie dabei mit den Bleistiften fest und drücke die Enden zusammen. Mit einem Lineal drücke Linien hinein. Lege eine Flasche oder eine andere längliche runde Form auf die Arbeitsfläche und sichere diese mit 2 Klötzchen. Lege den Kolben darauf und drücke alles vorsichtig zusammen. Das ist etwas knifflig, aber du bekommst das hin.

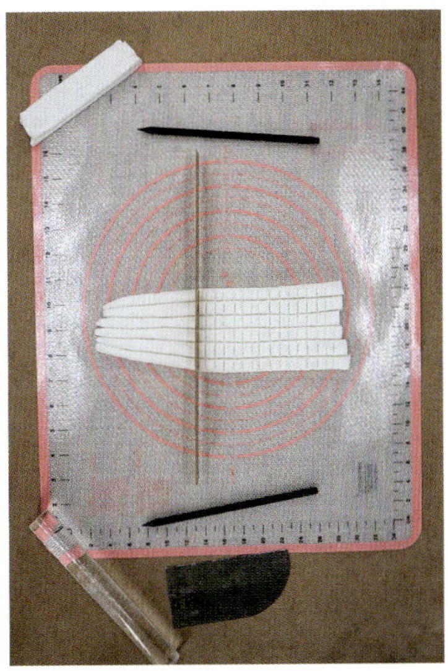

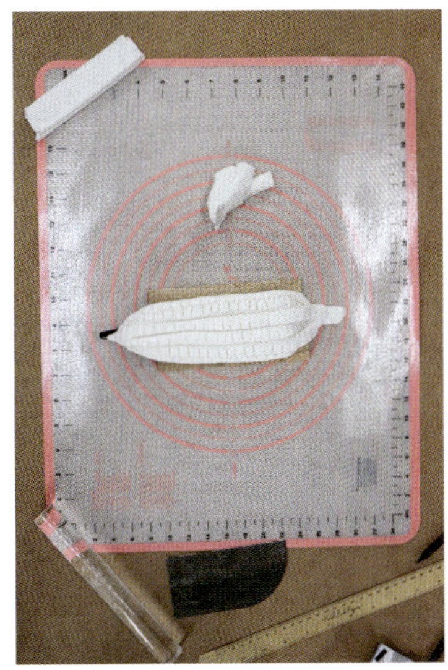

Aus der restlichen Modelliermasse forme ein Blatt. Dazu rollst du die Masse aus und schneidest mit einem Messer eine Ellipse. Werde an den Enden spitz. Mit dem Lineal Linien in die Masse drücken und die Ellipse mittig zusammendrücken. Lege nun das Blatt am unteren Ende an den Kolben. Wenn du magst, stelle so mehrere Blätter her.

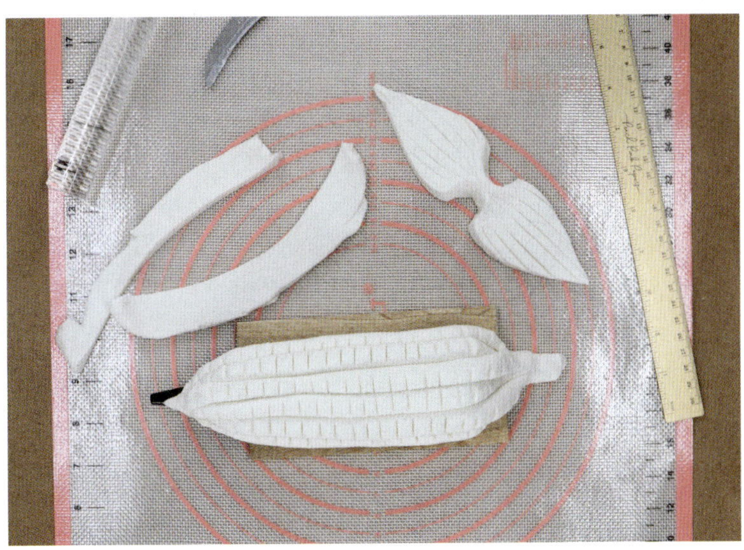

LEICHT

Windrad

Jeder, der leckeren Blätterteig liebt, kennt die Windräder, die man daraus formen kann. Dieses Mal sind sie allerdings nicht für den Verzehr geeignet. Aus Modelliermasse und UV-Resin ist dieses Windrad lange haltbar und eignet sich nicht nur für die herbstliche Dekoration.

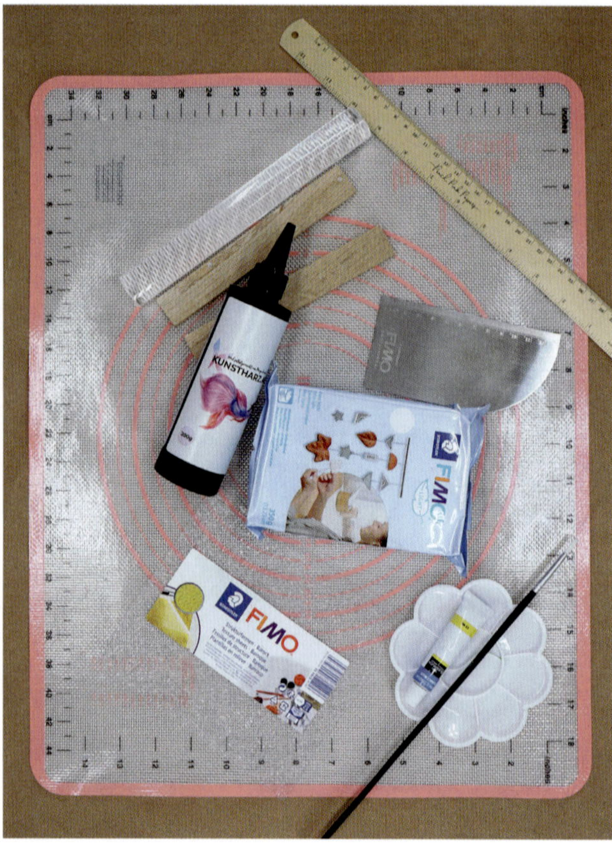

DAS BRAUCHST DU

Modelliermasse, weiß
Strukturform
UV-Resin
Klötzchen
Acrylroller
Lineal
Cuttermesser für Knete
Acrylfarbe
Mischpalette

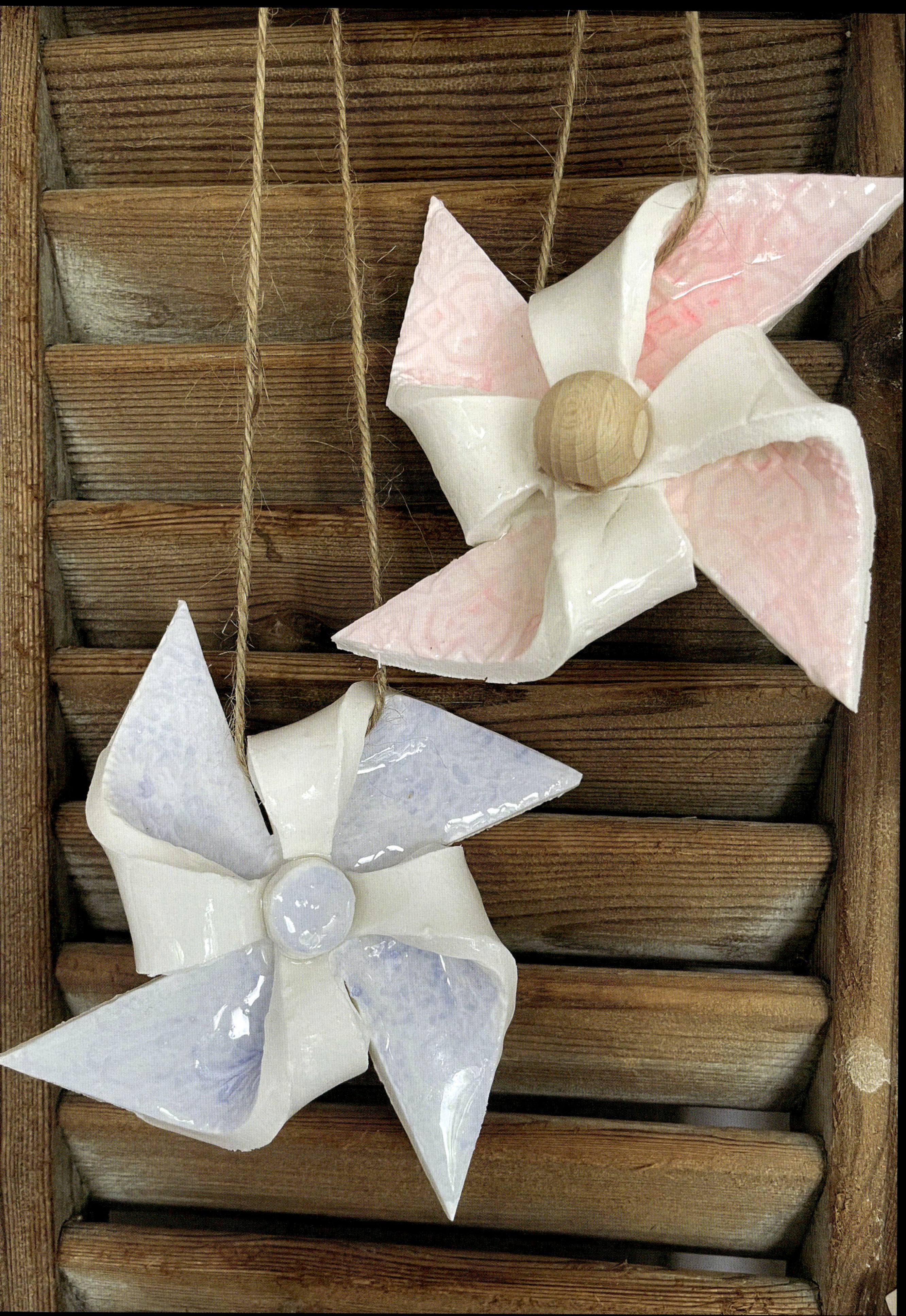

SO WIRD'S GEMACHT

Rolle die Modelliermasse gleichmäßig aus und drücke die Strukturform mithilfe des Acrylrollers in die Masse. Schneide mit Lineal und Cutter eine rechteckige Form. Jede Seite sollte 10 cm lang sein.

Schneide die Ecken schräg zur Mitte hin ein. Lasse den Innenbereich dabei aus. Klappe nun jede zweite Ecke zur Mitte hin um und drücke sie fest.

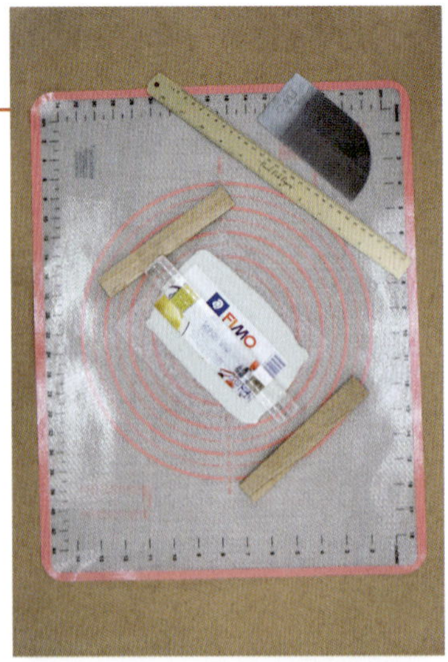

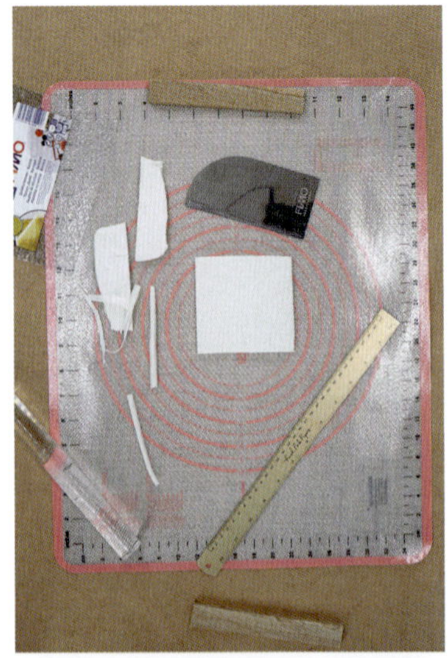

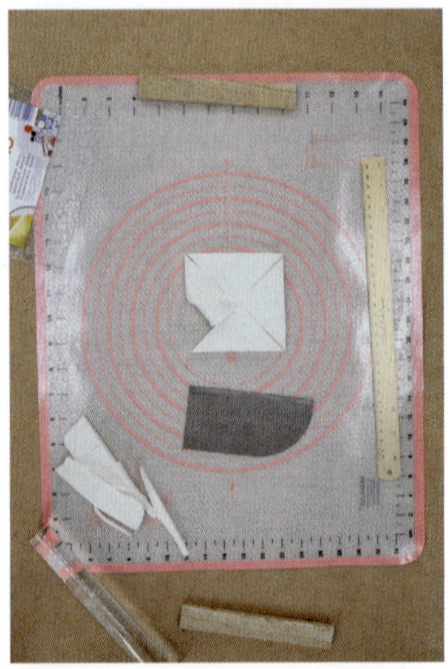

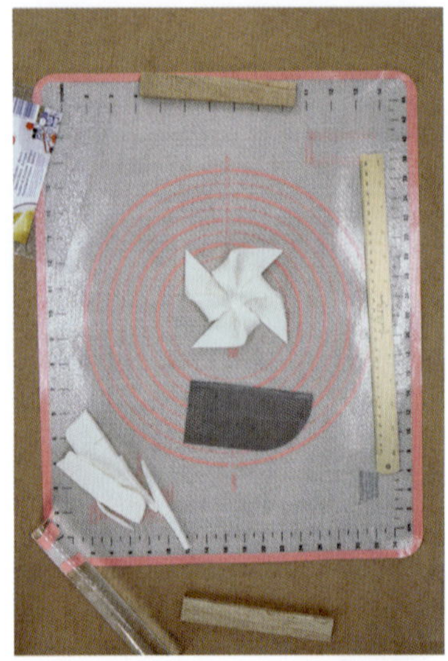

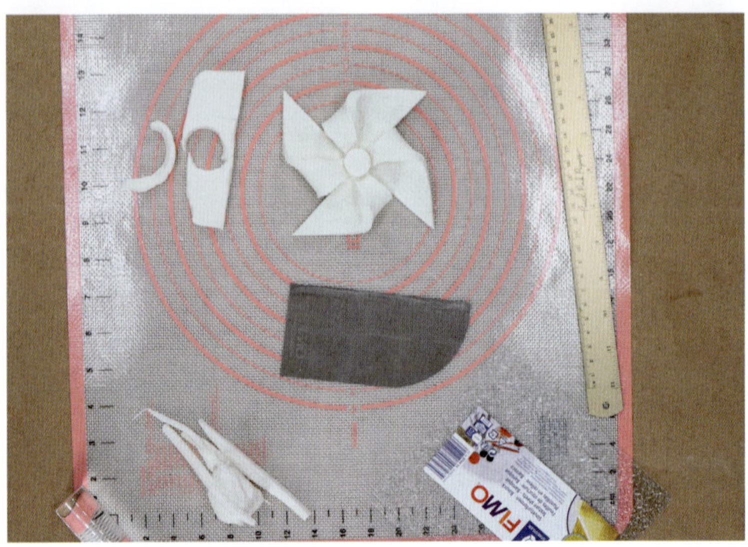

Um die Druckstellen in der Mitte zu verdecken, schneide einen Kreis aus der übrig gebliebenen Modelliermasse aus und platziere diesen mittig. Nach dem Trocknen löse eine Minimenge Acrylfarbe in Wasser auf und streiche damit die Innenflächen. Ist die Farbe eingezogen, überziehe das Windrad mit UV-Resin entsprechend der Herstelleranleitung.

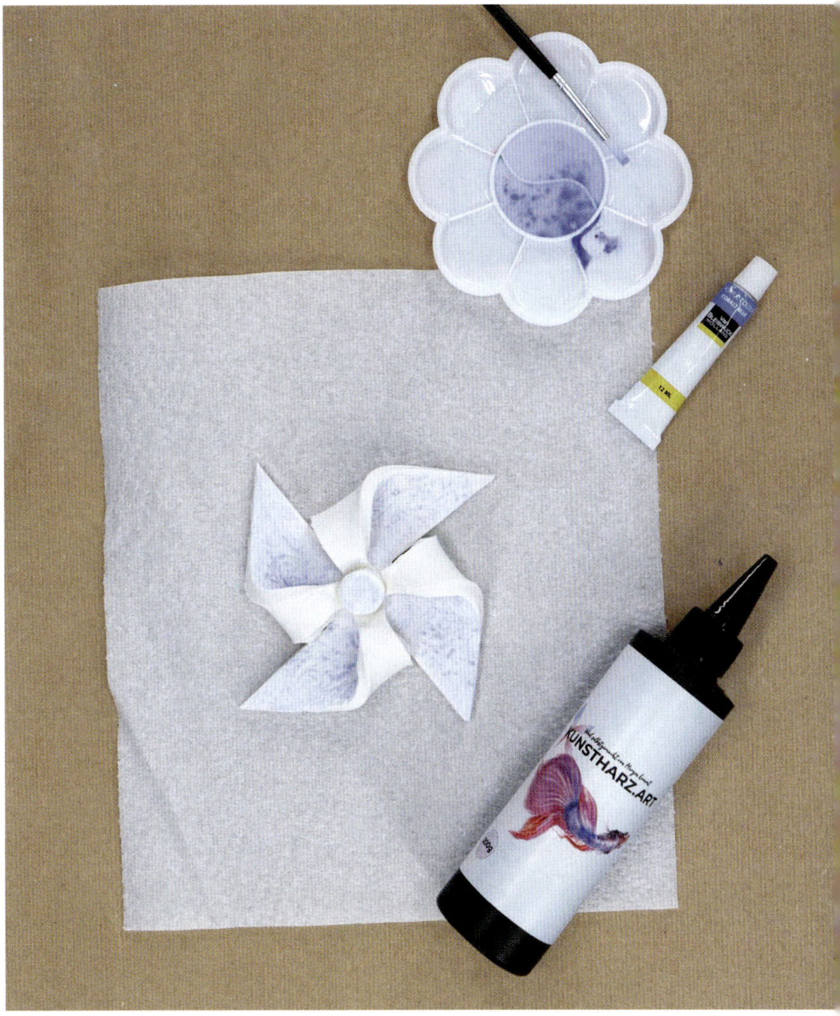

Tipps

Wenn du mit Resin/Kunstharz arbeitest, trage dabei immer Handschuhe und entferne Reste sofort von deiner Arbeitsfläche. Lies die Anleitungen des Herstellers vor der Verarbeitung genau durch und halte diese ein.

Anstelle des UV-Resins kannst du auch 3-D-Lack verwenden.

MITTEL

Kürbisgesicht

Natürlich gehört auch ein Kürbis dazu, wenn man den Herbst in vollen Zügen auskosten möchte. Wenn die kleinen und großen Kinder an Halloween durch die Straßen ziehen, leuchten überall wunderschöne Kürbisse, Spinnennetze werden gespannt und der Hauseingang wird geschmückt. Die Idee mit diesem Gesicht ist tatsächlich nicht neu, aber ich habe sie einmal für dich ganz neu aufgesetzt.

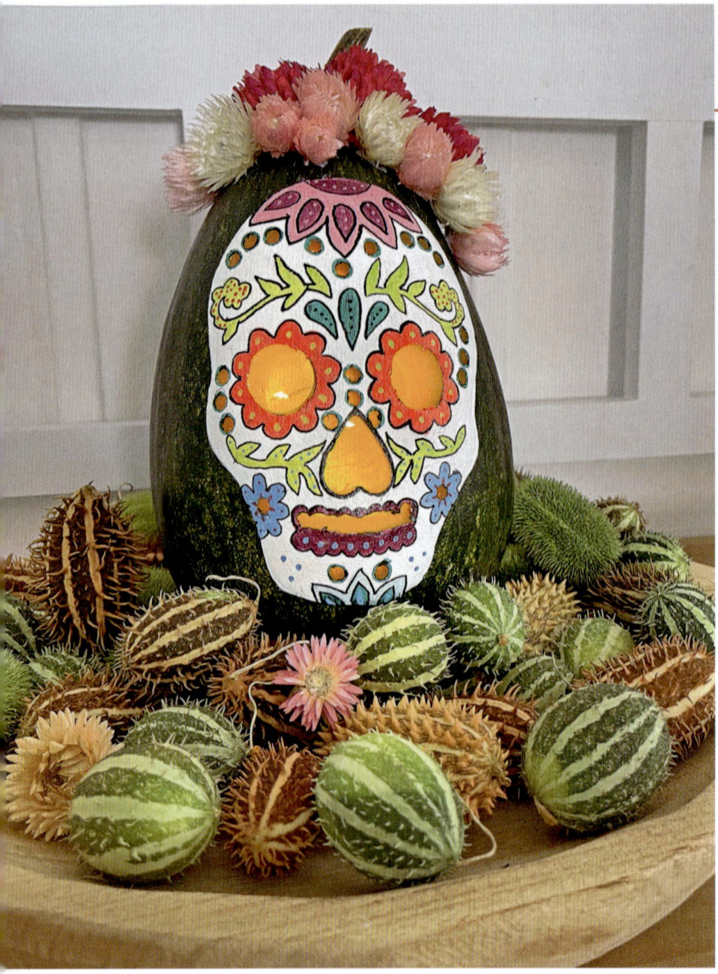

DAS BRAUCHST DU

- Kürbis
- Vorlage Kürbisgesicht
- Bleistift
- kleines Küchenmesser
- Löffel
- Acrylfarben
- Pinsel
- Schere

Tipps

Du hast die Wahl, welchen Kürbis du für dein DIY verwenden möchtest. Ich liebe Dunkelgrün und habe mich deshalb für diese Farbe entschieden. Die Vorlage für das Gesicht findest du am Ende des Buches.

Zum Ausstechen der Augen und der Nase habe ich kleine Ausstechformen genommen und sie vorsichtig in den Kürbis gedrückt. Mit einem Messer ist es etwas schwieriger.

SO WIRD'S GEMACHT

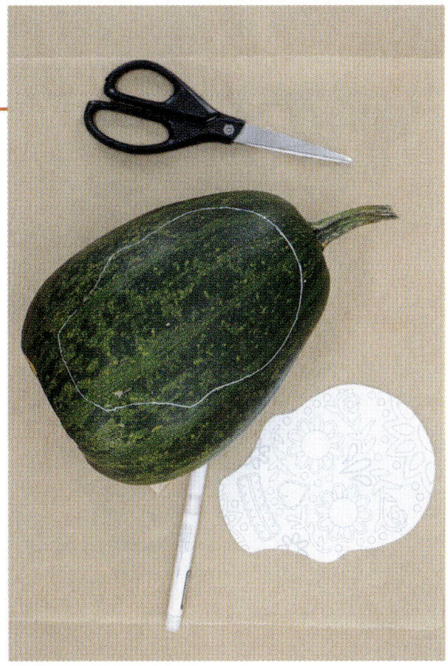

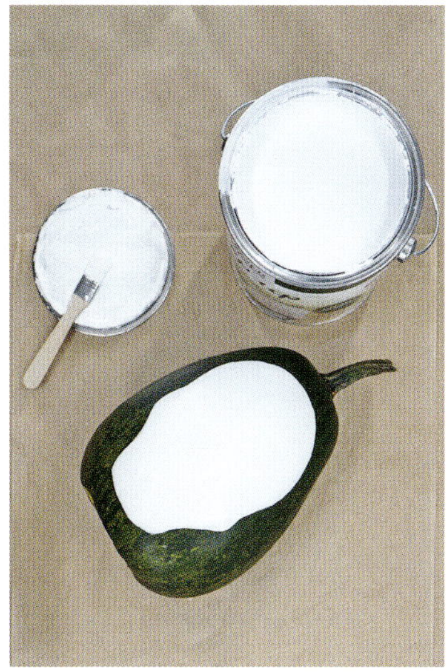

Höhle den Kürbis gründlich aus. Öffne ihn von unten, so entsteht auch gleich ein perfekter Fuß für einen sicheren Halt. Kopiere dir die Vorlage passend zur Größe deines Kürbisses. Schneide das Gesicht entlang der äußeren Linien aus und übertrage den Umriss auf den Kürbis. Anschließend streiche das Innere flächendeckend mit weißer Farbe.

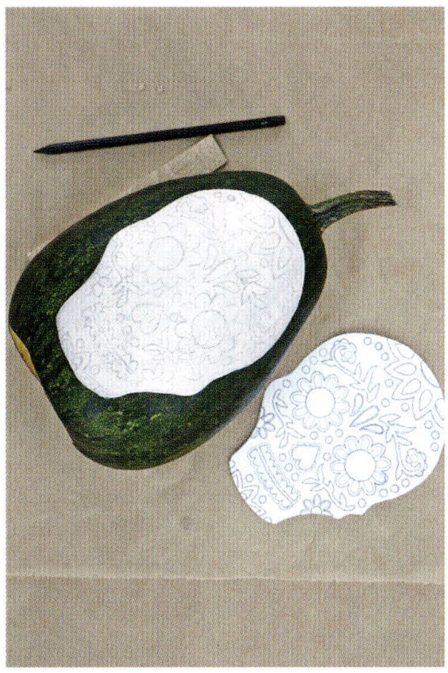

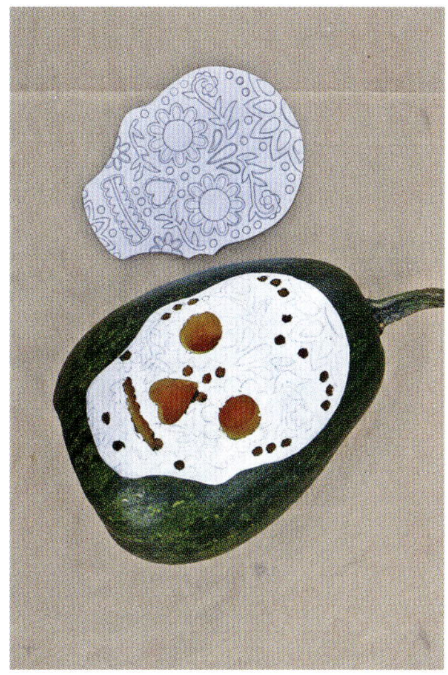

Wenn die weiße Farbe gut durchgetrocknet ist, lege die Vorlage auf die gestrichene Fläche und übertrage die Muster. Ich habe mich für die Bleistifttechnik entschieden. Dazu die Rückseite der Vorlage mit Bleistift komplett bemalen, auf den Kürbis legen und auf der Vorderseite alle Linien nachziehen. Die Bleistiftkohle von der Rückseite bleibt auf der Fläche haften.

Schaue nun, wo du Öffnungen haben möchtest, und schneide diese entlang der Linien vorsichtig aus. Nun zeichne mit deinen Lieblingsfarben alle Blümchen, Augen und den Mund aus, sodass ein schönes Gesamtergebnis entsteht.

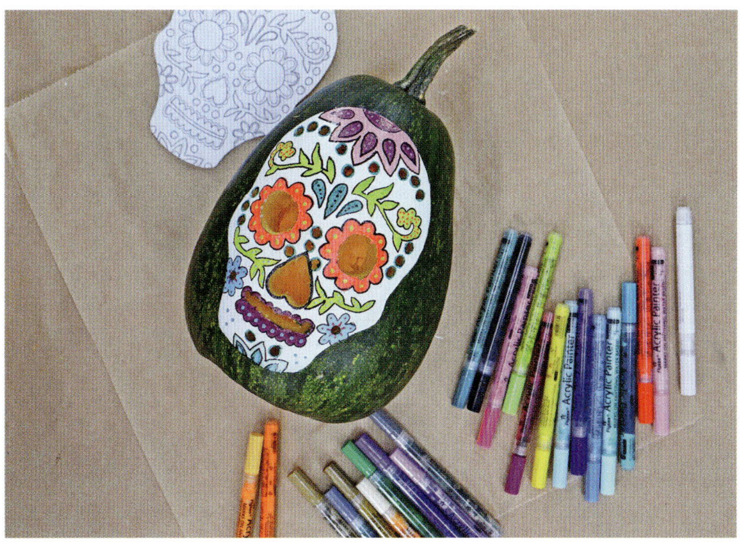

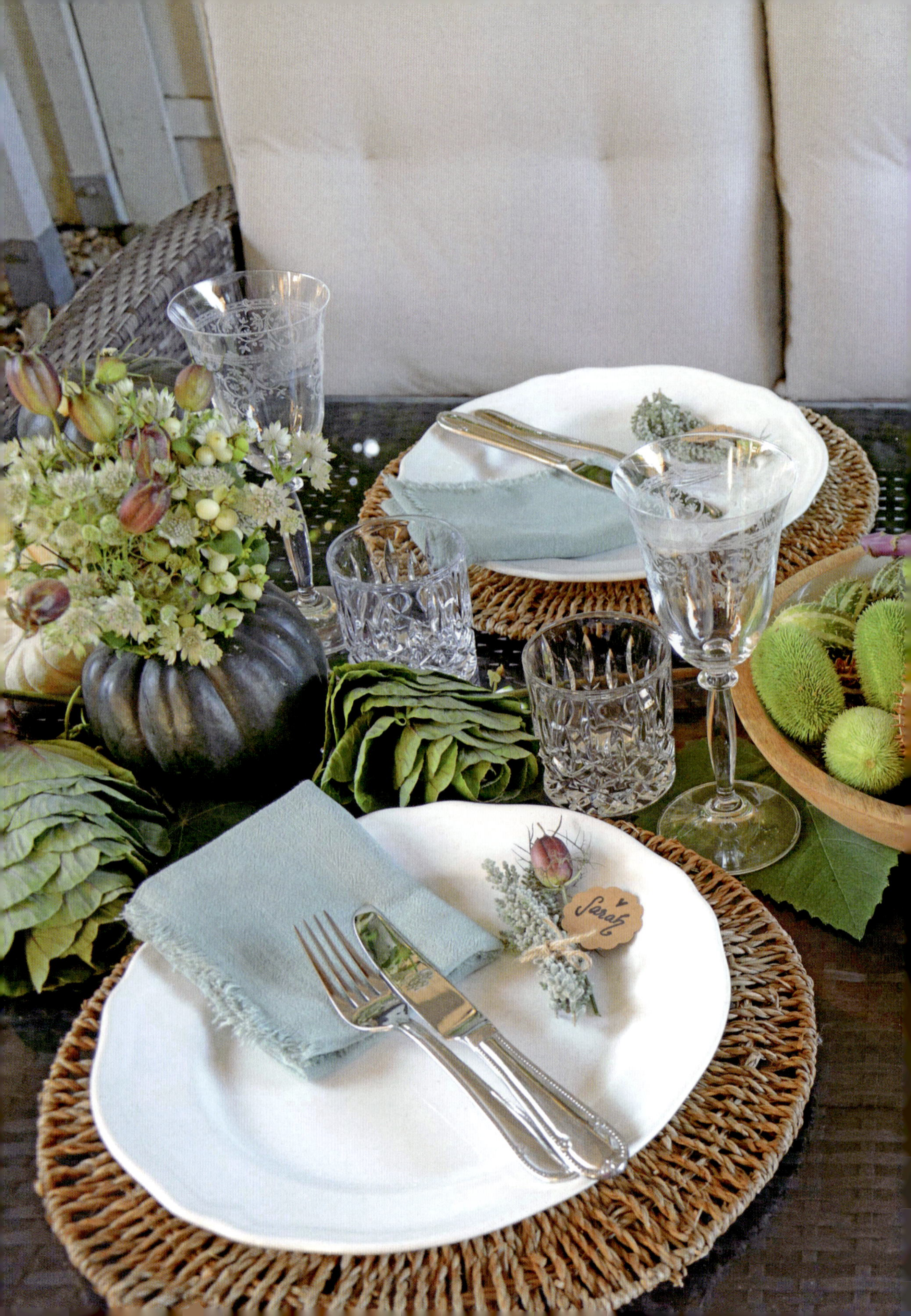
Sarah

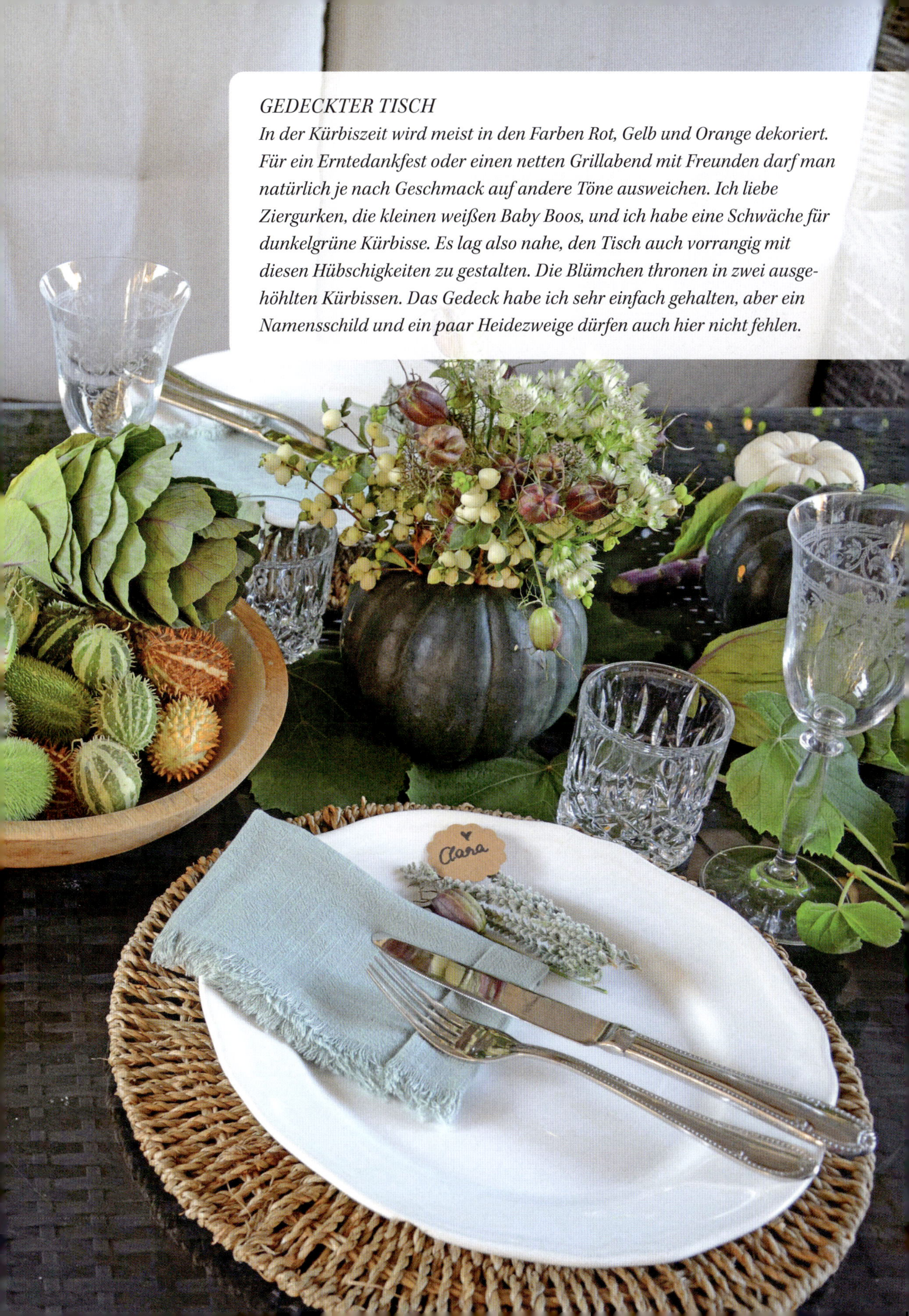

GEDECKTER TISCH

In der Kürbiszeit wird meist in den Farben Rot, Gelb und Orange dekoriert. Für ein Erntedankfest oder einen netten Grillabend mit Freunden darf man natürlich je nach Geschmack auf andere Töne ausweichen. Ich liebe Ziergurken, die kleinen weißen Baby Boos, und ich habe eine Schwäche für dunkelgrüne Kürbisse. Es lag also nahe, den Tisch auch vorrangig mit diesen Hübschigkeiten zu gestalten. Die Blümchen thronen in zwei ausgehöhlten Kürbissen. Das Gedeck habe ich sehr einfach gehalten, aber ein Namensschild und ein paar Heidezweige dürfen auch hier nicht fehlen.

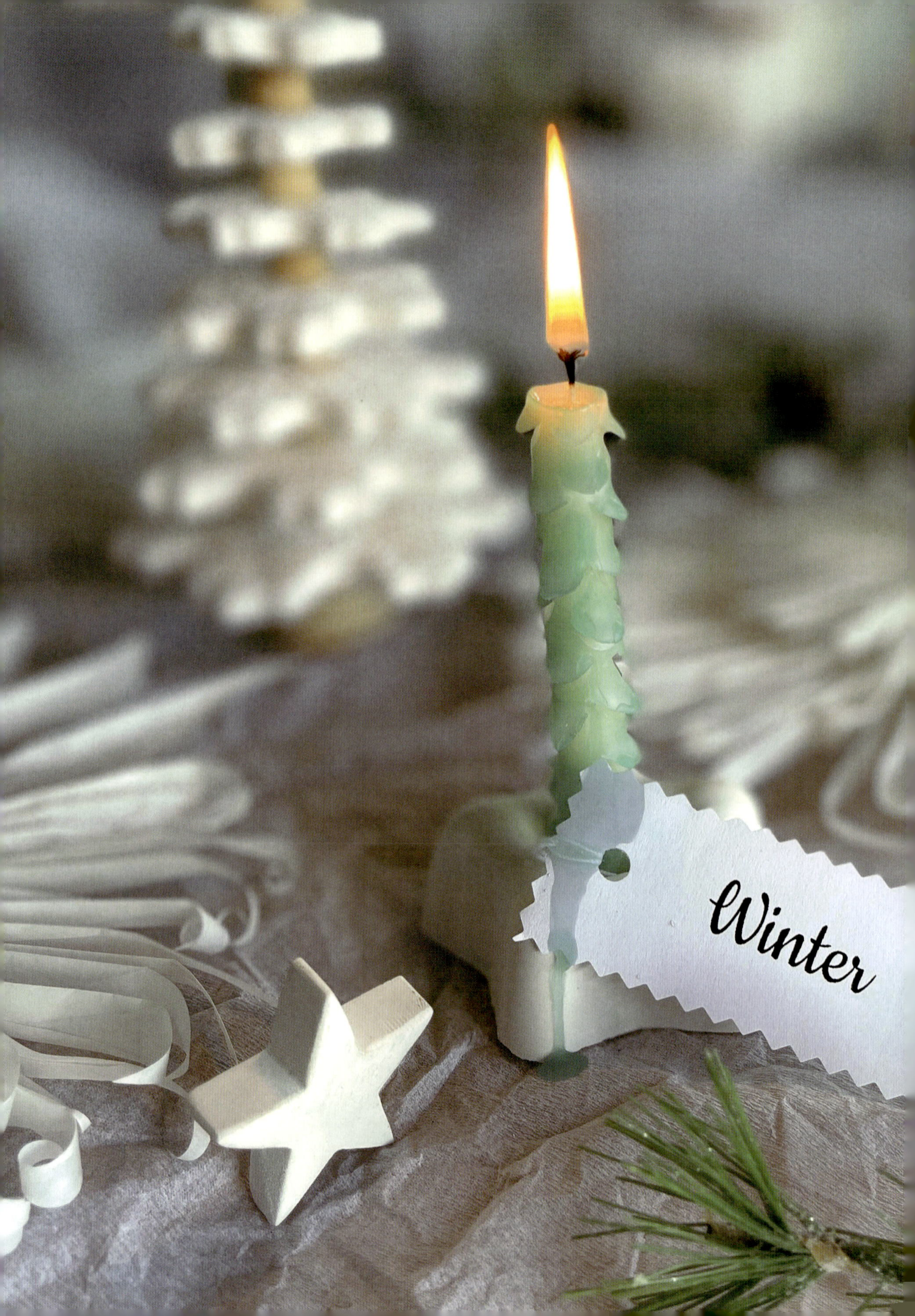
Winter

Winter

Der Herbst hat an Farbe verloren, der erste Schnee fällt und der Winter hat begonnen. Für mich ist das die Jahreszeit der kuschligen Abende bei Kerzenschein und der Ruhe für Geist und Seele. Und doch läuft jetzt meine Ideenschmiede im Kopf auf Hochtouren, denn es gibt so einiges an kreativer Arbeit zu tun. Im Winter wird dekoriert, was das Zeug hält. Kein Zimmer ist mehr vor mir sicher und so manches Mal muss ich über meinen eigenen Eifer schmunzeln. Die Entscheidung, welches DIY für diese zauberhafte Jahreszeit in mein Buch kommt, war gar nicht so einfach. Über den Winter habe ich tatsächlich am meisten gegrübelt. Immer wieder habe ich die DIYs umpositioniert oder gar ersetzt. Letztlich ist eine Sammlung meiner Winter-Lieblings-DIYs entstanden.

Easy-peasy-Winter

Der Winter steckt voller Kreativität. Das Haus ist mit wunderschönen Hübschigkeiten geschmückt und der Einkaufskorb ist voller Geschenke. Wie wäre es einmal mit etwas Selbstgemachtem? Mit ein paar schnellen Handgriffen sind zauberhafte Dinge hergestellt – ganz easy.

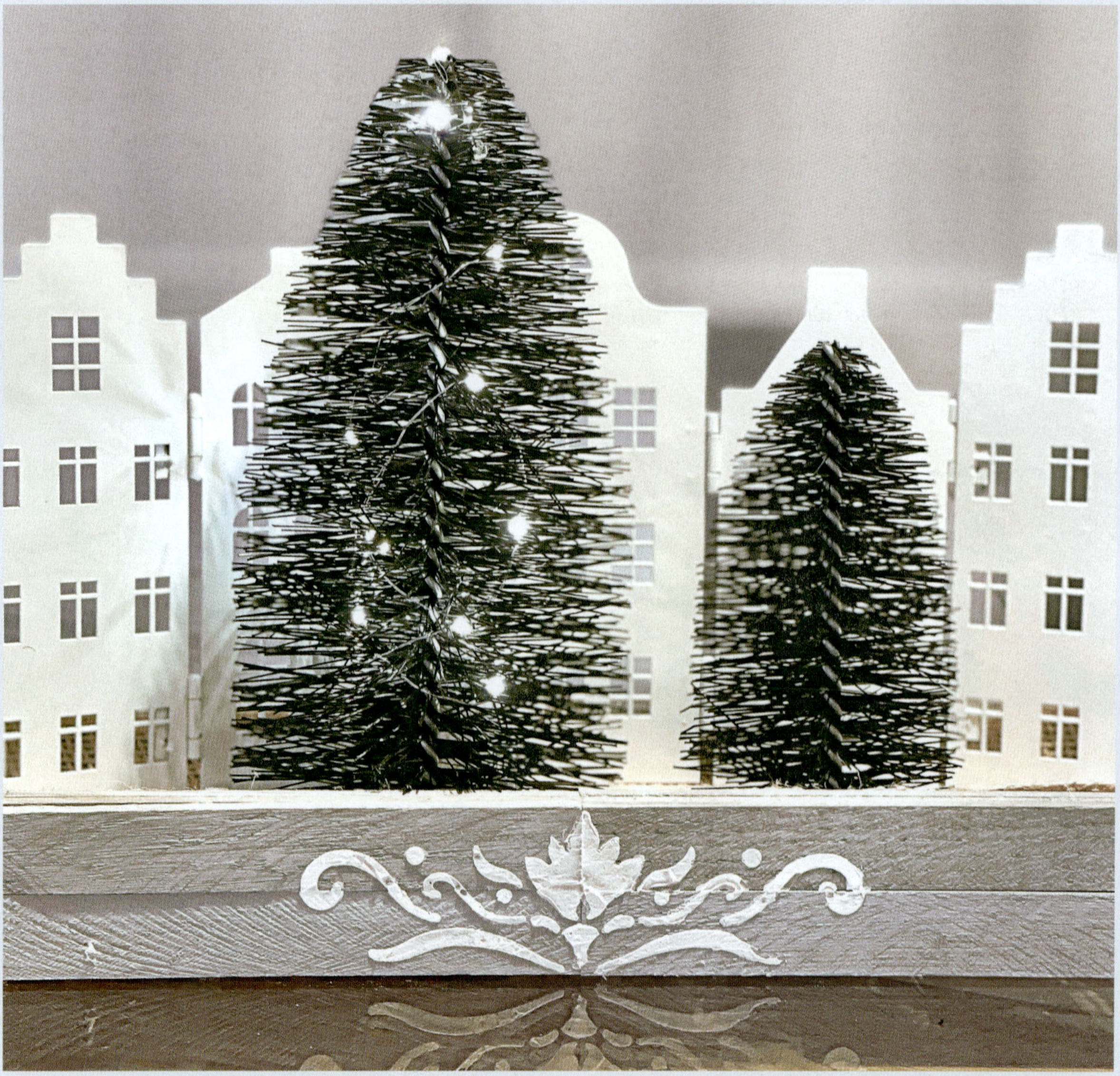

Du bist bestimmt schon einmal im Baumarkt an einer Regenrinnenraupe vorbeigegangen. Bei mir landete sie aus Dekorationsgründen im Einkaufswagen. Mit einem Seitenschneider wird sie in Stücke geschnitten und mit der Schere folgt ein baumähnlicher »Borstenschnitt«. Nun fehlt nur noch die Lichterkette und als Fuß eine kleine Baumscheibe – fertig ist dein Bäumchen.

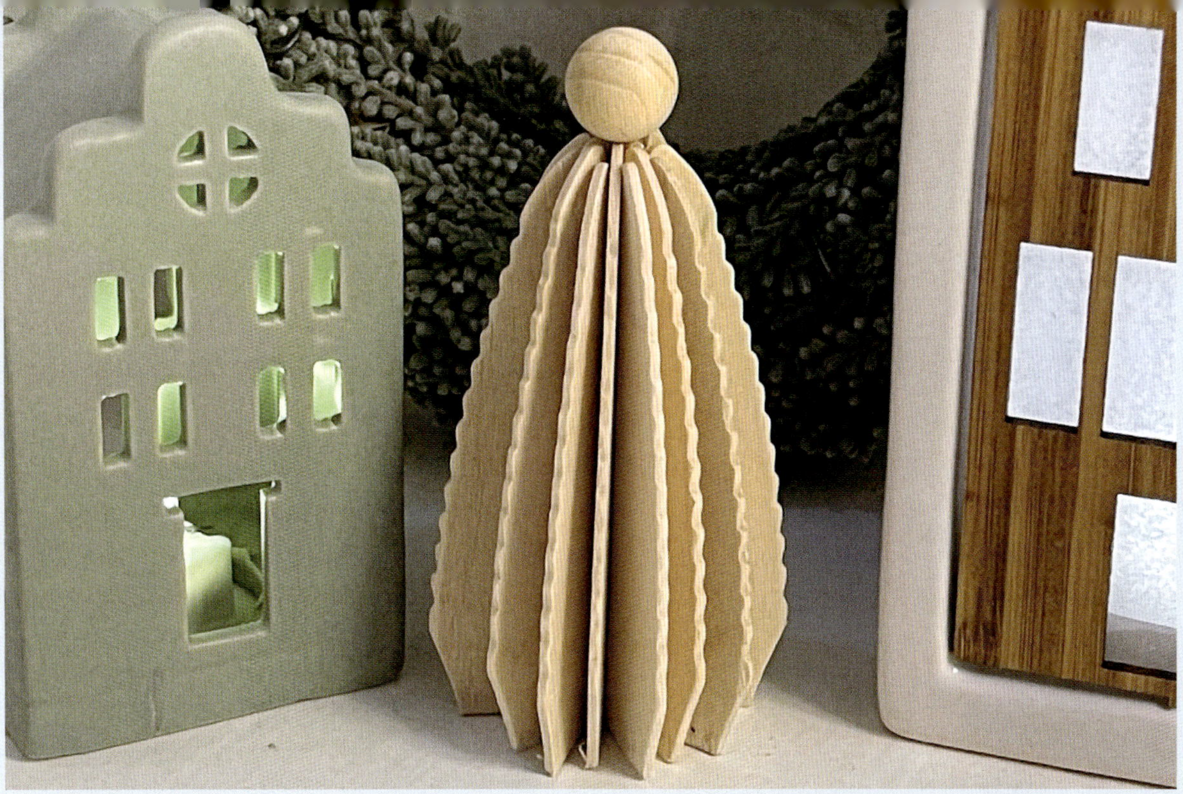

Kennst du die Einmalmesser aus Holz? Knipse den Griff ab und klebe sie mit den Zacken nach außen aneinander. So entsteht ein süßes Bäumchen für deine Winterdekoration. Ich habe 15 Messerspitzen gebraucht. Als Krönung hat eine Holzperle Platz genommen.

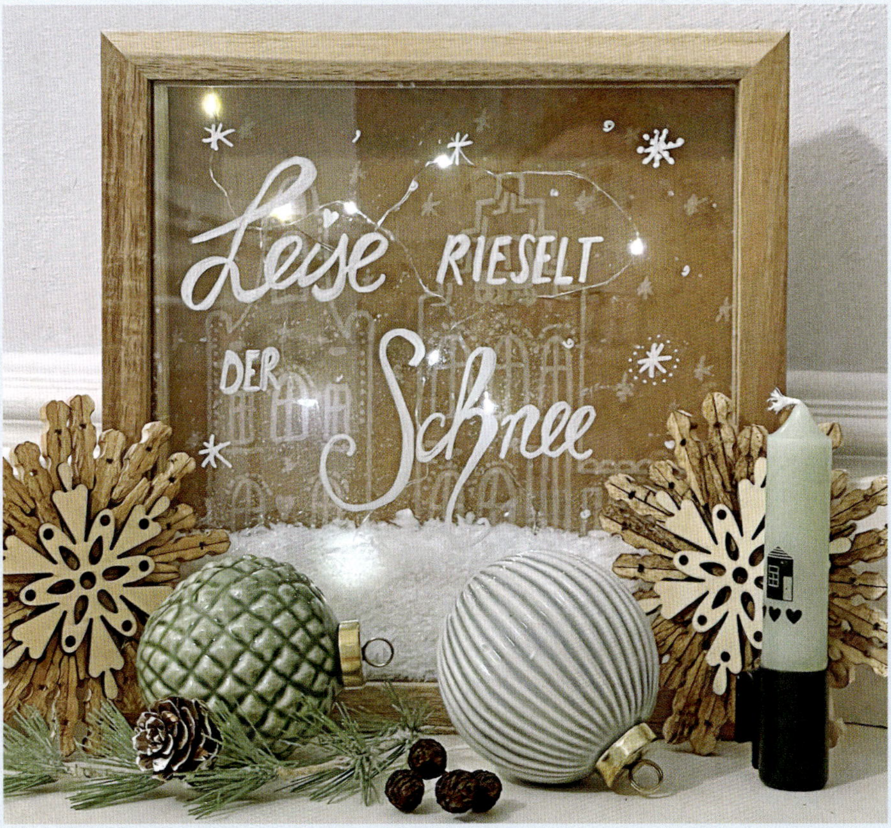

Leise rieselt der Schnee ... Aus einem tiefen Bilderrahmen, etwas Kunstschnee und einer Lichterkette lässt sich das Lied wunderbar einfangen. Auf die Rückwand vom Rahmen habe ich mit einem weißen Stift ein paar Häuschen gemalt. Du kannst dir aber auch eine schöne Häuserfront ausdrucken. Für den Schriftzug habe ich einen Glasmarker verwendet. Der lässt sich leicht entfernen und der Bilderrahmen kann umfunktioniert werden.

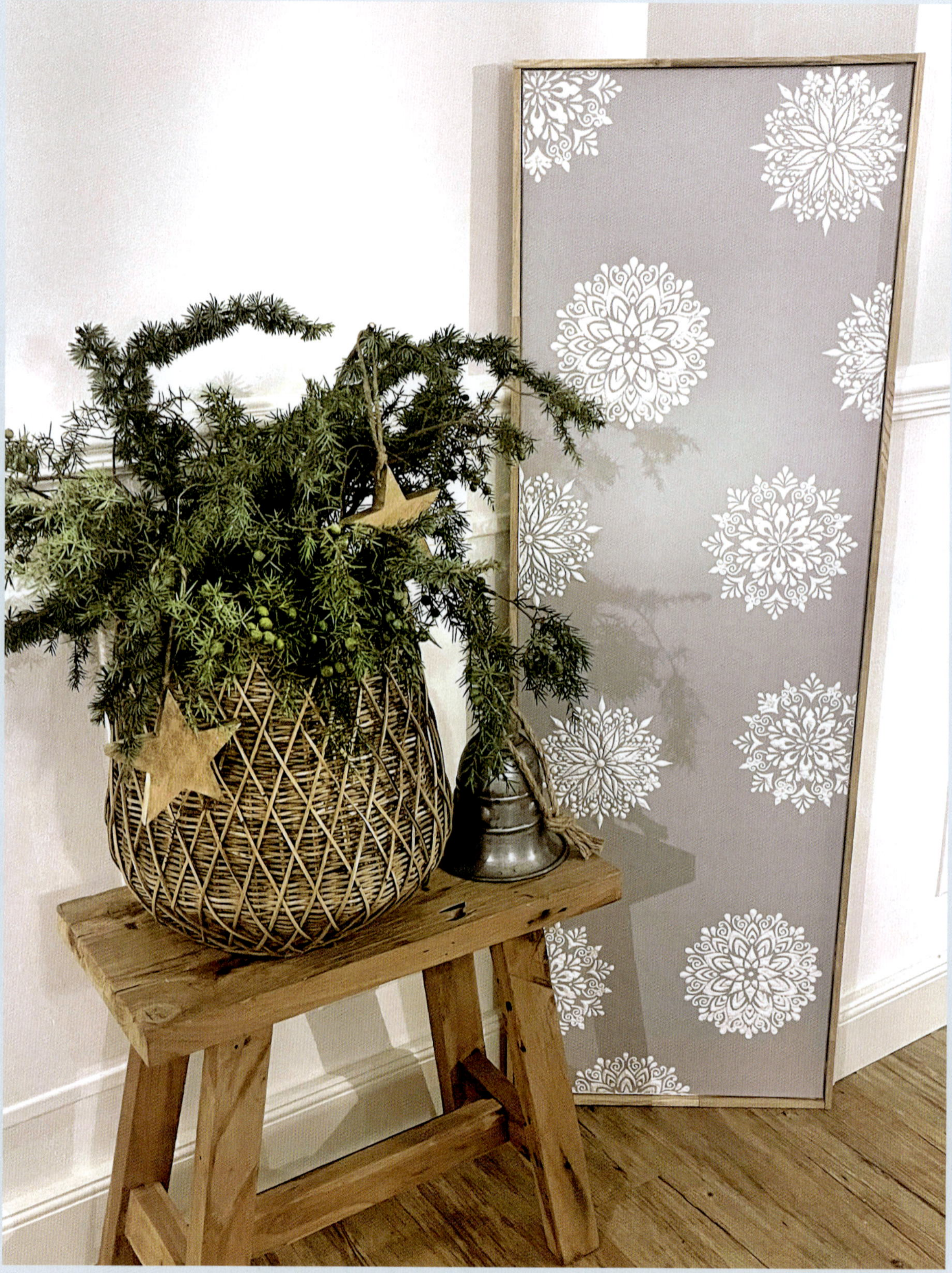

In Bastelgeschäften und im Internet findest du tolle Schablonen. Halte doch einmal nach runden Mandalas Ausschau. Sie erinnern ein bisschen an Schneeflocken. Der Keilrahmen wird mit deiner Lieblingsfarbe gestrichen und die Mandalas mit Strukturpaste aufgebracht. Ein paar verleimte Klötzchen dienen als Rahmen.

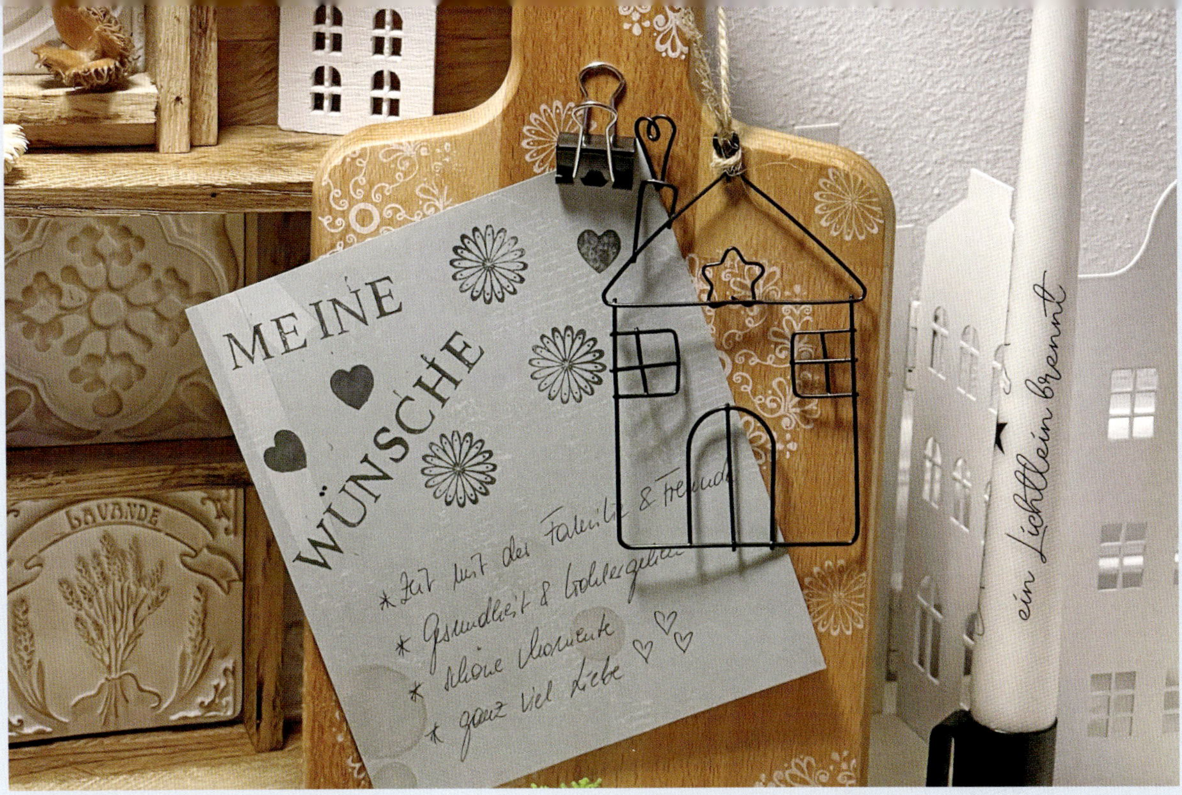

Ein ausgedientes Frühstücksbrettchen wird umfunktioniert. Bestemple es mit deinen Lieblingsmotiven und klebe eine Foldback-Klammer daran. Alternativ geht auch eine Wäscheklammer. Ein Loch im Griff dient als Aufhängung für dein kleines Deko-Gedöns. Nun können deine Familie und Freunde ihre Wunschzettel einfach ans Brettchen klemmen und deine Geschenkesuche hat ein Ende.

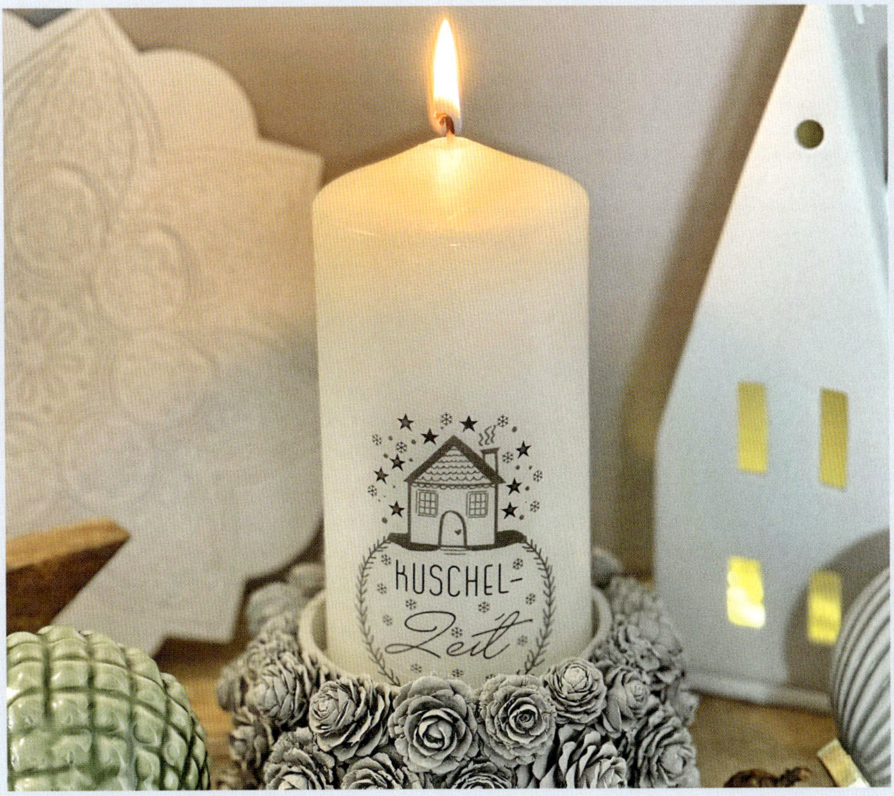

Gerade in der Weihnachtszeit werden viele Päckchen verschickt. Ich hebe mir immer die Papprolle vom Paketklebeband auf. Die Zapfen habe ich im Wald gesammelt, weiß angesprüht und um die Rolle geklebt. Die dicke Stumpenkerze passt perfekt hinein.

LEICHT

Eisblume

Ich habe schon als Kind mit Butterbrotpapier gebastelt und das ist bis heute so geblieben. Diese Eisblume mache ich ganz besonders gern und wünsche dir viel Freude beim Nachmachen.

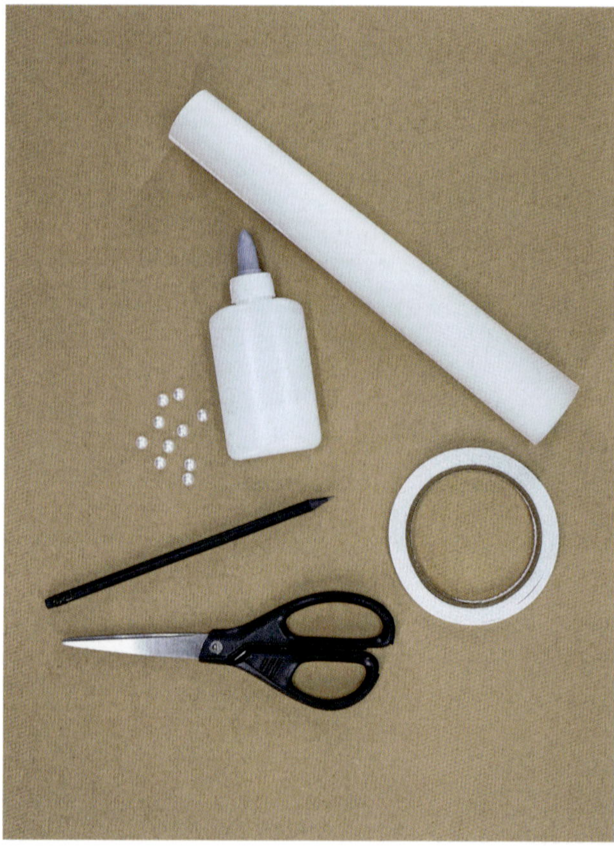

DAS BRAUCHST DU

Butterbrotpapier
halbe Perle
beidseitiges Klebeband
Bastelkleber
Bleistift
Klemme
Schere

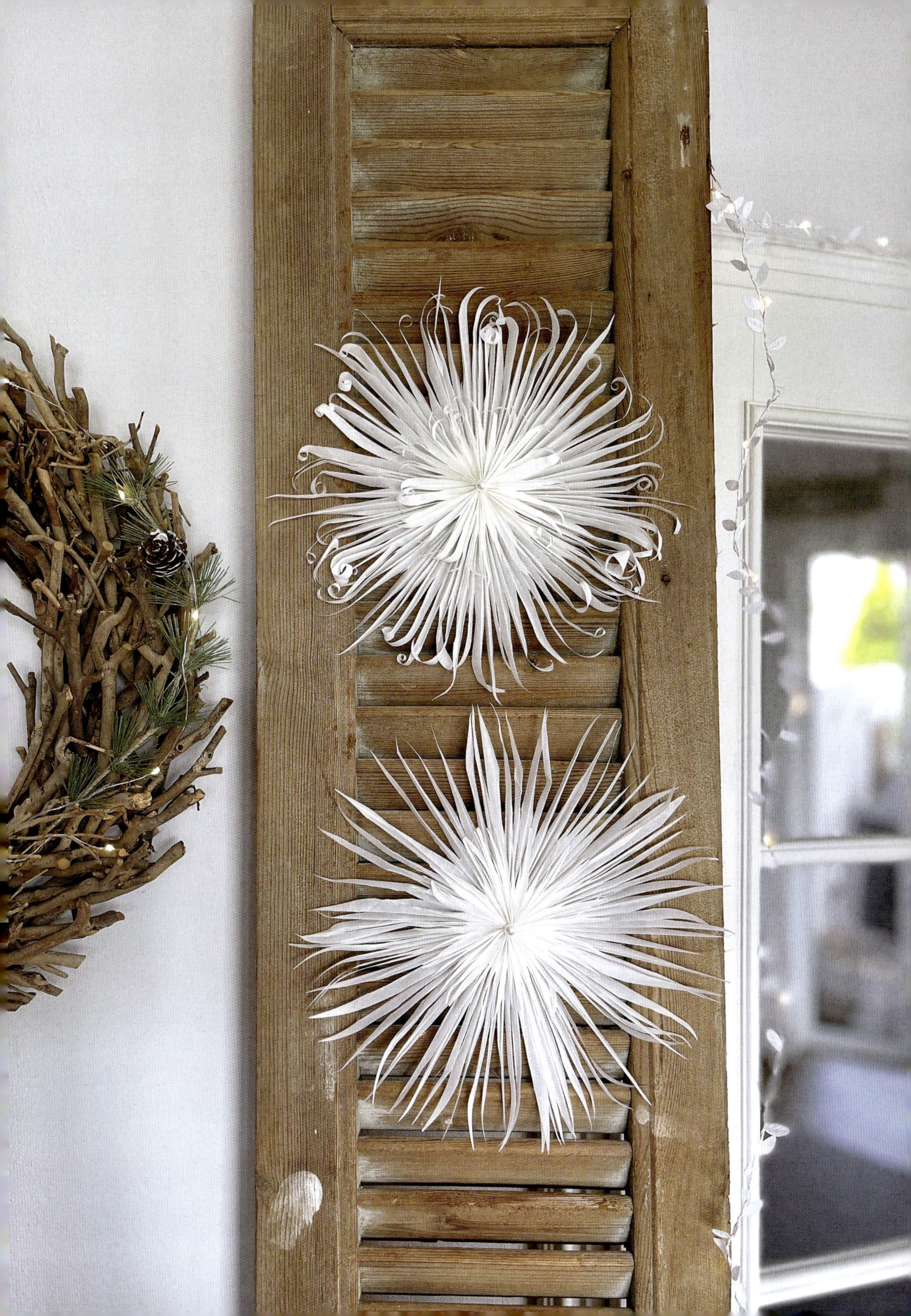

SO WIRD'S GEMACHT

Rolle das Butterbrotpapier auseinander und erstelle mit der Dreiecktechnik 3 gleich große Rechtecke.

Wiederum aus dem Butterbrotpapier faltest du 3 gleich breite Streifen und schneidest diese aus. Die Größe ist dabei nicht entscheidend. Sie sollten nur schmaler sein als die großen Rechtecke aus dem ersten Schritt. Auch hier wendest du die Dreiecktechnik an, um 3 kleinere Rechtecke zu erhalten.

Falte sie einmal mittig längs und dann noch einmal mittig, sodass ein gefaltetes Rechteck entsteht.

Mit dem Bleistift malst du nun Zacken auf ein Rechteck. Achte unbedingt darauf, dass oben die geschlossene Kante ist und die Zacken am unteren, offenen Rand gezeichnet werden. Lege alle Rechtecke aufeinander und schneide die Zacken aus. So sind sie gleichmäßig.

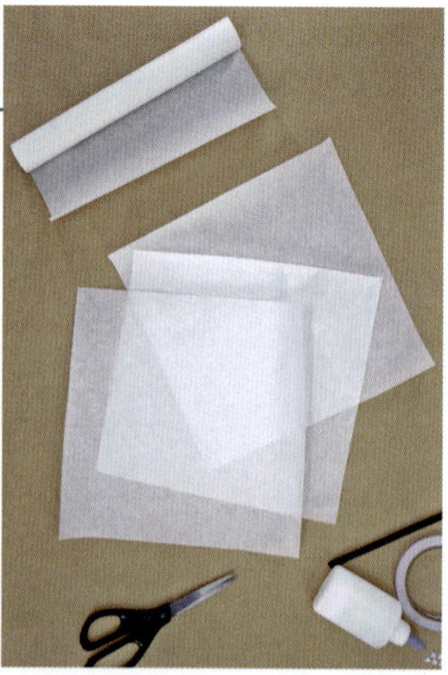

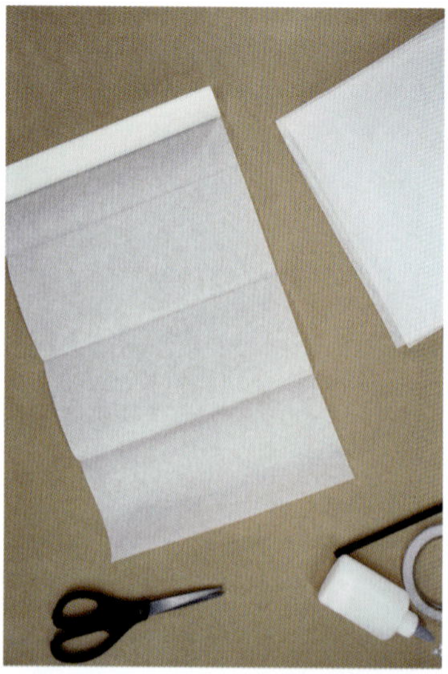

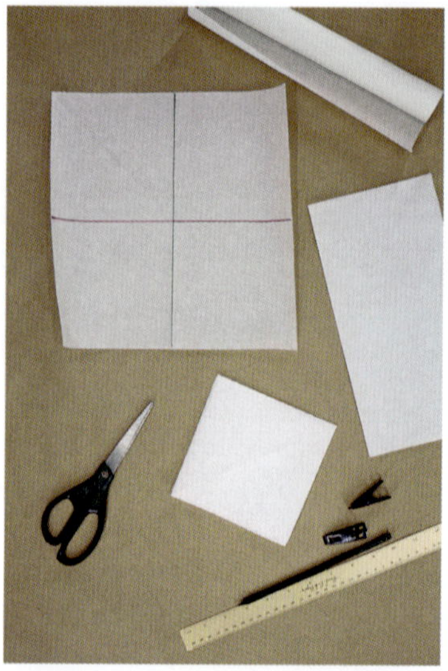

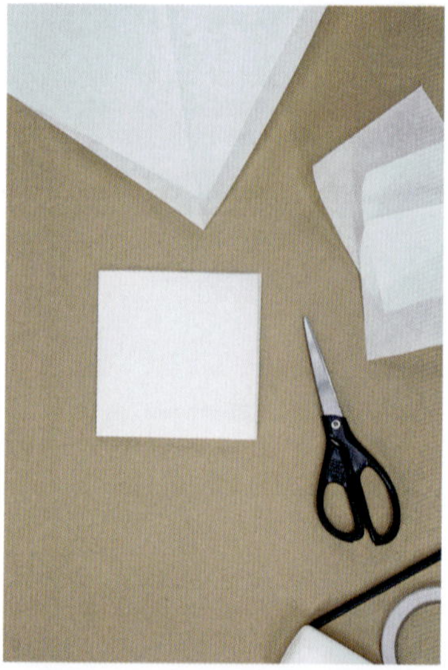

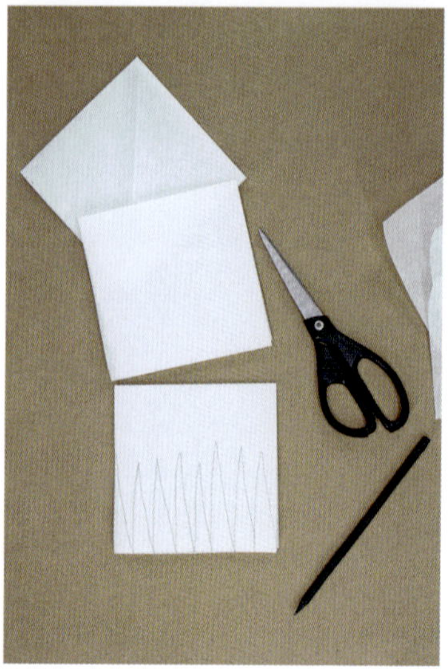

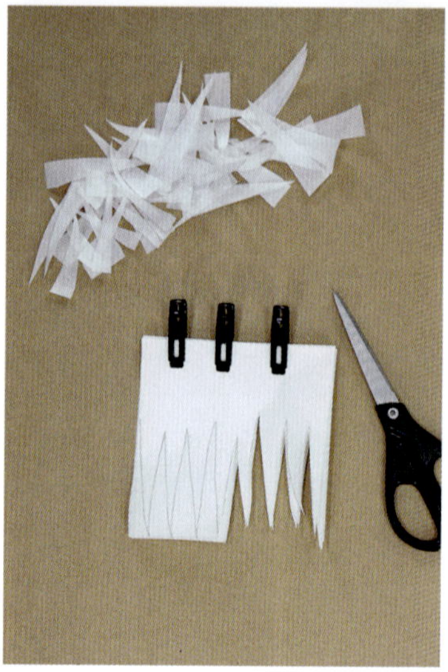

Das auseinandergefaltete Papier wird nun wie eine Ziehharmonika gefaltet. Versuche, möglichst gleichmäßig zu arbeiten. Klebe das Papier mittig zusammen und streiche vorsichtig mit dem Rücken der Schere über die einzelnen Zacken. So kräuseln sie sich ein bisschen (wie bei Geschenkband).

Verbinde mit dem beidseitigen Klebeband nun alle 3 Papierteile miteinander und gehe mit den kleinen Rechtecken genauso vor. Die dadurch entstehende kleinere Blüte wird mittig auf die große geklebt. Als Abschluss kommt eine Perle in die Mitte.

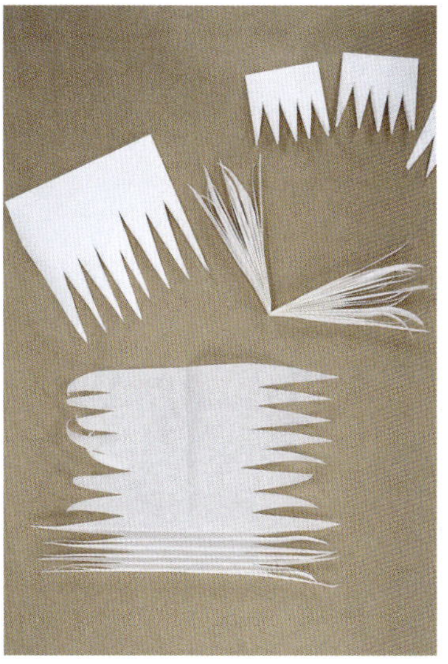

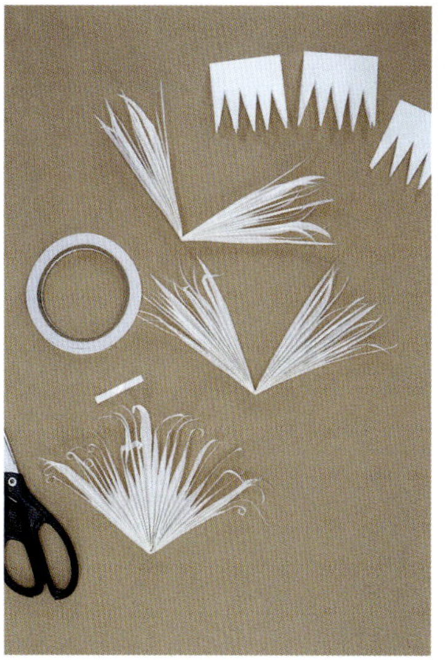

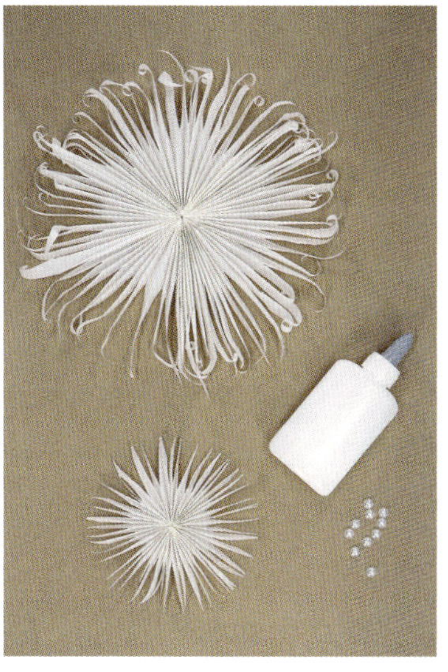

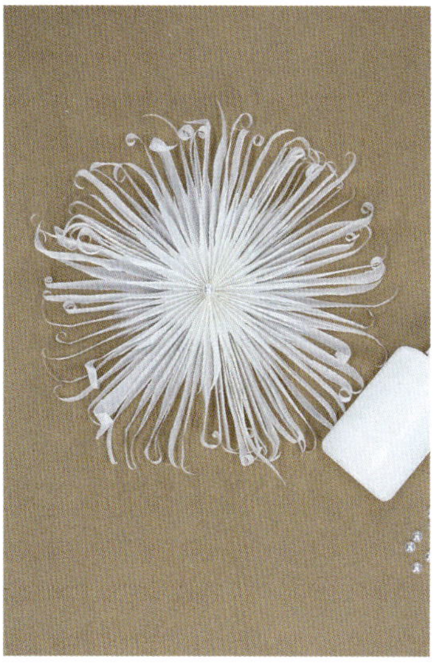

Tipps

Es ist gar nicht so schwer, aus einem länglichen Stück Papier ein Rechteck zu bekommen. Ich nenne diese Technik »Dreiecktechnik«. Dafür legst du das Papier von unten rechts nach oben an den Papierrand, sodass ein Dreieck entsteht. Wenn du das doppelte Dreieck abschneidest und auseinanderfaltest, hast du ein Rechteck.

Du kannst auch drei oder mehr Blumen übereinanderkleben.

KNIFFLIG

Futterstation

Es gibt kaum etwas Schöneres für mich, als von meiner warmen Stube aus in den Garten zu schauen und die Vöglein beim Schlemmen zu beobachten. Überall hängen und stehen bei uns Futterstationen und dieses Schmuckstück hat es ins Buch geschafft. Die Idee dafür kam mir mit einem kaputten Bilderrahmen. Das Glas davon hat eine ganz neue Funktion bekommen. In der Futterstation sorgt es jetzt als Nachschubklappe.

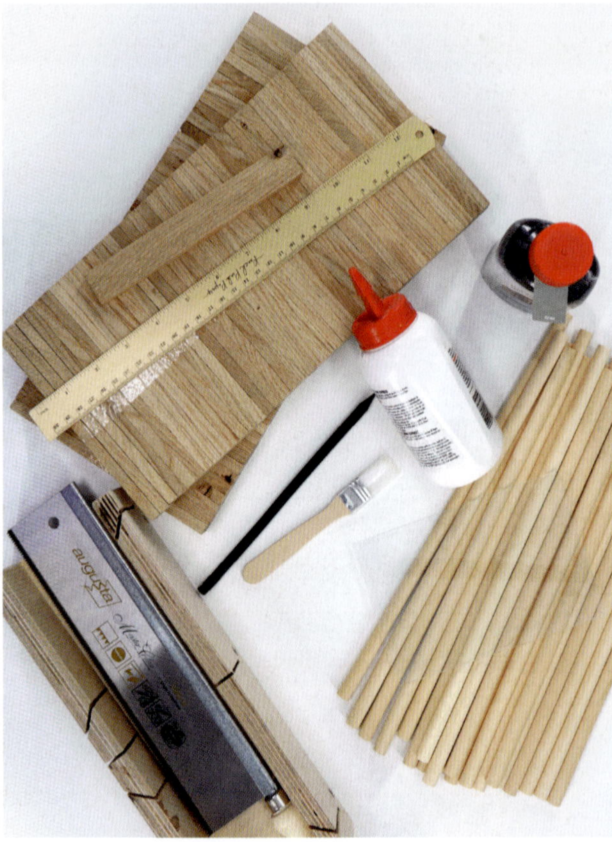

DAS BRAUCHST DU

125 Klötzchen
50 Rundhölzer
Holzleim, wasserfest
Beize
Akkubohrer
Forstnerbohrer
kleiner Bohrer
Gehrungsschneidlade
Blattsäge
Bleistift
Pinsel

Tipps

Als Basis benötigst du 11 x 7, 2 x 8 und 1 x 5,5 zusammengeleimte Klötzchen. Verleime diese als Erstes und lasse sie gut trocknen. Weiterhin brauchst du ca. 25 einzelne Klötzchen. Meine Rundhölzer sind 30 cm lang. Darauf beruht die Mengenangabe. Es gibt sie aber in verschiedenen Größen.

Das Dach und der Zwischenboden werden nicht verleimt, damit du die Futterstation besser reinigen kannst.

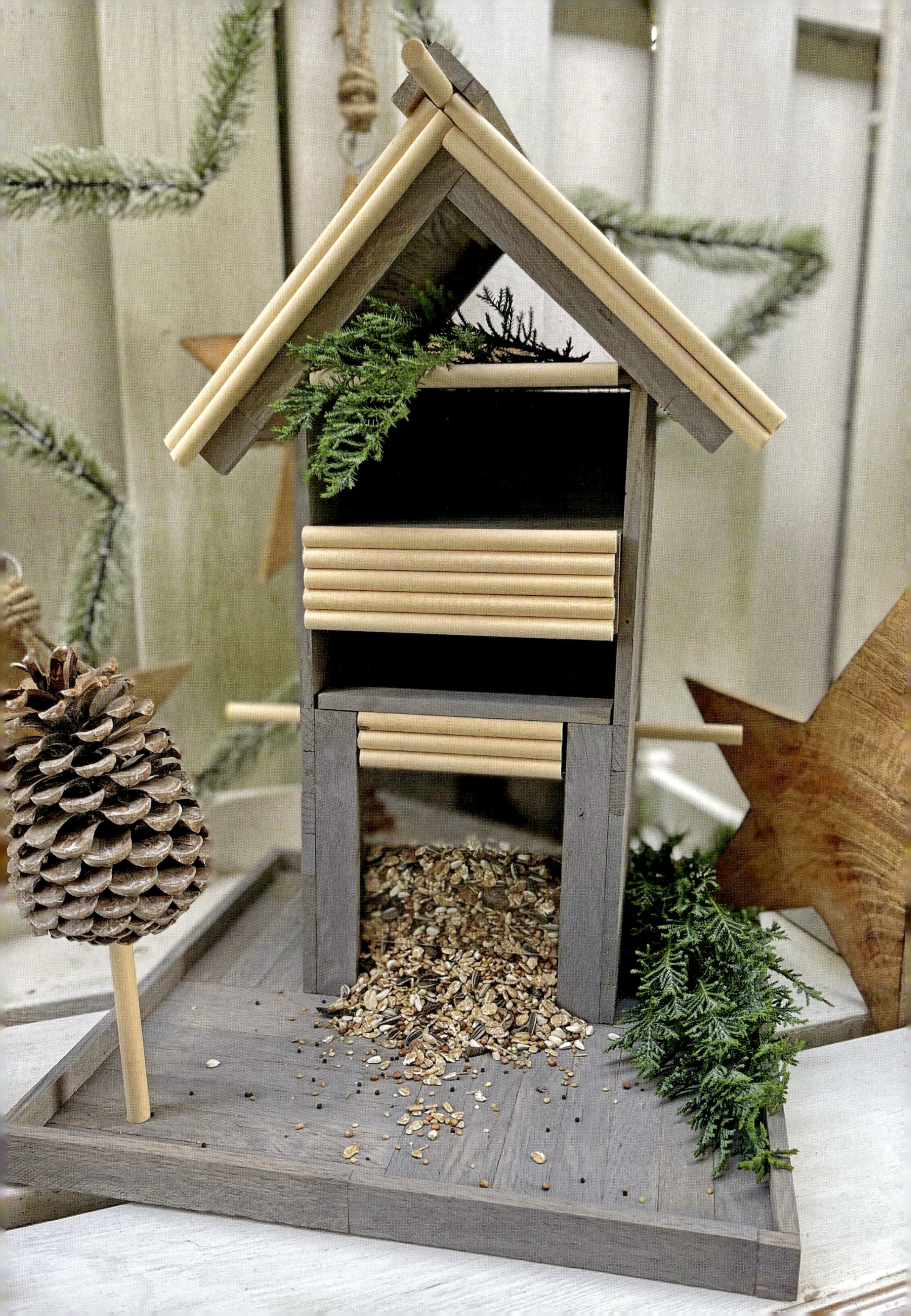

SO WIRD'S GEMACHT

Verleime 4 von den vorher geleimten 7er-Klötzchen miteinander und befestige mit Holzleim einen Rahmen darum. Markiere ein Kreuz in der Mitte und bohre ein Loch hinein, damit die Futterstation später auf einem dicken Stab befestigt werden kann.

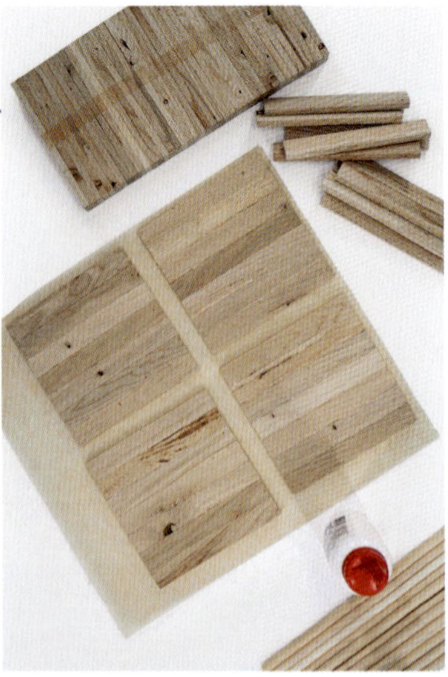

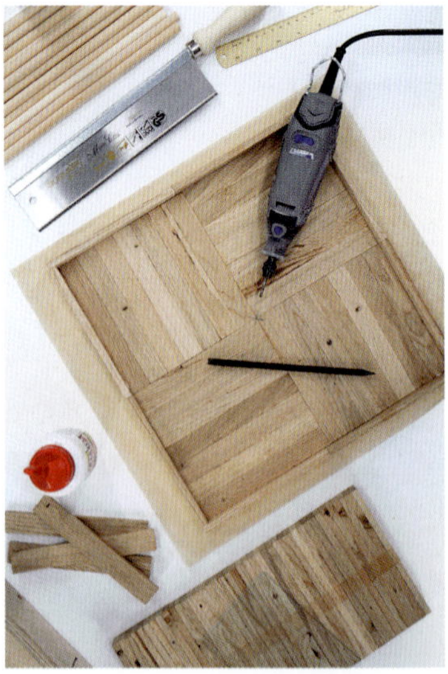

Verleime 6 x 7er-Klötzchen zu jeweils einem 2er-Block. Für die Glasscheibe werden Schienen benötigt. Verleime dafür 2 normale und ein kleines Klötzchen so miteinander, dass das Ganze an eine Klammer erinnert. Diese wird auf 2 von den 2er-Blöcken am Rand geleimt. Achte darauf, dass du sie einmal rechts und einmal links am äußeren Rand befestigst.

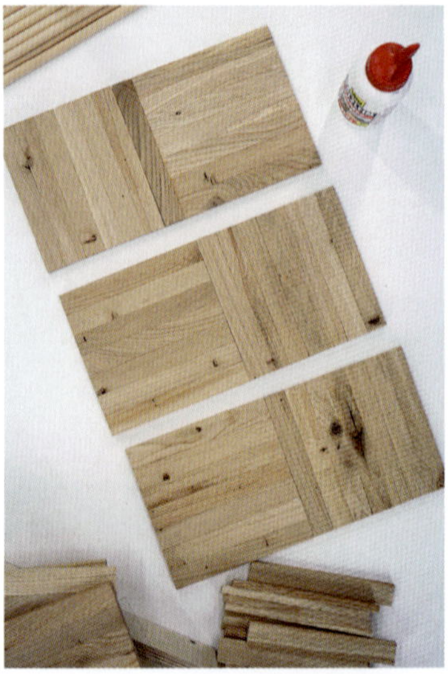

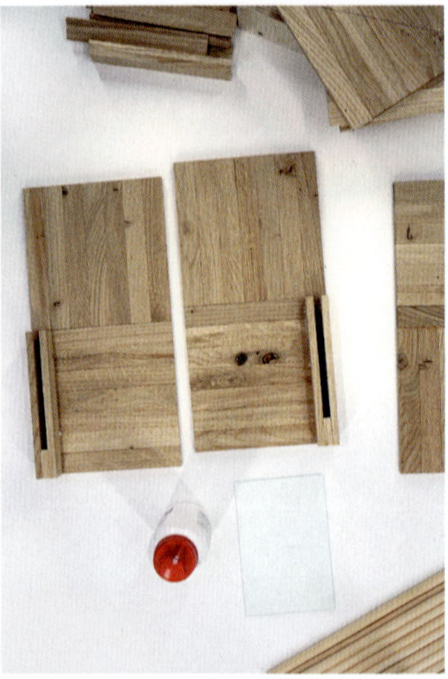

Den letzten 2er-Block leimst du an den inneren Rahmen der zukünftigen Terrasse. Mit dem Forstnerbohrer wird nun an den Seiten jeweils ein Loch gebohrt. Miss vorher genau nach, damit die Löcher auf gleicher Höhe sind. Für den Durchmesser orientiere dich an den Rundhölzern, die du benutzt. Nun leime die Blöcke rechts und links von der Rückwand an.

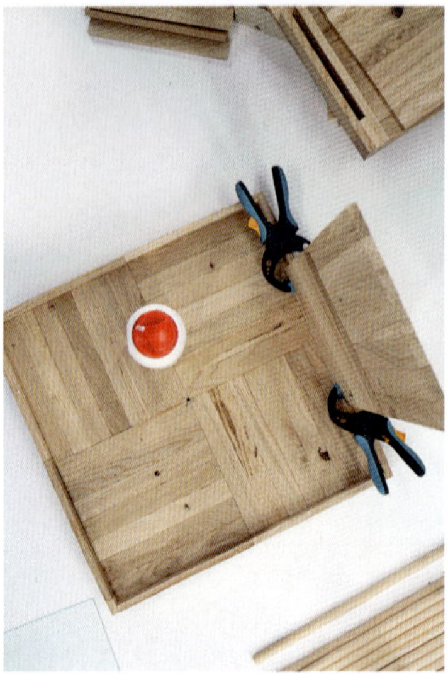

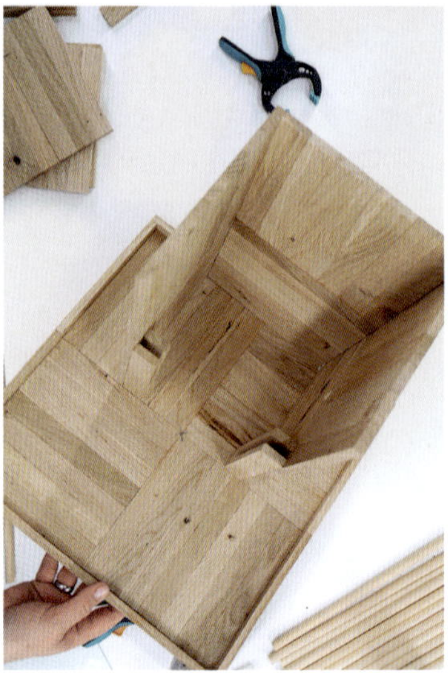

Als zusätzlichen Zwischenboden setze ein 5,5er-Klötzchen oberhalb der Schiebevorrichtung. Als Halterung dienen 2 Klötzchen, jeweils an die Seiten geleimt. Der Boden wird nicht mit Leim befestigt, sondern einfach nur aufgelegt. Achte darauf, dass du die kleine Glasscheibe noch herausschieben kannst. Hier musst du vorher ein bisschen tüfteln, damit du die richtige Höhe des Zwischenbodens hast.

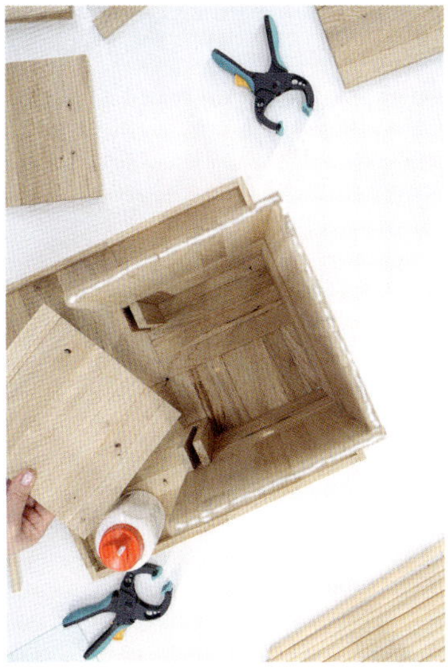

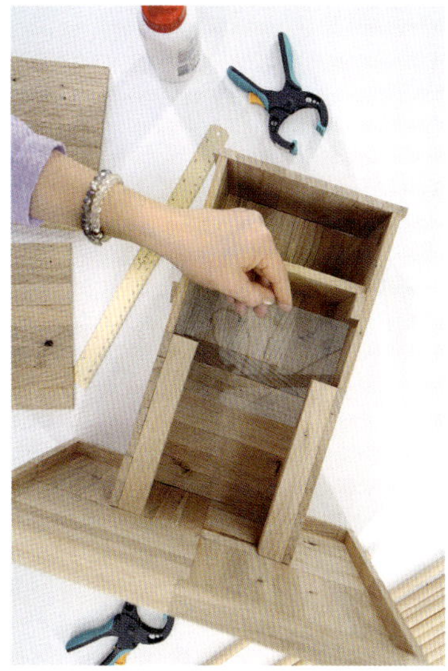

Das Dach wird im rechten Winkel mit den 2 8er-Klötzchen verleimt. Als vordere Front säge dir zusätzliche Klötzchen zurecht und setze sie als Abschluss. Für die Dachoberfläche säge Rundhölzer auf eine Länge von 20 cm und bringe sie mit Holzleim auf. Setze einen längeren Rundstab auf die Dachspitze und verkleide diese mit zusätzlichen Klötzchen.

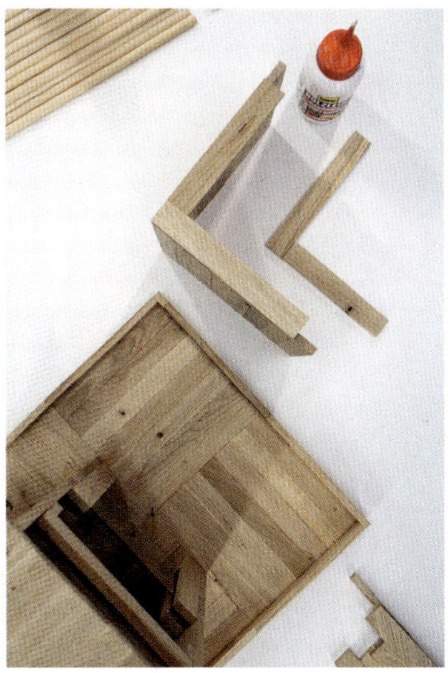

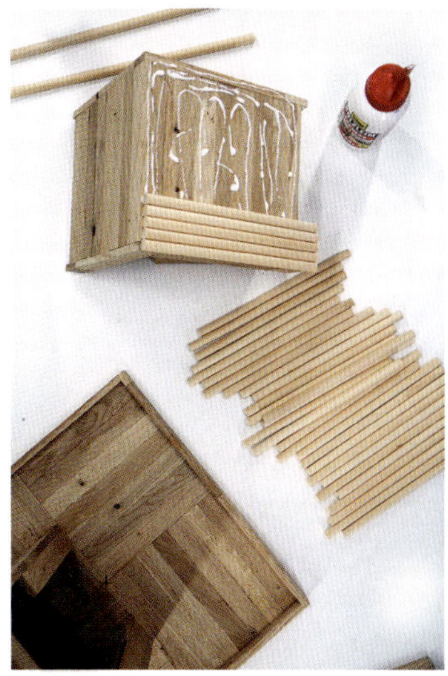

Zum Schluss wird das Haus gebeizt. Die Rundhölzer habe ich im Naturton belassen und aus den Resten kleine Verzierungen aufgebracht. Durch die beiden Bohrlöcher wird ein langes Rundholz geschoben. Auf die Schiebevorrichtung der Scheibe habe ich noch 2 Klötzchen in T-Form verleimt, damit ich einen schönen Abschluss habe. Er wird einfach von oben in die Schienen gedrückt. Wenn die Scheibe gesäubert werden muss, entfernst du die Verkleidung und kannst die Scheibe herausziehen.

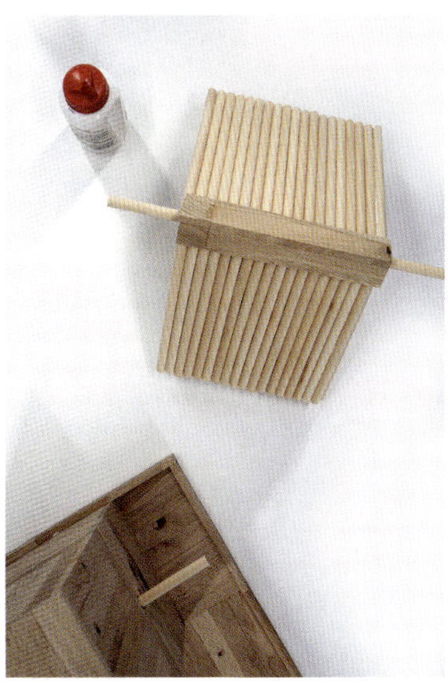

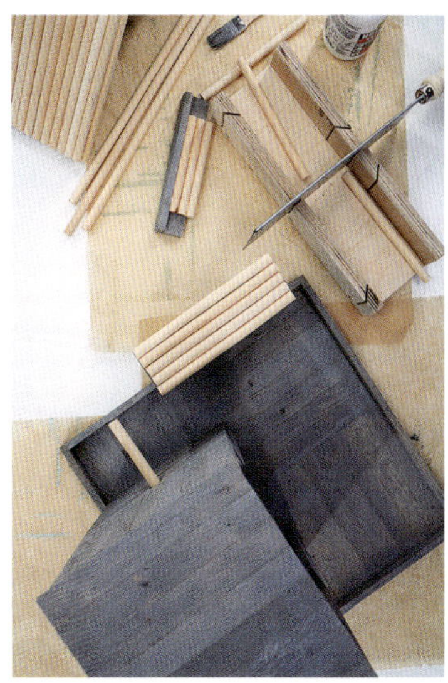

LEICHT

Klammerflocke

Holzklammern eignen sich nicht nur zum Aufhängen der Wäsche, sondern sind auch perfekte Begleiter in Bastelstuben. Wenn man an die Kindheit zurückdenkt, hat bestimmt schon fast jeder von uns mit ihnen gebastelt. Es gibt unzählige Muster und Formen, die mit den Klammern entstehen können. Ich habe mir eine Variante überlegt, die recht einfach ist. Sie sieht mit allen Klammergrößen schön aus.

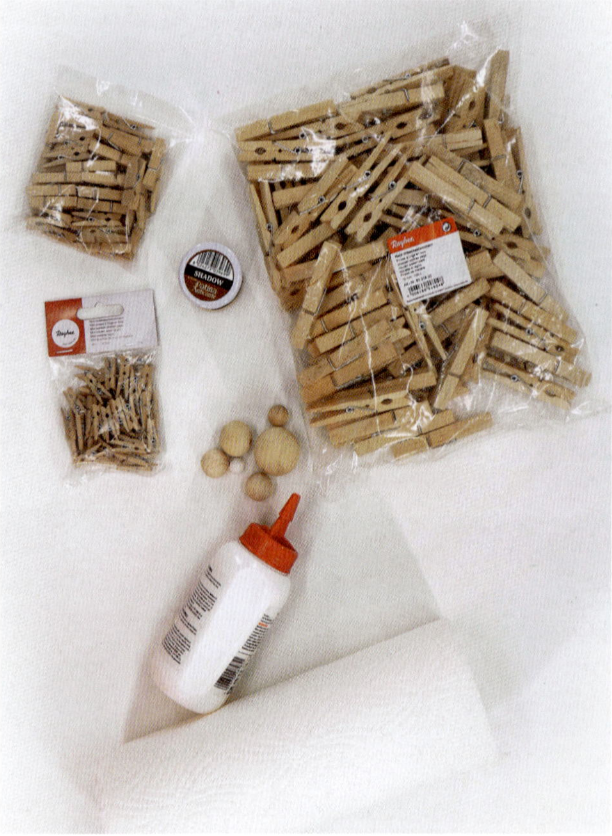

DAS BRAUCHST DU

32 Holzklammern
Holzperlen
Holzleim
Küchenrolle
Antikwachs

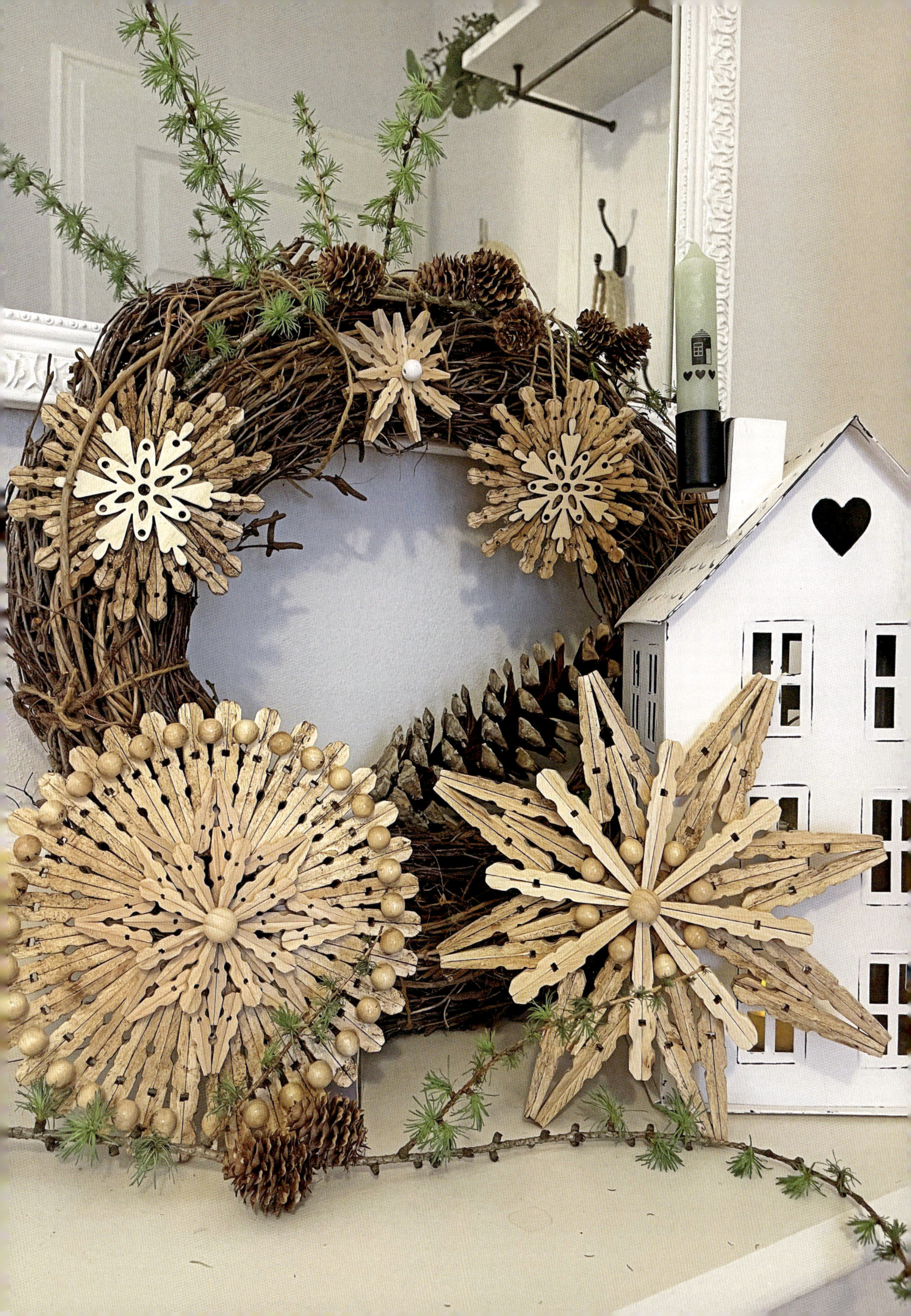

SO WIRD'S GEMACHT

Entferne alle Federn von den Klammern und verleime sie umgekehrt miteinander.

Lege 8 von den Klammern beiseite und verleime die anderen zu einem Pfeil in einer 3er-Konstellation. Die Klammern, die du beiseitegelegt hast, verleime nun zu einem Stern.

In die Mitte klebst du eine Perle und verleimst die »Pfeile« ebenso miteinander. Achte dabei darauf, dass die Pfeilspitze nach außen zeigt. Nun wische mit dem Küchentuch die Antikpaste auf den großen Stern und klebe den kleinen obenauf.

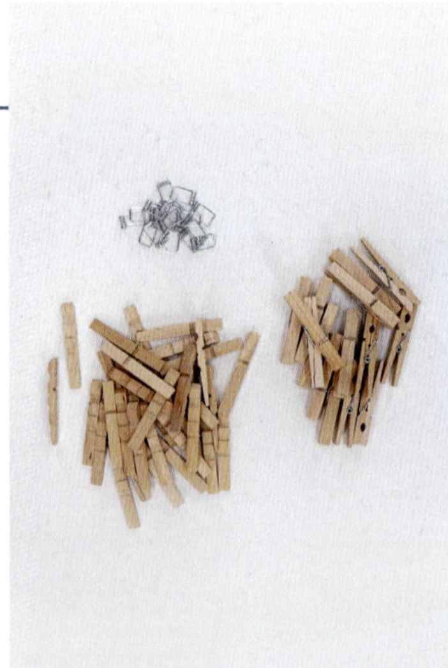

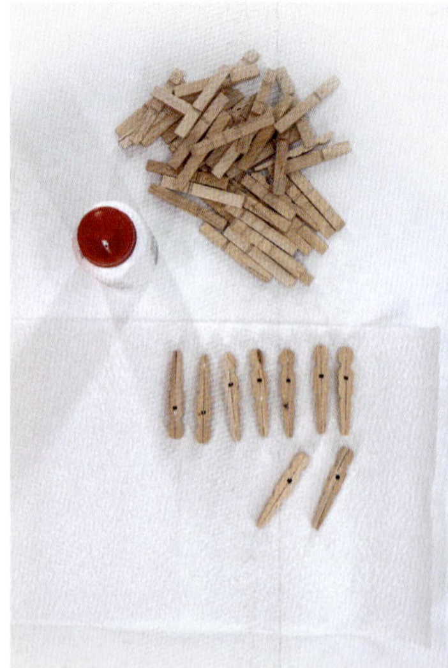

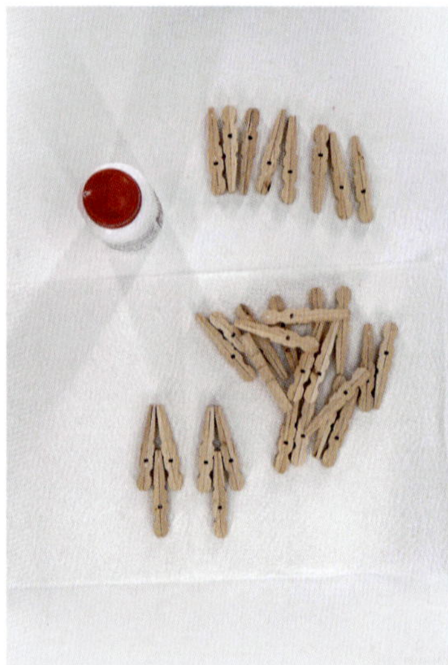

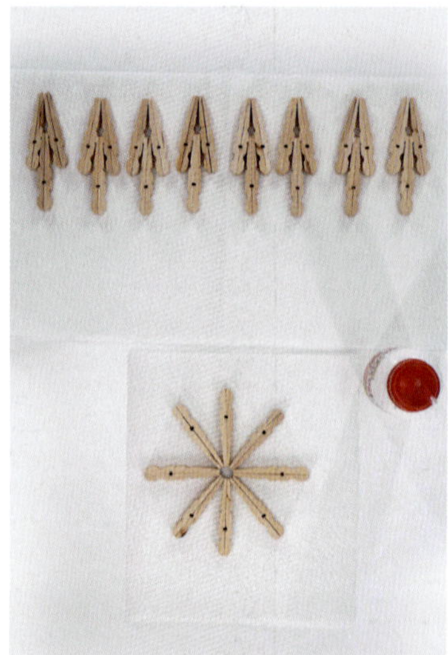

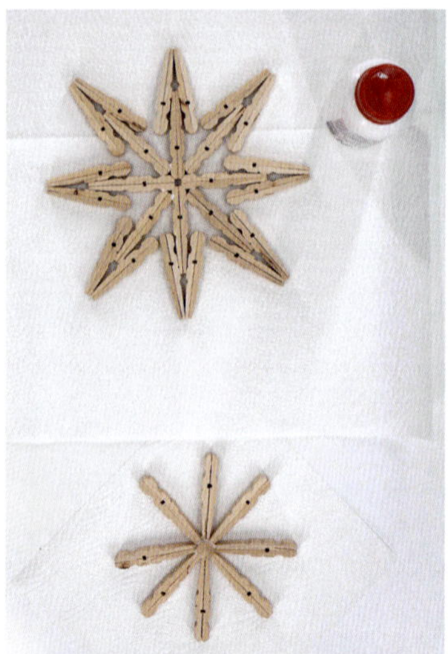

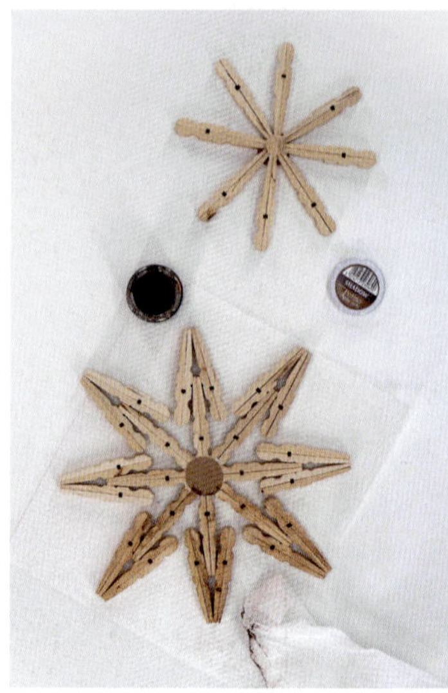

Die anderen Varianten zeigen dir, wie viele verschiedene Möglichkeiten es gibt. Deiner Fantasie sind keine Grenzen gesetzt.

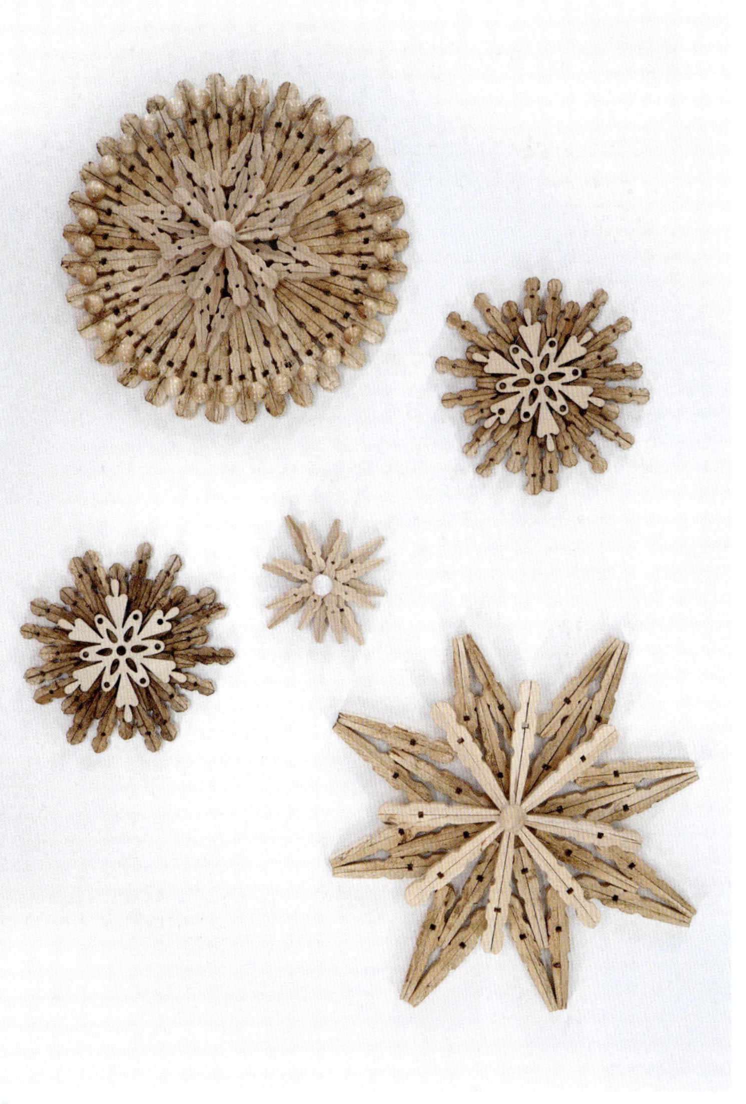

Tipp

Lege dir das Muster immer erst zurecht, bevor du es verleimst.

KNIFFLIG

Kerzenwald

Kerzen sind das ganze Jahr über schön und passen eigentlich zu jedem Monat. Doch zur Advents- und Weihnachtszeit scheinen sie besonders schön. Das warme Licht schenkt Gemütlichkeit und Wärme. Ich liebe es, dabei ein gutes Buch zu lesen und eine schöne Tasse Tee zu genießen – wohlig eingepackt in meine Kuscheldecke. Dieser Kerzenwald bedarf ein bisschen Übung, aber ich finde ihn superschön gelungen. Ich wünsche dir viel Spaß beim Nachmachen.

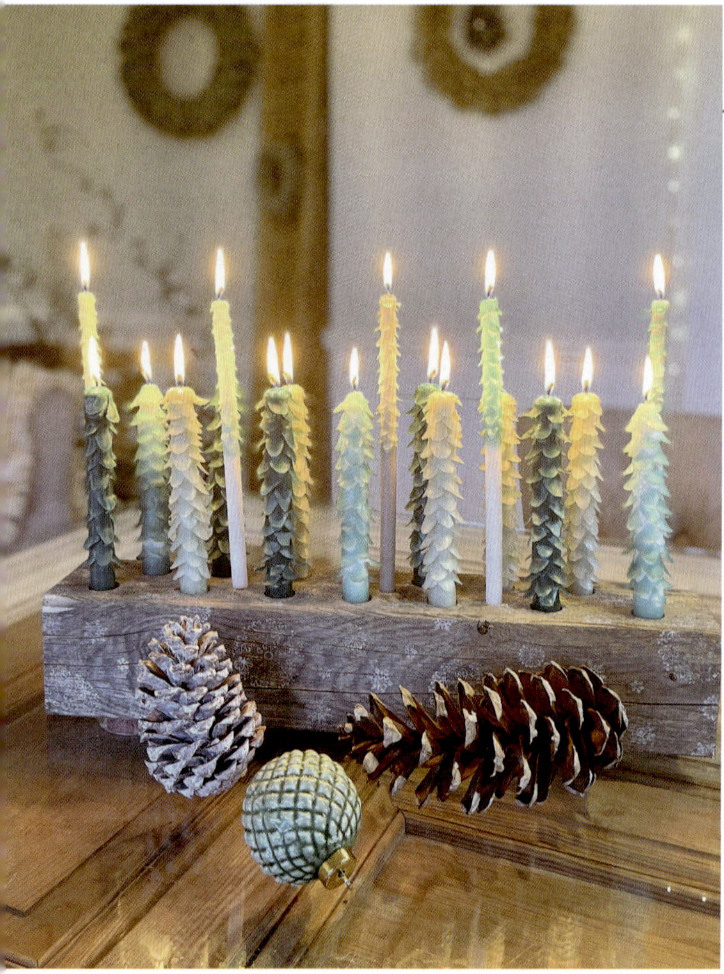

DAS BRAUCHST DU

durchgefärbte Stabkerzen
dünne Stabkerzen
Holzblock (Baumarkt)
weiße Stempelkissen
winterliche Stempel
Forstnerbohrer
hohes Einweckglas
Küchenmesser
Lineal
Bleistift
Akkubohrer

Tipps

Der Holzblock lag ein Jahr in unserem Garten. Dadurch hat er eine schöne graue Patina bekommen. Das ist natürlich Geschmackssache und du kannst gern auf einen nicht verfärbten Block zurückgreifen oder du gibst ihm einen Farbanstrich deiner Wahl.

Um einen antiken Look zu erhalten, reibe den Holzblock mit Wasser und dunkler Erde oder einem kalten Espresso ein.

SO WIRD'S GEMACHT

Kreuze dir auf dem Block die Vertiefungen mit Lineal und Bleistift an. Die Forstnerbohrer wähle mit dem Durchmesser deiner Kerzen, damit diese gut stehen. Bohre an den Markierungen etwa 2 cm tief.

Nun kommen die Stempel zum Einsatz. Bestemple jede Seite des Holzblockes und koche währenddessen etwa 2 Liter Wasser und fülle sie in ein großes Einweckglas. Wähle kein anderes Glas, z.B. eine Vase. Sie sind für heißes Wasser nicht geeignet.

Wenn du dich für dunkle Kerzen entschieden hast, wird sich dein Wasser etwas verfärben, und hellere Kerzen nehmen das dunkle Wachs im Glas mit auf. Das ergibt einen schönen Effekt. Du kannst aber auch ein Glas pro Kerzenfarbe nehmen. Tauche die Kerze für ein paar Sekunden ins Wasserbad, damit sie etwas weich wird. Mit dem Küchenmesser werden nun Zacken von unten nach oben eingeritzt und etwas gebogen. Lass dir Zeit dabei, da die Zacken schnell brechen können. Wenn die Kerze ausgekühlt ist, tauche den noch nicht gezackten Teil erneut ins Wasser und fahre mit der Zackenbildung fort. Lasse das untere Ende normal, damit du deine Kerze in die Vertiefung stellen kannst.

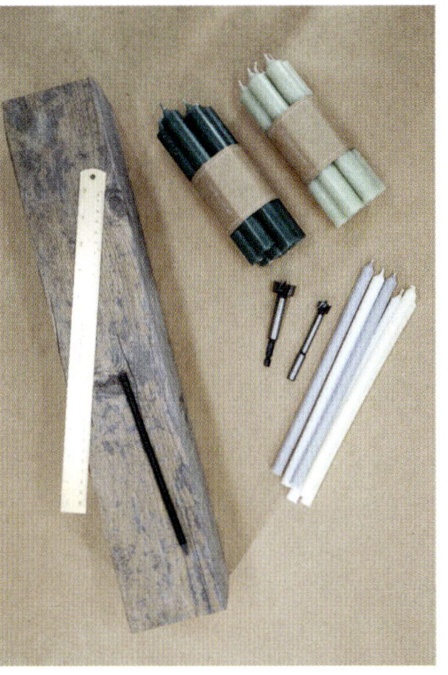

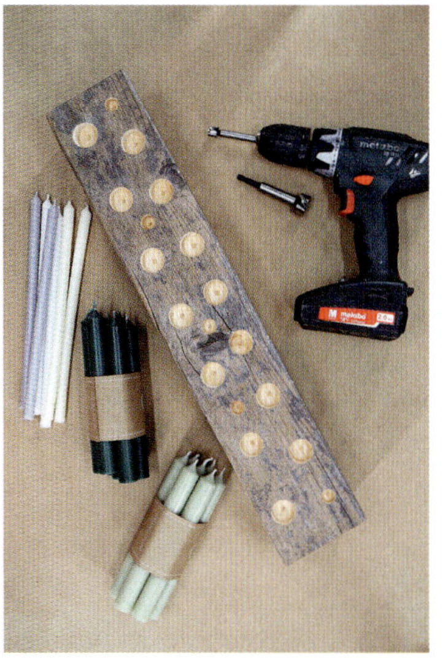

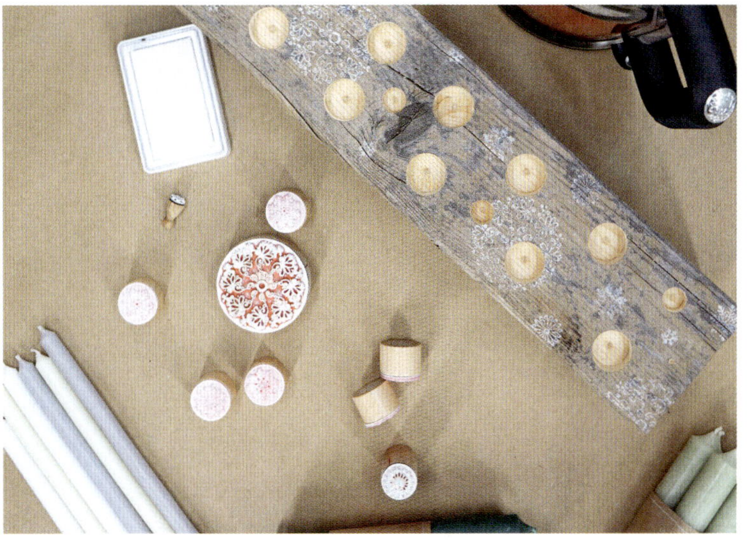

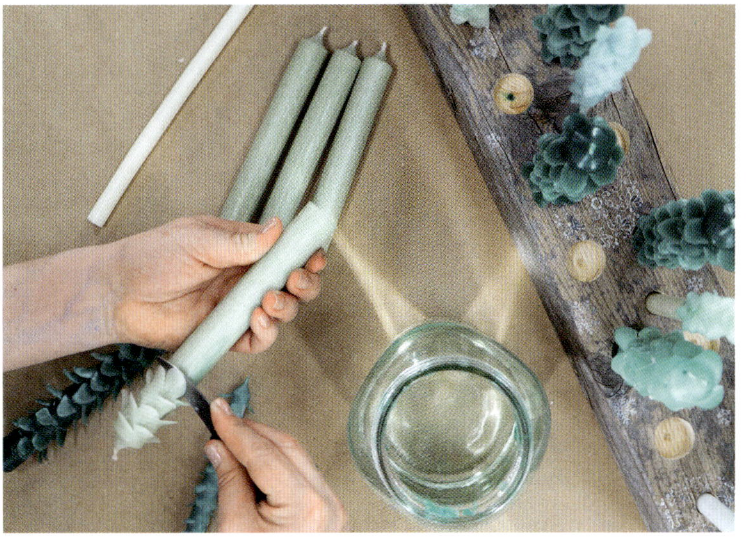

KNIFFLIG

Wünschebriefkasten

Dieses DIY hatte ich schon eine ganze Weile auf meiner To-do-Liste. Umso schöner ist es, dass ich es jetzt endlich realisieren konnte. Es ist sicherlich eine etwas größere Bastelei, aber ich bin mir sicher, dass du sie mit der Anleitung perfekt umsetzen kannst. Dieser Wünschebriefkasten findet ab jetzt jedes Jahr einen besonderen Platz. Meine Enkelkinder können so ihre Wünsche an den Weihnachtsmann malen und in den Briefkasten legen.

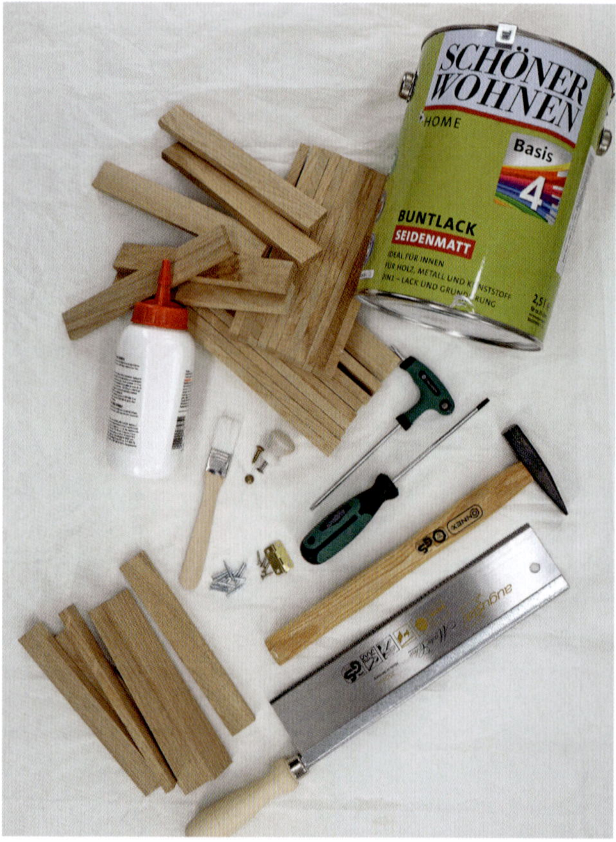

DAS BRAUCHST DU

Klötzchen, ca. 110 Stück
kleiner Schrankgriff
kleines Klappladenscharnier
kleine Schrauben und Nägel
Buntlack
Holzleim
Antikpaste
Pinsel
runde Holzleisten
Küchentuch
Holzstern
Vorlage Schriftzug
Blaupapier
Hammer
Blattsäge
Schraubendreher

Tipps

Die Vorlage für den Schriftzug findest du am Ende des Buches. Du kannst sie in deiner gewünschten Größe kopieren und mit Blaupapier aufbringen. Wenn du einen Plotter hast, kannst du den Schriftzug auch mit Vinylfolie aufbringen. Achte bitte darauf, dass sie wasserfest ist.

Anstelle der Antikpaste kannst du auch wasserfeste Schuhcreme verwenden.

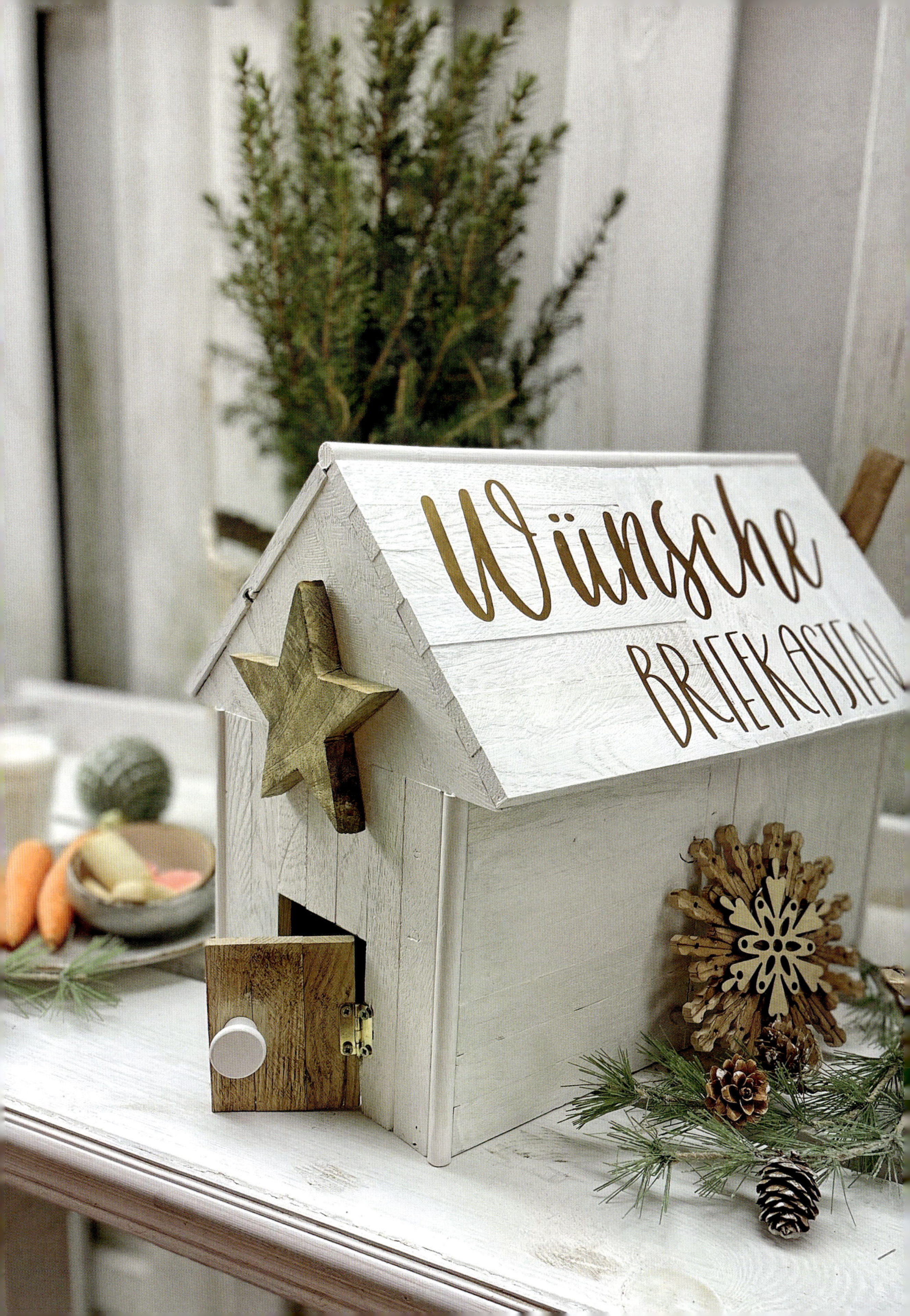
Wünsche
BRIEFKASTEN

SO WIRD'S GEMACHT

Verleime als Erstes 11 x 7 Klötzchen und 2 x 8 Klötzchen. Für die Vorderseite des Hauses sägst du 3 Klötzchen mittig durch und verleimst wie folgt: 2 normale Klötzchen – 3 halbe Klötzchen – und wieder 2 normale Klötzchen. Die restlichen 3 halben Klötzchen verleimst du nun miteinander. Das wird die Tür.

Zeichne auf 2 7er-Klötzchen die Mitte mit einem Lineal an. Säge diese durch, sodass du 4 Dreiecke erhältst.

Montiere nun das Türchen mit dem Klappladenscharnier an die Vorderseite und bringe den Türknauf an. Verleime jeweils 2 7er-Klötzchen. Ändere dabei jeweils die Längsseiten, damit du mehr Haltbarkeit erreichst. Für das Dach verleimst du ein 7er- mit einem 8er-Klötzchen.

Säge die Rundhölzer so, dass sie die Länge der Klötzchen haben. Du brauchst 4 Stück für die Seiten und später ein langes fürs Dach. Verleime den Boden mit allen Seiten. Gehe dabei langsam vor und lasse jeweils eine Seite gut trocknen, bevor du die nächste Seite befestigst. Du kannst die Verbindungen zusätzlich mit kleinen Nägeln fixieren.

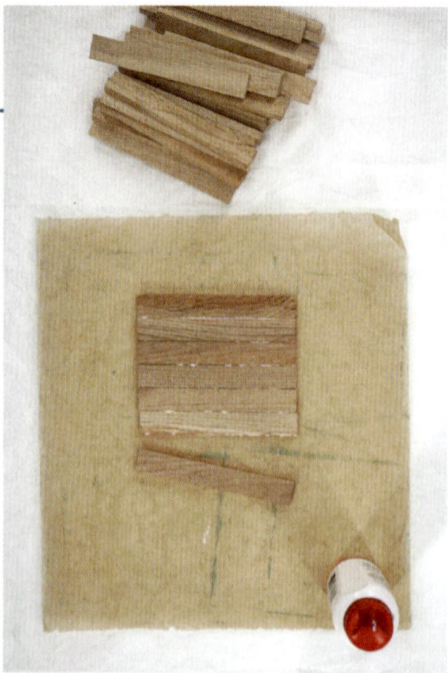
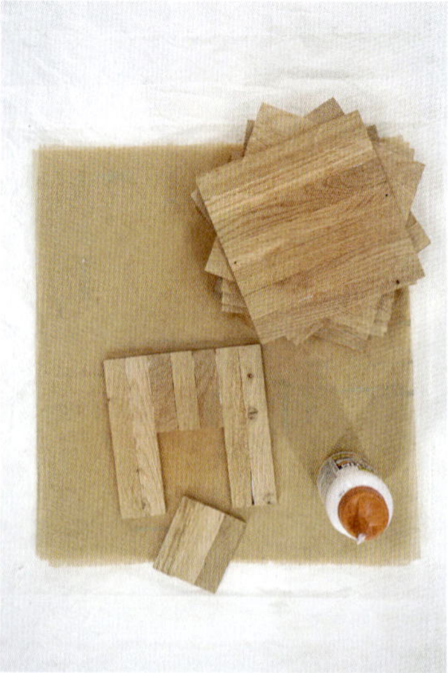
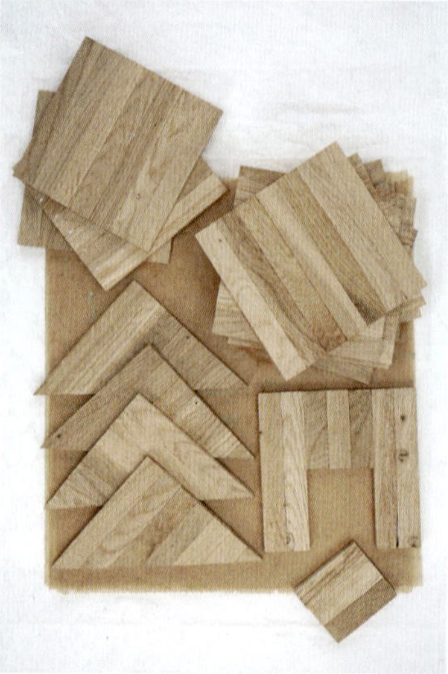
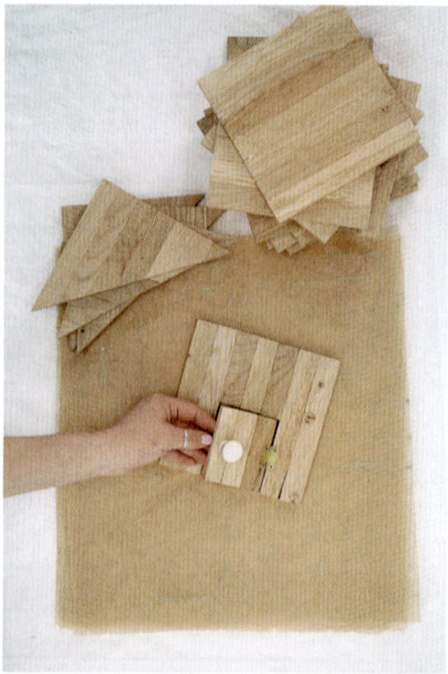
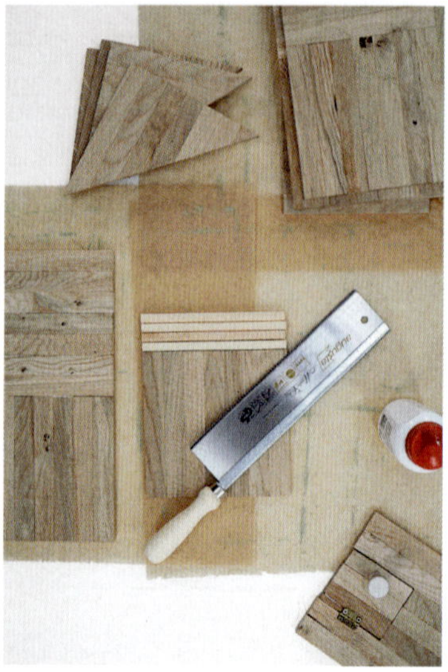
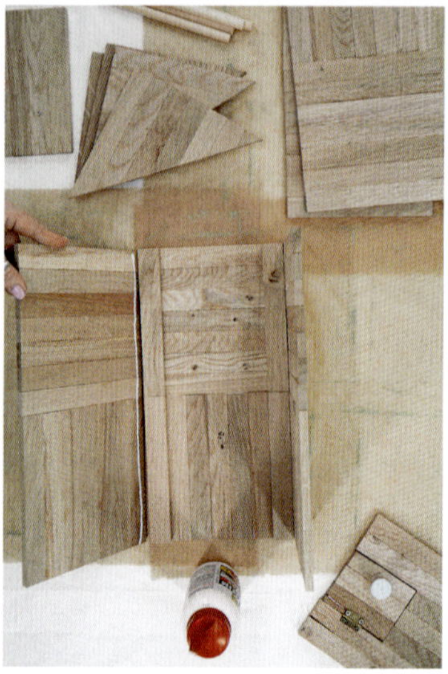

Bringe nun die Dreiecke an den Giebeln des Hauses an. Verleime jeweils 2 Dreiecke miteinander. Bringe darauf das Dach und das Rundholz an.

Wähle deinen Lieblingsfarbton und streiche das Häuschen. Reibe Antikpaste mithilfe eines Küchentuches auf die Tür und deinen Dekostern. Nun wird der Schriftzug angebracht. Wenn du ihn aufmalen möchtest, benutze Lackfarben.

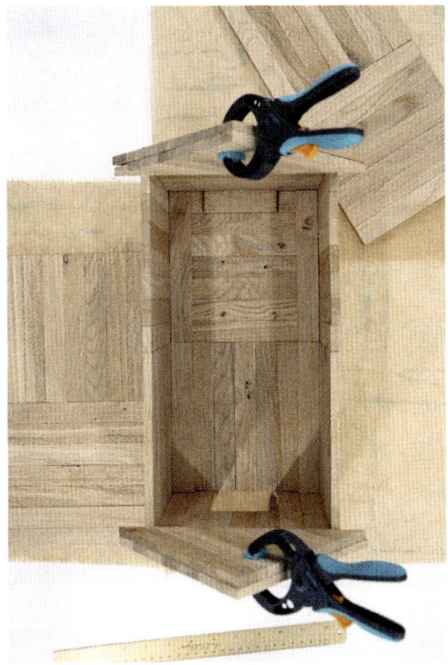

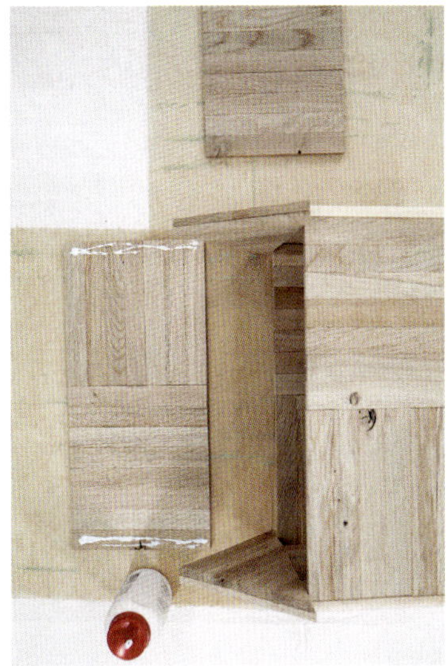

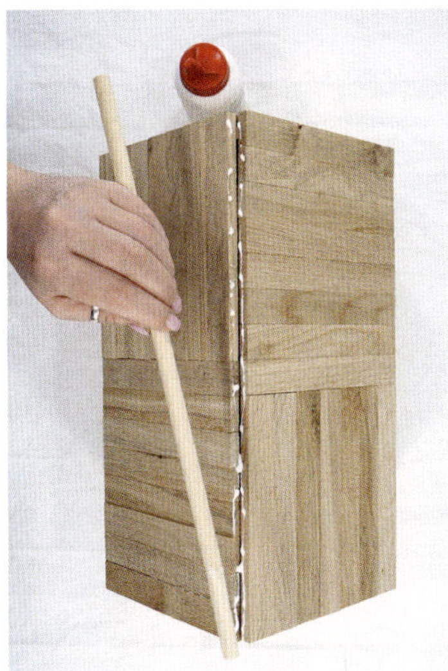

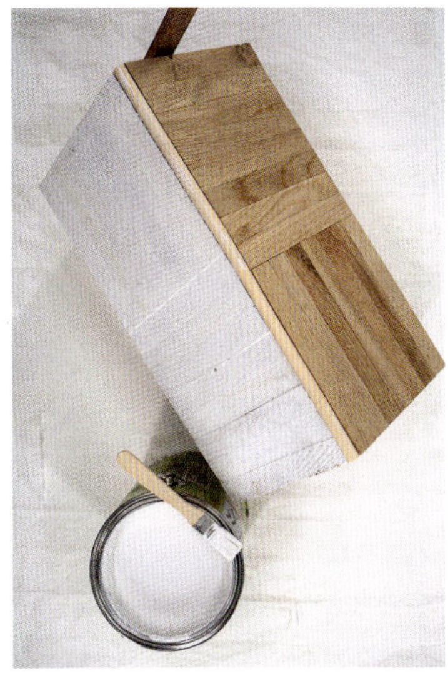

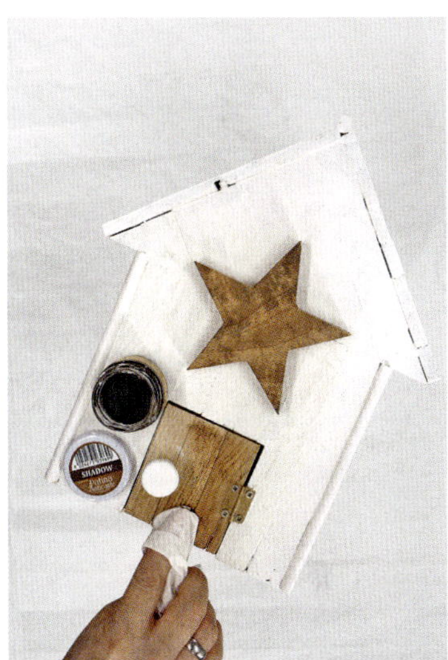

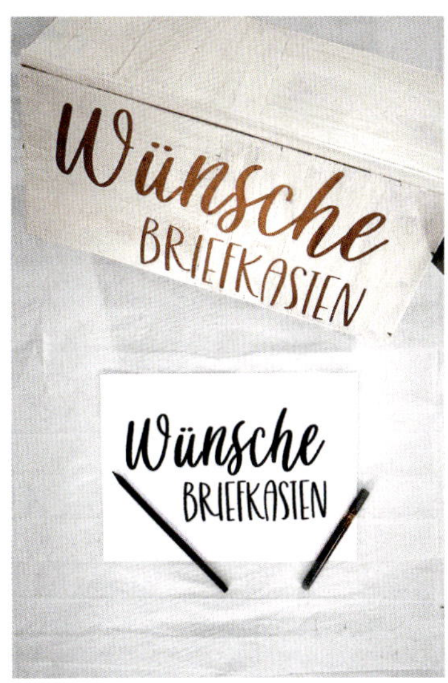

LEICHT

Adventshäuschen

Dieses DIY-Projekt ist eine gemeinsame Arbeit mit meiner Großcousine Melissa. Sie hatte ihren Zukunftstag bei mir und da lag es nahe, mit ihr ein Projekt für dieses Buch zu kreieren. Ich bin auf das Ergebnis richtig stolz und wir hatten jede Menge Spaß bei der Umsetzung.

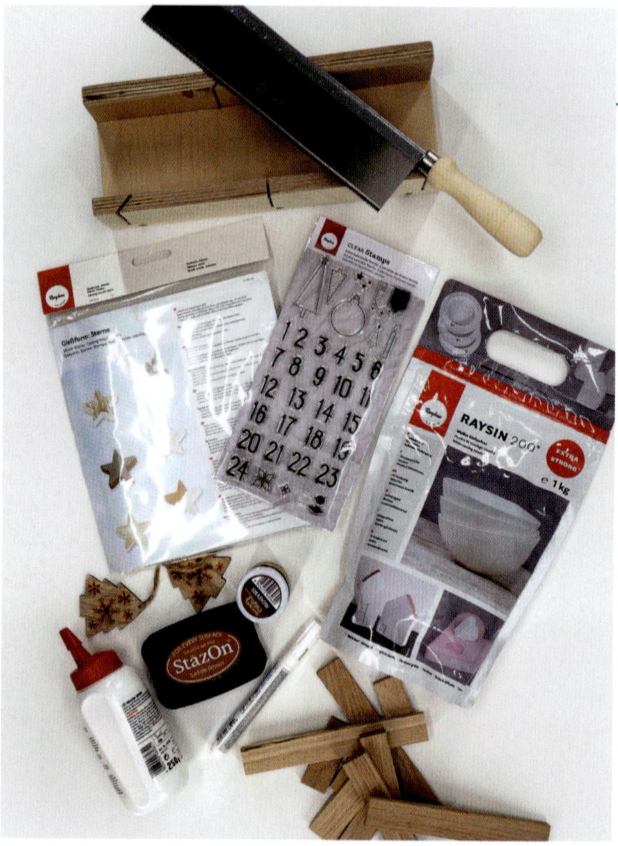

DAS BRAUCHST DU

30 Klötzchen
Zahlenstempel
Stempelkissen, wasserfest
Holzleim
Antikpaste
Küchentuch
Gießform Stern
Raysin-Gießpulver
Blattsäge
Gehrungsschneidlade

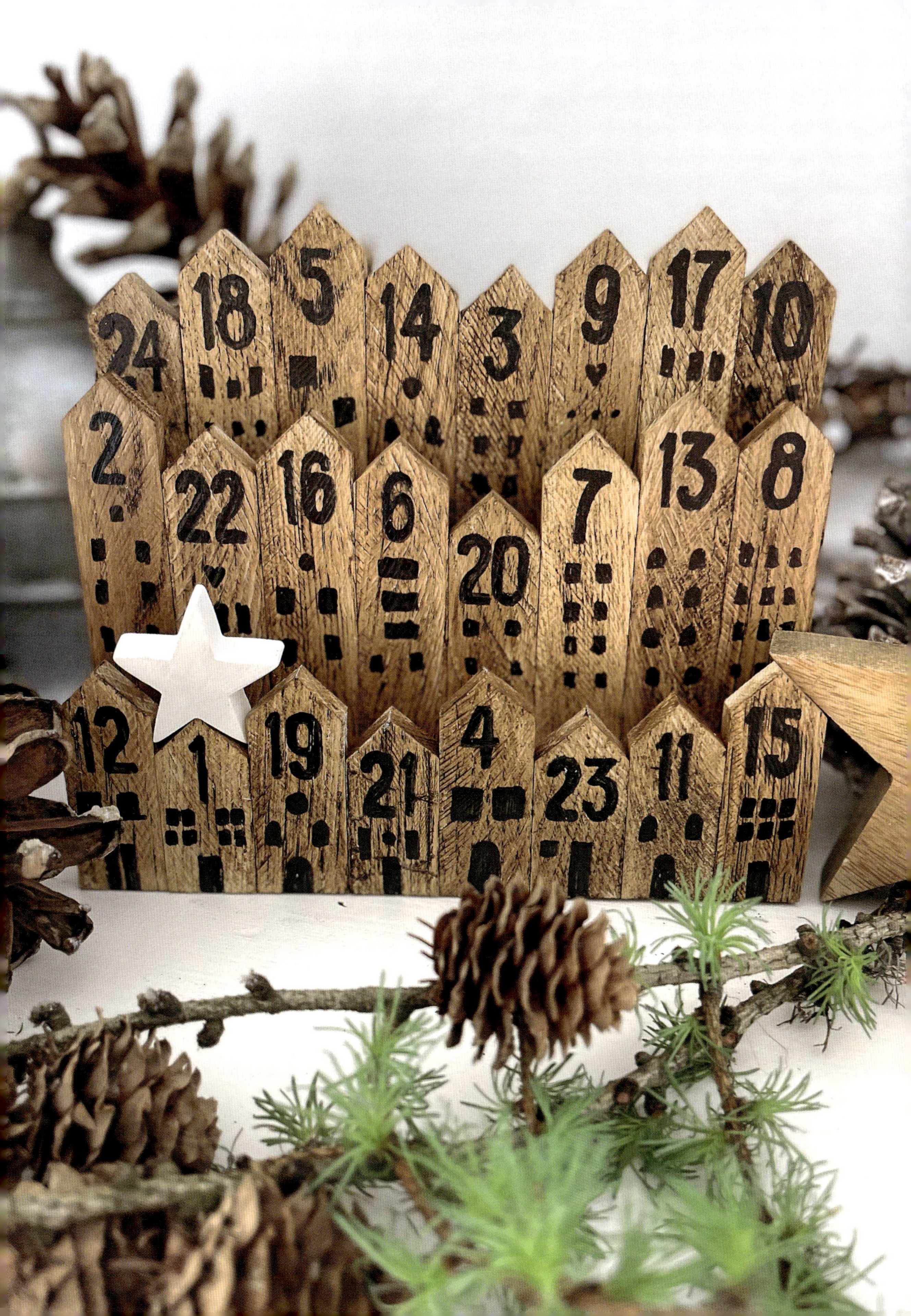
24 18 5 14 3 9 17 10
2 22 16 6 20 7 13 8
12 1 19 21 4 23 11 15

SO WIRD'S GEMACHT

Mische das Raysin im Verhältnis 3:1 mit Wasser an und gieße einen Stern. Mit der Blattsäge säge die Häuschen zurecht. Benutze dafür die Gehrungsschneidlade. Du kannst dir auch ein Muster herstellen und die »Dächer« auf andere Klötzchen übertragen. Wichtig beim Sägen ist, dass du 8 lange, 8 mittlere und 8 kurze Häuschen sägst. Die Kanten musst du eventuell etwas abfeilen.

Bringe mit einem Küchentuch die Antikpaste auf und bestemple die Häuser mit den Zahlen. Wähle dabei unterschiedliche Reihenfolgen.

Lege dir 10 Klötzchen zurecht. Du benötigst 2 4er-Blöcke und einen 2er-Block für die kleinen Häuschen. Verleime die Häuschen miteinander, jeweils alle großen, mittleren und kleinen Klötzchen. Bringe auf der Rückseite der Häuserleisten die Blöcke an. An der großen Häuserleiste kommt ein Block nach hinten und einer nach vorn.

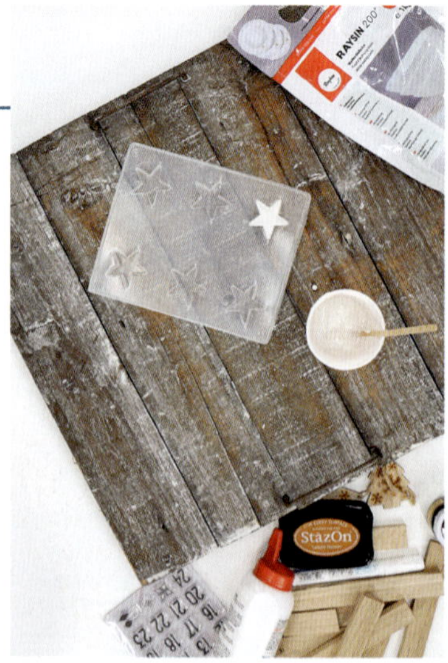

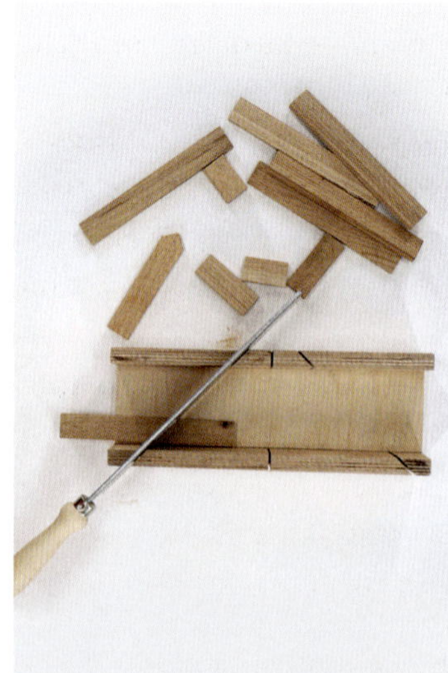

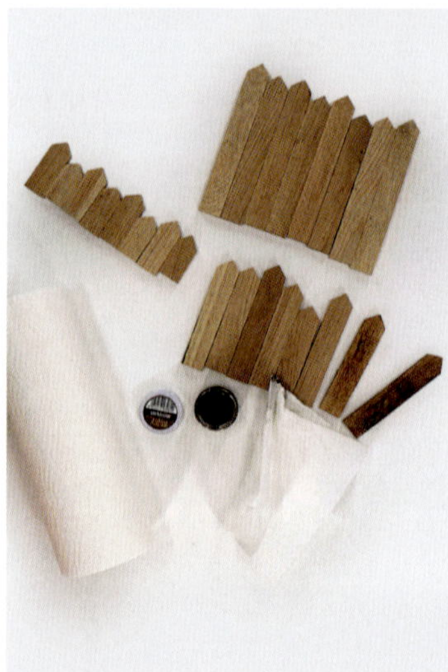

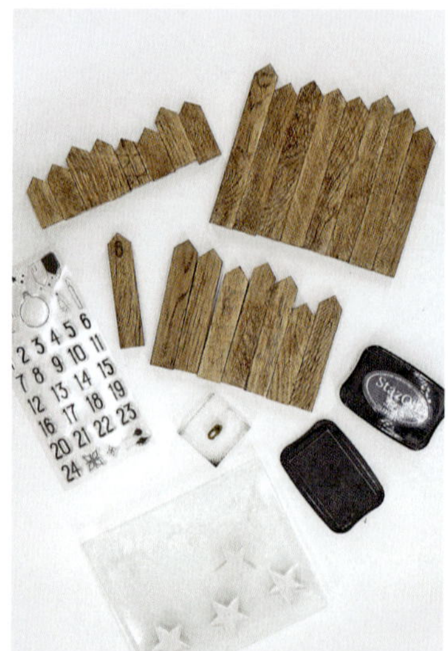

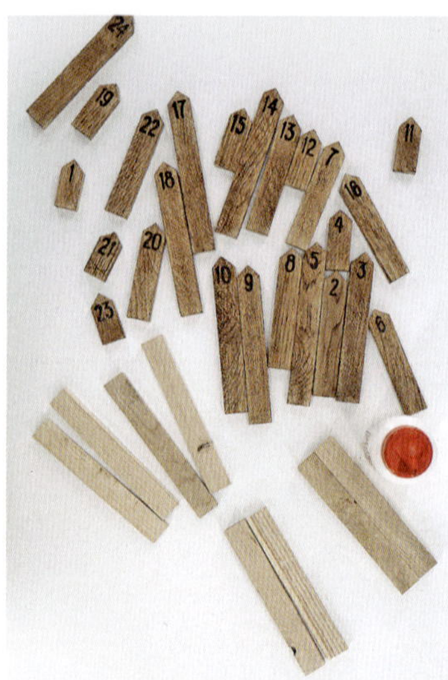

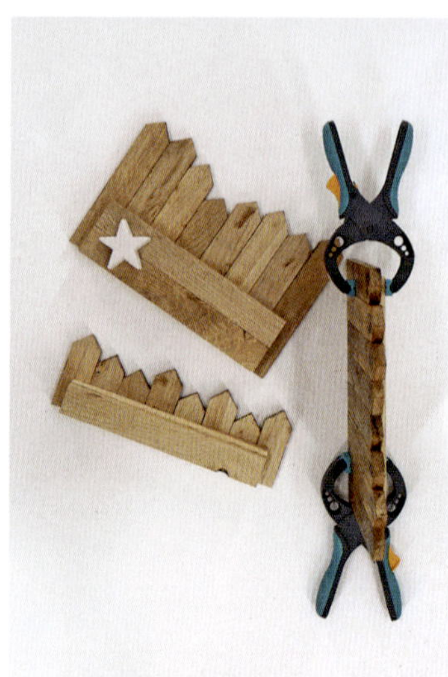

Nun kannst du die Häuserleisten miteinander verbinden. Eventuell musst du den gegossenen Stern noch etwas feilen, damit er auf die »Dächer« passt. Wenn du magst, kannst du noch Fenster und Türen aufmalen.

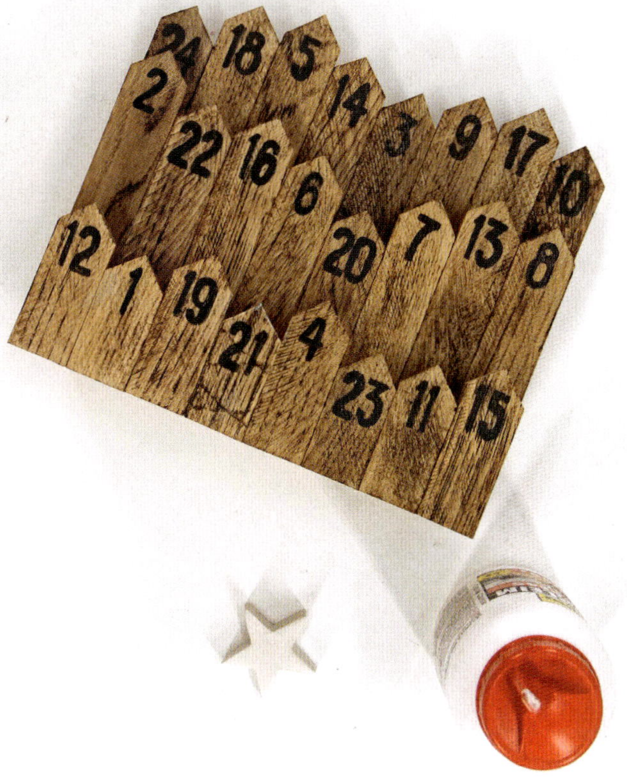

Tipp

Du kannst die Zahlen auch mit einem wasserfesten Stift aufbringen.

LEICHT

Papierstern

Papiersterne sind aus der Weihnachtsbastelei nicht wegzudenken. Jedes Jahr kommen in den DIY-Communitys weltweit neue Varianten dazu. Ich habe mir eine aus Geschenkpapier überlegt. Ein kleines Upcycling sozusagen. Also: Bevor du das nächste Mal bedrucktes Papier in den Container wirfst, schau doch mal, ob das nicht ein schöner Stern werden könnte.

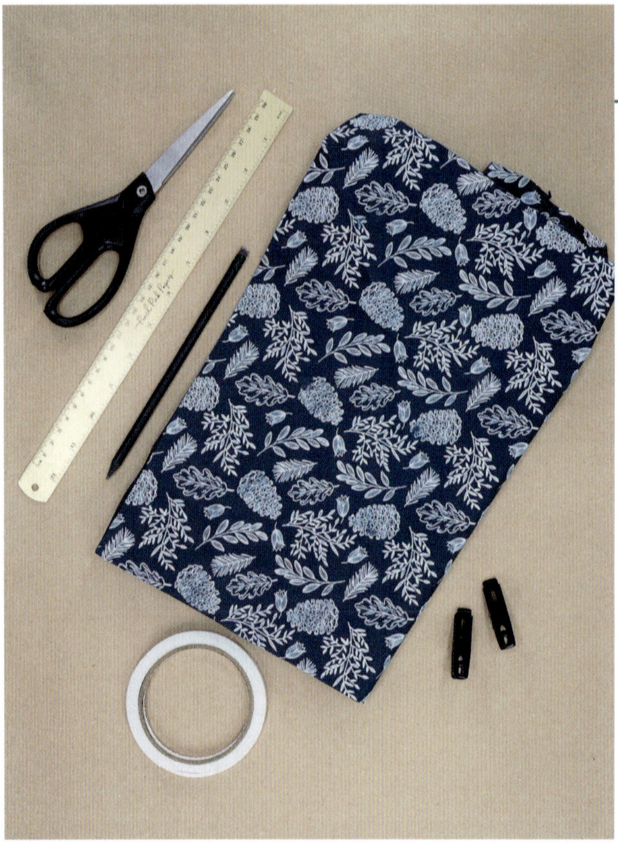

DAS BRAUCHST DU

Geschenkpapier, ca. 64 x 30 cm
beidseitiges Klebeband
Schere
Bleistift
Lineal
eventuell Klemmen

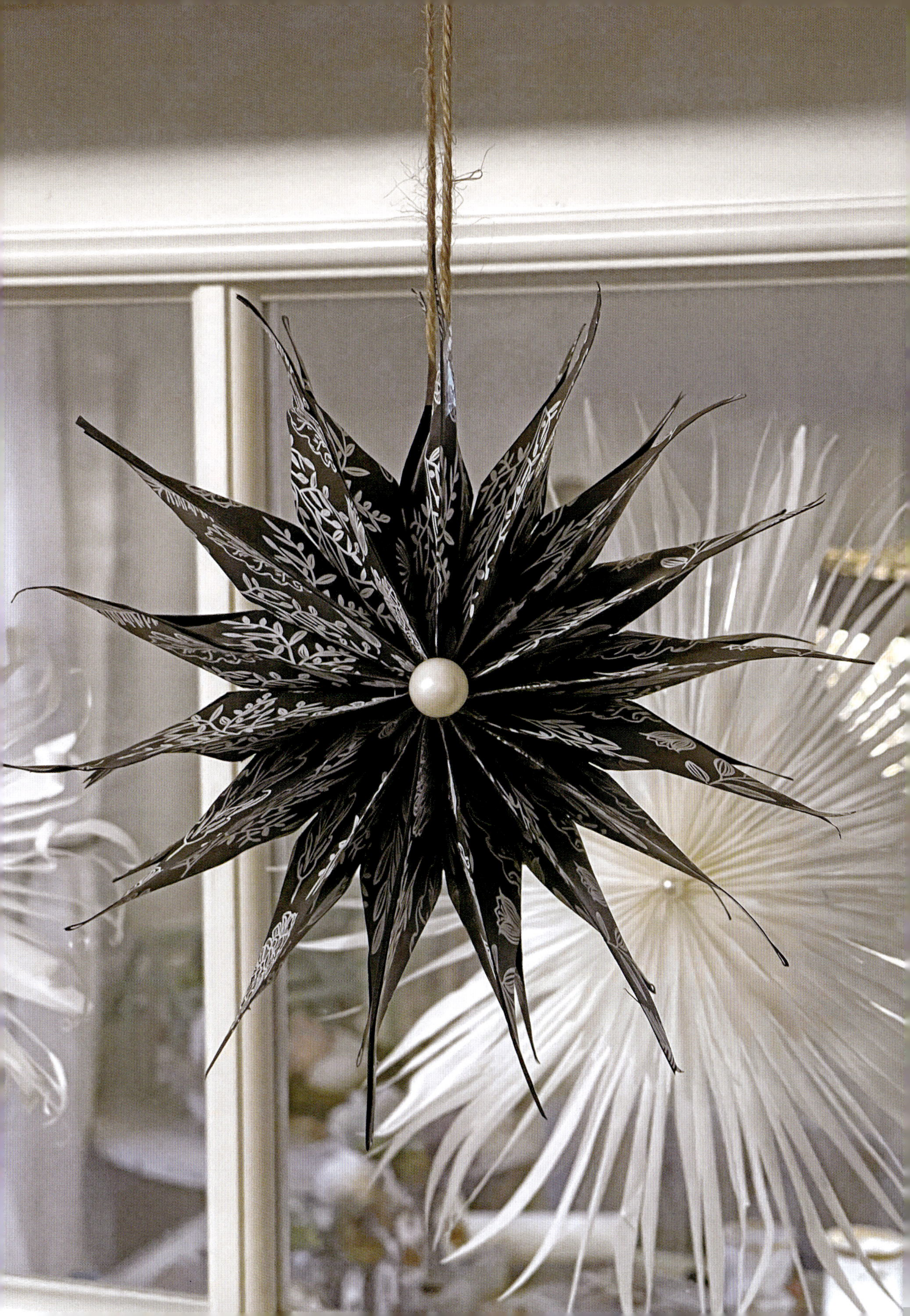

SO WIRD'S GEMACHT

Schneide das Geschenkpapier in 8 gleich große Streifen – 8 x 30 cm. Falte sie in der Mitte und klebe sie an den Seiten mit Klebeband fest. Du hast jetzt 8 »Taschen«.

Schneide an den Enden gleichmäßige Zacken. Lege dazu mehrere Streifen aufeinander. So werden sie gleichmäßig. Falte sie in der Mitte und übertrage so die gleichen Zacken am oberen Ende.

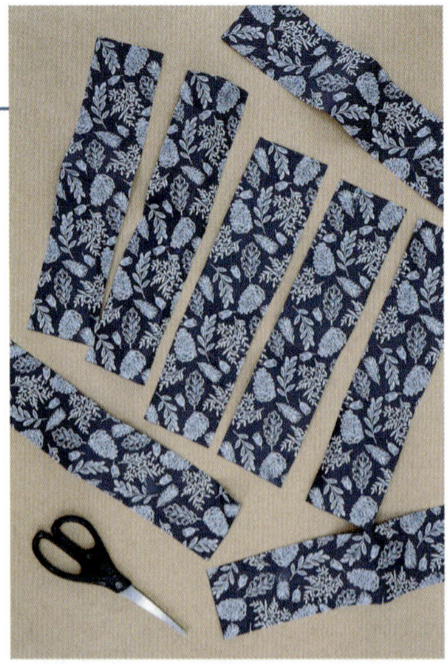

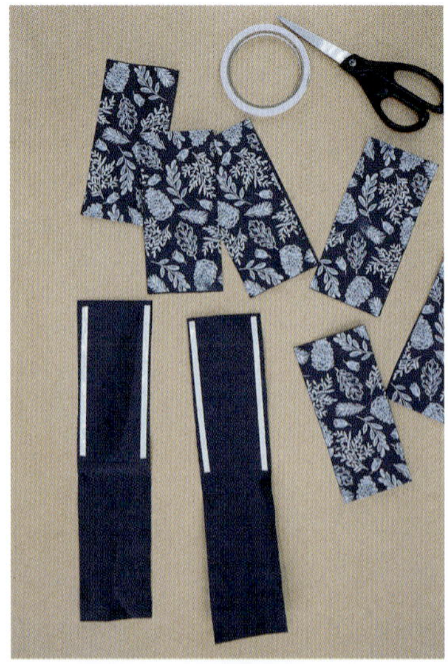

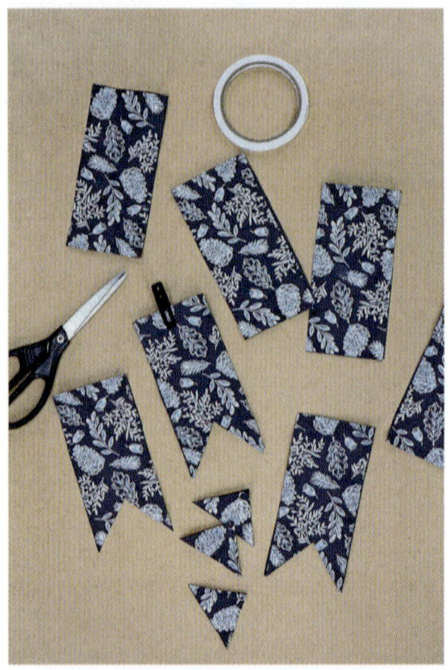

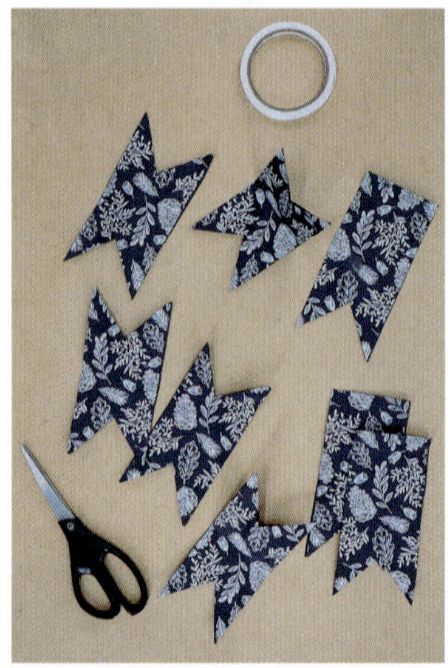

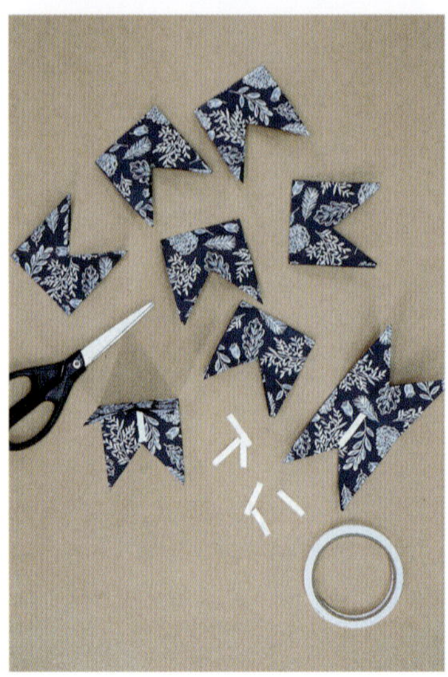

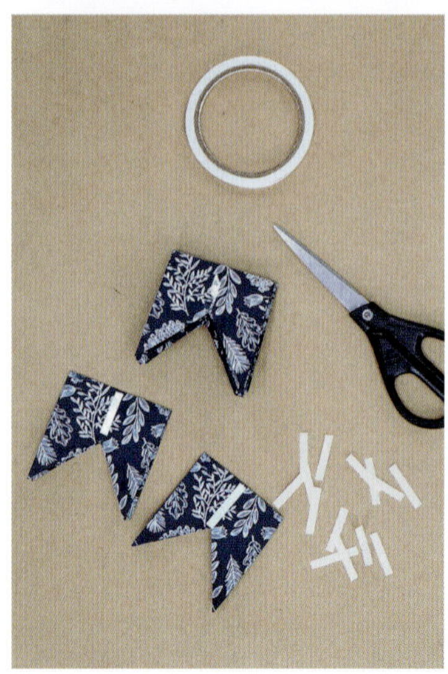

Klebe jeden einzelnen Streifen mittig zusammen und anschließend alle übereinander. Nun kannst du den Stern auseinanderziehen und den ersten Streifen mit dem letzten verkleben.

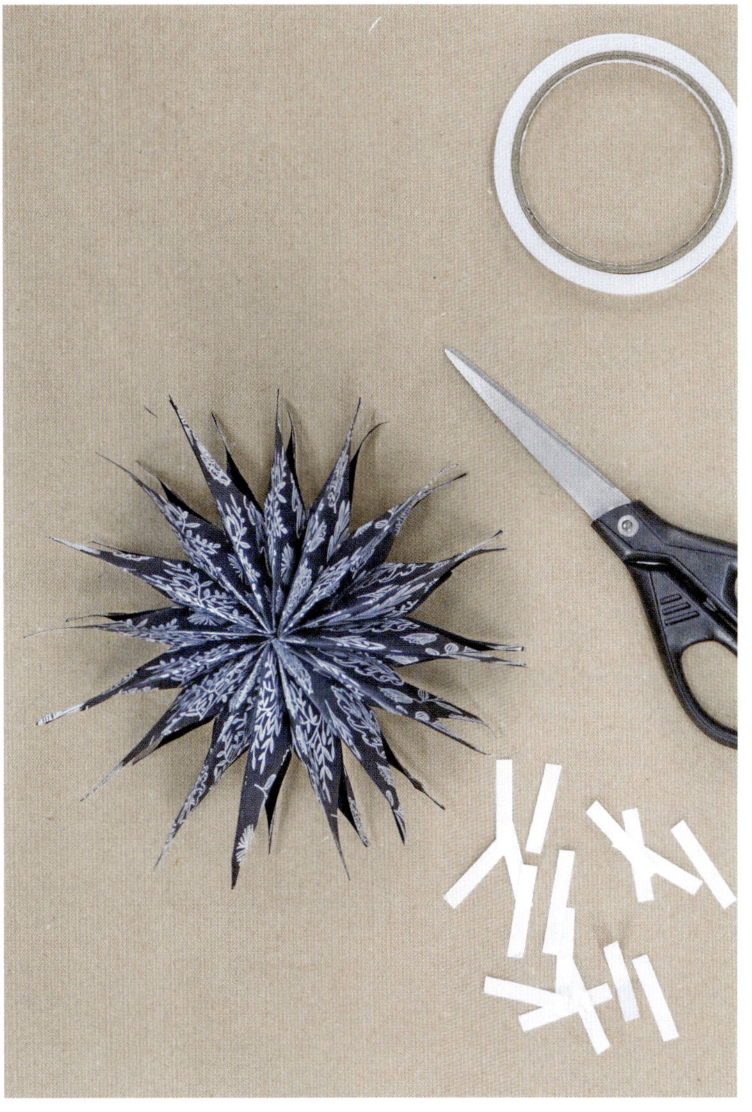

Tipp

Wenn du mehr Zacken möchtest, wähle immer insgesamt gerade Zahlen an Streifen.

LEICHT

O Tannenbaum

Das Lied »O Tannenbaum« ist auf der ganzen Welt bekannt und viele Menschen verbinden es mit glücklichen Kindheitserinnerungen. Warum also nicht aus diesem wunderschönen Lied ein Bild gestalten? Ich bin mir sicher, dass du beim Werkeln vor dich hin summen wirst.

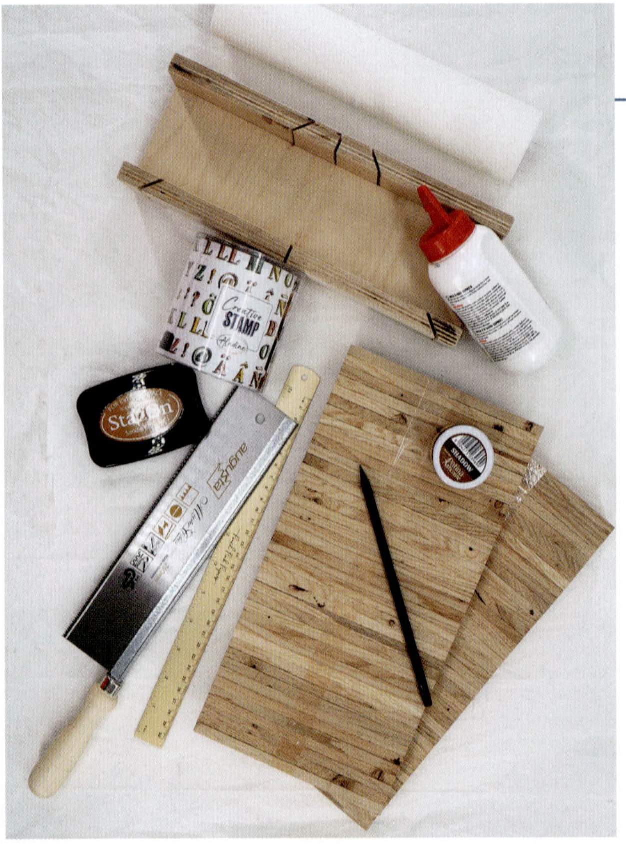

DAS BRAUCHST DU

58 Klötzchen
Abc-Stempel
Stempelkissen, wasserfest
Holzleim
Antikpaste
Küchentuch
Blattsäge
Gehrungsschneidlade

Tipp

Diese Deko lässt sich auch mit anderen Liedern gut realisieren, z.B. »Schneeflöckchen, Weißröckchen«.

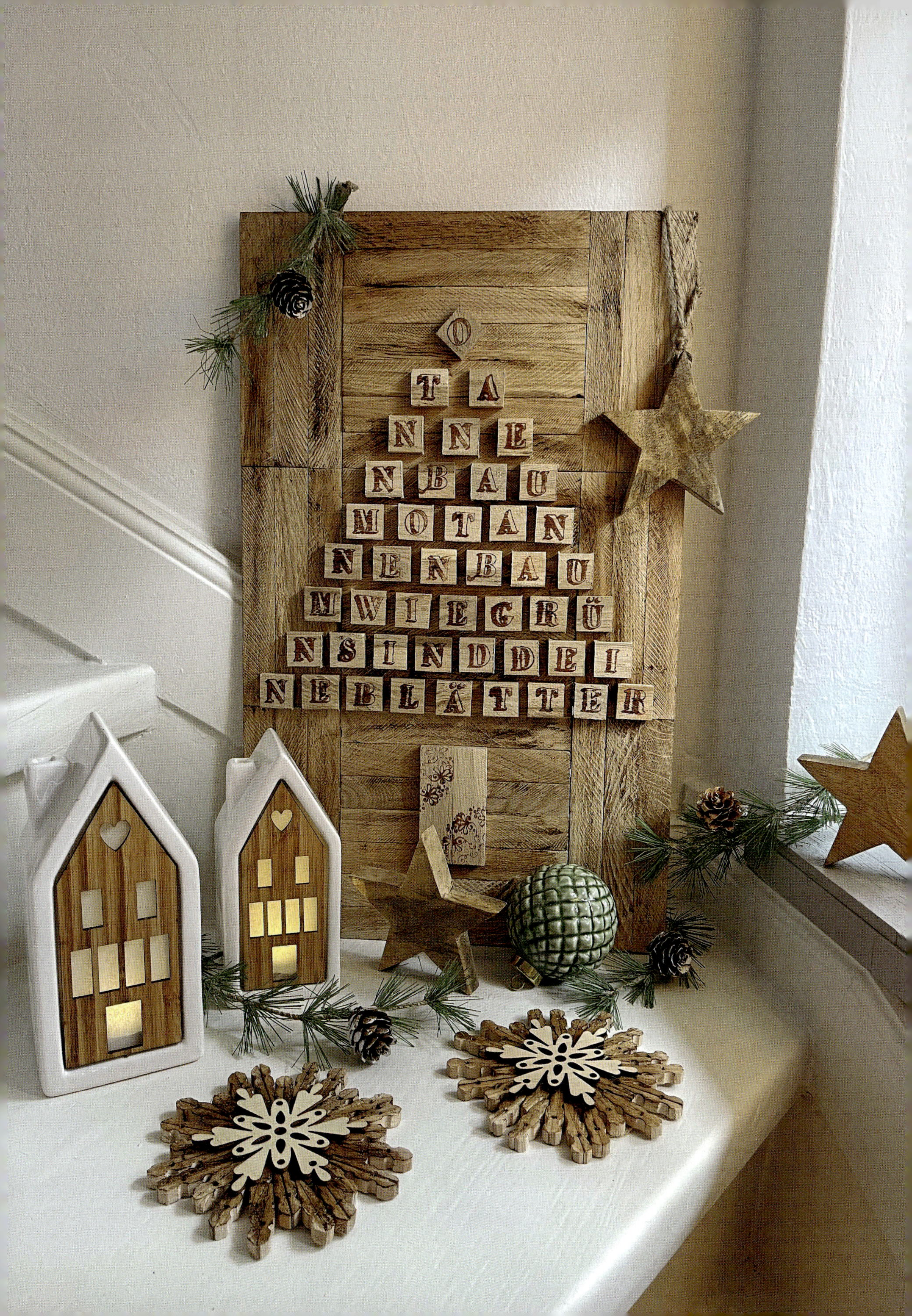
O
TA
NNE
NBAU
MOTAN
NENBAU
MWIEGRÜ
NSINDDEI
NEBLÄTTER

SO WIRD'S GEMACHT

Verleime 13 x jeweils 3 Klötzchen miteinander. Während sie trocknen, säge 45 gleiche Klötzchenvierecke zurecht. Feile wenn nötig die Ränder mit etwas Schleifpapier ab.

Lege rechts und links 3 3er-Klötzchen hochkant untereinander sowie mittig 6 3er-Klötzchen längs untereinander und verleime alle miteinander. Reibe die Fläche mit Antikwachs ein. Benutze dafür ein Küchentuch.

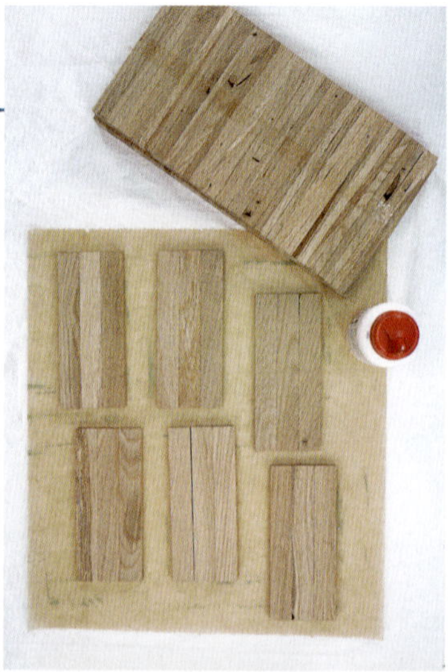

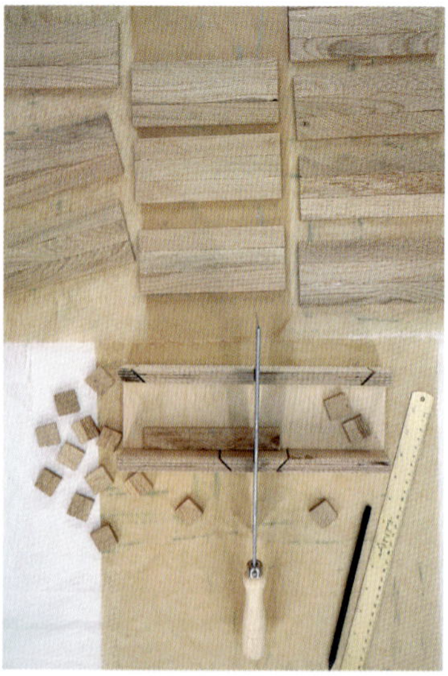

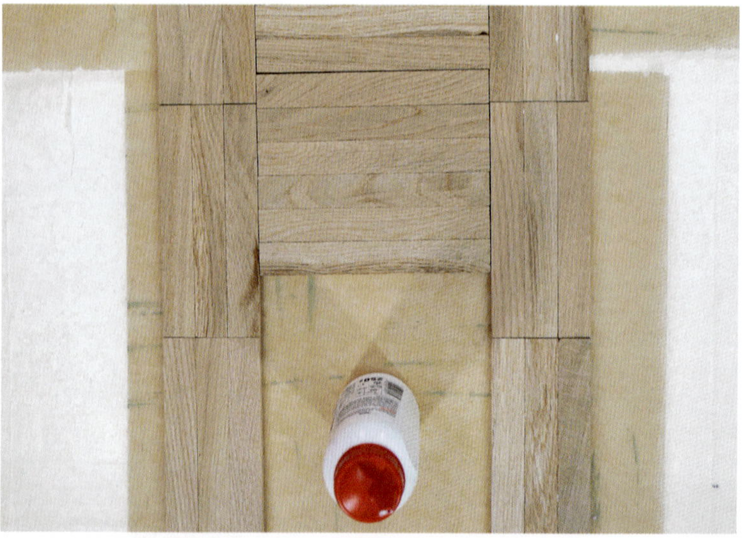

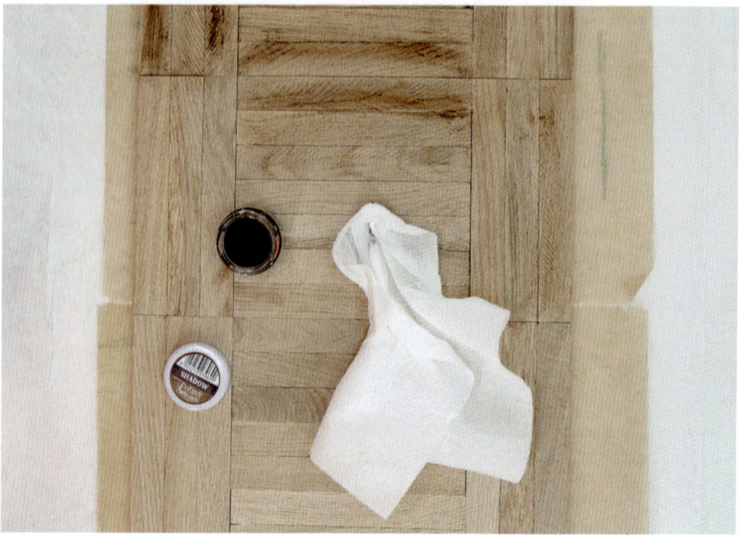

Bevor du die kleinen Vierecke auf den Untergrund aufklebst, lege sie dir einmal zurecht. Du fängst mit einem an, dann zwei, dann drei und so weiter. Wenn alles stimmig ist, klebe die Vierecke mit Holzleim auf. Nun stemple den Hauptvers des Liedes auf die Vierecke.

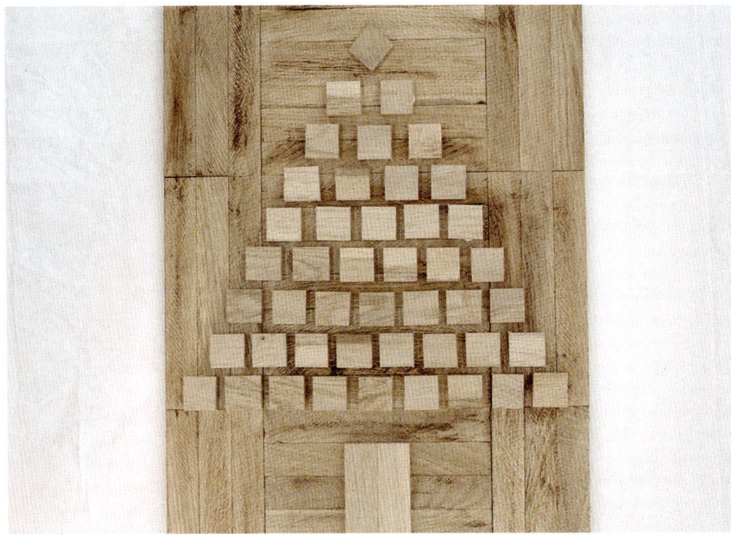

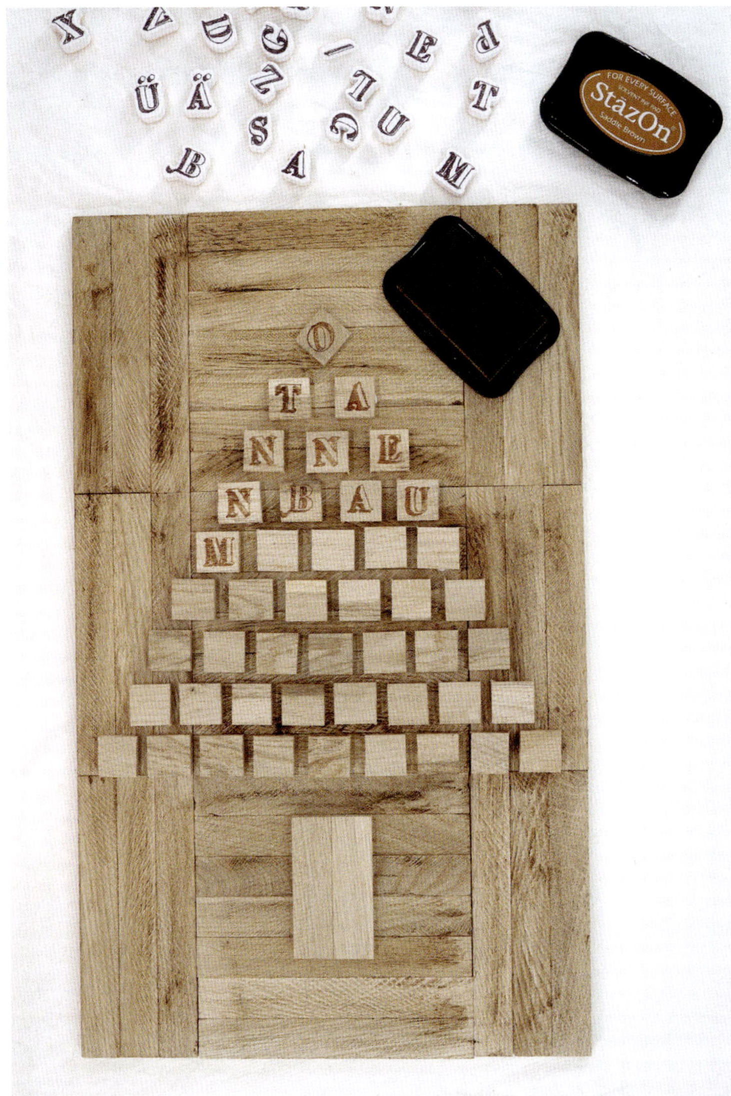

MITTEL

Lichterdorf

Meine große Sammelleidenschaft sind Häuschen. Wenn ich auf Reisen bin, halte ich Ausschau danach und oft werde ich in kleinen Dekoläden fündig. Doch ich wäre keine Bastelfee, wenn ich nicht auch selbst welche kreieren würde. Diese Variante sieht nicht nur schön aus, sie lässt sich auch toll in die winterliche Dekoration integrieren.

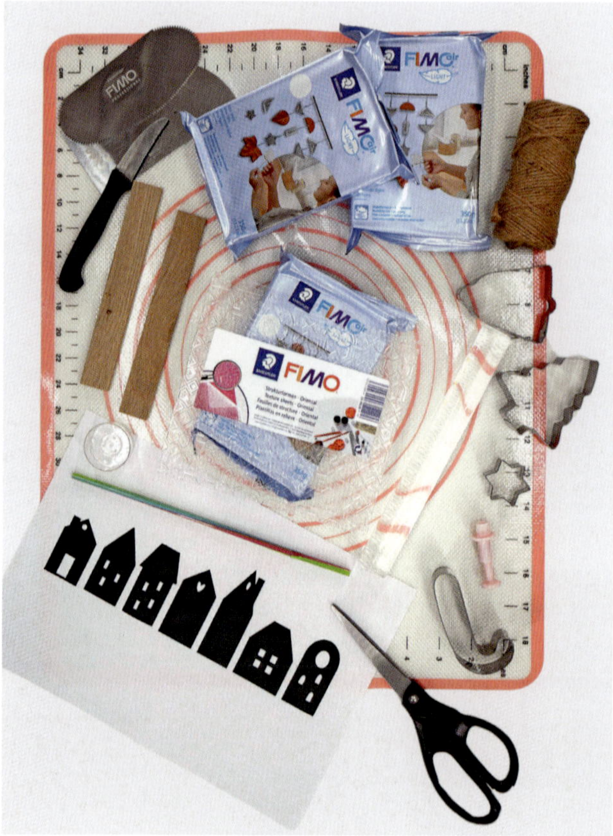

DAS BRAUCHST DU

FimoAir-Light-Modelliermasse
Strukturform
Ausstechformen
Acrylroller
2 Klötzchen
Strohhalm
Jutegarn
Vorlage
Modellierspachtel
eventuell kleiner Bohrer
Schere
Küchenmesser

Tipps

Die Vorlage für die Häuschen findest du am Ende des Buches. Kopiere sie dir so groß, wie du möchtest. Eventuell musst du die Menge an Modelliermasse erhöhen. Beachte bitte, dass größere Objekte eine längere Aushärtungszeit benötigen.

Modelliermasse kann gestrichen oder lackiert werden.

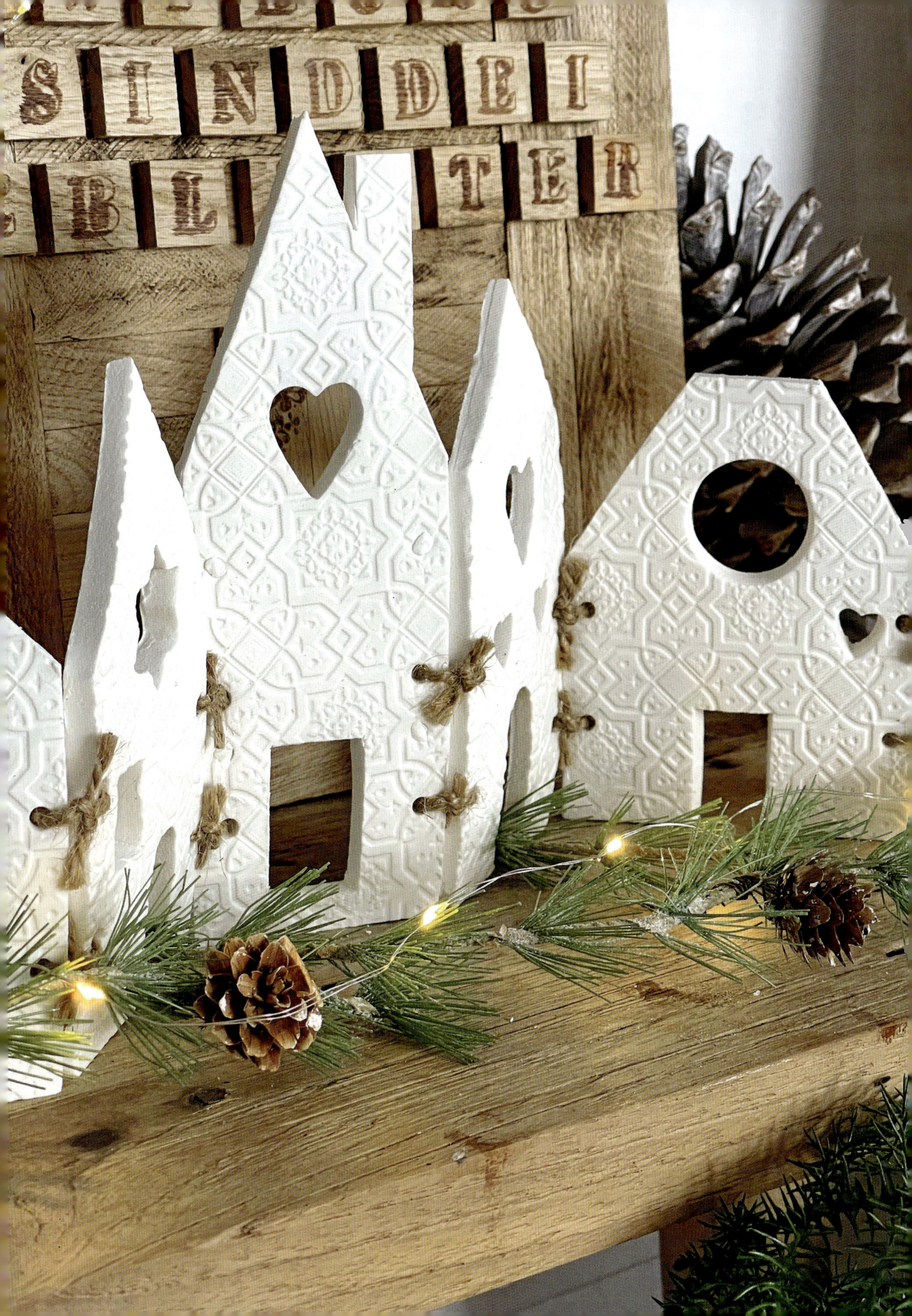

SO WIRD'S GEMACHT

Schneide die Vorlagen aus und entscheide dich für die Reihenfolge, die dir gefällt. Rolle die Modelliermasse aus und drücke mit dem Acrylroller die Strukturform hinein.

Lege eine Vorlage darauf und schneide vorsichtig an den Rändern entlang. Mithilfe der Ausstechformen positioniere Fenster und Türen. Rechts und links stich mit dem Strohhalm Löcher für die späteren Verbindungen. Achte bitte darauf, dass du beim ersten und letzten Häuschen nur eine Seite mit Löchern versiehst.

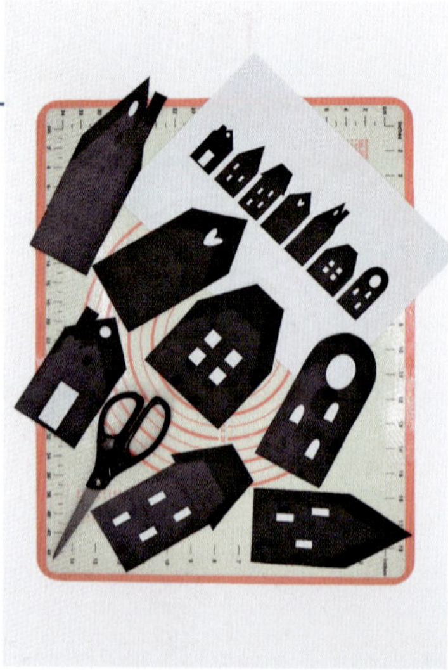

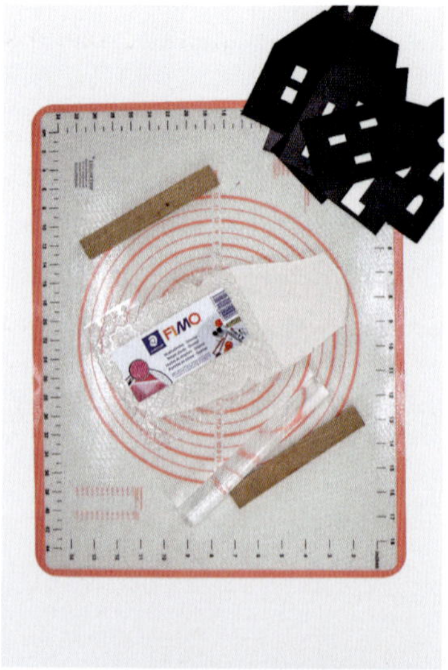

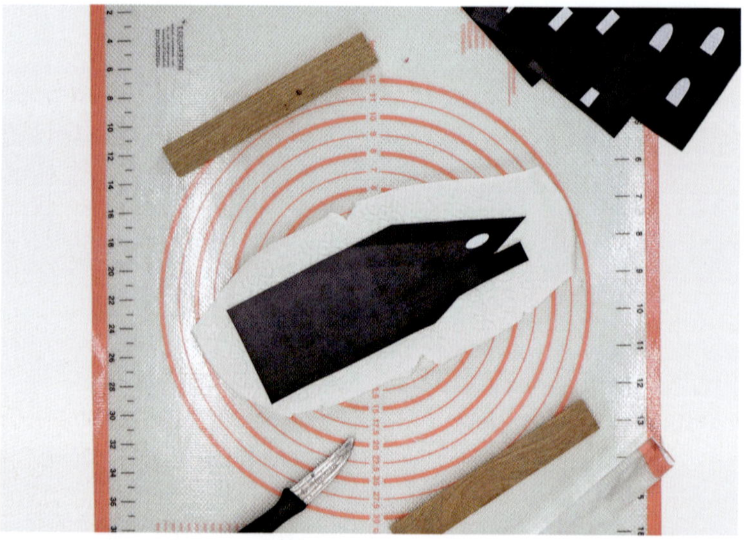

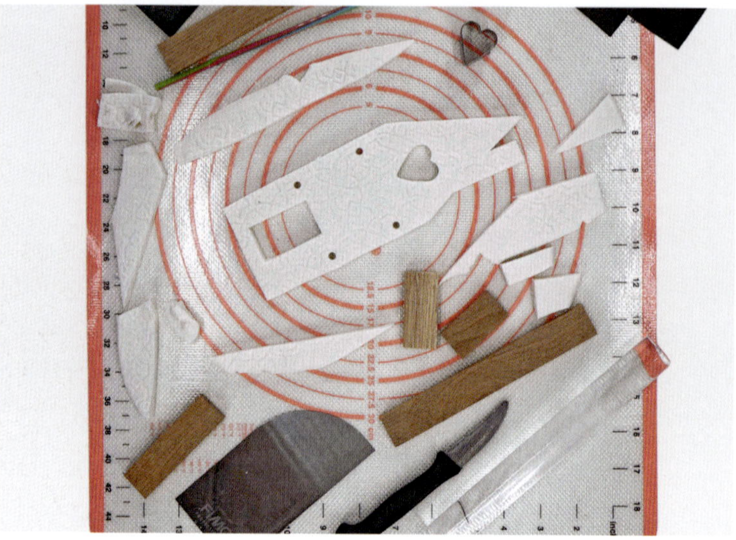

Lege alles auf einen Backofenrost mit Küchenpapier und lasse die Anhänger 24 Stunden lang trocknen. Kontrolliere nach dieser Zeit, ob die Häuschen komplett ausgehärtet sind. Verlängere die Trocknungszeit notfalls. Wenn die Häuschen bereit sind, verbinde sie mit Jute aneinander. Achte darauf, dass du sie noch gut bewegen kannst.

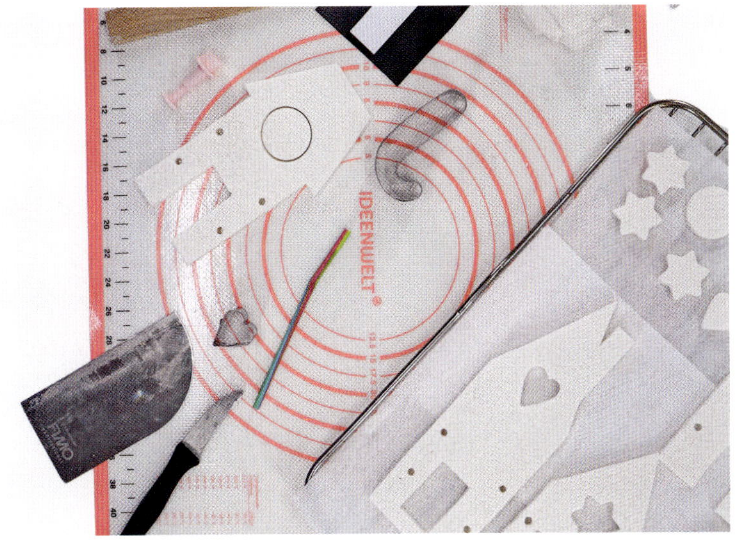

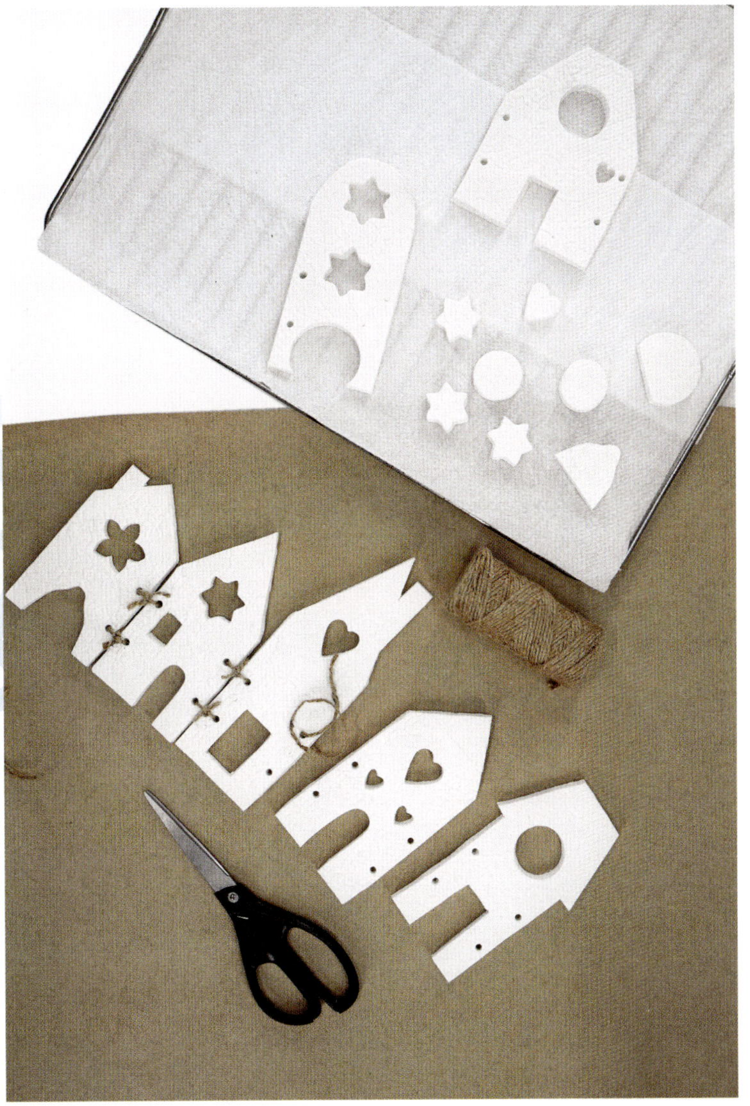

LEICHT

Stapelbäumchen

Als ich dieses Ausstech-Set entdeckt habe, hatte ich sofort das Stapelbäumchen im Kopf. Mittlerweile habe ich einige in dieser Art gemacht und sie sogar schon zum Weihnachtskaffee verschenkt. Dieses DIY ist auch etwas für Kinder und die kleinen Zwerge werden großen Spaß dabei haben.

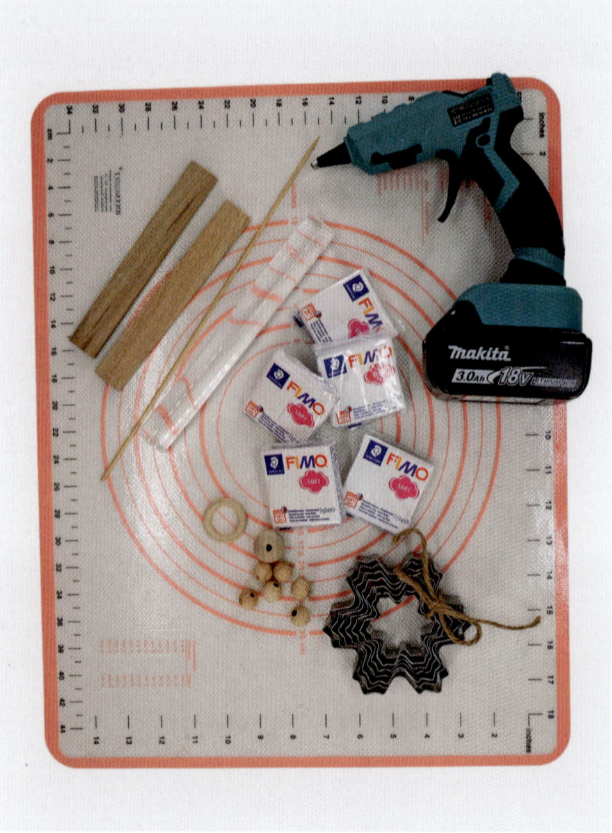

DAS BRAUCHST DU

Fimo soft, 400 g
Ausstech-Set
7 Holzperlen
1 große Holzkugel
2 verschiedene Holzringe
Holzstab
Acrylroller
Reliefroller
2 Klötzchen
alter Kugelschreiber
Lineal
Heißklebepistole
kleiner Seitenschneider

Tipp

Fimo soft gibt es in vielen Farben.

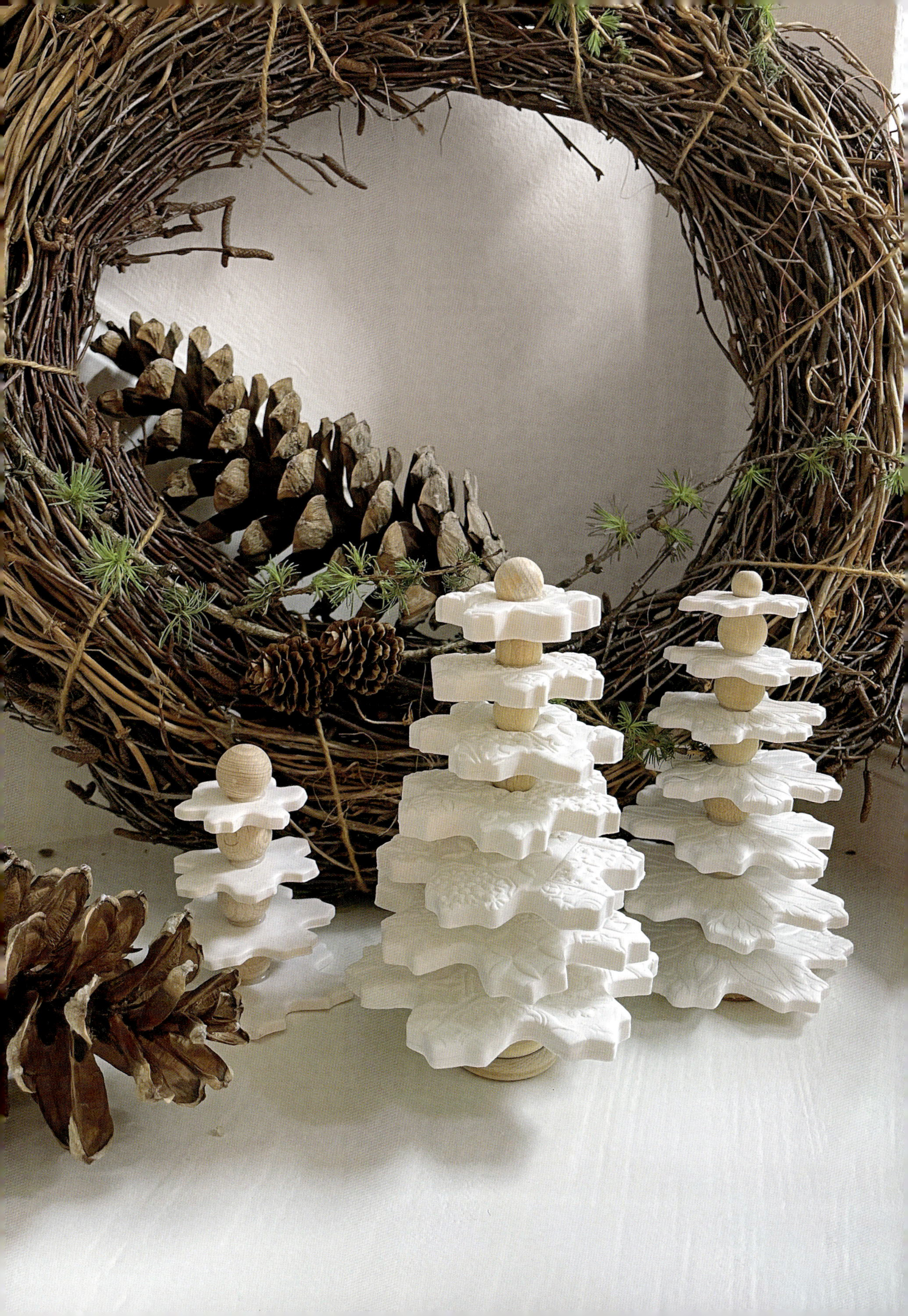

SO WIRD'S GEMACHT

Rolle das Fimo mit dem Acrylroller aus. Nimm die Klötzchen zu Hilfe, damit du eine gleichmäßige Oberfläche erhältst. Rolle nun mit dem Reliefroller über die Fläche und stich die erste Form aus.

Miss mit dem Lineal die Mitte des Fimos und stich mit einer Kugelschreiberhülse ein Loch. Das Fimo wird nun bei 110 Grad ca. 30 Minuten ausgehärtet. Wähle dafür Ober- und Unterhitze.

Nachdem das Fimo abgekühlt ist, verleime die beiden Holzringe und eine große Holzkugel miteinander. Befestige den Holzstab mit Heißkleber in der Holzkugel. Setze nun das erste Fimo auf den Holzstab und befestige eine Perle mit Kleber darauf.

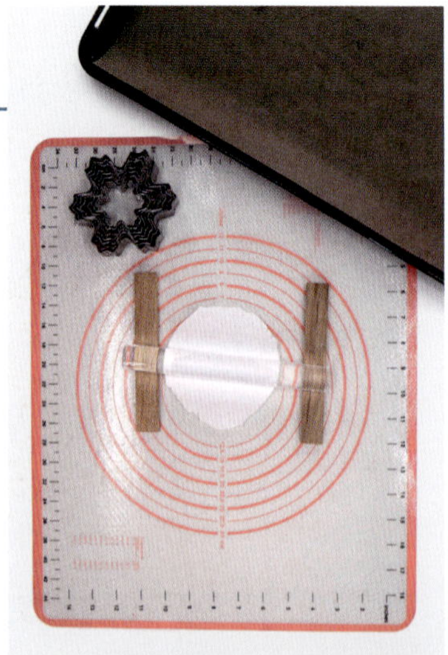

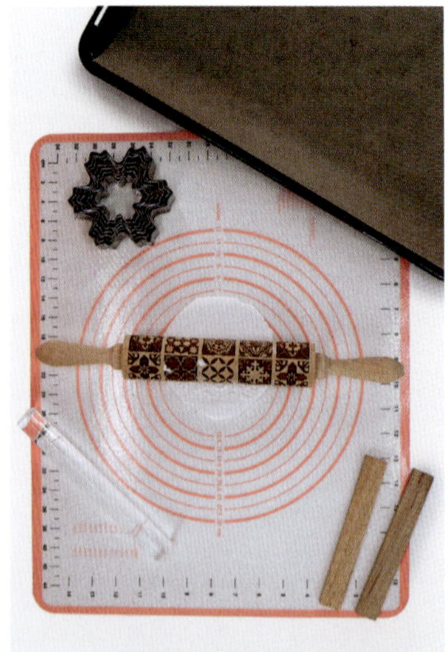

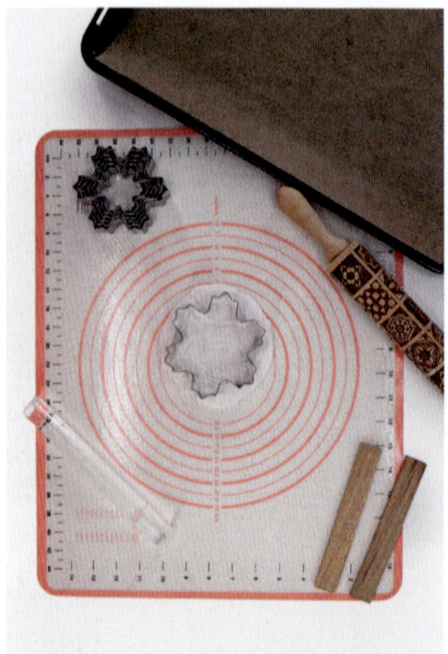

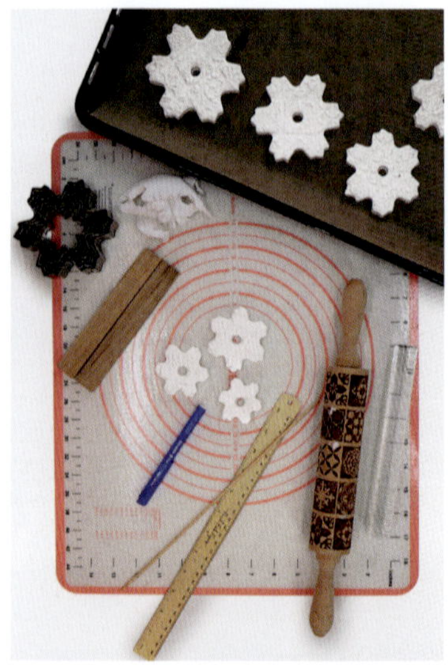

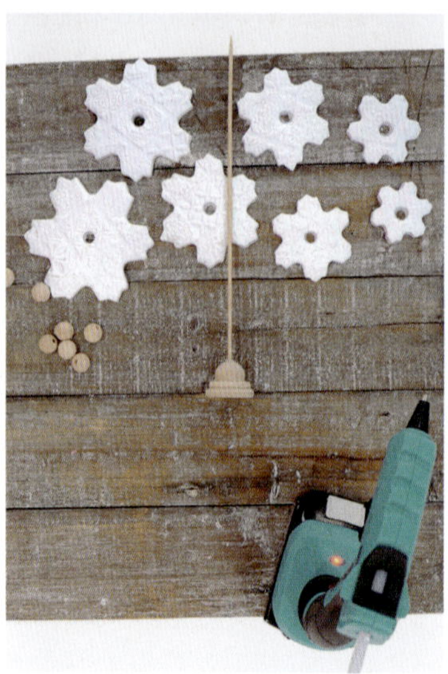

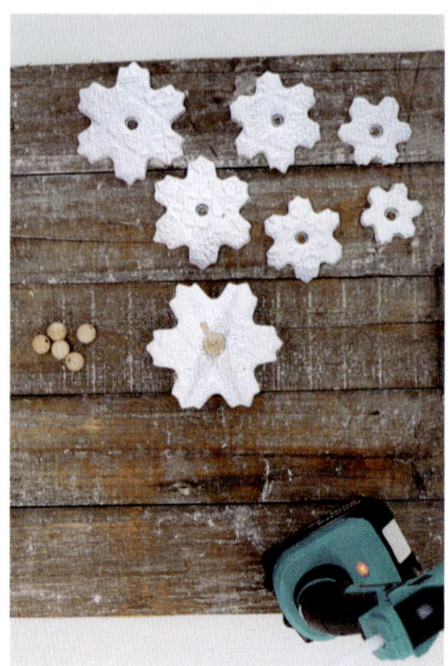

Staple nun jeweils mit dem nächstkleineren Fimo versetzt zueinander und befestige die einzelnen Etagen mit einer Holzperle. Beim kleinsten Fimo kappst du den überstehenden Holzstab mit dem Seitenschneider und klebst auch hier eine Holzperle als Abschluss auf.

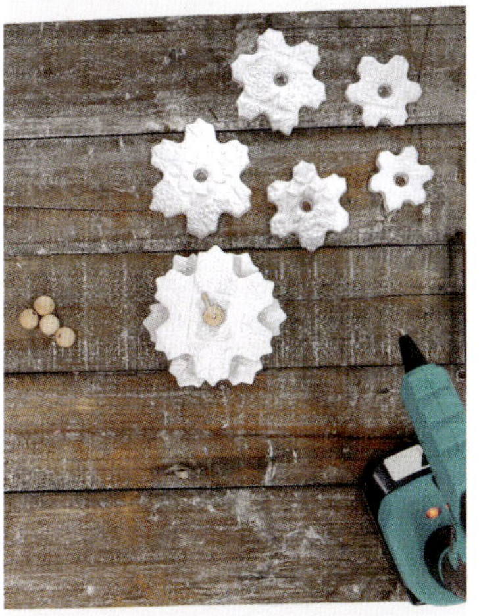

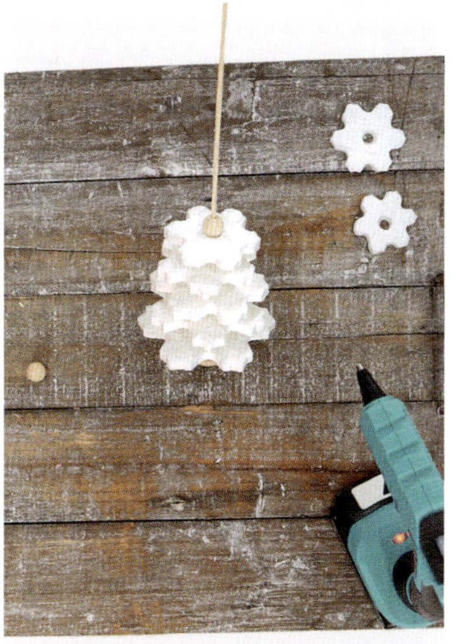

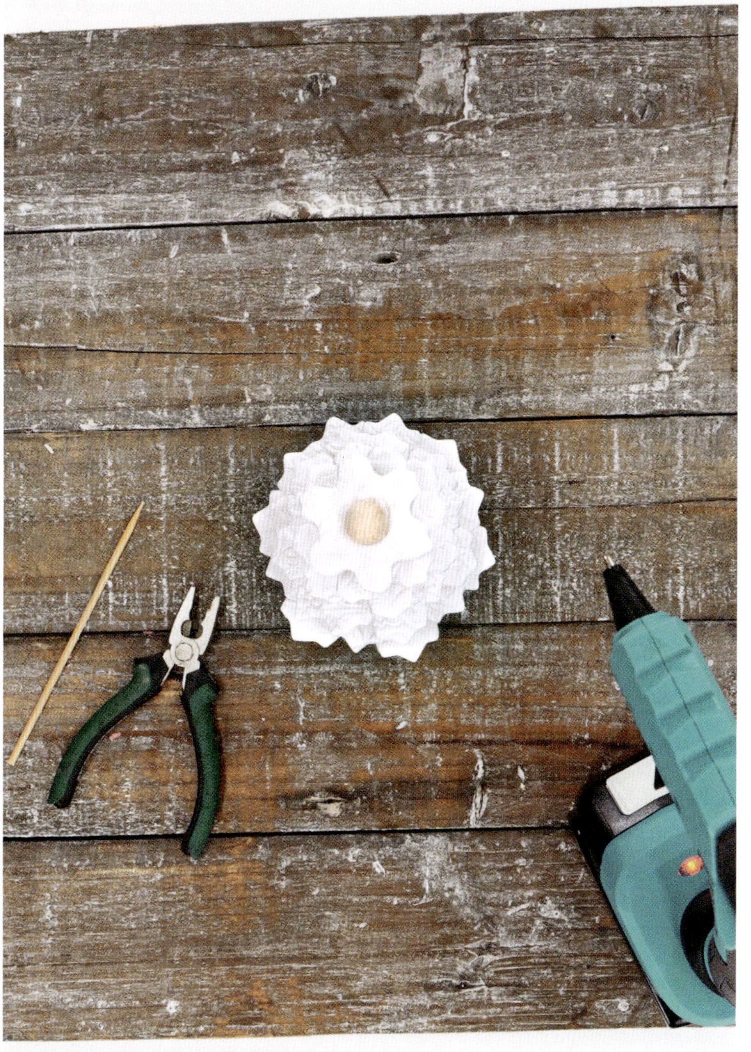

LEICHT

Weihnachtskarte

Zur heutigen Zeit wird eher eine liebe digitale Nachricht an Verwandte und Freunde verschickt oder eine Standardkarte gekauft. Das ist schade, denn selbst gestaltete Karten haben ihren ganz besonderen Charme. Jede von ihnen ist ein echtes Unikat und mit Liebe gebastelt. Ich verschicke sie gern und habe mir eine einfache Variante für dich überlegt. Sie ist schnell gemacht und lässt sich im Päckchen oder als Brief gut versenden.

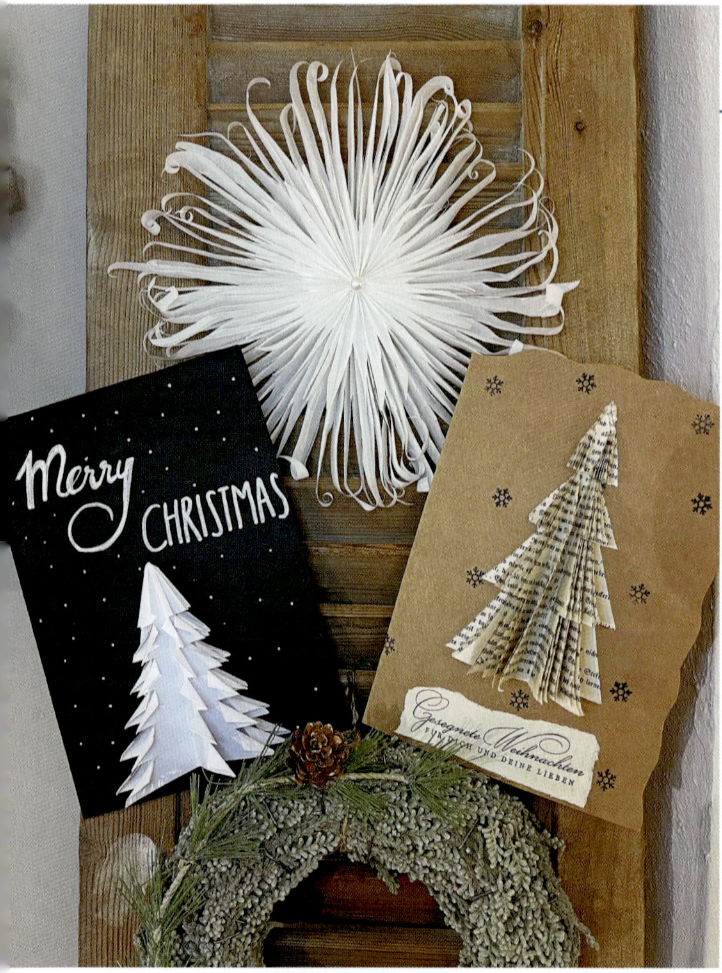

DAS BRAUCHST DU

Tonkarton, braun
kleiner winterlicher Stempel
Weihnachtsgruß-Stempel
Stempelkissen, schwarz
Klammern
10 nostalgische Buchseiten
Bastelkleber
Schere

SO WIRD'S GEMACHT

Mit dem kleinen Stempel werden wahllos Muster auf den Tonkarton aufgebracht. Falte ihn und die Buchseiten mittig.

An die Faltkante wird dünn Bastelkleber aufgebracht und die Buchseiten aufeinandergelegt. Falte die Seiten mittig und halte sie mit einer Klammer zusammen. Schneide nun seitlich von unten nach oben eine Dreiecksform.

Falte das »Büchlein« auseinander und schneide rechts und links Zacken ins Papier. Klebe das dadurch entstehende Bäumchen auf die Karte. Zum Schluss wird ein Stück schriftloses Papier aus dem Buch herausgetrennt, auf die Karte geklebt und mit einem Weihnachtsgruß bestempelt.

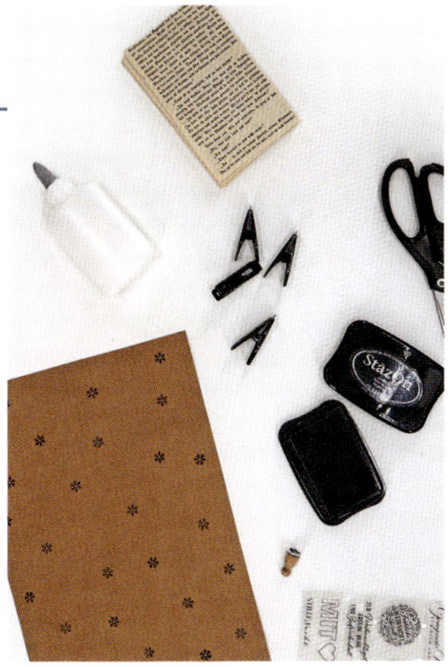

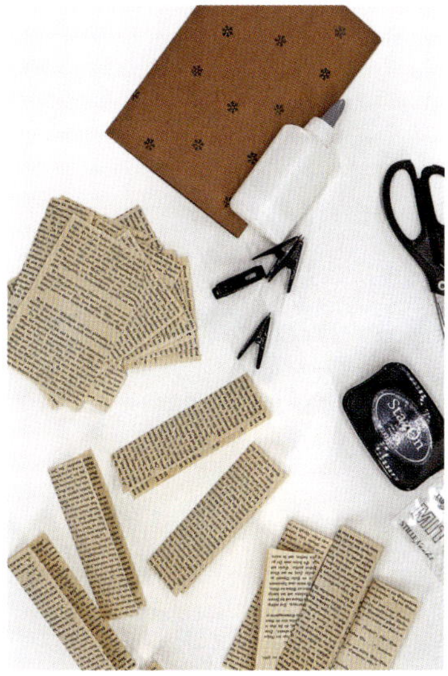

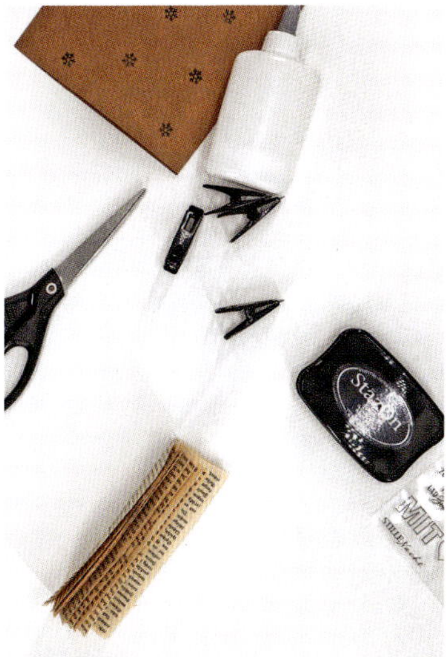

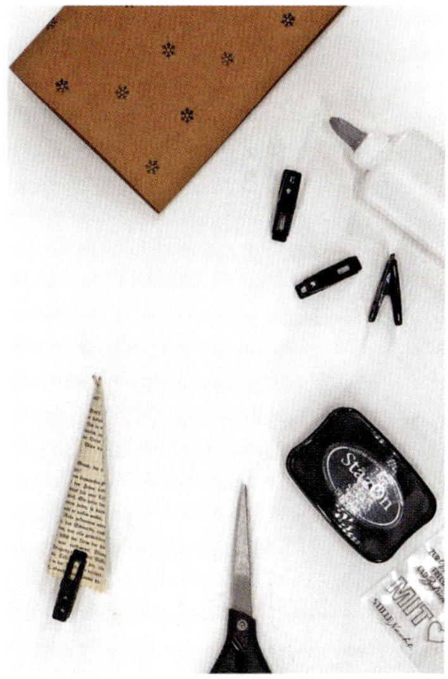

Tipps

Auf dem Flohmarkt gibt es noch viele alte Bücher. Ich halte immer nach Gartenbüchern und Kurzgeschichten in deutscher Kurrentschrift oder Sütterlin Ausschau. Sie eignen sich für solche Basteleien besonders gut. Wenn du die Bücher behalten möchtest, kopiere dir ein paar Seiten für deine DIY-Projekte.

Wenn die Buchseiten zu hell sind, kannst du sie mit starkem Espresso bestreichen.

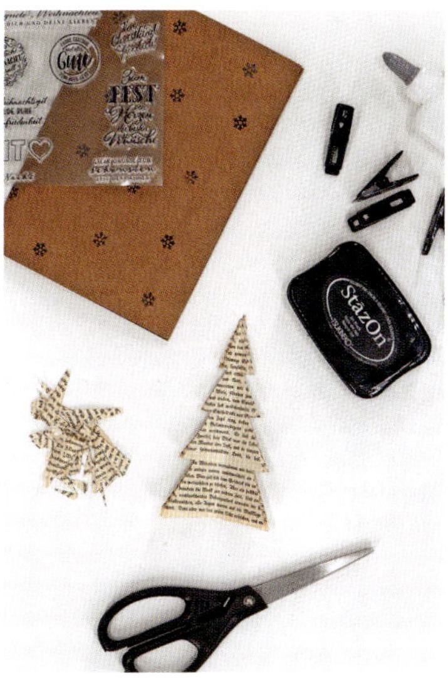

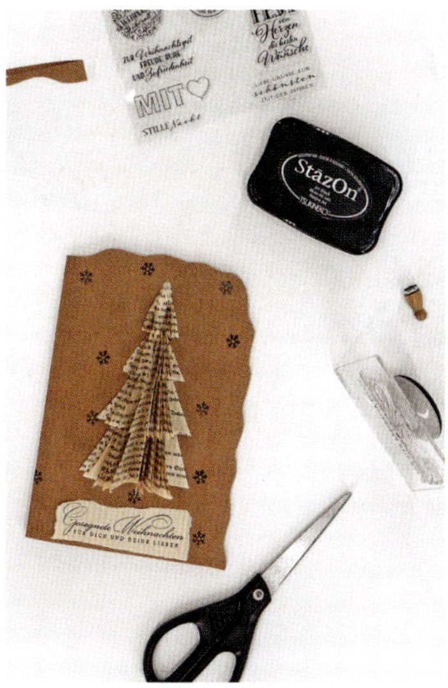

LEICHT

Wollkranz

Ich habe lange überlegt, welche Art von Kranz Platz in meinen Winter-DIYs bekommen soll. Da man Anleitungen für wunderschöne Adventskränze in so vielen Büchern und im Handel findet, habe ich mich für einen Wollkranz entschieden. Die XXL-Wolle kam da genau richtig. Als ich sie gekauft habe, staunte die Verkäuferin in meinem viel besuchten Bastelgeschäft. Denn sie wusste ganz genau, dass ich nicht stricken kann. Ob ihr der Kranz wohl gefällt? Für die Anleitung hatte ich noch eine schöne weiße Kugel mit zauberhaften Häuschen darauf. Doch wie das Leben manchmal so spielt ... Für das Hauptfoto ist mir der Kranz aus den Händen geflutscht und fiel auf den Boden. Ich musste die Kugel ersetzen und war ziemlich traurig. Doch jetzt gefällt mir der Kontrast mit der schwarzen Kugel sehr gut.

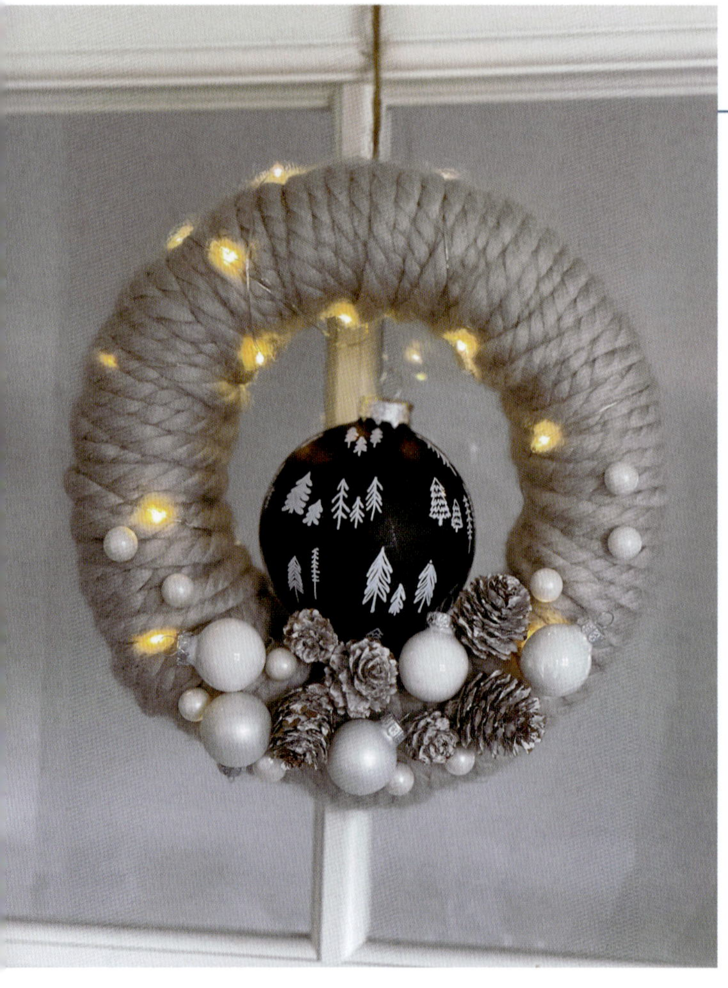

DAS BRAUCHST DU

2 Strohrömer
XXL-Wolle
Christbaumkugeln
kleine Zapfen
LED-Lichterkette
Juteschnur
Heißklebepistole
Schere

SO WIRD'S GEMACHT

Lege beide Strohrömer übereinander und binde sie mit etwas Jute fest. Die XXL-Wolle wird ganz eng um beide Kränze gewickelt. Das Ende kannst du in einer kleinen Lücke zwischen den Kränzen verschwinden lassen.

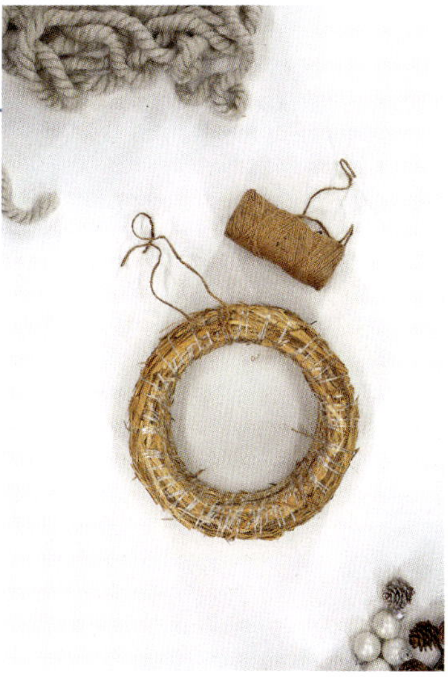

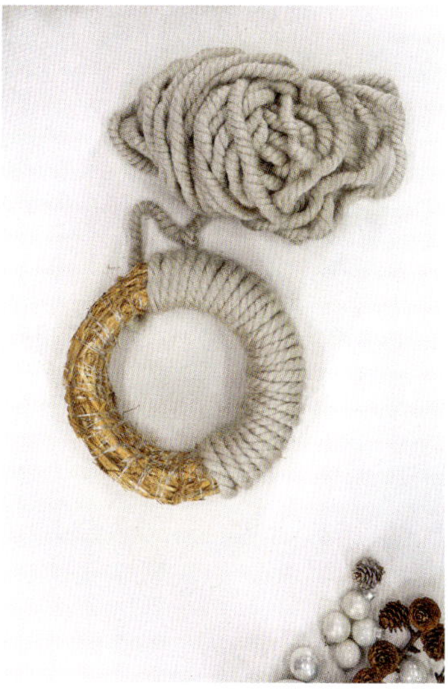

Stecke die Timerkapsel der Lichterkette unter die Wolle und umwickle den Kranz mit den LEDs. Verziere den Kranz mit den Dekomaterialien. Setze die große Kugel dabei nach innen und unterhalb die kleine Kugel. Werde an den Seiten dabei immer sparsamer, sodass du einen schönen Übergang hast.

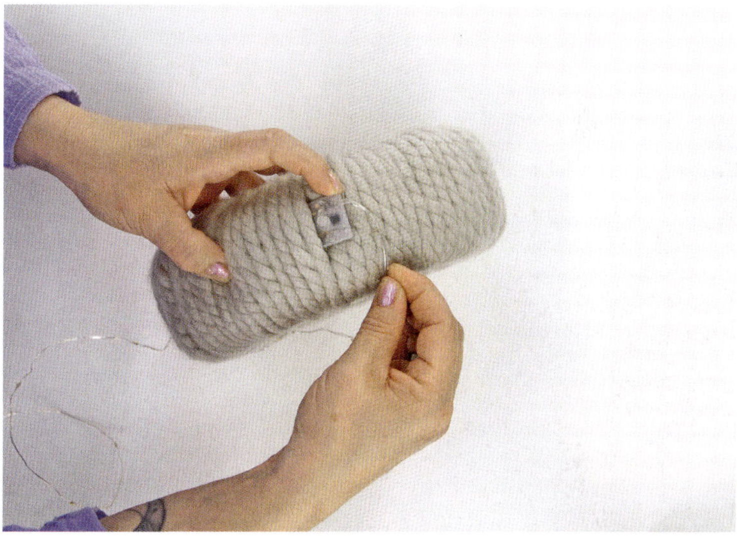

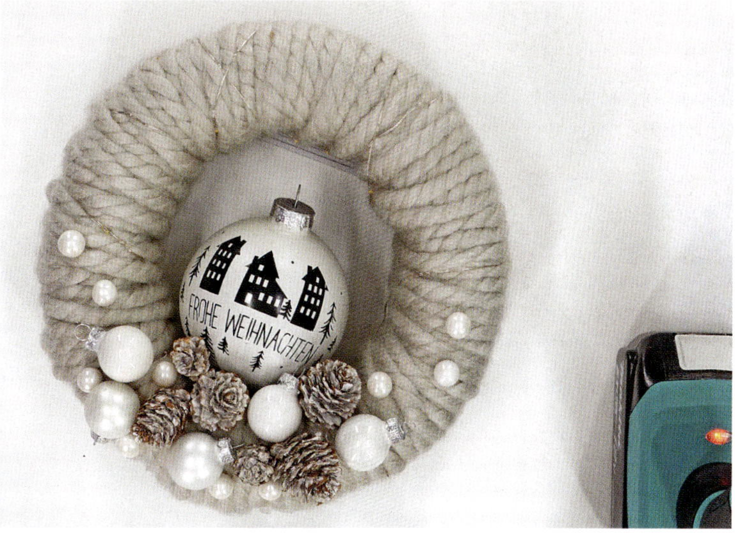

Tipp

Wickle anstelle der XXL-Wolle einen ausgedienten Schal um die Römer.

LEICHT

Geschenkanhänger

Wenn es an Heiligabend Geschenke gibt, strahlen alle Augen. Besonders, wenn die Geschenke noch dazu hübsch eingepackt sind. Bei großen Familien wird dann suchend nach dem Namen am Geschenk geschaut, damit auch jede Hübschigkeit an den richtigen Empfänger übergeben wird. Vor einigen Jahren habe ich angefangen, Namensschilder für die Päckchen selbst zu machen. Das ist individuell und noch persönlicher. Mit Modelliermasse sind die Anhänger besonders schnell gemacht, denn sie sind innerhalb eines Tages ausgehärtet.

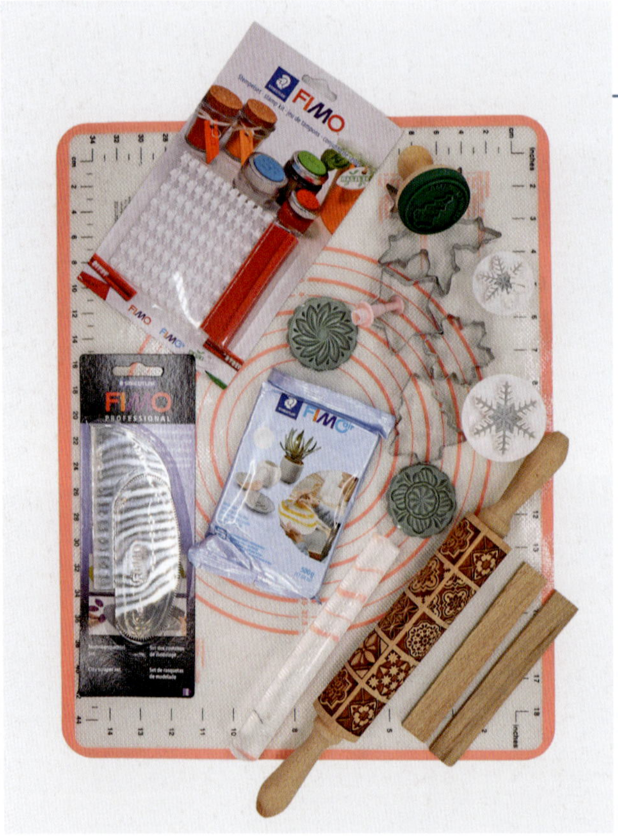

DAS BRAUCHST DU

FimoAir-Modelliermasse
Abc-Stempel
Schneidewerkzeug
Ausstechformen
Reliefrolle
Acrylroller
2 Klötzchen
Modellierspachtel
eventuell kleiner Bohrer

Tipp

Die restliche Modelliermasse luftdicht verschließen, damit sie nicht aushärtet.

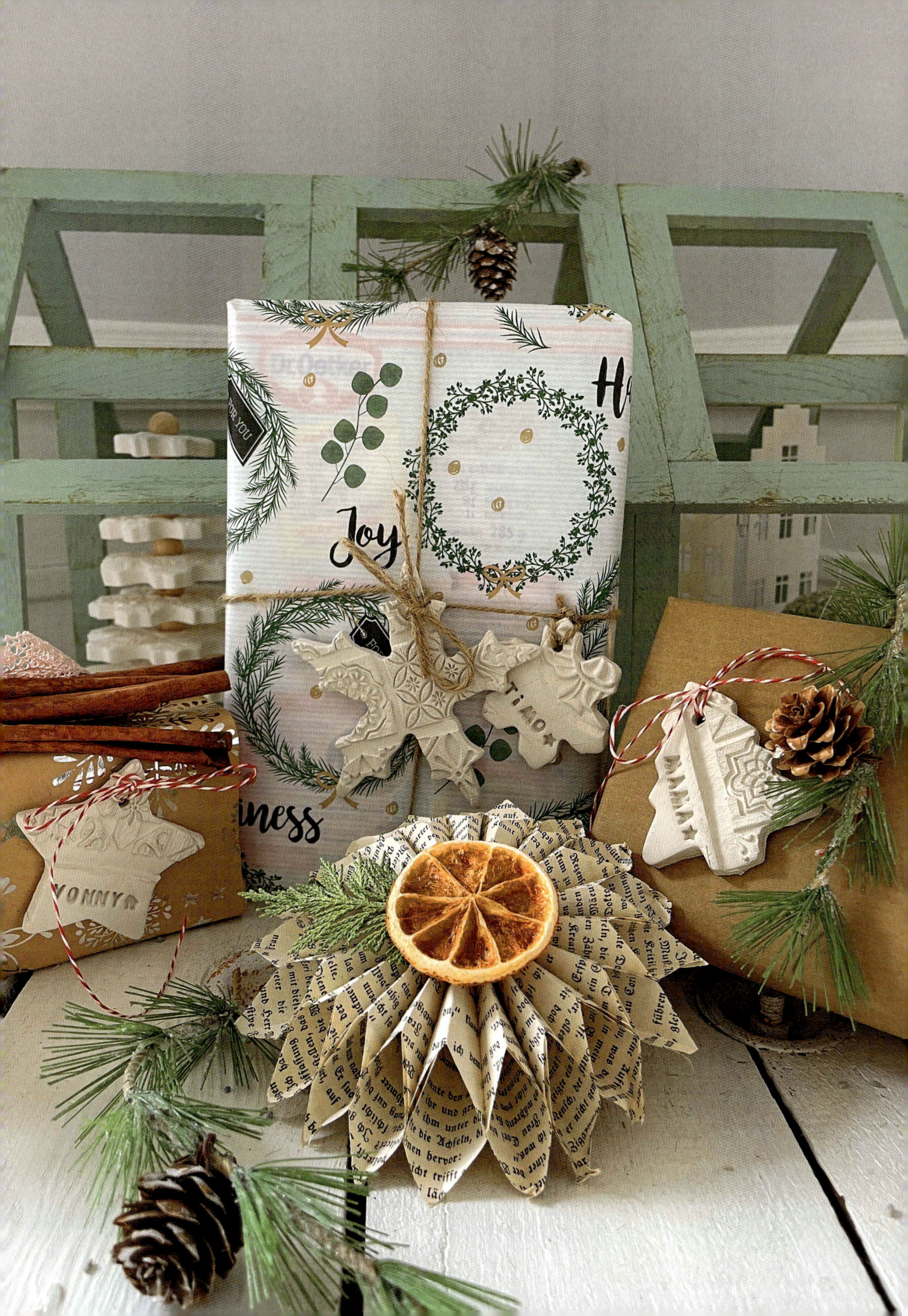
Joy
TIMO
YONNY

SO WIRD'S GEMACHT

Rolle die Modelliermasse mit dem Acrylroller aus. Als Höhenmesser können Klötzchen hilfreich sein. So wird die Masse schön gleichmäßig. Rolle nun die Reliefrolle bis zur Mitte der Modelliermasse.

Steche die Ausstechformen so, dass du auf einer Seite eine glatte Fläche hast. Diese kannst du jetzt mit den Stempelbuchstaben versehen.

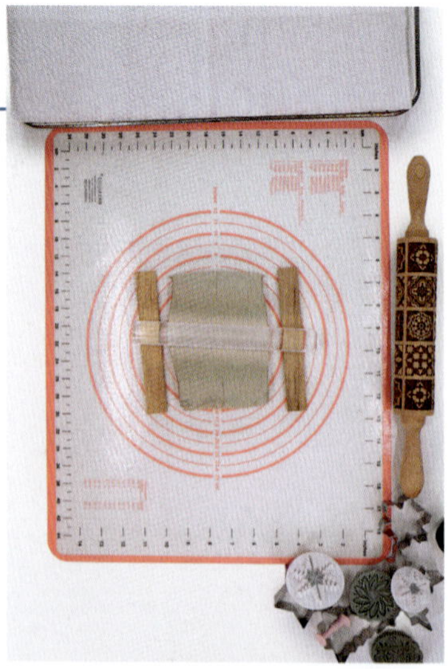

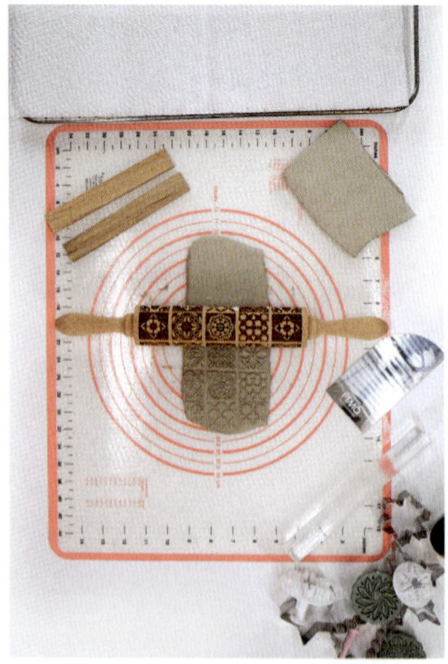

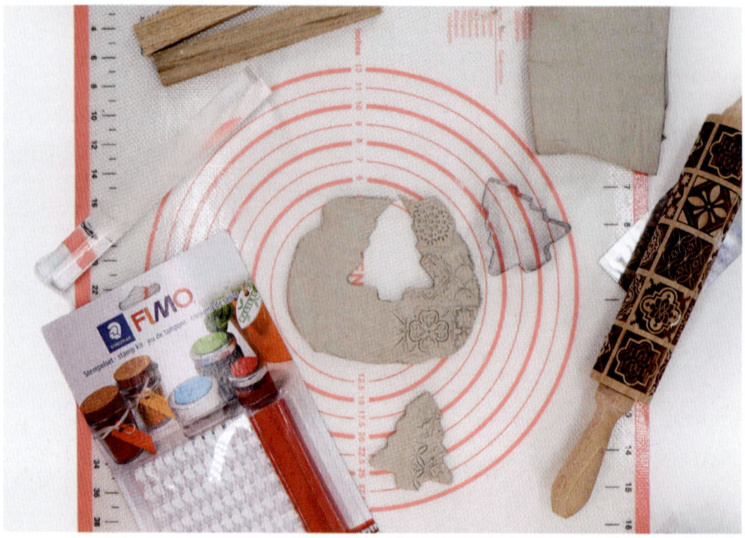

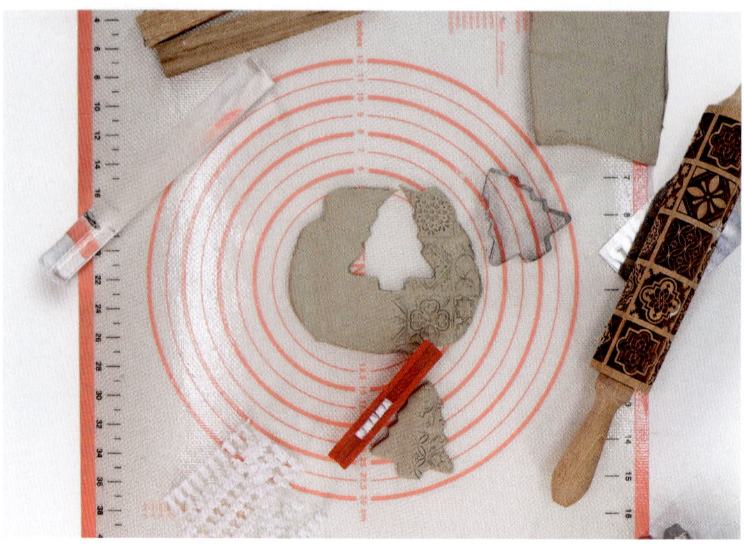

Lege alles auf einen Backofenrost mit Küchenpapier und lasse die Anhänger 24 Stunden lang trocknen. Wenn du sie an Geschenke anbinden möchtest, kannst du vor oder nach dem Trocknen noch Löcher für die Aufhängung bohren.

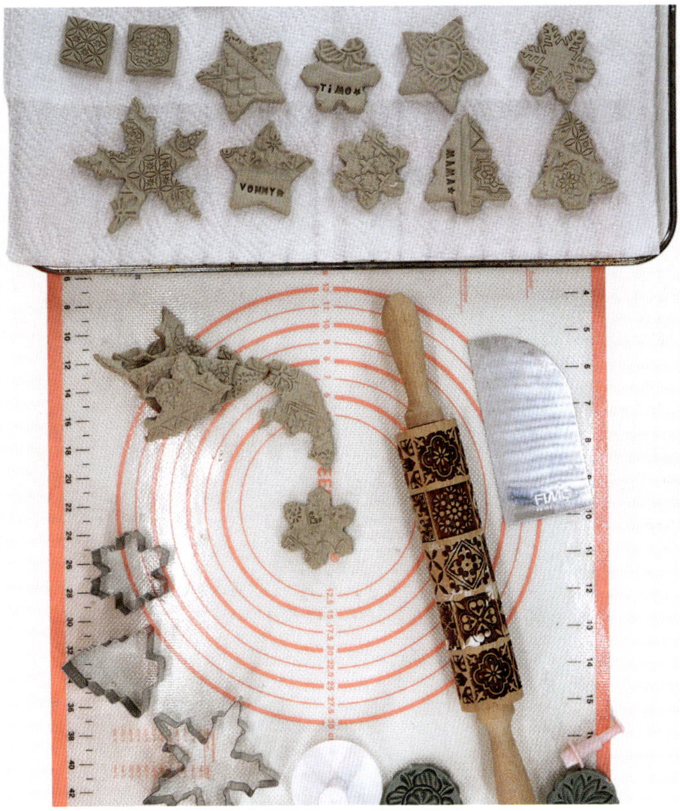

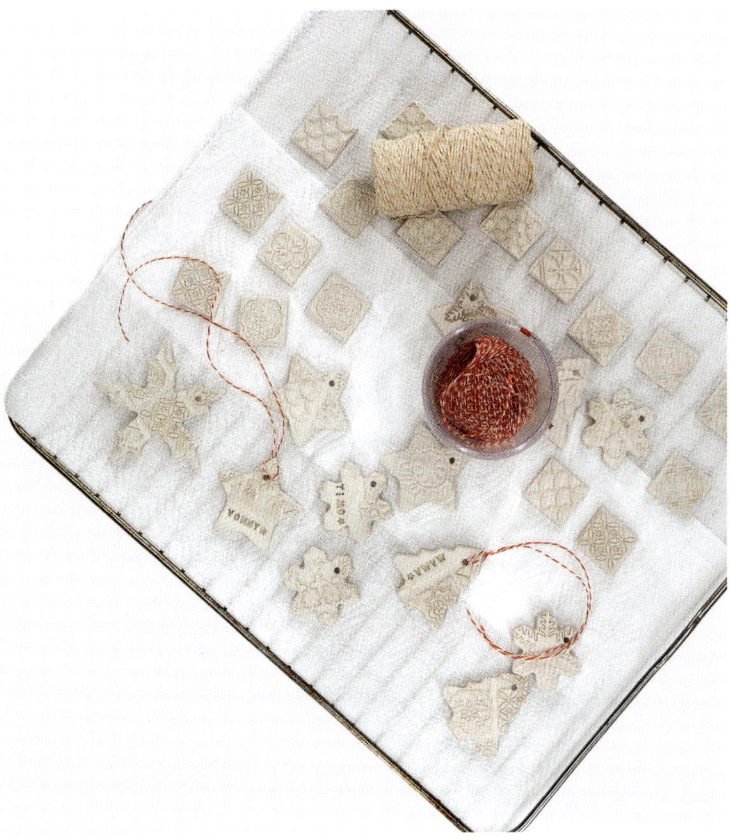

MITTEL

Vier-Jahreszeiten-Licht

Wenn der Winter sich mit seiner ganzen Pracht zeigt, liegt ein wundervolles Jahr mit all seinen Facetten hinter uns. Das ist für mich der perfekte Anlass, um noch einmal alle Jahreszeiten zusammenzufassen. Mit Kunstharz werden getrocknete Stücke aus dem Garten oder kleine Dekoteile perfekt konserviert.

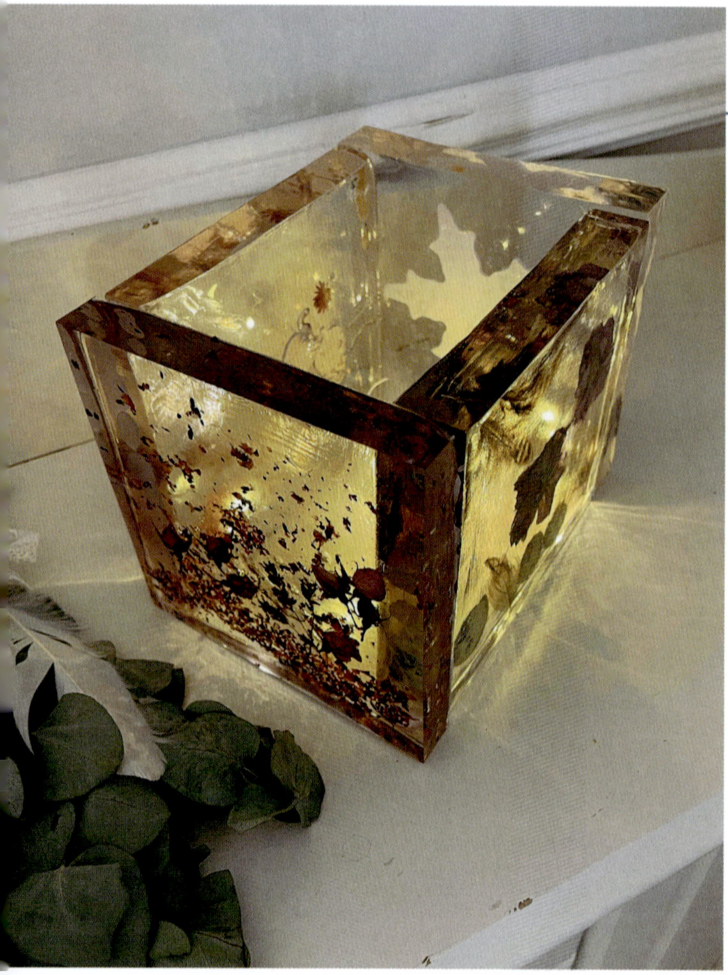

DAS BRAUCHST DU

Kunstharz
getrocknete Blätter und Blüten
kleine Dekoelemente
Gießform
Messbecher
Handschuhe
wer mag: Klötzchen zum Umrahmen
Lichtquelle

Tipp

Die Hersteller von Kunstharz haben spezielle Sprays gegen Luftlöcher und Blasen.

SO WIRD'S GEMACHT

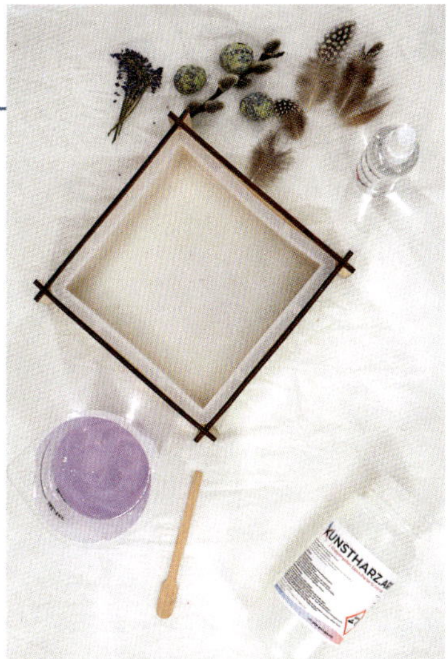

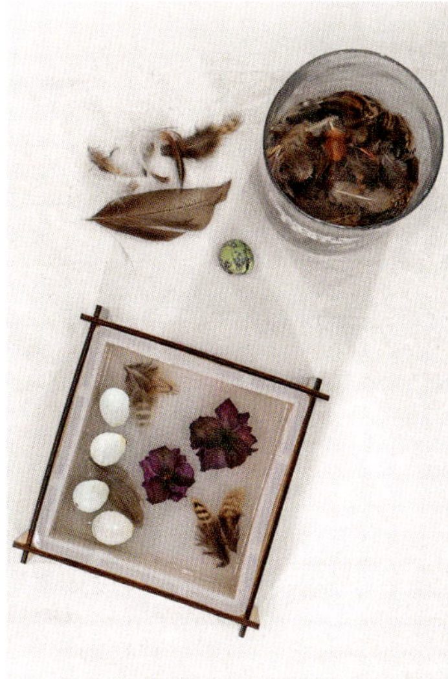

Mische die Komponenten vom Kunstharz exakt so, wie der Hersteller es angibt. Ziehe dabei unbedingt Handschuhe an. Gieße eine dünne Schicht in die Form und lasse sie komplett trocknen. Meist dauert dies ein paar Stunden. Nun lege die Hübschigkeiten einer Jahreszeit auf die Fläche und gieße erneut eine dünne Schicht Kunstharz in die Form. Wenn diese Schicht ebenfalls getrocknet ist, fülle die Gießform erneut auf. Immer Schicht für Schicht. Wenn alles ausgehärtet ist und du Formen aller Jahreszeiten hast, verklebe sie mit Heißkleber oder Powerkleber aneinander, sodass ein Viereck entsteht.

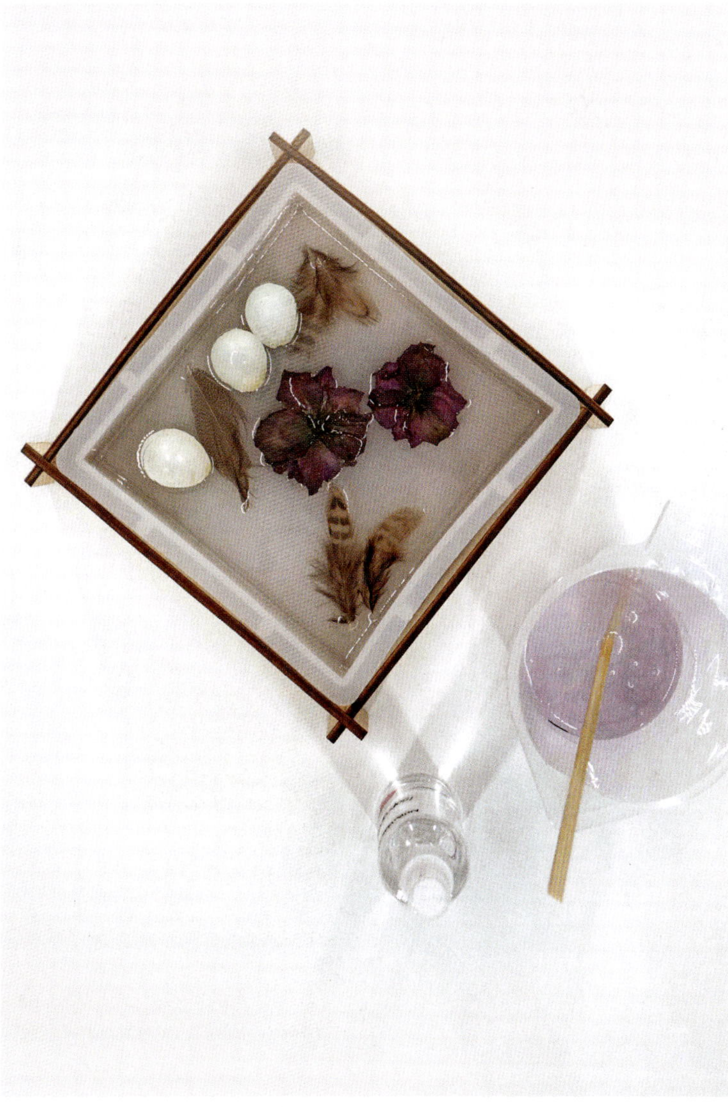

GEDECKTER TISCH

Rot/Weiß/Grün sind wohl die gängigsten Farben bei einem gedeckten Tisch im Winter oder zum Weihnachtsfest. Das traditionelle Rot und das Pompöse habe ich jedoch weggelassen und durch leichte Naturtöne und Schlichtheit ersetzt. Der absolute Star sind die großen cremefarbenen Proteas. Ich finde, die Kombination passt sehr gut. Das Tischgedeck aus Keramik harmoniert mit der Serviette. Ich habe sie als Bäumchen gefaltet. Die Zimtstange als Stiel duftet sogar ein bisschen.

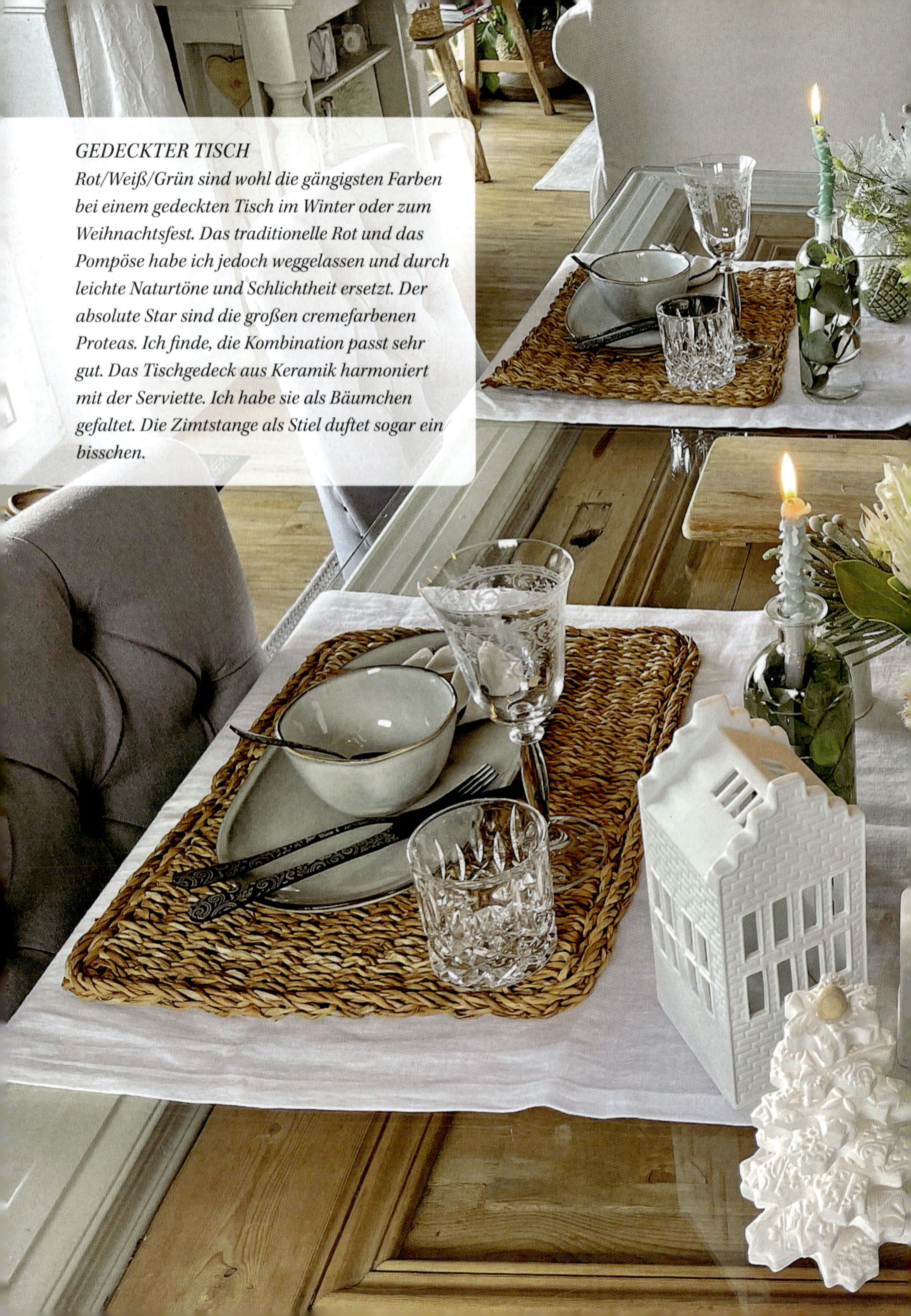

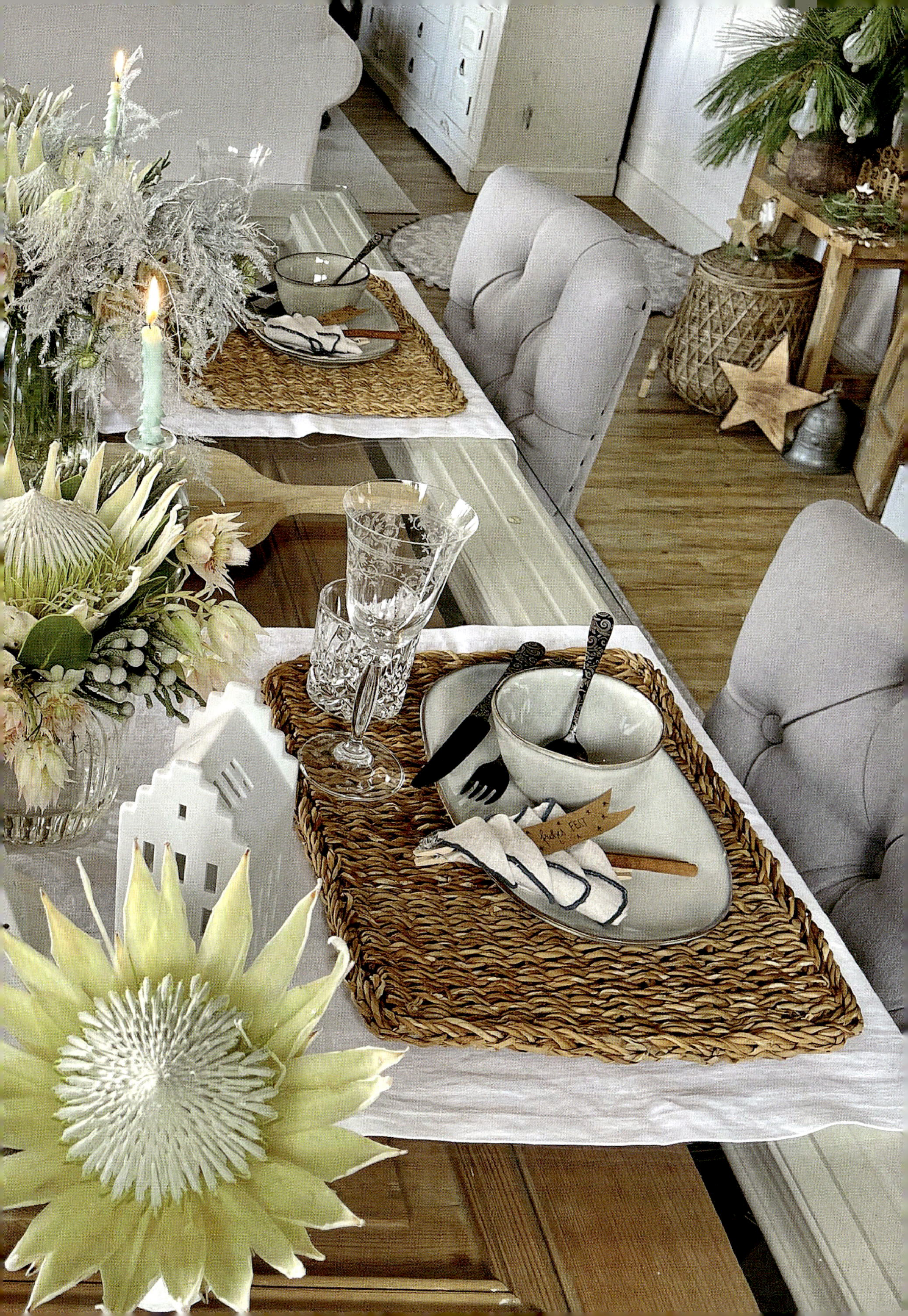
FEST

Vorlagen

Seite 44

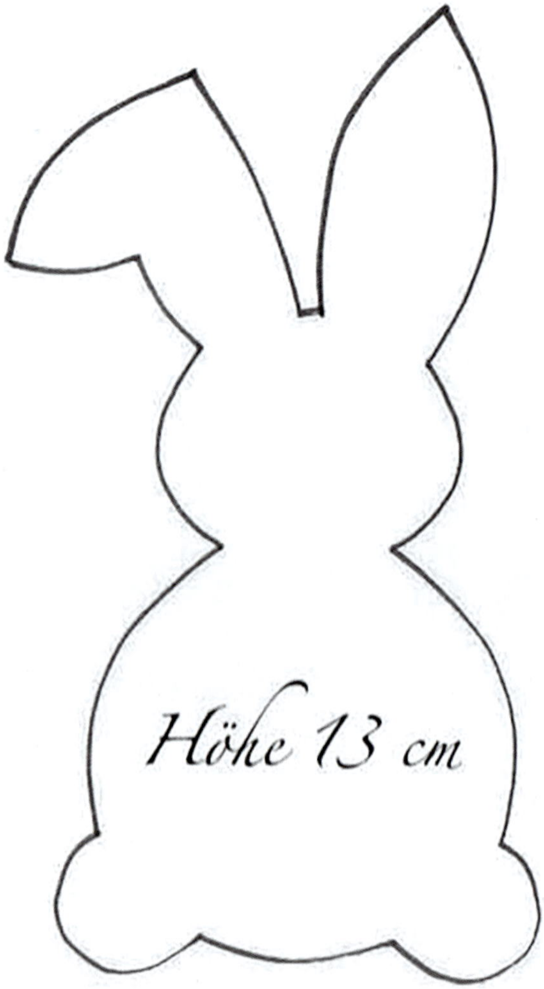

Seite 70

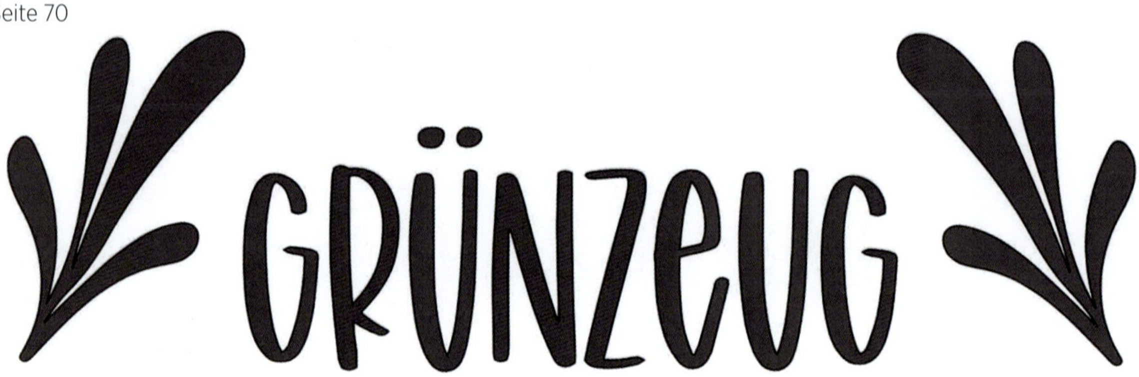

Seite 66

BEACH WELLNESS

POOLBOY HOTEL

GRILLPLATZ BAR

Seite 100

Herbst

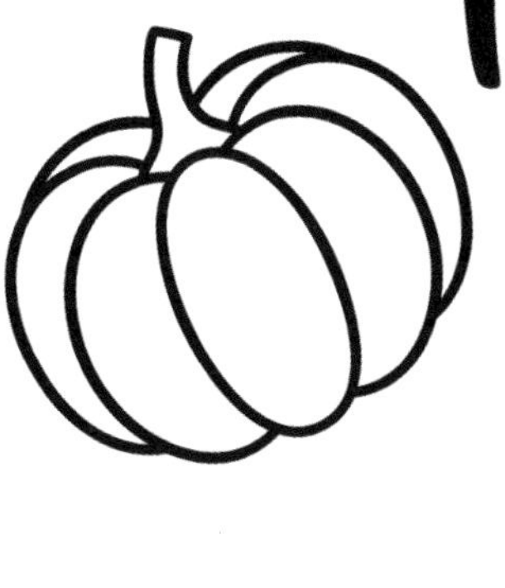

allerliebst

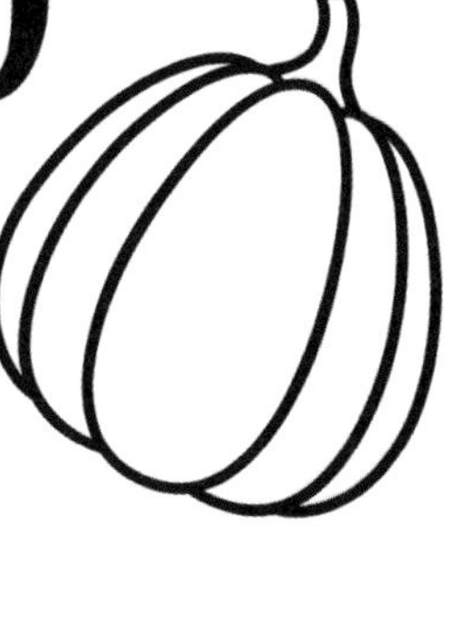

Seite 148

Wünsche

BRIEFKASTEN

Seite 110

Seite 164

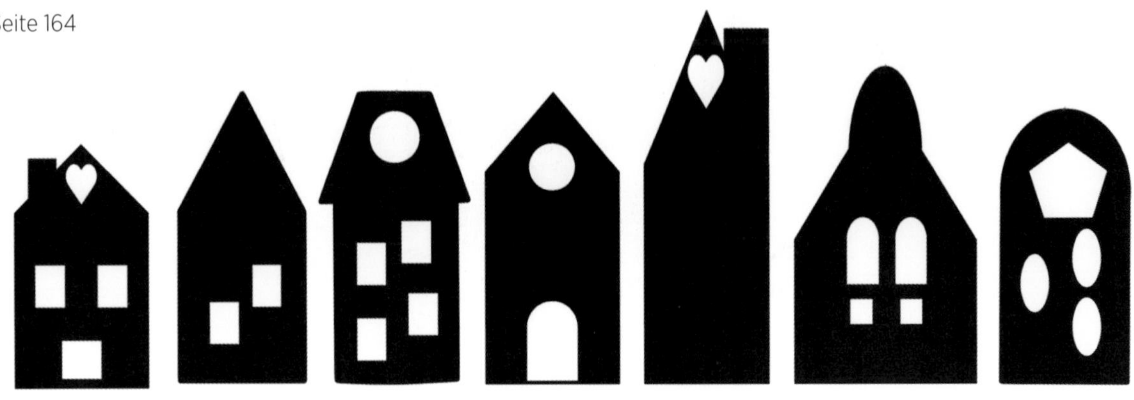

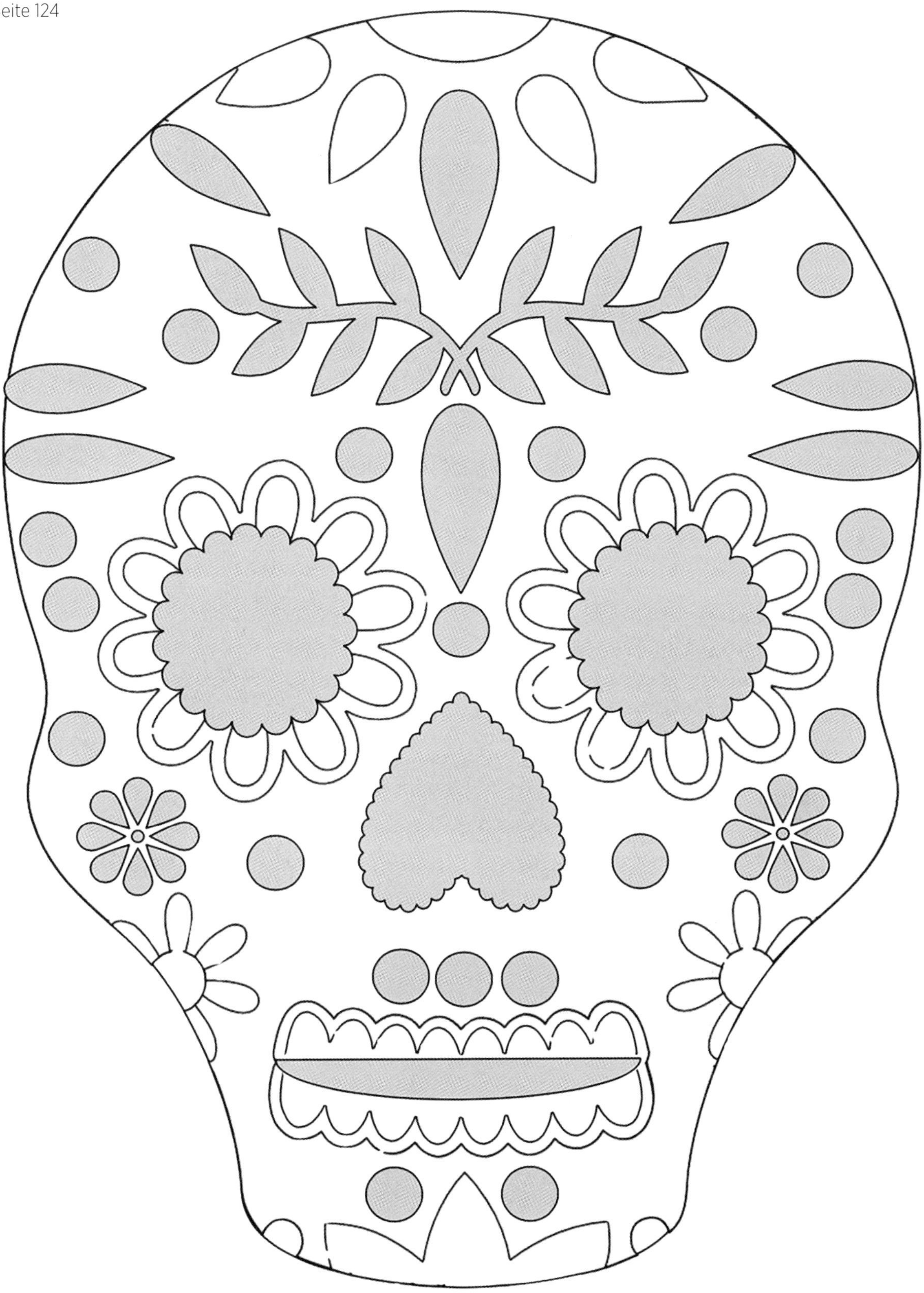

Ein kleines Dankeschön

Was für eine aufregende Zeit geht zu Ende! Die Entstehung des Buches und der wundervollen DIYs wäre nicht möglich gewesen, wenn ich nicht eine so große Unterstützung gehabt hätte.

Ich danke in erster Linie meiner Familie, die mich immer motiviert hat, besonders wenn etwas nicht gelang oder die Technik streikte. Ihre Bewunderung und die Zusprüche, aber auch lieb gemeinte Kritik, waren für mich der ultimative Powerriegel.

Ein besonderes Dankeschön-Küsschen geht an meinen kleinen Hund Luigi. Er war immer dabei, wenn ich gewerkelt oder fotografiert habe, und hat in seinem Körbchen gewartet. Und auch unser Hund Pino bekommt ein Küsschen für seine Geduld, wenn Luigi deshalb »keine Zeit« für ihn hatte.

Zu guter Letzt möchte ich mich bei meinen Kooperationspartnern für die Bereitstellung der Materialien, Blumen und Dekorationen bedanken. Es war mir ein Fest, Leute!

QUELLENVERZEICHNIS

Blumen und Pflanzen:
EP Floristik Emily Pätzold, Hohenmölsen, *www.ep-floristik.de*

Diverse Materialien:
Rayher Hobby GmbH, Fockestr. 15, Laupheim, *www.rayher.com*
VBS Hobby Service GmbH, Justus-von-Liebig-Str. 8, Verden, *www.vbs-hobby.com*

Farben und Lacke:
Schöner-Wohnen-Farbe, J. D. Flügger, Bredowstr. 12, Hamburg, *www.schoener-wohnen-farbe.com*

Harze:
Kunstharz.Art, Jenny Sprenger, Friedrich-Ebert-Str. 2, Schöneiche, *www.shop.kunstharz.art*

Klötzchen:
Basteln und Dekorieren, Rathausstr. 55, Geesthacht, *www.basteln-und-dekorieren.de*

Modelliermassen:
FIMO® ist eine eingetragene Marke der STAEDTLER Mars GmbH & Co. KG, Moosäckerstr. 3, Nürnberg, *www.staedtler.com*

Tischdekorationen:
Jette C GmbH, Knickchaussee 5, Rotenburg, *www.jette-c.de*

Über die Autorin

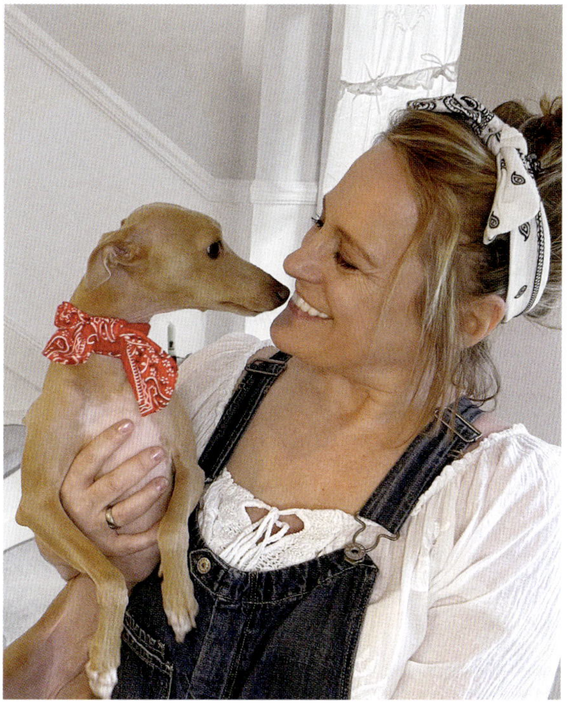

Vonny Camin-Bösch ist Mutter, Großmutter, kaufmännische Angestellte in einem großen Konzern und Vollblut-Influencerin im Bereich DIY. Mit ihrer Familie lebt sie in einem kleinen Städtchen nahe der Lüneburger Heide. Auf ihrem Instagram-Kanal *@diy_zaungaeste.de* teilt sie kreative Speed-DIYs rund um die Jahreszeiten und lässt ihre Follower manchmal sogar an ihrem Privatleben teilhaben. Sie entwickelt gern GIFs und Sticker für Storys, die bereits mehrere Millionen Mal in unterschiedlichen sozialen Netzwerken genutzt wurden. Ihre Lieblingsmaterialien sind Gießmassen, Modelliermasse und Klötzchen. Diese verarbeitet sie besonders oft in ihren Projekten und entwickelt dabei immer wieder neue Ideen. Ihre größte Motivation ist es, wenn ihre Werke andere Kreative inspirieren und deren Zuhause verschönern.

Ebenfalls erhältlich ...

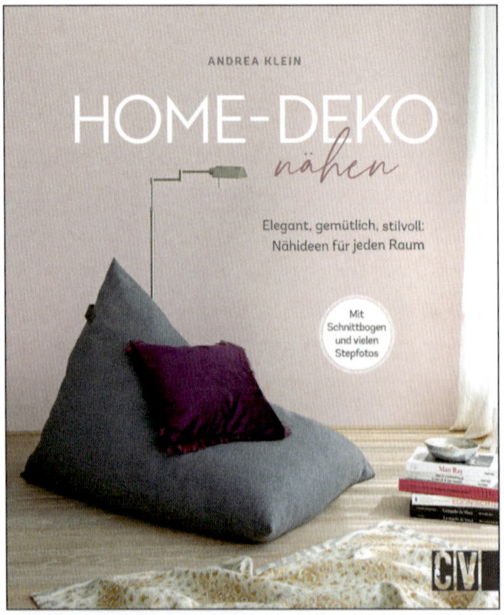

ISBN 978-3-8410-6740-1

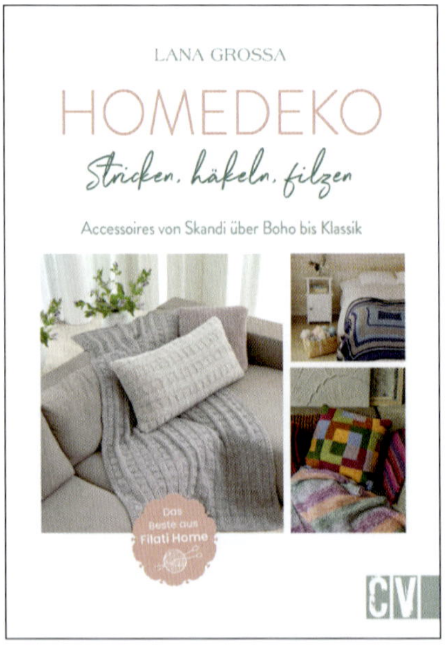

ISBN 978-3-8410-6751-7

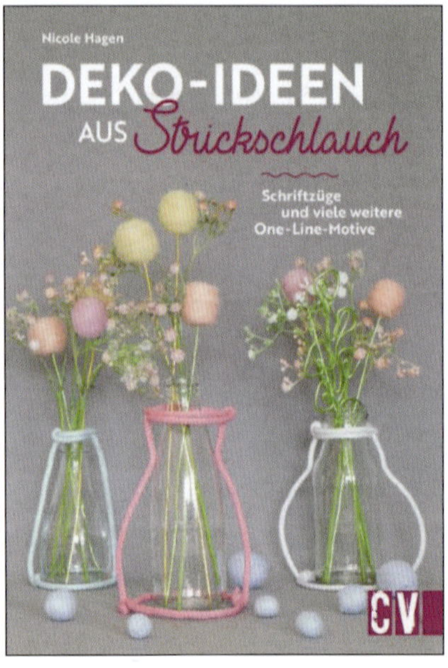

ISBN 978-3-8388-3890-8

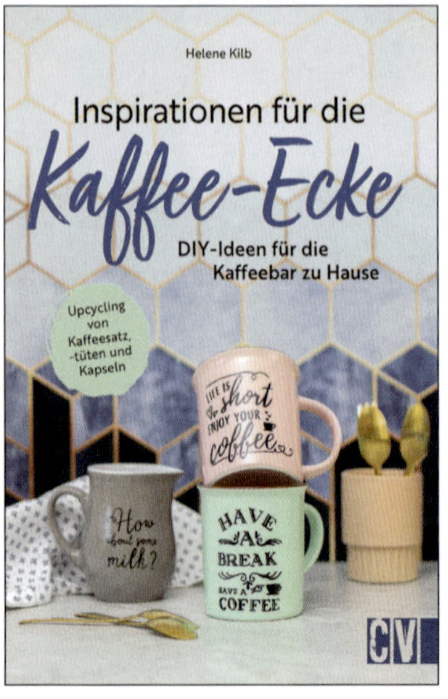

ISBN 978-3-8388-3874-8

CV

www.christophorus-verlag.de

Impressum

Autorin und Fotos: Vonny Camin-Bösch,
Instagram: @diy_zaungaeste.de
Produktmanagement: Helgrid van Impelen
Lektorat: Mareike Weber
Korrektorat: Judith Bingel
Umschlaggestaltung: Mathias Frisch
Layout & Satz: Elke Mader
Repro: LUDWIG:media
Herstellung: Julia Hegele
Printed in Poland by CGS Printing

★★★★★

Sind Sie mit diesem Titel zufrieden? Dann würden wir uns über Ihre Weiterempfehlung freuen. Erzählen Sie es im Freundeskreis, berichten Sie Ihrem Buchhändler oder bewerten Sie bei Onlinekauf. Und wenn Sie Kritik, Korrekturen, Aktualisierungen haben, freuen wir uns über Ihre Nachricht an: Christian Verlag, Postfach 40 02 09, D-80702 München oder per E-Mail an lektorat@verlagshaus.de.

Unser komplettes Programm finden Sie unter

www.christophorus-verlag.de

Die Deutsche Nationalbibliothek verzeichnet diese Publikation in der Deutschen Nationalbibliografie; detaillierte bibliografische Daten sind im Internet über https://www.dnb.de/ abrufbar.

Infanteriestraße 11a
80797 München

ISBN 978-3-8388-3904-2

Kreativ-Service

Sie haben Fragen zu unseren Büchern und Materialien? Wir beraten Sie gern rund um alle Kreativthemen. Rufen Sie uns einfach an. Wir interessieren uns auch für Ihre eigenen Ideen und Anregungen. Sie erreichen uns per E-Mail: kreativ-service@c-verlag.de oder unter der Tel.: +49 (0)89-1306 99 577.

Besuchen Sie uns im Internet: www.christophorus-verlag.de & www.selbstgemacht.de